혼자
공부하는
파이썬

개정판

혼자 공부하는 파이썬(개정판)

1:1 과외하듯 배우는 프로그래밍 자습서

초판 1쇄 발행 2019년 6월 10일
개정판 1쇄 발행 2022년 6월 1일
개정판 4쇄 발행 2023년 4월 5일

지은이 윤인성 / **펴낸이** 김태헌
펴낸곳 한빛미디어(주) / **주소** 서울시 서대문구 연희로2길 62 한빛미디어(주) IT출판1부
전화 02-325-5544 / **팩스** 02-336-7124
등록 1999년 6월 24일 제25100-2017-000058호
ISBN 979-11-6224-565-1 94000, 979-11-6224-194-3(세트)

총괄 배윤미 / **책임편집** 이미향 / **기획·편집** 김선우
디자인 박정화 / **일러스트** 이진숙 / **전산편집** 이경숙 / **용어노트** 김도윤, 김선우
영업 김형진, 장경환, 조유미 / **마케팅** 박상용, 한종진, 이행은, 고광일, 성화정, 김한솔 / **제작** 박성우, 김정우

이 책에 대한 의견이나 오탈자 및 잘못된 내용에 대한 수정 정보는 한빛미디어(주)의 홈페이지나 아래 이메일로
알려주십시오. 잘못된 책은 구입하신 서점에서 교환해 드립니다. 책값은 뒤표지에 표시되어 있습니다.

한빛미디어 홈페이지 www.hanbit.co.kr / 이메일 ask@hanbit.co.kr
소스 코드 www.hanbit.co.kr/src/10565 / 학습 사이트 hongong.hanbit.co.kr

지금 하지 않으면 할 수 없는 일이 있습니다.
책으로 펴내고 싶은 아이디어나 원고를 메일(writer@hanbit.co.kr)로 보내주세요.
한빛미디어(주)는 여러분의 소중한 경험과 지식을 기다리고 있습니다.

혼자 공부하는 파이썬

개정판

윤인성 지음

★ ★ 혼자 공부하는 시리즈 소개

누구나 혼자 할 수 있습니다! 야심 찬 시작이 작심삼일이 되지 않도록 돕기 위해서 〈혼자 공부하는〉 시리즈를 만들었습니다. 낯선 용어와 친해져서 책장을 술술 넘기며 이해하는 것, 그래서 완독의 기쁨을 경험하고 다음 단계를 스스로 선택할 수 있게 되는 것이 목표입니다.

지금 시작하세요. 〈혼자 공부하는〉 사람들이 '때론 혼자, 때론 같이' 하며 힘이 되겠습니다.

HB 한빛미디어
Hanbit Media, Inc.

첫 독자가 전하는 말

'어떻게 하면 파이썬을 배우기 시작한 학습자가 더 쉽고 빠르게 파이썬을 익힐 수 있을까'라는 고민에서 시작한 이 책은 독자 38명의 실제 학습 결과를 기반으로 만들어졌습니다. 독자의 의견을 적극적으로 반영하여 한 단계 더 업그레이드한 파이썬 입문서를 지금 만나 보세요.

『혼자 공부하는 파이썬』으로 파이썬에 입문해서 코딩에 자신감이 많이 붙었습니다. 초판에 비해 예제가 늘어나고, 새롭게 도전 문제가 추가되는 등 더 실용적이고 흥미를 돋우는 내용이 많이 더해져 간만에 잊었던 것들을 되새기고 다시 정독하고 싶은 마음입니다.

_ 베타리더 최승혁 님

지난 책에서는 '더 많은 예시로 코드를 작성해 보면 좋겠다'라는 아쉬움이 있었는데, 이번 개정판은 해당 부분을 많이 충족할 수 있어 좋았습니다. '입문은 쉽게, 응용은 더욱 다양하게'라는 생각을 가지며 책에 접근한다면 이 책이 매우 도움이 될 것입니다.

_ 베타리더 김태웅 님

혼자 공부하기에 정말 적합한 책인 것 같습니다. 비전공자이지만 항상 프로그래밍에 관심이 있던 차에 책을 접하게 되었는데, 아무것도 모르는 상태에서도 파이썬이라는 언어의 기초를 명확하게 학습할 수 있어서 좋았습니다.

_ 베타리더 도윤 님

이 책은 초심자에게 아주 자세하면서도 직관적인 설명, 그리고 향후 공부를 위한 동기 부여까지 제시합니다. 오랜 기간 책을 쓰고 강의를 진행하신 저자 윤인성 님의 깊은 내공을 느낄 수 있습니다. 여러분의 간지러운 부분을 시원하게 긁어주는 경험을 하실 수 있습니다.

_ 베타리더 박성욱 님

꼭 필요한 부분이 꽉꽉 눌러 담겨 있습니다. 코딩하면서 실수할 수 있는 부분과 자주 발생하는 오류를 언급해 주고, 코드 흐름을 이해할 수 있도록 파이썬 튜터가 소개되어 있어 참 좋았습니다.

_ 베타리더 이선화 님

이 책에서는 프로그래밍에 필요한 정보를 어떻게 습득하고 효율적으로 사용할 수 있는지 설명하고 있어 슬기로운 프로그래밍이 가능하도록 도와줍니다.

_ 베타리더 양민혁 님

『혼자 공부하는 파이썬(개정판)』 책이 만들어지기까지

강희원, 김동규, 김동우, 김동현, 김민규, 김유미, 김태웅, 김호영, 노규헌, 도윤, 문종현, 박상덕, 박성욱, 박지연, 반보영, 백재연, 신건식, 양민혁, 이동훈, 이문환, 이상윤, 이선화, 이수민, 이애리, 이주영, 이학인, 이호철, 임혁, 전영식, 전은영, 조기환, 주도현, 최고운, 최승혁, 최희정, 현재웅, 홍수빈, 홍준용

38명의 독자가 함께 수고해 주셨습니다.

감사합니다.

"재미있는 게 중요한 게 아니라 재미있게 해내고 싶다면"

Q 『혼자 공부하는 파이썬(개정판)』은 '어떤 책이다'라고 설명해 주세요.

A 많은 내용을 다루고 있고, 넓은 난이도를 가지고 있습니다.

많은 책들이 '비전공자를 위한'이라는 명목으로 굉장히 쉬운 내용만 살펴보고 끝나는 경우가 많습니다. 하지만 그렇게 너무 쉬운 내용만 공부하면 알고리즘 문제를 풀거나 인공지능과 데이터 분석을 공부하는 등 다음 단계로 넘어갔을 때 막히는 부분이 생길 수밖에 없습니다. 그럼 결국 "내가 기본이 부족한가보다"라며 파이썬을 처음부터 공부해야 할 것입니다.

이 책을 보면 다른 파이썬 입문서에 비해서 내용이 많다고 느낄 수 있습니다. 그래도 이 책 한 권을 끝내면 다음 단계로 넘어갈 확실한 토대를 다질 수 있을 것입니다.

참고로 프로그래밍을 처음 공부하는 입장에서 문제를 풀려고 하면 어려워서 당황할 수 있습니다. 어렵다고 느껴질 때는 곧바로 정답편을 확인해 주세요. 프로그래밍을 처음 공부하면 프로그래밍 문제를 처음 보기 때문에 어떤 느낌인지 자체를 알기 힘듭니다. 그래서 정답편을 보며 느낌을 파악해 보는 것이 좋습니다. 시간을 두고 다시 보았을 때 외워서라도 풀 수 있으면 됩니다.

Q 『혼자 공부하는 파이썬(개정판)』을 공부하고 나면 무엇을 할 수 있을까요?

A 웹 서비스 개발, 인공지능 개발, 데이터 수집 프로그램 개발, 데이터 분석, 업무 자동화 등을 공부해 볼 수 있습니다. 또한 심심할 때 나름대로 보람 있게 시간을 보낼 수 있는 알고리즘 문제 풀이도 해 볼 수 있습니다. 그리고 『혼자 공부하는 파이썬(개정판)』으로 기본이 확실해졌다면 어떤 프로그래밍 언어로도 넘어갈 수 있습니다.

파이썬은 다른 프로그래밍 언어들보다 공부하는 과정에서 난이도 증가가 매우 부드러운 언어입니다. 다른 프로그래밍 언어는 공부 도중에 "이걸 넘어갈 수 있을까?"라는 생각이 드는 벽이 자주 나타나는데, 파이썬은 그렇지 않습니다. 프로그래밍 입문자가 차근차근 프로그래밍 개념을 공부할 때도 좋은 언어인데요. 파이썬으로 기본 문법을 배운 뒤 다른 프로그래밍 언어로 넘어가는 방법도 괜찮다고 생각합니다.

"〈혼자 공부하는〉 시리즈로 충분합니다."

Q 독자로부터 가장 많이 받는 질문이 뭔가요? 그 질문에 대한 대답을 말씀해 주세요.

A "첫 프로그래밍 언어로 무엇이 좋을까요?"라는 질문을 많이 받습니다. 이 질문에 대한 대답은 쉽지 않습니다. 추가적인 대화가 필요합니다. '개발자라면', '비개발자라면', 그리고 '무엇을 하고 싶은지' 등의 이야기가 필요합니다. 그럼에도 파이썬을 추천하는 경우는 다음과 같습니다.

- 개발자로서 스타트업에서 웹 서비스 개발을 하고 싶은 경우
- 개발자로서 서비스에 활용할 인공지능을 개발하고 싶은 경우
- 개발자로서 데이터 수집 프로그램을 개발하고 싶은 경우
- 비개발자로서 엑셀 이상의 데이터 분석을 하고 싶은 경우
- 비개발자로서 업무 자동화를 위한 간단한 프로그램을 만들고 싶은 경우
- 비개발자로서 프로그래밍을 접해 보고 싶은 경우

이 중 마지막에 있는 '비개발자로서 프로그래밍을 접해 보고 싶은 경우'가 파이썬이 첫 입문 언어로 좋다고 알려진 이유라고 생각하는데, 이와 관련하여 더 이야기를 하고 싶다면 필자의 유튜브 채널에 있는 파이썬 강의에 댓글을 남겨 주세요. 이야기를 공유해서 다른 분들도 참고할 수 있으면 좋을 것 같습니다.

Q 『혼자 공부하는 파이썬(개정판)』독자 여러분께 꼭 당부하고 싶은 말이 있다면?

A 프로그래밍을 시작하는 것은 쉽습니다. 그러나 목표가 무엇이냐에 따라 프로그래밍은 쉽지 않습니다. 프로그래밍 관련 직업은 US News & World Reports에서 선정한 연봉 순위 TOP 1-5위에 이름을 계속해서 올리고 있습니다. 또한 국내에서도 컴퓨터공학과의 커트라인이 의과대학을 넘은 대학도 있습니다. 극단적인 예이긴 하지만, 이제 프로그래밍은 많은 사람이 가치 있다고 믿는 영역입니다. 많은 사람이 가치 있다고 믿는 이유는 그것이 갖기 쉽지 않기 때문입니다. 그래서 프로그래밍은 쉽지 않습니다. 프로그래밍을 공부해 보고 싶고, 프로그래밍으로 무언가를 해보고 싶다면 힘을 내야 합니다. 힘들지만 그 가치를 찾아갈 수 있을 것입니다.

『혼자 공부하는 파이썬(개정판)』 7단계 길잡이

02-1 자료형과 둔

핵심 키워드   자료형 문자열 이스케ㅇ

프로그래밍에서는 프로ㄱ
다. 이번 절에서는 자ㄹ
야기, 그리고 가ㅈ

초깃값을 설정할 때는 연산에 아무런 변화를 주지 않는 것을 사용합니다. 덧셈식은 0, 곱셈식은 1.

직접 해보는 손코딩

소스 코드는 직접 손으로 입력한 후 실행하세요! 코드 이해가 어려우면 주석, 실행 결과, 앞뒤의 코드 설명을 참고하세요.

시작하기 전에

해당 절에서 배울 주제 및 주요 개념을 짚어 줍니다.

Start **1** **2** **3** **4**

핵심 키워드

해당 절에서 중점적으로 볼 내용을 확인합니다.

말풍선

지나치기 쉬운 내용 혹은 꼭 기억해 두어야 할 내용을 짚어 줍니다.

시작하기 전에

프로그램은 기본적으로 '자료를 처리'하는 역할을 합니ㄷ
자료', '통계 자료' 등을 먼저 떠올릴 수도 있겠습니다.

프로그래밍에서는 프로그램이 처리할 수 있는 모든 것을
해 '자료'와 '자료를 처리하는 것'에 대한 의미를 파악해 브

• 카메라로 사진을 찍으면 사진이 **자료**이고, 이를 ㅊ
• 카카오톡으로 친구에게 사진과 함께 "여기 어
ㄱ고, 이를 친구에게 전송하는 것이 **처리**ㅇ
ㅊ친구를 얻었다면 ㄱ

직접 해보는 손코딩

계절 구하기   소스 코드 condition05.py

```
01    # 날짜/시간과 관련된 기능을 가져옵
02    import datetime
03
04    # 현재 날짜/시간을 구하고
05    # 쉽게 사용할 수 있게 월을 변수
06    now = datetime.datetime
      month = now.month
```

마무리

▶ 4가지 키워드로 정리하는 핵심 포인트

- 불은 파이썬의 기본 자료형으로 True(참)와 F

- 비교 연산자는 숫자 또는 문자열에 적용하며

- 논리 연산자는 not, and, or 연산자가

- 조건문은 조건에 따라 코

좀 더 알아보기

쉬운 내용, 핵심 내용도 좋지만, 때론 깊이 있는 학습이 필요할 때도 있습니다. 더 알고 싶은 갈증을 풀 수 있는 내용으로 담았습니다.

확인 & 도전문제

지금까지 학습한 내용을 문제를 풀면서 확인합니다. 도전문제는 개정판에서 추가되었습니다.

5 **6** **7** **Finish**

핵심 포인트

절이 끝나면 마무리의 핵심 포인트에서 핵심 키워드의 내용을 리마인드하세요.

좀 더 알아보기	함수 데코레이터

파이썬에는 **데코레이터**decorator라는 기능이 있습니다. @app.route( ) 형태의 코드를 보았습니다. 이렇듯 @ 라고 부릅니다. 데코레이터는 '꾸며 주는 것'이라는 의 까요?

데코레이터는 만드는 방법에 따라 크게 함수 데 서는 함수 데코레이터를 살펴보겠습니다.

▶ 확인문제

1. 다음 format( ) 함수 중에서 오류가 발생하는 경

  ① "{} {}".format(52, 273)
  ② "{} {}".format(52, type(273))
  ③ "{} {} {}".format(52, type(273))

도전문제	easy medium hard

하지 우리가 배운 내용은 변수와 간단한 연산

에는 수많은 수학 공식이 있

『혼자 공부하는 파이썬(개정판)』 100% 활용하기

때론 혼자, 때론 같이 공부하기!

학습을 시작하기 전부터 책 한 권을 완독할 때까지, 곁에서 든든한 러닝 메이트^{Learning Mate}가 되어 드리겠습니다.

본격적으로 학습을 시작하기 전에

파이썬 설치하기

파이썬을 공부하려면 파이썬 코드를 입력할 수 있는 텍스트 에디터와 파이썬 코드를 실행할 수 있는 도구인 파이썬 인터프리터가 필요합니다. 파이썬 공식 홈페이지에 접속하여 프로그램을 다운로드한 후 설치해 주세요. 🔍041쪽

https://www.python.org

비주얼 스튜디오 코드 설치하기

혼자 공부할 때는 파이썬 IDLE 에디터만으로 충분하지만, 긴 코드를 작성하는 현업에서는 전용 텍스트 에디터를 사용합니다. 비주얼 스튜디오 코드 홈페이지에 접속하여 프로그램을 다운로드한 후 설치해 주세요. 🔍050쪽

https://code.visualstudio.com

학습 사이트 100% 활용하기

예제 파일 다운로드,
동영상 강의 보기, 저자에게 질문하기를 한번에!

🔍 hongong.hanbit.co.kr　　go

사이트 바로가기

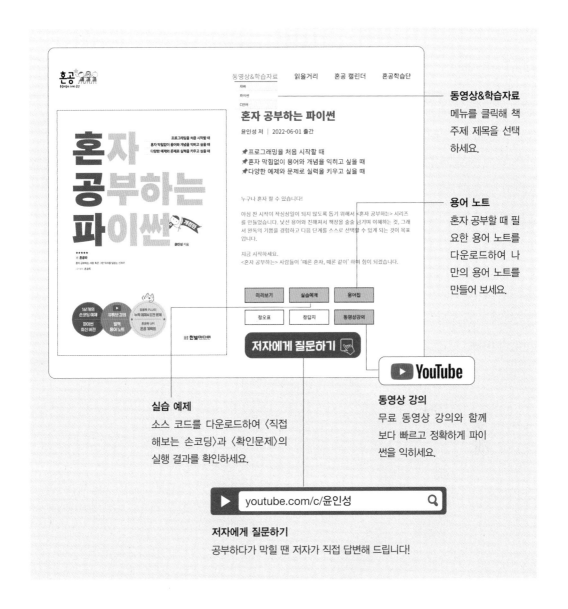

동영상&학습자료
메뉴를 클릭해 책 주제 제목을 선택하세요.

용어 노트
혼자 공부할 때 필요한 용어 노트를 다운로드하여 나만의 용어 노트를 만들어 보세요.

실습 예제
소스 코드를 다운로드하여 〈직접 해보는 손코딩〉과 〈확인문제〉의 실행 결과를 확인하세요.

동영상 강의
무료 동영상 강의와 함께 보다 빠르고 정확하게 파이썬을 익히세요.

youtube.com/c/윤인성

저자에게 질문하기
공부하다가 막힐 땐 저자가 직접 답변해 드립니다!

때론 혼자, 때론 같이! '혼공 학습단'과 함께하세요.

한빛미디어에서는 '혼공 학습단'을 모집합니다.
파이썬 학습자들과 함께 학습 일정표에 따라 공부하며 완주의 기쁨을 느껴보세요.

✉ 한빛미디어 홈페이지에서 '메일 수신'에 동의하면 학습단 모집 일정을 안내받으실 수 있습니다.

일러두기

기본편 01~06장

파이썬의 기본적인 문법 설명과 함께 문법을 활용하는 방법을 다룹니다. 배운 내용을 확인하는 확인문제와 응용력을 키울 수 있는 도전 문제까지 다양하게 풀어 볼 수 있습니다.

고급편 07~08장

파이썬을 활용해서 웹 서비스를 구현하는 방법 등을 간단하게 살펴봅니다. 말은 '고급'이지만, 기본편을 완전히 이해했다면 훨씬 쉽게 이해할 수 있습니다.

난이도 ●●●●●

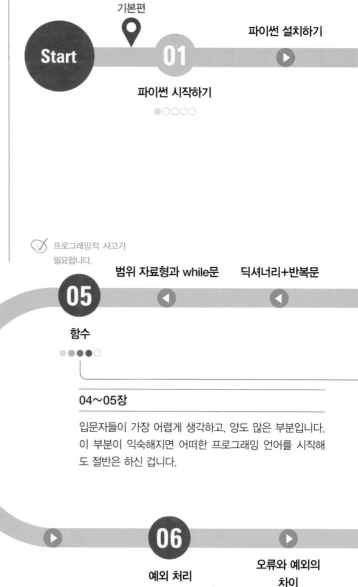

기본편

Start

01 파이썬 설치하기 ▶

파이썬 시작하기
●○○○○

☑ 프로그래밍적 사고가 필요합니다.

범위 자료형과 while문   딕셔너리+반복문

05 ◀   ◀

함수
●●●●○

04~05장

입문자들이 가장 어렵게 생각하고, 양도 많은 부분입니다. 이 부분이 익숙해지면 어떠한 프로그래밍 언어를 시작해도 절반은 하신 겁니다.

☑ 만들기부터 활용, 고급까지!

06

예외 처리
●●○○○○

오류와 예외의 차이

01~03장

파이썬의 아주 쉬운 문법이라고 할 수 있는
자료와 조건문을 다룹니다.

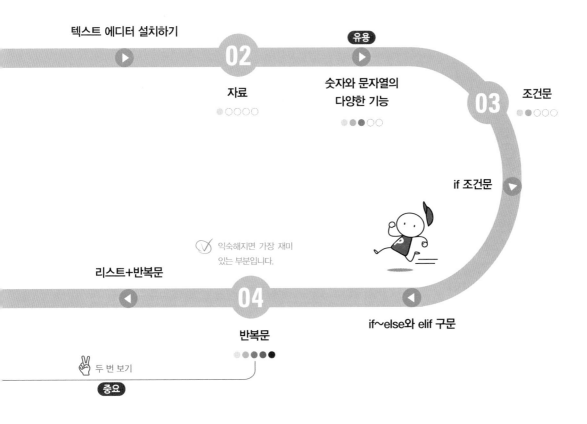

텍스트 에디터 설치하기

02

유용

자료

숫자와 문자열의
다양한 기능

03 조건문

if 조건문

익숙해지면 가장 재미
있는 부분입니다.

리스트+반복문

04

if~else와 elif 구문

반복문

두 번 보기

중요

고급편

많은 문법을 다루지만 내용 자체는 어렵지 않습니다.

07

표준 모듈+외부 모듈

08

Goal

모듈

클래스

06~08장

프로그래밍을 더 안전하고 쉽게 하기 위해 설계된 기능들입니다.

혼자 공부해도 끝까지 완독하자!

혼자서 파이썬을 공부하는 여러분을 위해 '혼공 미션'을 준비했습니다. 혼공 계획표에 맞춰 학습하고 미션으로 그날 학습한 내용을 정리해 보세요. 스스로 숙제도 하고 복습도 하다 보면 어느새 혼공파 한 권 뚝딱! 성취감을 느낄 수 있어 코딩이 즐거워지고 파이썬 프로그래밍 실력도 쑥쑥 자랄 것입니다.

회차	진도	날짜	혼공 미션
1회차	Chapter 01 파이썬 시작하기	6월 1일	☑ print() 함수로 "Hello Python Programming…!"을 출력하는 코드를 작성하고, 윈도우 파워셸로 출력하기
2회차	Chapter 02 자료형	6월 3일	☑ 문자열 범위 선택 연산자를 사용하여 "안녕하세요"에서 "안녕"만 출력하기
3회차	Chapter 02 자료형	6월 5일	☒ inch 자료를 받아 cm로 변환하는 프로그램 작성하기
4회차	Chapter 03 조건문	6월 7일	☑ 정수를 입력했을 때 양수인지 음수인지 출력하기
5회차	Chapter 03 조건문	6월 9일	☑ 본인이 태어난 해를 입력하고 띠를 출력하기
6회차	Chapter 04 반복문	6월 10일	☑ 리스트, 딕셔너리, 범위 자료형 개념 정리하기
7회차	Chapter 04 반복문	6월 13일	☑ enumerate() 함수와 items() 함수 예제 실습하고 개념 정리하기
8회차	Chapter 05 함수	6월 15일	☑ 가변 매개변수, 기본 매개변수, 키워드 매개변수 개념 정리하기
9회차	Chapter 05 함수	6월 16일	☑ list_flatten02.py 예제를 파이썬 튜터로 실행해 보고 재귀 함수 개념 정리하기
10회차	Chapter 06 예외 처리	6월 19일	☑ 구문 오류와 예외의 차이점 정리하기 ?!
11회차	기본편 마무리 ★	6월 20일	☑ 5장 도전문제 다시 풀어 보기
12회차	Chapter 07 모듈	6월 21일	☑ datetime 모듈 사용하여 현재 시간 출력하기
13회차	Chapter 07 모듈	6월 22일	☑ Beautiful Soup 모듈로 기상청에서 1개월 전망 날씨 가져오기
14회차	Chapter 08 클래스	6월 23일	☑ Student 클래스 선언해 보기
15회차	Chapter 08 클래스	6월 24일	☑ object_4_class.py 예제와 str_func.py 예제 비교하여 __str__() 함수 이해하기
16회차	고급편 마무리 ★★	6월 29일	☑ 지금까지 배운 내용 정리해 보기

SAMPLE

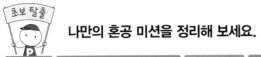

나만의 혼공 미션을 정리해 보세요.

회차	진도	날짜	혼공 미션
1회차		월 일	
2회차		월 일	
3회차		월 일	
4회차		월 일	
5회차		월 일	
6회차		월 일	
7회차		월 일	
8회차		월 일	
9회차		월 일	
10회차		월 일	
11회차		월 일	
12회차		월 일	
13회차		월 일	
14회차		월 일	
15회차		월 일	
16회차		월 일	

미션 완료!

Chapter 02 **자료형**

Chapter 03 조건문

03-1 불 자료형과 if 조건문 156

03-2 if~else와 elif 구문 176

Chapter **04** 반복문

Chapter 05 함수

Chapter **06** 예외 처리

06-1 **구문 오류와 예외** 360

06-2 예외 고급 382

Chapter 07 모듈

07-1 표준 모듈 400

Chapter 08 클래스

08-1 클래스의 기본 460

08-2 클래스의 추가적인 구문 474

프로그래밍 언어도 일종의 언어입니다. 새로운 언어를 배울 때 기본적인 단어를 알고, 문법을 통해 단어를 조합하는 방법을 배우듯이 1장에서는 기본적으로 알아 두어야 할 용어를 배웁니다. 그런 다음 파이썬을 설치하고 소스 코드를 입력해 결과를 확인하는 과정을 차근차근 따라 하며 배워 보겠습니다.

파이썬 시작하기

학습목표

- 프로그래밍 언어를 구성하는 요소를 이해합니다.
- 파이썬의 실습 환경 구축 및 실행 방법을 살펴봅니다.
- 파이썬에서 사용하는 기본 용어를 알아봅니다.
- 파이썬의 기본 출력 방법인 print( ) 함수를 알아봅니다.

01-1 파이썬을 하기 전에 읽는 아주 간단한 설명

컴퓨터 프로그램 소스 코드 파이썬

파이썬이 프로그래밍 언어라는 것은 아시죠? 그런데 프로그래밍 언어를 처음 접하는 입문자라면 '프로그래밍이 무엇인가'에 대한 개념 정리가 안 되어 있을지도 모릅니다. 용어나 개념이 입문자에게는 다소 어려울 수 있지만, 한번 훅 읽고 잊어버리더라도 아는 것과 모르는 것에는 큰 차이가 있습니다.

시작하기 전에

프로그램을 만드는 것을 **프로그래밍**programming이라고 부르죠. 그렇다면 프로그램이 무엇인지 알아야 프로그래밍을 제대로 할 수 있겠죠?

일단 프로그램이라는 단어는 '컴퓨터 프로그램', '다이어트 프로그램', '사회 복지 프로그램'처럼 다양한 곳에서 사용됩니다. 영어로 Program은 Pro와 Gram이 합쳐져 만들어진 단어입니다. Pro는 '미리', '먼저'라는 것을 의미하고, Gram은 '작성된 것'을 의미합니다. 따라서 **프로그램**program이란 '미리 작성된 것'을 의미합니다.

Pro + Gram = ProGram
미리 + 작성된 것 = 미리 작성된 것

프로그램 = 미리 작성된 것 = 진행 계획

컴퓨터 프로그램

국어사전에서 '프로그램'을 찾아볼까요? 역시 '진행 계획이나 순서'라고 나옵니다. 이러한 것들을 토대로 짜깁기하면 프로그램은 '미리 작성된 진행 계획'이라고 이야기할 수 있으니, 다이어트 프로그램이란 '다이어트를 어떻게 해야 할지와 관련된 진행 계획', 사회 복지 프로그램이란 '개인과 사회를 변화시키기 위한 진행 계획'이라고 할 수 있습니다.

이와 같은 개념이라면 컴퓨터 프로그램도 쉽게 이해할 수 있겠죠? **컴퓨터 프로그램**computer program이란 '컴퓨터가 무엇을 해야 할지 미리 작성한 진행 계획'입니다. 예를 들어 우리가 카카오톡에서

❶ 친구를 지정하고,

❷ 메시지를 입력하고,

❸ 전송 버튼을 누르면 메시지가 전달됩니다.

이는 카카오톡이라는 프로그램에 '친구를 지정하고, 메시지를 입력하고, 전송 버튼을 누르면 친구에게 글을 전송해야 해!'라는 프로그램이 작성되어 있기 때문입니다.

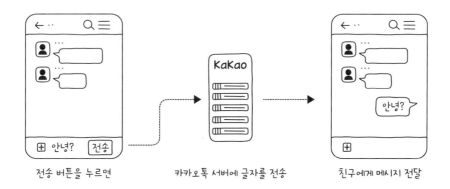

전송 버튼을 누르면   카카오톡 서버에 글자를 전송   친구에게 메시지 전달

프로그래밍 언어

다음 내용을 순서대로 읽고 맨 마지막에 무엇을 해야 하는지 생각해 볼까요?

❶ 공책의 오른쪽 위에 a라고 적습니다.

❷ a 옆에 10이라고 적습니다.

❸ 공책의 왼쪽 위에 b라고 적습니다.

❹ b 옆에 20이라고 적습니다.

❺ 공책의 오른쪽 아래에 c라고 적습니다.

❻ a 옆에 있는 숫자와 b 옆에 있는 숫자를 더해서 c 옆에 적습니다.

❼ 만약 c 옆에 적혀 있는 숫자가 15보다 크면 일어나서 "15보다 크다!"라고 외칩니다.

❽ 만약 c 옆에 적혀 있는 숫자가 15보다 작으면 일어나서 "15보다 작다!"라고 외칩니다.

우리의 뇌는 금세 "15보다 크다!"를 외칠 수 있을 것입니다. 하지만 제아무리 성능이 좋은 컴퓨터라도 위의 내용을 이해하지 못합니다. 컴퓨터가 이해할 수 있는 값은 오로지 0과 1로 이루어진 **이진 숫자**binary digit입니다. '공책의 오른쪽 위에 a라고 적는다 + a 옆에 10이라고 적는다'를 이진 숫자로 표기하면 01100111 11000111 01000101 11111100 00010000 00000000 00000000가 됩니다. 이진 숫자는 쉽게 말해서 컴퓨터를 위한 언어이죠.

과거에는 이진 숫자를 입력해서 프로그램을 만들었습니다. 이진 숫자로 이루어진 코드를 **이진 코드**binary code라고 부르죠. 하지만 이러한 이진 숫자로 프로그램을 만드는 것은 우리 사람에게는 너무 어렵고 비효율적입니다. 그래서 사람이 이해하기 쉬운 언어로 프로그램을 만들자는 생각을 하게 됩니다. 이런 목적으로 만든 것이 **프로그래밍 언어**programming language입니다. 프로그래밍 언어는 쉽게 말해서 사람을 위한 언어입니다. 그리고 프로그래밍 언어로 작성한 프로그램을 **소스 코드**source code라고 합니다.

그런데 문제는 프로그래밍 언어를 컴퓨터가 이해할 수 없다는 것입니다. 이 문제를 해결하기 위해서 프로그래밍 언어를 이진 숫자로 변환해 주는 코드 실행기를 만들었습니다. 코드 실행기는 일종의 번역기입니다. 사람의 언어를 컴퓨터 언어로 번역을 해주는 것이지요.

이러한 프로그래밍 언어 덕분에 사람들은 컴퓨터에게 쉽게 명령을 내리고 원하는 결과를 얻을 수 있게 되었습니다.

```
pi = 3.14159265
r = 10
print("원주율 =", pi)
print("반지름 =", r)
print("원의 둘레 =", 2 * pi * r)
print("원의 넓이 =", pi * r * r)
```

프로그래밍 언어로 작성된 소스 코드

이진 코드로 변환해 주는
코드 실행기

실행

프로그래밍 언어, 파이썬

그럼 어떤 프로그래밍 언어를 배워야 좋을까요? 어떤 프로그래밍 언어가 가장 좋을까요?

세상에는 많은 언어가 존재합니다. 우리 언어인 한국어를 비롯해 영어, 중국어, 일본어 등. 사실 언어에는 우위가 없죠. 모든 언어는 다른 사람과 소통할 수 있게 해 주는 좋은 수단입니다. 프로그래밍 언어도 비슷합니다. 다양한 언어가 존재하는데, 특화된 분야는 있을 수 있어도 어떤 언어가 어떤 언어보다 좋다는 우위는 없습니다.

이 책에서는 다양한 프로그래밍 언어 중에서 **파이썬**Python을 다룹니다. 파이썬은 1991년 귀도 반 로섬Guido van Rossum이 발표한 프로그래밍 언어입니다. 1989년 크리스마스가 있던 주에 연구실이 닫혀서 심심하던

차에 만들기 시작했다고 합니다. 파이썬이라는 이름은 영국의 6인조 코미디 그룹 '몬티 파이썬'에서 가져왔고, 로고는 Python이라는 영어 단어가 뜻하는 '비단뱀'을 모티프로 만들어졌습니다.

파이썬은 초보자가 쉽게 배울 수 있는 프로그래밍 언어이기 때문에 파이썬으로 컴퓨터 프로그램을 만드는 방법을 이해하면 다른 프로그래밍 언어로도 쉽게 프로그램을 만들 수 있습니다.

파이썬이 인기 있는 이유

앞서 파이썬은 초보자가 배우기에 쉬운 언어라고 했습니다. 그렇다면 최근에 파이썬 프로그래밍 언어를 많이 사용하는 이유가 그것뿐일까요?

파이썬의 장점을 간단하게 정리하면 다음과 같습니다.

- 문법이 간단해서 배우기 쉽습니다.
- 많은 사람이 사용하고 있어서 다양한 분야에서 활용할 수 있습니다.
- 대부분의 운영체제(윈도우, 맥, 리눅스)에서 같은 방법으로 사용할 수 있습니다.

첫째, 비전공자도 쉽게 배울 수 있는 언어입니다

일단 문법이 간단해서 배우기 쉽습니다. C 언어 등의 프로그래밍 언어는 문법이 복잡해서 컴퓨터 공학을 공부하는 학생들도 어렵게 느끼는 경우가 많습니다. 하지만 파이썬은 단순한 문법을 가지고 있어 배우기 쉽습니다. 따라서 비전공자도 쉽게 배울 수 있습니다.

둘째, 다양한 분야에서 활용할 수 있습니다

많은 사람이 사용하므로 다양한 분야에서 활용할 수 있습니다. 기본적인 데스크톱 애플리케이션부터 시작해서 **웹 서버**, **해킹 도구**, **IoT** Internet of Things, **인공지능** 등에 모두 활용할 수 있습니다.

셋째, 대부분의 운영체제에서 동일하게 사용됩니다

대부분의 **운영체제** OS; Operating System에서 같은 방법으로 사용할 수 있습니다. 대부분의 프로그래밍 언어는 운영체제가 제한적입니다. 그리고 여러 운영체제에서 사용할 수 있어도 사용 방법이 조금씩 다른 경우가 있습니다. 하지만 파이썬 프로그래밍 언어는 모든 운영체제에서 같은 방법으로 사용할 수 있습니다.

물론 단점도 있지요.

느립니다

파이썬 프로그래밍 언어는 일반적으로 C 언어보다 10~350배 정도 느립니다. 프로그래밍 언어는 대부분 '쉽게 사용할 수 있다'라는 성질과 '빠르다'라는 성질이 반비례합니다. 파이썬은 쉽게 사용할 수 있는 대신 느리고, C 언어는 어려운 대신 빠릅니다. 그래서 일반적으로 거대한 게임을 만들 때는 C, C++, C# 등의 프로그래밍 언어를 사용합니다.

하지만 최근에는 컴퓨터 성능이 너무 좋아져서 게임 등과 같이 연산이 많이 필요한 프로그램이 아니라면 프로그래밍 언어의 속도 차이를 크게 느낄 수 없습니다. 따라서 쉽게 사용할 수 있는 프로그래밍 언어(파이썬, 루비, 자바스크립트 등)가 인기를 끌고 있습니다.

머신러닝, 딥러닝처럼 고정적인 연산을 많이 하는 프로그램은 전체적인 프로그램을 파이썬으로 만들고, 고정적인 연산 부분만 C 언어로 만들어 활용하기도 합니다. 게임처럼 연산을 많이 하는 프로그램, 성능이 좋지 않은 컴퓨터를 사용할 수밖에 없는 프로그램(소형 장치)을 제외하면 파이썬으로 모든 것을 할 수 있습니다.

파이썬은 초보자가 배우기 쉬운 언어입니다.

▶ 3가지 키워드로 정리하는 핵심 포인트

- **컴퓨터 프로그램**이란 컴퓨터가 무엇을 해야 할지 미리 작성한 진행 계획을 말합니다.

- <u>소스 코드</u>는 프로그래밍 언어로 사람이 쉽게 읽고 이해할 수 있도록 만든 코드입니다.

- 파이썬은 ❶ 배우기 쉽습니다 ❷ 다양한 분야에서 활용됩니다 ❸ 대부분의 운영체제에서 동일하게 사용됩니다.

▶ 확인문제

1. 프로그램의 개념을 모두 이해하셨나요? 그러면 지금부터 커피 브레이크 시간을 가져 볼까요? 커피잔, 티스푼, 커피믹스, 물, 전기 포트가 준비되어 있습니다. 커피를 만드는 과정을 순서대로 적어 보세요.

①

②

③

④

⑤

2. 새로운 것을 시작하는 입장에서 용어는 늘 낯설죠. 앞에서 배운 용어를 한 번 더 정리한다는 마음으로 제시되는 용어를 설명하는 의미에 연결해 보세요.

① 프로그래밍　　　●　　　　　● ⓐ 프로그램을 만드는 것

② 프로그램　　　　●　　　　　● ⓑ 컴퓨터가 이해하는 이진 숫자로 이루어진 코드

③ 컴퓨터 프로그램　●　　　　　● ⓒ 미리 작성된 진행 계획

④ 프로그래밍 언어　●　　　　　● ⓓ 프로그램을 만들려는 목적으로 사람이 이해하
　　　　　　　　　　　　　　　　　기 쉬운 언어를 이용해 만들어진 언어

⑤ 소스 코드　　　　●　　　　　● ⓔ 프로그래밍 언어로 사람이 쉽게 읽고 이해할 수
　　　　　　　　　　　　　　　　　있도록 만든 코드

⑥ 이진 코드　　　　●　　　　　● ⓕ 컴퓨터가 무엇을 해야 할지 미리 작성한 진행
　　　　　　　　　　　　　　　　　계획

3. 파이썬의 특징을 나열한 것입니다. 다음 중 틀린 것은 무엇일까요? (　　　　)

① 문법이 간단해서 배우기 쉽다.

② 웹 서버, 해킹 도구, IoT, 인공지능 등 다양한 분야에 활용할 수 있다.

③ 윈도우, 맥, 리눅스와 같은 운영체제마다 사용 방법이 다르다.

④ 쉽게 사용할 수 있다는 장점이 있는 대신 느리다.

---

hint
1. 커피가 맛있게 만들어졌나요? 몇 개의 과정으로 맛있는 커피가 완성되었나요? 커피를 타는 과정은 사람마다 다 다릅니다. 물을 먼저 끓일 수도, 커피믹스의 봉지를 먼저 절개할 수도… 프로그램도 마찬가지입니다. 정답은 없습니다. 결과까지 가는 과정은 모두 다릅니다. 다만, 얼마나 빠르게, 얼마나 효율적으로 작동하도록 하는가는 여러분들이 하기 나름입니다.

2. 032~034쪽 내용을 확인하세요.

3. 036쪽 내용을 확인하세요.

01-2 파이썬을 배우기 위해 준비해야 할 것들

핵심 키워드

텍스트 에디터   파이썬 인터프리터   인터렉티브 셸   윈도우 파워셸

python 명령어

우리가 어떤 것을 배우려고 하면 준비를 해야 합니다. 예를 들어 기타와 같은 악기를 배운다면 악기를 사야 하고, 수채화를 배운다면 그림 도구들을 사야 합니다. 그러면 프로그래밍을 배우려면 무엇이 필요할까요? 파이썬을 배우기 위해 필요한 것들을 하나씩 준비해 보겠습니다.

시작하기 전에

악기를 배우고 그림을 배울 때 필요한 도구가 있는 것처럼 프로그래밍을 배우기 위해서도 마찬가지로 프로그래밍을 할 수 있는 환경이 필요합니다. 이 환경을 일반적으로 **개발 환경**이라고 부릅니다.

가장 기본적으로 필요한 것이 컴퓨터인데, 아마 이 책을 보고 있는 사람이라면 모두 컴퓨터가 있을 테니 추가적인 비용이 들어가지는 않습니다. 그다음 필요한 것이 프로그래밍 언어로 이루어진 코드를 작성할 수 있는 **텍스트 에디터**와 그 코드를 실행할 수 있는 **코드 실행기**입니다. 여기서는 파이썬을 공부할 테니 파이썬 코드를 입력할 수 있는 **텍스트 에디터**와 파이썬 코드를 실행할 수 있는 도구인 **파이썬 인터프리터**가 필요합니다.

```
pi = 3.14159265
r = 10
print("원주율 =", pi)
print("반지름 =", r)
print("원의 둘레 =", 2 * pi * r)
print("원의 넓이 =", pi * r * r)
```

텍스트 에디터
: 코드를 작성합니다.

코드 실행기
: 코드를 실행합니다.

> 파이썬뿐만 아니라 어떤 프로그래밍 언어를 공부하더라도 이 두 가지는 필요합니다.

파이썬 설치하기

그럼 곧바로 파이썬(인터프리터)을 설치해 보도록 하겠습니다. 설치하는 과정에서 꼭 체크해야 하는 부분이 있으므로 주의 깊게 살펴봐 주세요.

파이썬 설치 프로그램 다운받기

일단 웹 브라우저로 파이썬 공식 홈페이지에 접속하여 [Downloads] 메뉴를 클릭합니다. 윈도우 운영체제가 설치된 컴퓨터에서 접속하면 자동으로 윈도우 전용 파이썬 다운로드 화면이 나옵니다. [Download Python 3.10.3]을 클릭해서 파이썬 설치 프로그램을 다운로드해 주세요.

파이썬 공식 다운로드 페이지
URL https://www.python.org/downloads

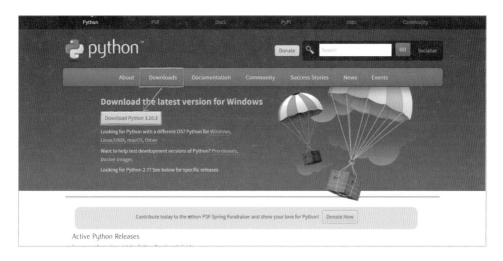

note 필자가 책을 집필한 시기의 화면과 버전입니다. 여러분이 책을 보고 있을 때는 파이썬의 버전이 미세하게 변경되었을 수도 있습니다. 책을 보고 있는 시점에서 최신 버전을 설치하면 됩니다.

?! 문제해결

윈도우 전용 파이썬 다운로드 화면이 나타나지 않아요. 만약 윈도우 운영체제가 설치된 컴퓨터에서 접속했는데 윈도우 전용 파이썬 다운로드 화면이 나타나지 않는다면 아랫부분의 [Looking for Python with a different OS? Python for Windows, Linux/UNIX, macOS, Other]에서 [Windows]를 클릭하여 윈도우 버전 웹 페이지로 이동한 후 최신 버전을 다운로드해 주세요.

- 64bit 운영체제: Windows installer (64-bit)
- 32bit 운영체제: Windows installer (32-bit)

참고로 운영체제 사양은 파일 탐색기의 [내 PC]에서 마우스 오른쪽 버튼을 클릭한 후 [속성]을 선택하면 확인할 수 있습니다.

파이썬 설치하기

01 설치 프로그램을 실행하면 다음과 같은 화면이 나타납니다. 하단에 있는 [Add Python 3.10 to PATH]를 체크한 후 [Install Now]를 클릭해 파이썬을 설치합니다.

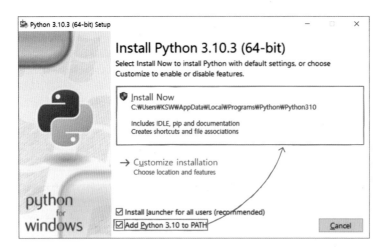

> **note** 설치하면서 사용자 계정 컨트롤 등의 화면이 나오면 [예] 버튼을 클릭하세요.

> **note** [Add Python 3.10 to PATH]는 프로그램의 실행 경로(PATH)에 파이썬을 추가한다는 의미입니다. 체크 후 설치해야 이후에 명령 프롬프트에서 [python]이라고 입력해서 파이썬을 실행할 수 있습니다. 만약 체크하지 않고 설치하면 다시 설치해야 합니다. _매우 중요_

02 설치가 완료되면 다음과 같은 화면이 나타납니다. [Close] 버튼을 클릭해서 설치 프로그램을 종료합니다.

03 파이썬 프로그램 설치가 완료되면 여러분 컴퓨터(윈도우 운영체제)의 [시작] 메뉴에서 [Python 3.10] 프로그램을 확인할 수 있습니다.

note 프로그램명의 괄호 안에 있는 32-bit는 컴퓨터 시스템에 따라 다르게 나타날 수 있습니다.

파이썬 실행하기: 파이썬 인터렉티브 셸

방금 설치한 파이썬은 파이썬으로 작성된 코드를 실행해 주는 프로그램입니다. 이러한 프로그램을 **인터프리터**interpreter라고 합니다. 그럼 [시작] 메뉴에서 [Python 3.10 (OO-bit)] 프로그램을 선택해 파이썬을 실행해 볼까요?

파이썬 프로그램을 실행하면 **파이썬 인터렉티브 셸**이 실행됩니다. 파이썬 코드를 한 줄 한 줄 입력하면서 실행 결과를 볼 수 있는 공간입니다.

```
Python 3.10.3 (tags/v3.10.3:a342a49, Mar 16 2022, 13:07:40) [MSC v.1929 64 bit
(AMD64)] on win32
Type "help", "copyright", "credits" or "license" for more information.
>>>
```

note 프로그램을 실행하면 검은색 화면에 흰색 글씨로 위의 내용이 나타나고 >>> 옆에 커서가 깜박입니다.

?! **문제해결**

파이썬이 실행되지 않아요. [시작] 메뉴에서 파이썬 실행 메뉴를 찾을 수 없다면 Windows + R 키를 눌러 프로그램 실행 창을 띄우고 [cmd]를 입력하면 명령 프롬프트 창이 나타납니다. 여기에 python 명령어를 사용하면 파이썬 인터렉티브 셸에 진입할 수 있습니다. 〉 기호 옆에 [python]을 입력한 후 Enter 키를 누르세요. 위와 같이 설치한 파이썬 버전을 알려주는 내용이 나타나면 파이썬 프로그램이 설치된 것입니다. 만약 확인이 안 되면

- 첫째, 컴퓨터를 껐다가 다시 켜 보세요.
- 둘째, 설치 시 [Add Python 3.10 to PATH]에 체크를 했는지 확인합니다. 만약 체크를 하지 않았다면 설치 프로그램을 다시 실행해 설치해야 합니다.
- 셋째, 윈도우 10 사용자라면 작업 표시줄 시작 아이콘을 클릭한 후 톱니바퀴 모양의 [설정] 아이콘을 클릭합니다. 설정 창이 열리면 [앱] – [앱 실행 별칭]을 클릭하여 python.exe과 python3.exe 관련 [앱 설치 관리자]를 [끔]으로 설정합니다.

→ 질문있어요!

Q 명령 프롬프트에서 python 명령어를 입력했는데 파이썬 버전이 책과 달라요

A 명령 프롬프트에서 python 명령어를 입력했을 때 2.X 버전 파이썬 인터렉티브 셸이 실행되는 경우가 있습니다. 이는 운영체제 또는 다른 프로그램이 이전에 파이썬 2.X 버전을 설치하여, 2.X 버전이 python 명령어를 미리 선점해서 발생하는 현상입니다.

```
                  파이썬 2.7.18 버전으로 실행되었습니다.
> python
Python 2.7.18 (tags/v3.10.3:a342a49, Nov 16 2022, 13:07:40) [MSC v.1929 64 bit
(AMD64)] on win32
Type "help", "copyright", "credits" or "license" for more information.
>>>
```

이러한 문제가 발생하면 python3 명령어를 실행해야 Python 3.X 버전을 사용할 수 있습니다.

```
> python3    python3 명령어를 실행합니다.
Python 3.10.3 (tags/v3.10.3:a342a49, Mar 16 2022, 13:07:40) [MSC v.1929 64 bit
(AMD64)] on win32
Type "help", "copyright", "credits" or "license" for more information.
```

윈도우 운영체제에서는 일반적으로 문제가 되지 않지만, 2022년을 기준으로 macOS 또는 리눅스를 사용할 때는 문제가 될 수 있습니다. 따라서 python 명령어를 입력했을 때 어떤 버전이 나오는지 꼭 확인해 보고 2.X 버전이 실행되면, 앞으로 python 명령어를 사용할 때는 python3 명령어를 입력하세요.

다음과 같이 **프롬프트**prompt라 불리는 〉〉〉에 코드를 한 줄 한 줄 입력하면 곧바로 실행 결과를 볼 수 있습니다. 컴퓨터와 상호 작용하는 공간이라는 의미로 **인터렉티브 셸**이라고 부르며 한 마디씩 주고받는 것처럼 대화한다고 해서 **대화형 셸**이라고 부르기도 합니다.

```
>>> 10 + 10 [Enter]    10 + 10을 입력하니
20                     10과 10을 더해 20을 출력합니다.
>>> "Hello" * 3 [Enter]    Hello라는 문자열을 3번 출력하라는 의미이며
'HelloHelloHello'      'HelloHelloHello'를 출력합니다.
>>>
```

종료 시에는 창의 [닫기 ⊠] 버튼을 클릭합니다.

텍스트 에디터 사용하기(1): 파이썬 IDLE 에디터

대화형 셸은 간단한 실행 결과 등을 확인할 때 활용하면 편리합니다. 그러면 긴 코드를 입력하거나 코드를 저장해야 할 때는 어떻게 할까요?

일반적으로 **텍스트 에디터**^{text editor} 프로그램을 사용합니다. 글자를 적을 수 있는 모든 종류의 프로그램을 말하며 메모장도 텍스트 에디터이므로 파이썬 프로그래밍을 할 수 있습니다.

그래도 최대한 프로그래밍 언어를 쉽게 작성할 수 있도록 도와주는 텍스트 에디터를 사용하면 좋겠죠? 먼저 파이썬과 함께 설치되는 IDLE 에디터 사용 방법을 알아보겠습니다.

파이썬 IDLE 에디터에서 코드 작성하고 실행하기

파이썬은 기본적으로 간단한 통합 개발 환경으로 IDLE을 제공합니다. 텍스트 에디터를 따로 설치할 수 없는 상황이거나 간단하게 테스트 목적으로 사용할 경우에는 IDLE로 개발할 수 있습니다.

note 통합 개발 환경에 대한 설명은 053쪽 [질문있어요!]를 참고하세요.

01 [시작 메뉴] - [Python 3.10] - [IDLE (Python 3.10 OO-bit)]을 실행합니다.

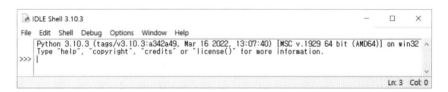

note 이때 3.10이라는 숫자는 설치한 파이썬 버전에 따라서 다를 수 있으며, IDLE이라는 글자 뒤에 (Python GUI) 또는 (Python 3.10 32-bit) 등이 붙어 있을 수 있습니다.

02 Python IDLE은 기본적으로 인터렉티브 셸처럼 파이썬 코드를 입력하고 실행 결과를 곧바로 살펴볼 수 있습니다. 프롬프트에서 명령을 입력하는 방법은 바로 앞에서 설명한 파이썬 인터렉티브 셸과 동일하므로 여기서는 긴 코드를 입력할 때 파일을 만들어 실행하는 방법을 설명하겠습니다. [File] - [New File] 메뉴를 선택합니다.

03 새 창이 나타나면 다음과 같이 입력해 보세요.

```python
print("IDLE에서 파이썬 코드를")
print("작성해서 출력해 보는")
print("예제입니다")
```

04 파일을 실행하려면 저장해야 합니다. [File] − [Save] 메뉴를 선택합니다.

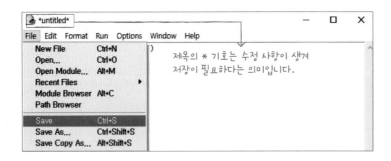

제목의 * 기호는 수정 사항이 생겨
저장이 필요하다는 의미입니다.

05 [다른 이름으로 저장] 대화상자에서 파일 이름을 [sample]로 저장해 주세요(저장 위치는 원하는 폴더를 선택하거나 새 폴더를 생성합니다).

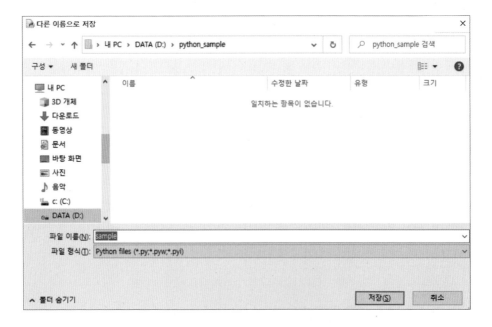

06   이어서 [Run] – [Run Module] 메뉴(또는 F5 단축키)를 선택합니다.

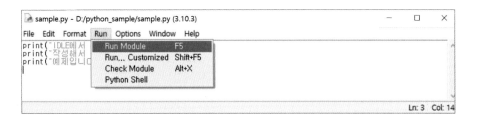

07   파이썬 코드가 실행됩니다.

개발 전용 폰트 설정하기

파이썬 IDLE 에디터를 처음 실행하면 글씨 폰트가 '굴림체'로 지정되어 있습니다. 그런데 코딩을 할 때는 전용 폰트를 사용하는 것이 좋습니다. 그 첫 번째 이유는 '글자의 구분' 때문이고, 두 번째 이유는 '글자의 너비'를 통일하기 위해서입니다.

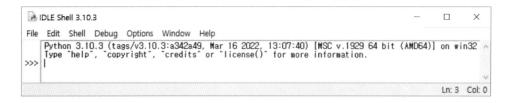

글자 구분이 어려운 경우의 예시를 볼까요? 아래 왼쪽 상자의 글자가 무슨 글자인지 구분이 되나요?

o O 0	o00
lIǀ	lIǀ
일반 글꼴	코딩 전용 글꼴: D2Coding

왼쪽 상자의 첫 번째 줄에 있는 글자는 차례대로 영문 소문자 o, 영문 대문자 O, 숫자 0입니다. 두 번째 줄에 있는 글자는 차례대로 영문 소문자 l(엘), 영문 대문자 I(아이), 기호 ǀ(ALL)입니다. 전혀 구분이 안 되죠? 그래서 일반적으로 프로그램을 개발할 때는 개발 전용 폰트를 사용하는 것이 좋습니다.

오른쪽 상자는 D2Coding으로 설정했을 때 나타나는 코드입니다. 글자 구분이 확실히 되나요?

이번에는 글자 너비 통일이 안 된 경우의 예시를 볼까요? 두 줄 모두 똑같이 여덟 글자를 입력했는데 줄이 맞지 않습니다. 이런 경우 긴 코딩에서 가독성이 매우 떨어집니다. 오른쪽은 나눔고딕 코딩 글꼴로 설정했을 때 나타나는 코드입니다. 너비가 통일되었습니다.

ABCDEFGH	ABCDEFGH
IJKLMNOP	IJKLMNOP
일반 글꼴	코딩 전용 글꼴: 나눔고딕 코딩 글꼴

앞에서 예시로 보여 준 D2Coding과 위에서 예시로 보여 준 나눔고딕 코딩 글꼴은 네이버 혹은 구글에서 검색하여 설치한 후 사용할 수 있습니다.

- D2Coding URL https://github.com/naver/d2codingfont/releases/tag/VER1.3.2
- 나눔고딕 코딩 글꼴 URL https://github.com/naver/nanumfont

이제 [Options] − [Configure IDLE] 메뉴를 선택하고 [Settings] 대화상자의 [Font Face]에서 코딩 전용 글꼴을 설정해 보세요.

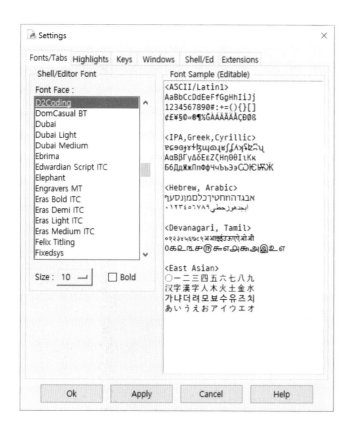

note 파이썬 IDLE 폰트 설정 항목에서 D2Coding 폰트를 찾다 보면 @D2Coding 폰트가 있습니다. IDLE에서 @ 기호가 붙은 한글 폰트들은 글자가 옆으로 누운 폰트입니다. 따라서 @가 붙지 않은 폰트를 선택해서 사용하세요.

텍스트 에디터 사용하기(2): 비주얼 스튜디오 코드

만약 파이썬 프로그램을 혼자 간단하게 개발한다면 파이썬 IDLE 에디터를 사용해도 괜찮습니다. 하지만 일반적으로 긴 코드를 작성하는 현업에서는 프로그래밍 언어를 쉽게 작성할 수 있도록 도와주는 텍스트 에디터를 활용해서 개발하는 경우가 많습니다. 여러 텍스트 에디터 중 **비주얼 스튜디오 코드** Visual Studio Code라는 프로그램을 설치해 보겠습니다.

➕ 여기서 잠깐 | **이 책의 동영상 강의**

앞에서 설명한 파이썬 IDLE 에디터는 사용법이 간단해 보이지만, 그만큼 기능도 많지 않아 긴 코딩을 하기에는 적합하지 않습니다. 이 책의 동영상 강의에서는 책에서 다루지 않는 비주얼 스튜디오 코드의 사용법을 배울 수 있으니 잘 활용해 보길 바랍니다.

비주얼 스튜디오 코드 다운로드해 설치하기

01 일단 비주얼 스튜디오 코드의 설치 프로그램을 다운로드해야 합니다. 비주얼 스튜디오 코드 홈페이지에 접속해서 [Download for Windows]를 클릭하여 설치 파일을 다운로드합니다.

비주얼 스튜디오 코드 홈페이지
URL https://code.visualstudio.com

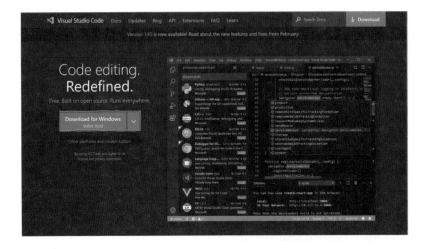

note [Download for OO] 버튼을 클릭하면 컴퓨터 상황에 맞는 설치 파일을 다운로드합니다. 참고로 드롭다운 버튼을 클릭하면 운영체제(macOS, Windows, Linux)와 설치 파일 형식(설치 파일 또는 압축 파일)을 선택해서 다운로드할 수도 있습니다.

02 페이지가 이동되고 설치 파일을 다운로드합니다.

03 다운로드한 비주얼 스튜디오 코드 설치 프로그램을 실행합니다. 설치 창이 나타나면 [동의합니다]를 선택하고 [다음] 버튼을 클릭합니다.

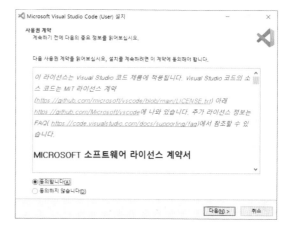

04 설치할 폴더가 표시됩니다. 다른 폴더를 선택하려면 [찾아보기] 버튼을 클릭해 변경하고, 그렇지 않으면 [다음] 버튼을 클릭합니다.

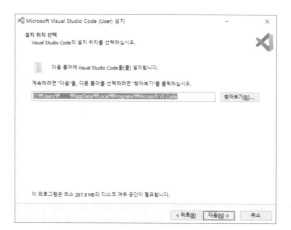

05 시작 메뉴 폴더의 이름을 지정합니다.
[다음] 버튼을 클릭합니다.

06 바탕 화면에 바로 가기를 만들고 싶다
면 [바탕 화면 바로 가기 만들기]를 체
크합니다. 나머지도 작업 시 유용하게
사용되는 부분이므로 모두 체크합니다.
[다음] 버튼을 클릭합니다.

07 대상 위치, 시작 메뉴 폴더, 추가 작업
항목을 확인하고 [설치] 버튼을 클릭
합니다.

08 설치가 완료되면 다음과 같은 화면이 나옵니다. 기본적으로 [Visual Studio Code 실행]에 체크되어 있으므로 [종료] 버튼을 클릭하면 비주얼 스튜디오 코드가 바로 실행됩니다.

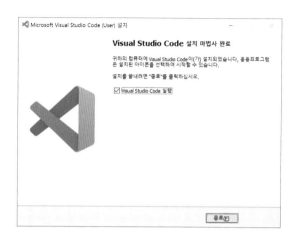

note 만약 [Visual Studio Code 실행]에 체크하지 않아 비주얼 스튜디오 코드가 바로 실행되지 않는다면 바탕 화면에서 [Visual Studio Code] 바로 가기 아이콘을 더블클릭하여 실행합니다.

➔ 질문있어요!

 Q 통합 개발 환경이 뭔가요?

A C와 C++을 공부해 본 사람들에게 친숙한 비주얼 스튜디오와 같은 프로그램은 '텍스트 에디터'와 '코드 실행기', 이 두 가지를 모두 포함하는 통합 개발 환경(Integrated Development Environment; IDE)이라고 부르는 프로그램입니다. 반면 비주얼 스튜디오 코드는 파이썬 코드 실행기를 포함하지 않기 때문에 통합 개발 환경이 아닙니다. 단순히 텍스트를 파이썬 문법에 맞게 작성할 수 있도록 도와주는 텍스트 에디터입니다. 처음에는 많은 메뉴와 시커먼 인터페이스 때문에 어렵게 느껴질 수 있으나 알고 보면 매우 심플하면서도 유용한 프로그램입니다.

비주얼 스튜디오 코드 한글 언어 팩 설치하기

비주얼 스튜디오 코드를 처음 실행하면 언어 팩 설정이 달라 메뉴가 영문으로 되어 있습니다. 아무래도 초보자에게는 한글 메뉴가 익숙하겠죠? 한글 언어 팩을 설치해 보겠습니다.

01 비주얼 스튜디오 코드의 도구 바에서 [확장 ⊞]을 클릭합니다. 그런 다음 검색 창에 [korean]을 입력한 후 마이크로소프트가 제작사인 [Korean Language Pack for Visual Studio Code]를 선택합니다. 그러면 오른쪽에 선택한 확장 팩의 세부 정보가 나타나는데 [Install]을 클릭해 설치합니다.

02 설치가 완료되면 오른쪽 하단에 [Restart] 버튼이 나타납니다. 이를 클릭해 비주얼 스튜디오 코드를 다시 시작합니다.

03 비주얼 스튜디오 코드의 메뉴가 한글로 바뀌었습니다.

note 텍스트 에디터의 종류에는 앞서 설치한 비주얼 스튜디오 코드(Visual Studio Code) 외에 서브라임 텍스트(Sublime Text), 아톰(Atom) 등이 있습니다.

+ 여기서 잠깐 | **비주얼 스튜디오 코드 테마**

비주얼 스튜디오 코드를 처음 실행하면 화면이 '어둡게(Dark)' 테마로 실행됩니다. 테마는 사용자가 원하는 대로 지정할 수 있으며 이 책에서는 스크린샷 가독성을 위해 '밝게(Light)' 테마로 지정했습니다.

테마 변경은 비주얼 스튜디오 코드를 실행하면 처음 나타나는 [시작하기] 탭에서 할 수 있습니다. 이중 [원하는 모양 선택]을 클릭해 보세요. 기본 세 가지 테마 중 선택하거나, [색 테마 찾아보기]를 클릭하면 다양한 테마를 확인할 수 있습니다.

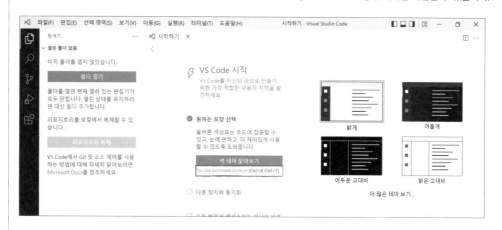

만약 실수로 [시작하기] 탭을 종료했다면 상단 메뉴 바의 [도움말] − [시작하기]를 클릭하면 탭을 다시 열 수 있습니다.

비주얼 스튜디오 코드에서 코드 작성하고 실행하기

자, 이제 비주얼 스튜디오 코드에서는 어떻게 코드를 작성하고 실행하는지 살펴볼까요?

01 비주얼 스튜디오 코드 시작 화면에서 [파일] − [새 텍스트 파일] 메뉴를 선택합니다. 자주 사용하는 메뉴이니 단축키 Ctrl + N 을 함께 기억하면 좋습니다.

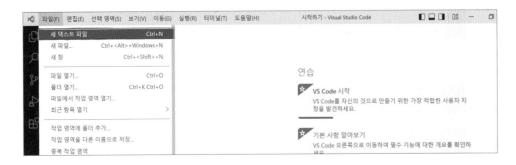

02 새 창이 나타나면 파이썬 코드를 입력해 보겠습니다.

```python
print("Hello Coding Python")
```

03 이어서 [파일] − [저장] 메뉴를 선택해 파일을 저장합니다. 마찬가지로 자주 사용하는 메뉴이므로 단축키 Ctrl + S 를 함께 기억합니다.

04 [다른 이름으로 저장] 대화상자가 나타나면 폴더를 지정하고 [hello.py]라는 이름으로 파일을 저장합니다. 파이썬 프로그램은 'OO.py' 형태로 파일 이름 뒤에 '.py'라는 확장자를 붙여 저장합니다. [저장] 버튼을 클릭합니다.

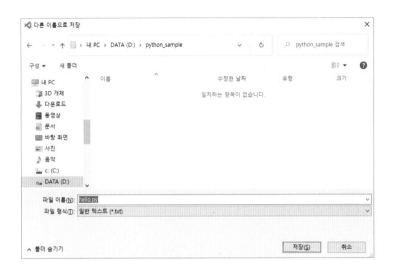

note 파일을 저장하면 비주얼 스튜디오 코드가 파일의 확장자를 확인하고 파이썬 코드를 입력했을 때 자동으로 텍스트 색상 등을 적용해 줍니다.

05 방금 파이썬 파일을 저장하고 나니 화면 오른쪽 하단에 "Python에 권장되는 확장을 설치하시겠습니까?"라는 메시지가 나옵니다. 이는 파이썬을 사용한다면 추천해 줄 확장 프로그램이 있다는 의미입니다. [권장 사항 표시] 버튼을 클릭합니다.

python 확장 기능 설치를 권장하는 메뉴가 나타나지 않아요. 만약 위의 그림처럼 오른쪽 아래에 확장 기능 설치를 권장하는 메뉴가 나타나지 않는다면 왼쪽에 세로로 나열되어 있는 다섯 개의 아이콘 중 마지막에 있는 [확장]을 클릭한 후 검색 창에 [python]을 입력합니다. 그러면 비주얼 스튜디오 코드에 기능을 추가할 수 있는 프로그램들이 나타나는데, 이 중 [Python]을 클릭해 설치하면 됩니다.

➜ 질문있어요!

Q 확장 프로그램을 사용하면 좋은 점은 뭔가요?

A 파이썬 확장 프로그램을 설치하면 파이썬 코드를 쉽게 입력할 수 있는 자동 완성 기능을 사용할 수 있습니다. 또한 실행 중에 변수의 값을 볼 수 있거나 문제가 생겼을 때 버그를 쉽게 찾을 수 있습니다. 이외에도 좋은 점은 많지만 간단하게 이 정도로만 기억해도 좋습니다.

06 그러면 왼쪽에 [확장] 메뉴가 나오는데, 여기서 [Python]을 선택하고 [설치]를 클릭합니다. 설치 후 [다시 로드]를 클릭하면 비주얼 스튜디오 코드 화면을 불러옵니다.

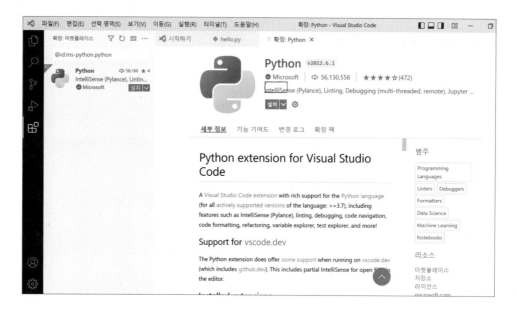

07 자, 이제 방금 작성한 파이썬 프로그램을 실행해 보겠습니다. 탐색기를 열고 코드 파일을 저장한 폴더로 이동합니다. 이어서 [Shift] 키를 누른 상태로 빈 곳을 마우스 오른쪽 버튼으로 클릭하고 나타나는 메뉴에서 [여기서 PowerShell 창 열기] 또는 [여기에 명령 창 열기]를 선택합니다.

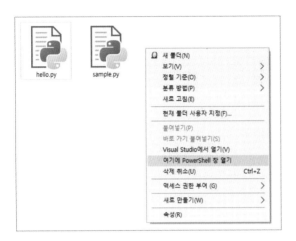

?! 문제해결

.py라는 확장자가 보이지 않아요. 윈도우 10이나 11을 사용하고 있다면 탐색기에서 .py라는 확장자가 안 보이고 파일명만 보일 수 있습니다. 일반적으로 개발을 할 때는 확장자가 보이는 것이 편하기 때문에 탐색기의 [보기] 메뉴에서 [파일 확장명]을 체크해 주는 것이 좋습니다.

08 해당 폴더에서 윈도우 파워셸 또는 명령 프롬프트가 실행됩니다. 윈도우 파워셸이나 명령 프롬프트에서 파이썬 프로그램을 실행할 때는 python 명령어를 사용합니다. 그러므로 여러분들은 [python hello.py]만 입력하고 [Enter] 키를 누릅니다.

>는 명령 입력 위치를 알려주는 명령 프롬프트 기호입니다.

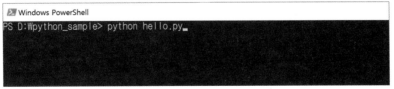

note [여기에 명령 창 열기]를 클릭했다면 명령 프롬프트(cmd)가 실행됩니다. 명령 프롬프트에서 파일을 실행해도 결과는 같습니다.

09 Hello Coding Python이 출력됩니다.

```
Hello Coding Python
```

```
Windows PowerShell
PS D:\python_sample> python hello.py
Hello Coding Python
PS D:\python_sample>
```

이처럼 간단한 대화 형식으로 명령어를 입력해서 무언가를 실행하는 공간을 **셸**^{shell}이라고 합니다. 사전적인 의미로는 '운영 체제 상에서 다양한 운영 체제 기능과 서비스를 구현하는 인터페이스를 제공하는 프로그램'이라고 하지요.

셸에서는 코드를 입력해서 다른 프로그램을 실행하거나, 특정 기능을 수행할 수 있습니다. 파이썬을 실행할 때는 두 가지 셸을 활용할 수 있습니다. 첫 번째는 앞서 파일을 실행해 본 윈도우 기본 셸인 **윈도우 파워셸**^{Windows PowerShell}이고, 두 번째는 043쪽에서 살펴본 **파이썬 인터렉티브 셸**입니다.

기본 셸에서 할 수 있는 일과 파이썬 인터렉티브 셸에서 할 수 있는 일은 다릅니다. 기본 셸에서는 python 명령어를 실행해서 다른 프로그램을 실행할 수 있고, 파이썬 인터랙티브 셸에서는 간단한 파이썬 코드를 입력하고 실행할 수 있습니다.

윈도우 기본 셸은 입력하는 곳이 **> 기호**로 표시됩니다.

```
# 윈도우 기본 셸: python 명령어를 입력합니다.
>
```

파이썬 인터랙티브 셸은 입력하는 곳이 **>>> 기호**로 표시됩니다. 윈도우 기본 셸에서 **python 명령어**를 실행하면 진입할 수 있습니다.

```
# 파이썬 인터렉티브 셸: 파이썬 코드를 입력합니다.
>>>
```

파이썬을 처음하는 초보자가 자주하는 실수 해결 방법

상황 셸에서 파일을 실행했는데 아무런 반응이 없어요.

프로그램은 오류가 발생했을 때 오류 메시지를 출력합니다. 코드가 실행되지 않고 아무런 오류 메시지 출력도 없이 다시 명령 프롬프트가 출력된다면 파일을 저장하지 않은 것입니다.

```
> python hello.py
>
```

해결 프로그램 파일을 저장하고 실행했는지 확인하세요. 초보자가 자주 하는 실수입니다.

상황 'python' 용어가 없다는 오류가 떠요.

python 명령어를 실행했을 때 다음과 같이 'python' 용어가 없다는 오류가 뜨는 경우가 있습니다.

```
> python test.py
python : 'python' 용어가 cmdlet, 함수, 스크립트 파일 또는 실행할 수 있는 프로그램
이름으로 인식되지 않습니다. 이름이 정확한지 확인하고 경로가 포함된 경우 경로가 올바른지
검증한 다음 다시 시도하십시오.
```

해결 먼저 명령어를 실행한 폴더 위치가 파이썬 파일이 있는 폴더가 맞는지 확인하세요. 위치가 맞는데도 실행이 안 되면 윈도우를 다시 시작한 후 python 명령어를 실행해 보기 바랍니다. 윈도우를 다시 시작해도 같은 오류가 발생한다면 파이썬을 설치할 때 파이썬 [Add Python 3.10 to PATH]를 체크하지 않고 설치한 것입니다(042쪽 01번). 이럴 때는 어쩔 수 없이 파이썬을 다시 설치해야 합니다. 설치할 때 실행 경로(PATH) 추가를 반드시 체크하세요.

상황 File "<stdin>", line 1이라는 오류가 떠요.

파이썬 인터렉티브 셸에서 python 명령어를 입력하면 발생하는 오류입니다. 따라서 파이썬 명령어를 입력하면 일반적으로 다음과 같은 오류가 발생합니다.

```
>>> python test.py
  File "<stdin>", line 1
    python test.py
         ^
SyntaxError: invalid syntax
```

note 파이썬 인터렉티브 셸은 명령어를 입력하는 곳이 >>> 기호로 표시됩니다.

해결 exit() 명령어로 파이썬 인터렉티브 셸을 벗어난 후 명령 프롬프트에서 python 명령어를 입력합니다.

```
>>> python test.py
  File "<stdin>", line 1
    python test.py
         ^
SyntaxError: invalid syntax
>>> exit()     ──→파이썬 인터렉티브 셸을 벗어납니다.
> python test.py     ──→앞이 >>>가 아닌 곳에서 python 명령어를 입력합니다.
```

파이썬을 하기 위한 준비 끝!

코드 실행기 사용하기: 윈도우 파워셸

필자는 파이썬 인터렉티브 셸을 활용해서 파이썬 코드를 작성하고 실행하는 것보다 ❶ 비주얼 스튜디오 코드로 코드를 작성하고 ❷ 파워셸 또는 터미널 등의 셸에서 파이썬 명령어를 입력해서 코드를 실행하는 것을 추천합니다. 파이썬 기초 단계를 넘어가면 더 이상 IDLE를 사용하지 않지만, 프롬프트에서 명령어를 입력해서 실행하는 방법은 계속 활용하기 때문입니다. 셀 환경에 익숙해지면 클라우드 환경에서 웹 서버를 실행해서 배포하거나, 머신러닝 모델을 훨씬 성능이 좋은 컴퓨터를 빌려 구성하는 등 훨씬 다양한 작업도 가능합니다. 따라서 윈도우 환경을 사용한다면 **윈도우 파워셸**(또는 명령 프롬프트)을, macOS환경이라면 **터미널**Terminal에 미리 익숙해지는 것이 좋습니다. 이 책은 윈도우 환경을 기준으로 설명하므로 윈도우 파워셸을 한번 살펴보겠습니다.

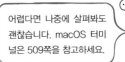 어렵다면 나중에 살펴봐도 괜찮습니다. macOS 터미널은 509쪽을 참고하세요.

윈도우 파워셸 실행하기

01 윈도우 10이나 11 사용자라면 작업 표시줄 시작 아이콘 버튼 옆의 검색 창에 [po]를 입력하면 Windows PowerShell이 바로 검색됩니다. 여기서 [Windows PowerShell]을 바로 선택하거나, [정보 더 보기 >]를 클릭한 후 [열기]를 클릭하면 윈도우 파워셸이 실행됩니다.

note 작업 표시줄에 검색 창이 보이지 않는다면 [Windows] + [R]키를 눌러 [실행] 프로그램을 실행한 후, [powershell]을 입력하고 [확인] 버튼을 클릭해도 윈도우 파워셸을 실행할 수 있습니다.

02 Windows PowerShell 창이 나타나면 현재 폴더 위치가 출력됩니다. 만약 파워셸을 처음 실행했다면 다음과 같이 출력됩니다. 현재 폴더가 'C:₩Users₩사용자_이름'에 위치한다는 것을 알 수 있습니다.

PS C:\Users\사용자_이름>

↓   ↓

Power Shell이라는 의미   윈도우 로그인에 사용한 계정 이름

현재 폴더 확인하기: ls 명령어

현재 폴더에 있는 파일을 확인할 때는 ls 명령어 또는 dir 명령어, Get-ChildItem 명령어를 사용합니다. 모두 같은 결과를 출력합니다.

예를 들어 필자의 컴퓨터에서 ls 명령어를 입력하면 '사용자_이름' 폴더에 어떤 파일이 있는지 목록을 확인할 수 있습니다.

```
PS C:\Users\사용자_이름> ls


    디렉터리: C:\Users\사용자_이름


Mode                 LastWriteTime         Length Name
----                 -------------         ------ ----
d-r---        2022-03-20   오후 3:55                Desktop
d-r---        2022-03-18   오후 6:35                Documents
d-r---        2022-03-22   오후 5:15                Downloads
d-r---        2022-03-18   오후 6:35                Favorites
d-----        2022-01-29   오후 3:23                Intel
d-r---        2022-03-18   오후 6:35                Links
d-r---        2022-03-18   오후 6:35                Music
...생략...
```

ls 명령어를 사용했을 때 실행 결과가 너무 많이 출력되어서 현재 폴더에 어떤 파일이 있는지 헷갈린다면 explorer 명령어로 탐색기를 실행해 보세요. 다음과 같이 **마침표(.)**를 사용하면 익숙한 폴더 창 형태로 현재 폴더 내용을 확인할 수 있습니다.

> explorer는 탐색기를 뜻하는 영어이고, 마침표(.)는 현재 폴더를 의미하는 컴퓨터 기호입니다.

```
PS C:\Users\사용자_이름> explorer .   ──→ 명령어 뒤에 마침표를 한 칸 띄어 씁니다.
PS C:\Users\사용자_이름>
```

➕ 여기서 잠깐   ls 명령어 실행 결과와 탐색기에 있는 폴더 이름이 달라요

사용자 폴더(C:\User\사용자_이름)를 ls 명령어로 출력했을 때, 탐색기에서 보았을 때와 달리 사진 폴더는 Pictures, 다운로드 폴더는 Downloads, 문서 폴더는 Documents, 바탕화면 폴더는 Desktop으로 출력됩니다. 사실 파워셸에 출력되는 폴더 이름이 원래 폴더 이름입니다. 탐색기에서 출력되는 한글 이름은 우리가 한국어 버전의 윈도우를 사용하므로 이를 번역해서 보여주는 것입니다. 따라서 파워셸에서 보이는 폴더 이름이 영어라면 파워셸에서 폴더를 지정할 때 영어 이름을 사용해야 합니다.

폴더로 이동하기: cd 명령어

특정 폴더 위치에서 다른 위치로 이동하고 싶을 때는 **cd 명령어**를 사용합니다. 예를 들어 바탕화면(Desktop) 폴더로 이동하고 싶다면 다음과 같이 사용합니다.

```
PS C:\Users\사용자_이름> cd Desktop
PS C:\Users\사용자_이름\Desktop>   ──→ 실행 위치가 Desktop 폴더로 변경됩니다.
```

만약 다시 상위 폴더로 돌아가려면 cd .. 명령어를 사용합니다.

```
PS C:\Users\사용자_이름\Desktop> cd ..   ──→ 마침표 2개(..)는 상위 폴더를 의미합니다.
PS C:\Users\사용자_이름>
```

폴더 이름을 지정할 때는 폴더 이름을 모두 입력할 필요가 없습니다. Desktop을 입력할 때 De 정도만 입력하고 Tab 키를 누르면 편리하게도 남은 부분이 자동 완성됩니다. 명령어가 cd Desktop/ 형태로 자동 완성되는데 cd Desktop으로 실행했을 때와 결과가 같습니다.

이동하려는 폴더 이름에 띄어쓰기가 포함되어 있을 때도 있을 겁니다. 이때는 큰따옴표나 작은따옴표를 사용해서 폴더 이름을 감싸야 합니다. 예를 들어 이름이 '파이썬 예제' 폴더로 이동하려면 다음과 같이 작성합니다.

```
PS C:\Users\사용자_이름> cd "파이썬 예제"
PS C:\Users\사용자_이름\파이썬 예제>
```

note 띄어쓰기가 포함된 폴더 이름도 앞에 '파이' 정도만 입력하고 [Tab]키를 누르면 나머지 부분이 자동 완성됩니다.

note 한글 폴더 이름을 예로 들었지만, 코드를 실행할 폴더는 가급적 띄어쓰기가 없는 영문 이름의 폴더를 사용하세요.

파이썬 파일 실행하기: python 명령어

파이썬 파일을 실행할 때는 **python 명령어**를 사용합니다. 이때 명령어를 실행하는 위치와 파이썬 파일이 있는 위치는 일치해야 합니다. 예를 들어 'test.py'라는 파이썬 파일을 실행하고 싶은데 파일이 바탕 화면의 'python_sample'라는 폴더에 들어있다면 코드는 다음과 같이 작성합니다.

```
PS C:\Users\사용자_이름> cd Desktop      ──→바탕화면으로 이동합니다.
PS C:\Users\사용자_이름\Desktop> cd python_sample   ──→python_sample 폴더로 이동합니다.
PS C:\Users\사용자_이름\Desktop\python_sample> python test.py ──→파이썬 파일을 실행합니다.
```

또는 다음과 같이 폴더 경로를 입력하면 cd 명령어를 여러 번 사용하여 폴더를 이동하지 않고 한 번에 폴더를 이동하여 파일을 실행할 수 있습니다.

```
PS C:\Users\사용자_이름> cd c:\Users\사용자_이름\Desktop\python_sample
PS C:\Users\사용자_이름\Desktop\python_sample> python test.py
```

+ 여기서 잠깐   **파이썬 파일이 있는 폴더에서 바로 파워셸을 실행하기**

파이썬 파일이 위치한 폴더에서 바로 파워셸을 실행할 수 있습니다. 59쪽 07번에서 실습한 방법이 바로 이 방법입니다.

파워셸을 실행하고 싶은 폴더에서 [Shift]+[마우스 오른쪽]을 클릭하면 이미지와 같은 컨텍스트 메뉴가 실행됩니다. 여기에서 [여기에 PowerShell 창 열기]를 클릭하면 파워셸이 실행됩니다.

앞으로 파이썬 코드를 실행할 때는 ❶ 파이썬 파일을 원하는 폴더에 작성하고 ❷ 해당 폴더에서 파워셸을 실행한 후 ❸ python 명령어로 파이썬 파일을 실행하는 방법으로 코드를 실습하니 꼭 익혀두세요.

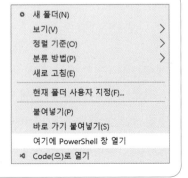

마무리

▶ 5가지 키워드로 정리하는 핵심 포인트

• 파이썬을 하려면 파이썬 코드를 입력할 수 있는 **텍스트 에디터**와 파이썬 코드를 실행할 수 있는 도구인 **파이썬 인터프리터**가 필요합니다.

• 파이썬은 명령 프롬프트의 〉〉〉에 코드를 입력하면 바로 실행 결과를 볼 수 있는데, 이는 한 마디씩 주고받는 것처럼 대화한다고 해서 **인터렉티브 셸(대화형 셸)**이라고 합니다.

• 파이썬으로 작성한 파일은 해당 폴더의 **윈도우 파워셸**이나 명령 프롬프트에서 **python 명령어**로 실행할 수 있습니다.

▶ 확인문제

1. 파이썬 IDLE 에디터를 실행한 후 다음 명령을 입력했을 때 나오는 결과를 빈칸에 적어 보세요.

```
>>> print("Hello Python")
```

2. 텍스트 에디터에서 다음 소스 코드를 입력하고 ex01.py로 저장한 후 실행해 나오는 결과를 빈칸에 적어 보세요. 텍스트 에디터는 파이썬 IDLE 에디터나 비주얼 스튜디오 코드, 둘 중 어떤 것을 사용해도 상관없습니다.

```
print("Hello! " * 3)
print("혼자 공부하다 모르면 동영상 강의를 참고하세요!")
```

🖥 실행 결과   ✕

hint
1. 파이썬 IDLE 에디터는 [시작 메뉴] – [Python 3.10] – [IDLE]을 선택해 실행합니다.

2. 파이썬 IDLE 에디터 사용법은 045쪽, 비주얼 스튜디오 코드 사용법은 050쪽을 참고하세요.

01-3 이 책에서 자주 나오는 파이썬 용어들

핵심 키워드 표현식 키워드 식별자 주석 print( )

실습 환경 구축까지 모두 마쳤다면 이제 파이썬을 본격적으로 시작하기에 앞서 파이썬에서 사용하는 기본 용어들은 무엇이 있는지 살펴보겠습니다. 앞으로도 계속 나오는 용어이므로 주의 깊게 살펴보세요.

시작하기 전에

프로그래밍 언어를 공부하다 보면 낯선 용어들이 많이 나옵니다. 용어를 얼마나 잘 이해하고 있는지에 따라 앞으로 공부할 내용을 습득하는 속도가 달라질 수 있습니다. 꼭 정리하고 넘어가기 바랍니다.

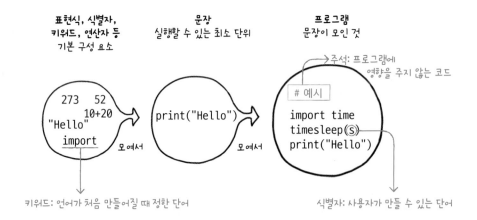

문장

실행할 수 있는 코드의 최소 단위를 **문장**statement라고 합니다. 파이썬은 '한 줄이 하나의 문장이다'라고 생각해도 됩니다. 문장들이 모이면 **프로그램**program이 됩니다.

```python
# 실행되는 모든 한 줄 코드는 문장입니다.
print("Python Programming") # 문장
10 + 20                     # 문장
```

현실의 문장처럼 프로그래밍 언어의 문장도 여러 단어로 구성됩니다. 그럼 단어들에 어떤 종류가 있는지 살펴봅시다.

표현식

파이썬에서는 어떠한 값을 만들어 내는 간단한 코드를 **표현식**expression이라고 부릅니다. 이때 값은 다음과 같이 숫자, 수식, 문자열 등과 같은 것을 의미합니다.

```python
273
10 + 20 + 30 * 10
"Python Programming"
```

그러면 +, −와 같이 기호가 아무것도 없이 있을 때는 표현식일까요?

```python
+
−
```

이것은 표현식이 아닙니다. +, −는 그것 자체만으로 어떠한 값도 만들어 낼 수 없기 때문입니다. 그렇기 때문에 표현식이라고 할 수 없습니다.

키워드

키워드keyword는 특별한 의미가 부여된 단어로 파이썬이 만들어질 때 이미 사용하겠다고 예약해 놓은 것입니다. 사용자가 키워드인지 아닌지를 구분해야 하는 이유는 프로그래밍 언어에서 사용자가 이름을 정할 때 키워드를 사용하면 안 되기 때문입니다.

현재 파이썬은 다음과 같은 키워드를 사용합니다.

False	None	True	and	as	assert
async	await	break	class	continue	def
del	elif	else	except	finally	for
from	global	if	import	in	is
lambda	nonlocal	not	or	pass	raise
return	try	while	with	yield	

파이썬은 대소문자를 구분합니다. 예를 들어 True는 키워드이지만 true는 키워드가 아닙니다. 즉 True로는 이름을 정할 수 없고 true로는 이름을 정할 수 있다는 것입니다. 갑자기 '이 낯선 단어를 다 외워야 하나' 하고 당황스러웠을 것 같은데요, 이 키워드는 앞으로 공부하다 보면 저절로 익힐 수 있으므로 지금은 키워드가 무엇인지만 알고 넘어가도 됩니다.

> note 코드 전용 에디터를 사용해 보면 코드를 입력할 때 일반적인 단어들은 흰색 또는 검은색으로 표시되나 키워드들은 특별한 색상으로 들어가기 때문에 쉽게 구분할 수 있습니다.

혹시 이후에 사용하는 단어가 키워드인지 아닌지 꼭 확인해야 할 경우가 있을 것입니다. 그때는 다음과 같은 코드로 파이썬의 키워드를 확인해 보세요.

```
>>> import keyword
>>> print(keyword.kwlist)
```

다음과 같이 출력합니다. 위의 표에서 봤듯이 모두 파이썬의 키워드입니다.

```
['False', 'None', 'True', 'and', 'as', 'assert', 'async', 'await', 'break',
'class', 'continue', 'def', 'del', 'elif', 'else', 'except', 'finally', 'for',
'from', 'global', 'if', 'import', 'in', 'is', 'lambda', 'nonlocal', 'not', 'or',
'pass', 'raise', 'return', 'try', 'while', 'with', 'yield']
```

식별자

식별자^{identifier}는 프로그래밍 언어에서 이름을 붙일 때 사용하는 단어입니다. 주로 변수 또는 함수 이름 등으로 사용됩니다.

식별자는 기본적으로 다음과 같은 규칙을 지켜 만들어야 합니다.

- 키워드를 사용하면 안 됩니다.
- 특수 문자는 언더 바(_)만 허용됩니다.
- 숫자로 시작하면 안 됩니다.
- 공백을 포함할 수 없습니다.

위 규칙에 맞는 단어는 모두 식별자로 사용할 수 있습니다. 다음 표에서 왼쪽의 단어는 모두 식별자로 사용할 수 있지만, 오른쪽의 단어는 모두 식별자로 사용할 수 없습니다. 식별자로 사용할 수 없는 이유를 꼭 확인하세요.

사용 가능한 단어	사용 불가능한 단어	
alpha	break	→ 키워드라서 안 됩니다.
alpha10		
_alpha	273alpha	→ 숫자로 시작해서 안 됩니다.
AlPHa		
ALPHA	has space	→ 공백을 포함해서 안 됩니다.

식별자를 만들 때는 한글, 한자, 일본어와 같은 전 세계의 언어를 모두 사용할 수 있지만, 알파벳을 사용하는 것이 관례입니다. 또한 a, b처럼 의미 없는 단어보다 file, output처럼 의미 있는 단어를 사용하는 것이 좋습니다.

스네이크 케이스와 캐멀 케이스

식별자에는 공백을 사용할 수 없습니다. 다음과 같은 식별자의 의미를 쉽게 이해할 수 있나요?

```
itemlist        loginstatus        characterhp        rotateangle
```

조금 생각해 보면 이해할 수 있겠지만, 공백이 없어서 재빠르게 이해하기 힘듭니다. 그래서 개발자들은 다음과 같은 두 가지 방법을 사용해 식별자를 쉽게 이해할 수 있도록 했습니다.

첫째, 단어 사이에 언더 바(_) 기호를 붙여 식별자를 만듭니다.

예를 들면 itemlist를 item_list로 쓰는 것입니다. 이러한 것을 스네이크 케이스snake_case라고 합니다.

둘째, 단어들의 첫 글자를 대문자로 만들어 식별자를 만듭니다.

예를 들면 itemlist를 ItemList로 쓰는 것입니다. 이러한 것을 캐멀 케이스CamelCase라고 합니다.

다음 예를 살펴보면 이전보다 훨씬 쉽게 이해할 수 있습니다.

식별자에 공백이 없는 경우	단어 사이에 _ 기호를 붙인 경우 (스네이크 케이스)	단어 첫 글자를 대문자로 만든 경우 (캐멀 케이스)
itemlist	item_list	ItemList
loginstatus	login_status	LoginStatus
characterhp	character_hp	CharacterHp
rotateangle	rotate_angle	RotateAngle

참고로 스네이크 케이스는 글자들이 뱀처럼 연결된다고 해서, 캐멀 케이스는 글자들이 낙타 같다고 해서 붙은 이름입니다. 대부분의 프로그래밍 언어는 스네이크 케이스와 캐멀 케이스 둘 중의 하나만 사용하는 경우가 많은데 파이썬은 두 가지를 모두 사용합니다.

> 스네이크 케이스는 단어 사이를 언더 바(_) 기호로 연결한 것. 캐멀 케이스는 단어의 첫 글자를 대문자로 연결한 것.

snake_case   CamelCase

식별자 구분하기

원래 캐멀 케이스는 '첫 번째 글자를 대문자로 적는다'와 '첫 번째 글자를 소문자로 적는다'로 구분합니다. 하지만 파이썬에서는 '첫 번째 글자를 소문자로 적는다'라는 캐멀 케이스는 사용하지 않습니다. 예를 들면 다음과 같습니다.

캐멀 케이스 유형 1: PrintHello ⟶ 파이썬에서 사용합니다.
캐멀 케이스 유형 2: printHello ⟶ 파이썬에서 사용하지 않습니다.

따라서 파이썬에서는 첫 번째 글자가 소문자라면 무조건 스네이크 케이스입니다. 다음과 같은 식별자는 모두 스네이크 케이스로 적힌 단어입니다.

| print | input | list | str | map | filter |

반대로 첫 번째 글자가 대문자라면 무조건 캐멀 케이스입니다. 다음과 같은 식별자는 모두 캐멀 케이스로 적힌 단어입니다.

| Animal | Customer |

식별자는 굉장히 많은 곳에 사용됩니다. 자세한 내용은 뒷부분에서 알아보겠지만, 간단하게 식별자를 구분하는 방법을 살펴보고 넘어가겠습니다.

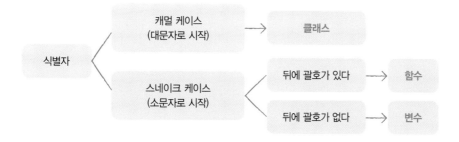

캐멀 케이스로 작성되어 있으면 **클래스**이며, 스네이크 케이스로 작성되어 있으면 **함수** 또는 **변수**입니다. 그리고 뒤에 괄호가 붙어 있으면 **함수**이고, 괄호가 없으면 **변수**입니다. 단순한 구분이라 약간의 예외가 있지만, 대부분의 경우에는 이처럼 구분해도 문제 없습니다.

그럼 다음 코드에서 굵게 표시된 식별자가 클래스인지, 변수인지, 함수인지 구분해 보세요.

```
1. print()
2. list()
3. soup.select()
4. math.pi
5. math.e
6. class Animal:
7. BeautifulSoup()
```

풀이하면 다음과 같습니다.

1. 스네이크 케이스 뒤에 괄호가 붙어 있으므로 **함수**입니다.

2. 스네이크 케이스 뒤에 괄호가 붙어 있으므로 **함수**입니다.

3. 스네이크 케이스 뒤에 괄호가 붙어 있으므로 **함수**입니다.

4. 스네이크 케이스 뒤에 괄호가 없으므로 **변수**입니다.

5. 스네이크 케이스 뒤에 괄호가 없으므로 **변수**입니다.

6. 캐멀 케이스이므로 **클래스**입니다.

7. 캐멀 케이스이므로 일단 **클래스**입니다. 그런데 뒤에 괄호가 있습니다. **클래스 생성자**라고 부르는 특이한 형태의 함수입니다. 이는 8장에서 자세히 살펴보겠습니다. 일단 BeautifulSoup이라는 식별자는 클래스라는 것을 알 수 있습니다.

모두 맞췄나요? 사실 이런 이름 규칙을 지키지 않아도 프로그램 작성에는 아무런 영향을 주지 않습니다. 하지만 모든 파이썬 개발자들이 지켜서 사용하는 규칙이고, 이러한 규칙이 있어야 식별자를 보았을 때 해당 식별자가 무엇을 하는 것인지 한 번에 이해할 수 있습니다. 따라서 꼭 지켜 주세요.

주석

주석comment은 프로그램의 진행에 전혀 영향을 주지 않는 코드로, 프로그램을 설명하기 위해 사용합니다. 파이썬은 다음과 같이 주석으로 처리하고자 하는 부분 앞에 # 기호를 붙여 주석 처리합니다. # 이후의 글자는 주석 처리되어 프로그램에 어떠한 영향도 주지 않습니다.

```
>>> # 간단히 출력하는 예입니다.
>>> print("Hello! Python Programming...") # 문자열을 출력합니다.
Hello! Python Programming...
```
→ # 기호 뒷부분이
주석 처리됩니다.

연산자와 자료

연산자는 스스로 값이 되는 것은 아니고 값과 값 사이에 무언가 기능을 적용할 때 사용하는 것을 말합니다. 즉 +, −와 같이 단독으로 쓰일 때는 아무 의미를 갖지 못하지만, 아래와 같이 양쪽에 숫자가 있을 때는 +는 더하기, −는 빼기와 같은 기능을 수행하는 것을 말합니다.

```
>>> 1 + 1
2
>>> 10 - 10
0
```

자료를 **리터럴**literal이라고도 하는데, 이 책에서는 쉽게 이해할 수 있는 **자료**라는 단어로 설명을 시작하겠습니다. 자료란 아래 예시처럼 그게 숫자이든지 문자이든지 어떠한 **값** 자체를 의미합니다. 자세한 내용은 2장을 참고하세요.

```
1
10
"Hello"
```

출력: print( )

현재 무엇을 하는지 알 수 있도록 메시지를 출력하는 기본 방법을 알아보겠습니다. 파이썬의 가장 기본적인 출력 방법은 print() 함수를 사용하는 것입니다. print() 함수는 다음과 같이 함수의 괄호 안에 출력하고 싶은 것을 나열해서 사용합니다.

print(출력1, 출력2, ...)

출력하고 싶은 내용을 적으면 됩니다. 여러 개를 넣어도 괜찮아요.

print() 함수를 사용해서 간단한 출력을 실행해 보겠습니다.

하나만 출력하기

print() 함수 괄호 안에 출력하고 싶은 내용을 적습니다. 하나만 입력하고 출력해 보겠습니다.

```
>>> print("Hello Python Programming...!")
Hello Python Programming...!
>>> print(52)
52
>>> print(273)
273
```

여러 개 출력하기

print() 함수 뒤에 출력하고 싶은 내용을 쉼표로 연결해서 여러 개 적어도 됩니다. 여기서는 숫자와 문자열의 혼합, 그리고 네 개의 문자열을 출력하는 예제를 실행해 보겠습니다.

```
>>> print(52, 273, "Hello")
52 273 Hello
>>> print("안녕하세요", "저의", "이름은", "윤인성입니다!")
안녕하세요 저의 이름은 윤인성입니다!
```

줄바꿈하기

print() 함수 괄호 안에 아무것도 입력하지 않으면 어떻게 될까요? 이런 경우에는 정말 아무것도 출력하지 않고 단순하게 **줄바꿈**을 합니다. 대화형 셸에 print()를 입력하면 아무것도 출력하지 않고 빈 한 줄을 만든 후 프롬프트를 표시합니다.

```
>>> print()
          ──→ 빈 줄을 출력합니다.
>>>
```

지금까지 프롬프트에 입력한 코드를 텍스트 에디터에 입력하여 한꺼번에 그 결과를 살펴보겠습니다.

텍스트 에디터로 코드를 작성하고 실행하는 방법이 기억나지 않는 독자를 위해 다시 한번 설명하겠습니다. 파이썬 IDLE 에디터든 비주얼 스튜디오 코드든 원하는 에디터에 다음과 같은 코드를 입력하고 원하는 폴더에 output.py 이름으로 저장합니다.

직접 해보는 손코딩

기본 출력　소스 코드 `output.py`

```
01  # 하나만 출력합니다.
02  print("# 하나만 출력합니다.")
03  print("Hello Python Programming...!")
04  print()
05
06  # 여러 개를 출력합니다.
07  print("# 여러 개를 출력합니다.")
08  print(10, 20, 30, 40, 50)
09  print("안녕하세요", "저의", "이름은", "윤인성입니다!")
10  print()
11
12  # 아무것도 입력하지 않으면 단순하게 줄바꿈합니다.
13  print("# 아무것도 출력하지 않습니다.")
14  print("--- 확인 전용선 ---")
15  print()
16  print()
17  print("--- 확인 전용선 ---")
```

note 〈직접 해보는 손코딩〉의 왼쪽 두 자리 숫자는 각 행을 지정하면서 설명하기 위해 입력한 것입니다. 코드를 입력할 때는 직접 입력하지 않도록 주의하세요.

먼저, 파이썬 IDLE 에디터에서의 실행 방법입니다. [Run] - [Run Module] 메뉴를 선택합니다.

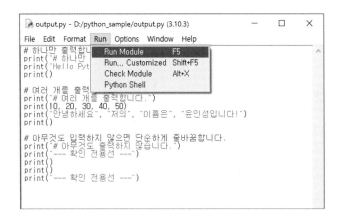

다음은 비주얼 스튜디오 코드에서의 실행 방법입니다. 탐색기에서 파일을 저장한 폴더로 이동합니다. Shift 키를 누른 채로 빈 곳을 마우스 오른쪽 버튼으로 클릭한 후 나타나는 메뉴에서 [여기에 PowerShell 창 열기](혹은 [여기서 명령 창 열기])를 선택합니다.

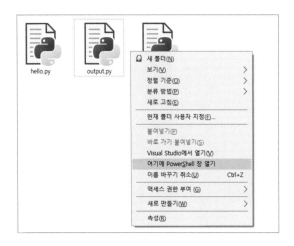

윈도우 파워셸 또는 명령 프롬프트가 실행되면 다음과 같이 **python 명령어**를 사용해서 해당 파일을 실행해 주세요.

```
> python output.py
```

특정 폴더에서 실행된 윈도우 파워셸이나 명령 프롬프트는 종료하지 않고, 계속해서 사용하면 됩니다. 비주얼 스튜디오 코드도 마찬가지로 종료하지 않고 계속 사용해도 됩니다.

프로그램을 실행하면 다음과 같이 출력됩니다. 괄호 안에 쉼표로 구분해서 넣은 것들은 공백으로 구분되어 출력됩니다.

```
# 하나만 출력합니다.
Hello Python Programming...!

# 여러 개를 출력합니다.
10 20 30 40 50
안녕하세요 저의 이름은 윤인성입니다!

# 아무것도 출력하지 않습니다.
--- 확인 전용선 ---



--- 확인 전용선 ---
```

출력할 때 사용한 print( ) 함수는 073쪽 〈식별자 구분하기〉에서 언급했던 것처럼 뒤에 괄호가 있으므로 **함수**^{function}라고 부릅니다. 함수의 괄호 내부에는 문자열 등의 자료를 입력합니다. 자료는 '어떤 상태를 가지고 있는 것', 함수는 '어떤 처리를 하는 것'이라고 말할 수 있습니다. 함수와 관련된 내용은 5장에서 자세하게 다루고, 괄호 내부에 어떤 자료를 넣을 수 있는지 2장에서 살펴보겠습니다.

> **➡️ 질문있어요!**
>
> **Q** 표현식만 써도 출력되는데 print() 함수를 왜 쓰나요?
>
> **A** 인터렉티브 셀에 간단한 표현식을 입력하면 다음과 같이 값을 곧바로 출력합니다. 하지만 파일로 실행할 때는 반드시 print( ) 함수를 사용해야 값을 출력합니다. 일반적으로 인터랙티브 셀은 간단한 한 줄짜리 코드의 실행 결과를 보기 위한 용도 등으로 간단하게 사용합니다. 따라서 프로그램을 만들 때는 "출력할 때는 무조건 print( ) 함수를 사용한다"고 기억해 주세요.
>
> ```
> >>> 1 + 10
> 11
> ```

마무리

▶ 5가지 키워드로 정리하는 핵심 포인트

- 파이썬에서는 값을 만들어 내는 간단한 코드를 **표현식**이라고 부릅니다.

- **키워드**는 의미가 부여된 특별한 단어로, 사용자가 지정하는 이름에 사용하면 안 됩니다.

- **식별자**는 프로그래밍 언어에서 이름을 붙일 때 사용하는 단어입니다.

- **주석**은 프로그램을 설명하는 데 사용하며, 프로그램에는 어떠한 영향도 주지 않습니다.

- **print( )** 함수는 파이썬의 가장 기본적인 출력 방법으로 괄호 안에 출력하고 싶은 것을 입력해서 사용합니다.

▶ 확인문제

1. 파이썬에서 원하는 자료를 출력할 때 사용하는 함수입니다. 다음과 같은 결과가 나오도록 빈 칸에 알맞은 함수를 적어 보세요.

```
>>>        ("Hello Python")
Hello Python
```

2. 다음 단어 중 식별자로 사용할 수 있는 것은 ○표, 식별자로 사용할 수 없는 것은 ×표 하세요.

① a   (   )
② hello   (   )
③ $hello   (   )
④ 10_hello   (   )
⑤ bye   (   )

3. print( ) 함수의 print는 다음 중 무엇일까요?

① 키워드

② 식별자

③ 연산자

④ 자료

4. print( ) 함수의 print는 스네이크 케이스와 캐멀 케이스 방식 중 어떤 방식으로 작성된 건가 요? 맞는 것에 ○표 하세요.

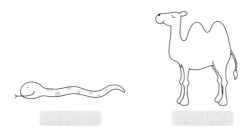

5. 다음 내용을 스네이크 케이스와 캐멀 케이스 형태로 바꿔 보세요.

예시	스네이크 케이스	캐멀 케이스
hello coding hello python we are the world create output create request init server init matrix		

hint 1. print( ) 함수는 괄호 안에 출력하고 싶은 것을 쉼표로 연결해서 입력합니다.

2. 식별자는 변수 또는 함수 이름을 말하며, ❶ 키워드는 사용 불가 ❷ 특수 문자는 언더 바(_)만 ❸ 숫자로 시작하면 안 되고 ❹ 공백을 포함할 수 없습니다.

3. print는 식별자입니다.

4. print는 스네이크 케이스 방식의 이름입니다.

5. 스네이크 케이스는 공백을 언더 바(_)로, 캐멀 케이스는 단어 시작 글자를 대문자로 바꿉니다.

02

이번 장부터는 본격적으로 파이썬 코드를 입력하면서 파이썬 프로그래밍 언어에 대해 살펴봅니다. 그렇기 때문에 생소한 용어 및 개념도 많이 나오고, 때로는 내용이 어렵게 느껴질 수도 있습니다. 어려워서가 아니라 낯설어서 어렵게 느껴지는 것이니 그럴 때는 간단하게 살펴보고 지나가 주세요. 이후에 이 장을 다시 펼치면 그때는 이전보다 훨씬 익숙해져 쉽게 이해할 수 있을 것입니다.

자료형

- 자료와 자료형의 의미를 알아봅니다.
- 문자열을 생성하는 방법과 문자열에 적용할 수 있는 연산자를 알아봅니다.
- 숫자를 생성하는 방법과 숫자에 적용할 수 있는 연산자를 알아봅니다.
- 변수를 선언하고 변수에 값을 할당하는 방법을 배웁니다.

02-1 자료형과 문자열

핵심 키워드

자료형 문자열 이스케이프 문자 문자열 연산자 type( ) len( )

프로그래밍에서는 프로그램이 처리할 수 있는 모든 것을 '자료(data)'라고 부릅니다. 이번 절에서는 자료란 무엇인지와 자료를 처리하는 방법에 대한 개괄적인 이야기, 그리고 가장 일반적으로 쓰이는 문자열 자료형에 대해 알아보겠습니다.

시작하기 전에

프로그램은 기본적으로 '자료를 처리' 하는 역할을 합니다. 자료라는 단어가 조금 딱딱해서 '논문 참고 자료', '통계 자료' 등을 먼저 떠올릴 수도 있겠습니다.

프로그래밍에서는 프로그램이 처리할 수 있는 모든 것을 **자료**data라고 부릅니다. 몇 가지의 예시를 통해 '자료'와 '자료를 처리하는 것'에 대한 의미를 파악해 보겠습니다.

- 카메라로 사진을 찍으면 사진이 **자료**이고, 이를 카메라에 저장하는 것이 **처리**입니다.
- 카카오톡으로 친구에게 사진과 함께 "여기 어때?"라는 메시지를 보냈다면 사진과 메시지가 **자료**이고, 이를 친구에게 전송하는 것이 **처리**입니다.
- 게임에서 경험치를 얻었다면 경험치가 **자료**이고, 경험치를 증가시키는 것이 **처리**입니다.

이러한 것처럼 우리가 일상에서 만나는 모든 것들은 **자료**가 될 수 있고, **프로그램**은 이러한 자료를 처리하기 위한 모든 행위라고 생각할 수 있습니다.

자료형과 기본 자료형

파이썬 프로그램도 수많은 자료를 다룹니다. 개발자들이 쉽게 사용할 수 있도록 기능과 역할에 따라서 자료를 구분했습니다. 이렇게 구분된 종류를 **자료형**data type이라고 부릅니다. 가장 기본적인 자료형으로는 **문자열, 숫자, 불**이 있습니다.

- **문자열**string: 메일 제목, 메시지 내용 등 예시 "안녕하세요", "Hello World"
- **숫자**number: 물건의 가격, 학생의 성적 등 예시 52, 273, 103.32
- **불**boolean: 친구의 로그인 상태 등 예시 True, False

이러한 기본 자료형을 조합해서 새로운 자료형을 만들 수도 있습니다. 예를 들어 숫자를 세 개 조합하면 '2020.12.9'처럼 날짜를 표현하는 자료형이 만들어집니다.

자료를 알아야 하는 이유

사람의 몸을 구성하는 기본 단위는 세포입니다. 사람의 몸에는 약 30~40조 개의 세포가 있습니다. 이러한 세포들이 종류에 맞게 모이면 신경 조직, 근육 조직 등 조직이 되고, 조직들이 모이면 뇌, 간, 심장 등의 기관이 됩니다. 기관들이 모이면 호흡계, 순환계 같은 기관계를 이룹니다. 그리고 이러한 기관계가 모여서 한 명의 사람이 만들어집니다.

필자는 처음 프로그래밍을 공부할 때 '나는 검은 화면에 숫자, 문자열을 출력하는 프로그램을 만들려고 공부하는 게 아닌데? 이런 간단한 것들을 공부해서 어떻게 내가 원하는 프로그램을 만들지?'라는 생각을 자주 했습니다. 아마 지금 프로그래밍을 공부하면서 여기까지 온 여러분들도 이런 생각을 할 것이라고 생각합니다.

하지만 세포가 모이고 모여 사람(객체)이 되는 것처럼 자료를 자료형에 맞게 모으고, 처리 과정을 거쳐 차근차근 더 큰 자료형을 만들어 나가다 보면 거대한 프로그램이 만들어집니다. 그렇기 때문에 가장 기본적인 단위라고 할 수 있는 자료의 의미를 아는 것은 물론, 그 쓰임새를 확실하게 아는 것은 매우 중요합니다.

자료형 확인하기

자료형data type이란 자료의 형식을 말합니다. 파이썬에서 자료의 형식을 확인할 때는 type( ) 함수를 사용합니다. print( ) 함수와 마찬가지로 식별자 뒤에 괄호가 있으므로 **함수**입니다. 함수의 괄호 내부에 자료를 넣으면 그 자료가 어떤 자료형을 가지고 있는지 확인할 수 있습니다.

다음 예제를 살펴볼까요?

```
>>> print(type("안녕하세요"))
<class 'str'>
>>> print(type(273))
<class 'int'>
```

"안녕하세요"라는 문자열을 괄호 안에 넣으니 〈class 'str'〉이, 숫자를 괄호 안에 넣으니 〈class 'int'〉가 출력됩니다. str이란 string을 짧게 표현한 것으로 앞의 세 글자로 줄인 것입니다. 따라서 **문자열**을 의미합니다. 그리고 〈class 'int'〉의 int는 integer를 짧게 표현한 것으로 **정수**를 나타냅니다.

문자열 만들기

076쪽에서 print() 함수를 배우면서 "Hello Python Programming...!"이라는 글자를 화면에 출력해 보았습니다. 프로그래밍 언어에서는 글자들이 이처럼 나열된 것을 **문자열**이라고 부릅니다. 문자열은 영어로 **스트링**(string)이라고 부릅니다.

지금까지 따옴표로 감싸 입력한 모든 것을 문자열이라고 생각하면 됩니다.

```
"Hello"      'String'      '안녕하세요'      "Hello Python Programming"
```

1장 마지막에 작성한 output.py 코드를 보면 다음 밑줄 친 자료들이 모두 문자열입니다.

```
# 하나만 출력합니다.                    문자열
print("# 하나만 출력합니다.")
                                    문자열
print("Hello Python Programming...!")
print()


# 여러 개를 출력합니다.                 문자열
print("# 여러 개를 출력합니다.")
print(10, 20, 30, 40, 50)                    문자열
print("안녕하세요", "저의", "이름은", "윤인성입니다!")
...
```

큰따옴표로 문자열 만들기

문자열은 문자들을 큰따옴표(")로 감싸서 만듭니다. 이전에 사용해 보았으므로 print() 함수를 이용해 간단하게 문자열을 만들고 출력하는 코드를 작성해 보겠습니다.

```
>>> print("안녕하세요")
안녕하세요
```

작은따옴표로 문자열 만들기

작은따옴표(')로도 문자열을 만들 수 있습니다. 앞서 예제에서 큰따옴표를 작은따옴표로 바꿔 코드를 입력해 보겠습니다.

```
>>> print('안녕하세요')
안녕하세요
```

실행 결과를 보면 큰따옴표를 붙이나 작은따옴표를 붙이나 마찬가지의 결과를 출력합니다.

문자열 내부에 따옴표 넣기

앞에서 문자열을 만드는 두 가지 방법을 배웠습니다. 바로 큰따옴표로 만드는 방법과 작은따옴표로 만드는 방법인데, 왜 두 가지 방법이나 지원하는 걸까요? 그리고 어떠한 것을 사용해야 하는 걸까요?

예를 들어 다음과 같이 큰따옴표를 포함한 문자열을 만든다고 가정해 보겠습니다.

"안녕하세요"라고 말했습니다

앞서 배운 방법대로 큰따옴표를 사용해 문자열을 만든다면 다음과 같이 만들 것입니다.

출력할 큰따옴표

```
>>> print("안녕하세요"라고 말했습니다")
```

문자열을 만들기 위해 사용한 큰따옴표

어떤 결과가 나왔나요? 다음과 같은 **오류**^{error}가 발생합니다.

> ⚠ **오류**
>
> ```
> SyntaxError: invalid syntax
> ```

파이썬 프로그래밍 언어는 ""안녕하세요"라고 말했습니다"라는 문자열을 다음과 같이 인식합니다. ❶은 아무 글자도 없는 문자열(" ")을 의미하고, ❷는 "라고 말했습니다"라는 문자열을 의미합니다. 파이썬 프로그래밍 언어는 자료(문자열)와 자료(문자열)를 단순하게 나열할 수 없습니다. 그래서 **구문 오류**^{Syntax Error}가 발생하는 것입니다.

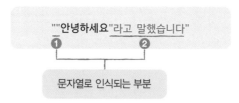

그러면 큰따옴표를 문자열 내부에 넣고 싶으면 어떻게 해야 할까요? 매우 간단합니다. 작은따옴표로 문자열을 만들면 됩니다. 코드를 입력하고 실행하면 다음과 같이 정상적으로 실행됩니다.

```
>>> print('"안녕하세요"라고 말했습니다')
"안녕하세요"라고 말했습니다
```

그럼 반대로 문자열 내부에 작은따옴표를 넣고 싶으면 어떻게 할까요? 마찬가지로 큰따옴표로 문자열을 만들면 됩니다.

```
>>> print("'배가 고픕니다'라고 생각했습니다")
'배가 고픕니다'라고 생각했습니다
```

문자열 내부에 큰따옴표를 넣고 싶으면 작은따옴표로, 작은따옴표를 넣고 싶으면 큰따옴표로 문자열을 만들어요!

→ 질문있어요!

Q 구문 오류(Syntax Error)가 뭔가요?

A 프로그래밍을 처음 하는 사용자들이 많이 만나게 되는 오류인데요. 이는 작성한 코드에 뭔가 문제가 있어서 아예 실행조차 되지 않는다는 의미입니다. 대표적인 오류가 괄호를 열고, 닫지 않을 때입니다. 그러므로 Syntax Error를 만나면 작성한 코드에 잘못 입력한 것은 없는지 살펴보기 바랍니다. 오류와 관련된 내용은 6장에서 자세하게 살펴보겠습니다.

이스케이프 문자를 사용해 문자열 만들기

지금까지 다양한 방법으로 문자열을 만들어 봤는데 다음과 같이 생각하는 분들도 있을 것입니다.

> "문자열을 여러 방법으로 만드니까 복잡해요. 저는 한 방법만 사용하고 싶어요."

사실 이런 사람들이 많기 때문에 큰따옴표로 문자열을 만들든, 작은따옴표로 문자열을 만들든, 어떤 방법으로 문자열을 만들더라도 원하는 때에 큰따옴표와 작은따옴표를 쉽게 넣을 수 있는 방법이 있습니다. 바로 '이스케이프 문자'입니다. **이스케이프 문자**^{escape character}는 역슬래시(\) 기호와 함께 조합해서 사용하는 특수한 문자를 의미합니다. 참고로 한국어 키보드에서 \는 원화 기호(₩)입니다.

다음과 같이 \와 함께 큰따옴표, 작은따옴표를 사용하면 이를 '문자열을 만드는 기호'가 아니라 '단순한 따옴표'로 인식합니다.

- \": 큰따옴표를 의미합니다.
- \': 작은따옴표를 의미합니다.

그렇기 때문에 이스케이프 문자를 사용하면 다음과 같이 큰따옴표 내부에 큰따옴표를 넣고, 작은따옴표 내부에 작은따옴표를 넣을 수도 있습니다. 이전의 실행 결과와 동일하게 출력하는 것을 확인할 수 있습니다.

```
>>> print("\"안녕하세요\"라고 말했습니다")
"안녕하세요"라고 말했습니다
>>> print('\'배가 고픕니다\'라고 생각했습니다')
'배가 고픕니다'라고 생각했습니다
```

이외에도 다양한 이스케이프 문자가 있습니다.

- \n: 줄바꿈을 의미합니다.

- \t: 탭을 의미합니다.

```
>>> print("안녕하세요\n안녕하세요")
안녕하세요
안녕하세요
>>> print("안녕하세요\t안녕하세요")
안녕하세요        안녕하세요
```

이를 활용해 다음과 같이 코드를 작성해 봅시다. 탭 이스케이프 문자(\t)는 글자들을 표 형식으로 출력할 때 많이 사용합니다.

직접 해보는 손코딩

이스케이프 문자(\t)로 탭 사용하기   소스 코드 string_operator.py

```
01    print("이름\t나이\t지역")
02    print("윤인성\t25\t강서구")
03    print("윤아린\t24\t강서구")
04    print("구름\t3\t강서구")
```

실행 결과   ×

이름	나이	지역
윤인성	25	강서구
윤아린	24	강서구
구름	3	강서구

다음과 같은 이스케이프 문자도 있습니다.

- \\: 역슬래시(\)를 의미합니다.

코드를 실행하면 다음과 같이 출력합니다.

```
>>> print("\\ \\ \\ \\")
\ \ \ \
```

여러 줄 문자열 만들기

이스케이프 문자 중에 \n을 사용하면 줄바꿈을 할 수 있습니다.

```
>>> print("동해물과 백두산이 마르고 닳도록\n하느님이 보우하사 우리나라 만세\n무궁화 삼천리 화려강산 대한사람\n대한으로 길이 보전하세")
동해물과 백두산이 마르고 닳도록
하느님이 보우하사 우리나라 만세
무궁화 삼천리 화려강산 대한사람
대한으로 길이 보전하세
```

그런데 위와 같이 한 줄에 긴 코드를 입력하면 읽기가 힘들뿐더러 한 줄에 줄바꿈 문자도 많아 어떤 부분에서 줄바꿈이 일어나는지 확인하려면 번거롭게 \n을 하나하나 찾아보면서 확인해야 합니다.

그래서 파이썬은 **여러 줄 문자열**이라는 기능을 지원합니다. 여러 줄 문자열은 큰따옴표 또는 작은따옴표를 세 번 반복한 기호를 사용합니다. 이는 설명보다 코드를 입력해 결과를 확인하면 바로 알 수 있습니다.

```
>>> print("""동해물과 백두산이 마르고 닳도록
하느님이 보우하사 우리나라 만세
무궁화 삼천리 화려강산 대한사람
대한으로 길이 보전하세""")
동해물과 백두산이 마르고 닳도록
하느님이 보우하사 우리나라 만세
무궁화 삼천리 화려강산 대한사람
대한으로 길이 보전하세
```

큰따옴표 또는 작은따옴표를 세 번 반복해 입력한 후 문자열을 입력하면 Enter 를 누르는 곳마다 줄바꿈이 일어나죠? 조금 전보다 코드를 훨씬 더 쉽게 읽을 수 있습니다.

줄바꿈 없이 문자열 만들기

여러 줄 문자열을 입력한 후 코드를 조금 더 쉽게 보려고 다음과 같이 작성하는 경우도 있습니다. 하지만 이렇게 코드를 작성하면 첫 번째 줄과 마지막 줄에 의도하지 않은 줄바꿈이 들어가게 됩니다.

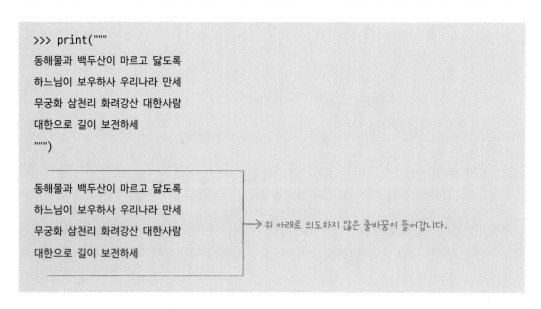

만약 의도하지 않은 줄바꿈이 들어가지 않게 하려면 다음과 같이 \ **기호**를 사용합니다. 파이썬에서는 '코드를 쉽게 보려고 줄바꿈한 것이지 실질적인 줄바꿈이 아니다'라는 것을 나타낼 때, 줄 뒤에 \ 기호를 사용합니다.

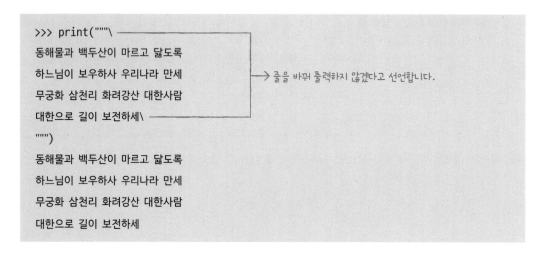

> note \ 기호는 여러 줄 문자열을 사용할 때뿐만 아니라 다양한 상황에 활용되는 기호이므로 기억해 두기 바랍니다.

문자열 연산자

수학 시간에 배웠던 것처럼 숫자에는 더하기, 빼기, 곱하기, 나누기 연산자를 적용할 수 있습니다. 또한 중학교, 고등학교 수학까지 배웠다면 집합이라는 것도 배웠을 텐데, 집합에는 합집합, 교집합, 차집합 등의 연산자를 적용할 수 있습니다.

이러한 연산자는 특정한 자료의 형태에 종속됩니다. 말이 조금 어렵게 느껴질 수 있는데 '숫자'라는 자료에는 더하기, 빼기, 곱하기, 나누기라는 연산자를 적용할 수 있지만, 합집합, 교집합, 차집합이라는 연산자는 적용할 수 없다는 것입니다. 즉 각각의 자료는 사용할 수 있는 연산자가 정해져 있습니다.

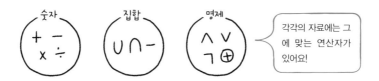

프로그래밍 언어의 자료들도 마찬가지입니다. 숫자에는 숫자에만 적용할 수 있는 연산자가 있고, 문자열에는 문자열에만 적용할 수 있는 연산자가 있습니다.

문자열 연결 연산자: +

문자열에는 + 연산자로 문자열 연결 연산을 적용할 수 있습니다.

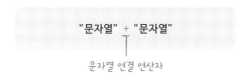

+ 기호를 사용하므로 우리가 알고 있는 '더하기'라고 생각할 수 있는데, '숫자 더하기 연산자'와 '문자열 연결 연산자'는 모두 기호를 사용하지만, 내부적으로 완전히 다른 수행을 하는 연산자입니다.

> **➕ 여기서 잠깐** **프로그래밍 언어마다 다른 문자열 연결 연산자**
>
> 일부 프로그래밍 언어(Perl, PHP)는 숫자 더하기 연산자와 문자열 연결 연산자의 모양이 같아 헷갈린다고 해서 문자열 연결 연산자를 마침표(.)로 사용하기도 합니다.

그럼 문자열 연결 연산자를 사용해 보겠습니다. **문자열 연결 연산자**는 두 문자열을 연결해서 새로운 문자열을 만들어 냅니다. 단순한 연산자이므로 코드 한 줄만 입력해 봐도 쉽게 이해할 수 있습니다.

```
>>> print("안녕" + "하세요")
안녕하세요
>>> print("안녕하세요" + "!")
안녕하세요!
```

이번에는 "안녕하세요1"을 출력하려는 의도로 다음과 같이 문자열과 숫자 사이에 문자열 연결 연산자(+)를 사용해 봤습니다. 어떤 결과가 나올까요?

```
>>> print("안녕하세요" + 1)
```

다음과 같은 오류 메시지가 나타납니다.

> 문자끼리만 연결할 수 있고 숫자와 연결이
> 불가능하다는 의미입니다.

📋 오류

```
TypeError: can only concatenate str (not "int") to str
```

따라서 문자열은 무조건 문자열끼리 + 연산자를 사용해서 연결해야 하고, 숫자라 하더라도 문자열과 함께 + 연산하려면 큰따옴표를 붙여 문자열로 인식시켜야만 오류 없이 결과를 얻을 수 있습니다. 그리고 숫자를 더할 때는 반드시 숫자와 숫자 사이에 + 연산자를 사용해서 연산해야 합니다.

```
>>> print("안녕하세요" + "1")
안녕하세요1
```

문자열 연결 연산자는 정말 많은 곳에서 사용하는 연산자이므로 꼭 기억해 주세요!

문자열 반복 연산자: *

문자열을 숫자와 * **연산자**로 연결하면 문자열을 반복할 수 있습니다. 사용 방법은 아래와 같이 **문자열*숫자** 순으로 입력해도 되고,

```
>>> print("안녕하세요" * 3)
안녕하세요안녕하세요안녕하세요
```

숫자*문자열과 같이 순서를 바꿔서 입력해도 됩니다. 매우 간단하죠? **문자열 반복 연산자**는 문자열을 숫자만큼 반복해서 출력합니다.

```
>>> print(3 * "안녕하세요")
안녕하세요안녕하세요안녕하세요
```

문자 선택 연산자(인덱싱): [ ]

문자 선택 연산자는 문자열 내부의 문자 하나를 선택하는 연산자입니다. 대괄호[ ] 안에 선택할 문자의 위치를 지정하며, 이 숫자를 **인덱스**index라고 부릅니다.

프로그래밍 언어는 인덱스 유형을 크게 두 가지로 구분해서 사용합니다. 하나는 숫자를 0부터 세는 **제로 인덱스**zero index, 다른 하나는 숫자를 1부터 세는 **원 인덱스**one index로 구분합니다. 파이썬은 '제로 인덱스' 유형을 사용하는 언어입니다. 즉 문자열의 위치를 셀 때 무조건 0부터 세어 다음과 같이 첫 번째 글자가 0번째, 두 번째 글자가 1번째, …가 됩니다.

안	녕	하	세	요
[0]	[1]	[2]	[3]	[4]

직접 코드를 입력해서 결과를 확인해 보겠습니다.

문자 선택 연산자의 결과 출력하기 소스 코드 string_operator01.py

```
01  print("문자 선택 연산자에 대해 알아볼까요?")
02  print("안녕하세요"[0])
03  print("안녕하세요"[1])
04  print("안녕하세요"[2])
05  print("안녕하세요"[3])
06  print("안녕하세요"[4])
```

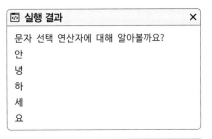

실행 결과
```
문자 선택 연산자에 대해 알아볼까요?
안
녕
하
세
요
```

코드를 실행하면 0부터 시작하므로 0번째가 '안'이 되고 4번째가 '요'입니다.

추가로 대괄호 안의 숫자를 음수로 입력하면 뒤에서부터 선택할 수 있습니다.

안	녕	하	세	요
[-5]	[-4]	[-3]	[-2]	[-1]

간단한 내용이므로 코드를 입력하고 실행 결과를 살펴보겠습니다.

 직접 해보는 손코딩

뒤에서부터 선택하기 소스 코드 string_operator02.py

```
01  print("문자를 뒤에서부터 선택해 볼까요?")
02  print("안녕하세요"[-1])
03  print("안녕하세요"[-2])
04  print("안녕하세요"[-3])
05  print("안녕하세요"[-4])
06  print("안녕하세요"[-5])
```

실행 결과 ✕
```
문자를 뒤에서부터 선택해 볼까요?
요
세
하
녕
안
```

문자열 범위 선택 연산자(슬라이싱): [:]

문자열의 특정 범위를 선택할 때 사용하는 연산자도 있습니다. 예를 들어 문자열에서 첫 번째 문자부터 세 번째 문자까지 선택한다든지, 두 번째 문자부터 끝까지 선택한다든지 **범위**를 지정하는 것입니다. 범위는 대괄호 안에 위치를 콜론(:)으로 구분해서 지정합니다.

```
>>> print("안녕하세요"[1:4])
녕하세
```

그런데 이 또한 프로그래밍 언어에 따라 두 가지 유형이 있습니다. 하나는 범위 지정 시 '마지막 숫자를 포함'이 있고, 다른 하나는 '마지막 숫자를 포함하지 않음'이 있습니다. 파이썬은 '마지막 숫자를 포함하지 않음'으로 적용합니다. 그래서 위와 같은 코드를 입력하면 1번째+2번째+3번째 글자까지만 추출되어 '녕하세'를 출력합니다.

안	녕	하	세	요
[0]	[1]	[2]	[3]	[4]

처음 접하는 사용자들은 조금 헷갈릴 수 있는데요, 좀 더 확실하게 이해하기 위해 예제를 몇 줄만 더
실행해 보겠습니다.

```
>>> print("안녕하세요"[0:2])
안녕
>>> print("안녕하세요"[1:3])
녕하
>>> print("안녕하세요"[2:4])
하세
```

다시 한번 강조하지만 [0:2]라고 입력하면 (뒤의 숫자)번째까지 선택되는 것이 아니라 (뒤의 숫자 −1)
번째까지 선택되므로, [0:2]는 0번째 글자부터 1번째 글자를 선택합니다. 0번째부터 2번째까지 추출
하는 것이 아니므로 주의하세요.

또, **문자열 범위 선택 연산자**는 대괄호 안에 넣는 숫자 둘 중 하나를 생략하여 다음과 같은 형태로도
사용할 수 있습니다. 뒤의 값을 생략할 때는 자동으로 가장 최대 위치(마지막 글자)까지, 앞의 값을
생략할 때는 가장 앞쪽의 위치(첫 번째 글자)까지 지정합니다.

```
[1:]
[:3]
```

[1:]의 경우는 뒤의 값을 생략했기 때문에 1번째부터 끝의 문자까지 선택하고, [:3]의 경우는 앞의 값
을 생략했기 때문에 0번째부터 뒤의 숫자 3번째 앞의 문자까지 선택합니다.

```
>>> print("안녕하세요"[1:])
녕하세요
>>> print("안녕하세요"[:3])
안녕하
```

지금까지 문자열에서 원하는 위치를 지정해 문자를 분리해 보았습니다. 이처럼 [ ] **연산자**를 이용해 문자열의 특정 위치에 있는 문자를 참조하는 것을 **인덱싱**^{indexing}이라 하고, [:] **연산자**를 이용해 문자열의 일부를 추출하는 것을 **슬라이싱**^{slicing}이라 합니다.

note 문자열과 관련된 연산자는 4장에서 배우게 될 리스트에도 적용할 수 있습니다. 또한 사용 빈도도 높은 편이므로 꼭 기억해 주세요.

IndexError(index out of range) 예외 예외 처리

프로그래밍을 할 때 가장 많이 만나는 예외 중에 하나를 꼽으라면 바로 IndexError^{index out of range} 예외입니다. 모든 프로그래밍 언어에서 살펴볼 수 있는 주요 예외 중의 하나입니다.

IndexError 예외는 리스트/문자열의 수를 넘는 요소/글자를 선택할 때 발생합니다. 아직 리스트를 배우지 않았으니 문자열을 대상으로 살펴보겠습니다.

다음 코드는 "안녕하세요"가 다섯 글자인데 10번째 문자에 접근하고 있습니다. 즉 문자열에 없는 문자를 선택하고 있으므로 인덱스가 범위를 넘었다고 해서 index out of range라는 오류를 발생합니다.

```
>>> print("안녕하세요"[10])
```

⚠ 오류   → 파이썬 IDLE 에디터에서 실행했을 때 나타나는 내용으로 에디터마다 다르게 나타납니다.

```
Traceback (most recent call last):
  File "<pyshell#2>", line 1, in <module>
    print("안녕하세요"[10])
IndexError: string index out of range ——→ IndexError 예외가 발생했어요.
```

코드를 작성하다가 이런 예외가 발생하면 '리스트/문자열의 수를 넘는 부분을 선택했구나'라고 바로 인지할 수 있게 기억해 주세요. 중요한 예외이므로 4장에서 리스트를 배울 때 한 번 더 짚고 넘어가겠습니다.

문자열의 길이 구하기

문자열의 길이를 구할 때는 len( ) 함수를 사용합니다. 이전에 언급했던 것처럼 식별자 뒤에 괄호가 있으면 해당 식별자를 함수라고 부릅니다. len( )도 식별자 뒤에 괄호가 있으므로 함수입니다.

그리고 괄호 내부에 문자열을 넣으면 '문자열에 들어있는 문자의 개수(=문자열의 길이)'를 세어 줍니다. 아래 코드의 경우 "안녕하세요"라는 문자열은 다섯 글자이므로 5를 출력합니다.

```
>>> print(len("안녕하세요"))
5
```

현재 코드를 보면 함수가 이중으로 사용되어 있습니다. 이렇게 함수가 여러 번 중첩되어 사용되면 괄호 안쪽부터 먼저 실행됩니다.

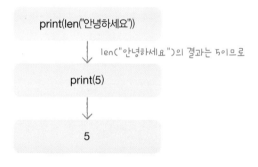

마무리

▶ 6가지 키워드로 정리하는 핵심 포인트

- 자료의 형식을 **자료형**이라고 합니다.

- 문자의 나열을 **문자열**이라고 하는데, 문자열은 큰따옴표 혹은 작은따옴표로 입력합니다.

- **이스케이프 문자**는 문자열 내부에서 특수한 기능을 수행하는 문자열을 말합니다.

- **문자열 연산자**에는 문자열 연결 연산자(+), 문자열 반복 연산자(*), 문자열 선택 연산자([ ]), 문자열 범위 선택 연산자([:])가 있습니다.

- **type( )**은 자료형을 확인하는 함수이며, **len( )**은 문자열의 길이를 구하는 함수입니다.

▶ 확인문제

1. 다음은 문자열을 만드는 파이썬 구문입니다. 빈칸에 알맞은 기호를 넣어 보세요.

구문	의미
▢ 글자 ▢	큰따옴표로 문자열 만들기
▢ 글자 ▢	작은따옴표로 문자열 만들기
▢ 문자열 문자열 문자열 ▢	여러 줄 문자열 만들기

2. 이스케이프 문자의 의미를 보고 알맞은 기호 혹은 문자를 넣어 보세요.

이스케이프 문자	의미
▨	큰따옴표를 의미합니다.
▨	작은따옴표를 의미합니다.
▨	줄바꿈을 의미합니다.
▨	탭을 의미합니다.
▨	\을 의미합니다.

3. 다음 프로그램의 실행 결과를 예측해 보세요.

```
print("# 연습 문제")
print("\\\\\\\\")
print("-" * 8)
```

4. 다음 프로그램의 실행 결과를 예측해 보세요. 그런데 이 예제를 실행하면 오류가 발생합니다. 몇 행에서 어떤 오류가 발생할까요? 그리고 그 이유는 무엇인지 적어 보세요.

```
print("안녕하세요"[1])
print("안녕하세요"[2])
print("안녕하세요"[3])
print("안녕하세요"[4])
print("안녕하세요"[5])
```

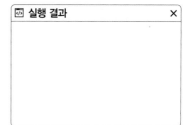

5. 다음 프로그램의 실행 결과를 예측해 보세요.

```
print("안녕하세요"[1:3])
print("안녕하세요"[2:4])
print("안녕하세요"[1:])
print("안녕하세요"[:3])
```

hint
1. 여러 줄 문자열을 만들 때는 따옴표를 연속으로 세 번 입력해서 만듭니다.

2. 이스케이프 문자에는 \', \', \n, \t, \\가 있습니다.

3. \\는 \를 나타내는 이스케이프 문자입니다.

4. 파이썬은 문자 선택 연산자에서 인덱싱할 때 0부터 셉니다. 인덱스의 범위를 넘어가는 인덱싱을 할 때는 오류를 발생합니다.

5. [:]는 문자열 범위 선택 연산자로, 문자열의 일부를 추출할 때 사용합니다.

02-2 숫자

핵심 키워드

숫자 자료형   숫자 연산자   연산자   우선순위

숫자는 수를 나타내는 글자입니다. 숫자는 수학 시간에 많이 접해 봤으므로 쉽게 이해할 수 있습니다. 파이썬에서는 숫자를 소수점이 없는 숫자와 소수점이 있는 숫자로 구분합니다.

시작하기 전에

소수점이 없는 숫자를 **정수형**이라 하고, 소수점이 있는 숫자를 **실수형**이라 합니다.

- 정수^{integer}: 0, 1, 273, −52
- 실수(부동 소수점)$^{floating\ point}$: 0.0, 52.273, −1.2

이때 주의할 점은 0은 소수점이 없는 숫자이고, 0.0은 소수점이 있는 숫자라는 것입니다. 같은 크기를 나타낸다 해도 소수점이 있느냐 없느냐에 따라서 숫자의 자료형이 달라지기 때문에 주의해야 합니다.

또한 프로그래밍 언어를 하면서 반드시 알아 두어야 할 영어 단어가 있는데, 그것은 integer(정수)와 floating point(실수 또는 부동 소수점)입니다. '부동 소수점'이라는 단어가 생소할 텐데, 실수는 52.273을 0.52273×10^2와 같이 소수점의 위치를 바꿔도 결국 같은 숫자이므로, '소수점이 움직이는 숫자'라는 의미로 **부동 소수점**이라고 표현하기도 합니다. 이 단어를 쉽게 기억하기 위해서 '소수점이 동동 부유하며 움직인다' 정도로 이해하겠습니다.

숫자의 종류

숫자를 만들려면 그냥 단순히 숫자를 입력하면 됩니다. print( ) 함수의 괄호 안에 숫자를 입력하면 다음과 같이 출력합니다.

```
>>> print(273)
273
>>> print(52.273)
52.273
```

숫자에는 두 가지 종류가 있습니다. '소수점이 없는 숫자'와 '소수점이 있는 숫자'입니다. 다음과 같이 소수점이 없는 숫자와 소수점이 있는 숫자를 type( ) 함수로 출력해 보겠습니다. type( )은 괄호 안에 입력한 자료의 유형을 알려주는 함수라고 했습니다(085쪽의 〈자료형 확인하기〉 참고).

```
>>> print(type(52))
<class 'int'>
>>> print(type(52.273))
<class 'float'>
```

코드를 실행하니 〈class 'int'〉와 〈class 'float'〉를 출력합니다. int는 integer의 앞 세 글자를 떼어 낸 것으로 **정수**를 의미하며, float는 floating point의 앞 단어에서 가져온 것으로 **부동소수점(실수)** 을 의미합니다.

- int: 정수
- float: 부동소수점(실수)

다음 예시를 실행해 볼까요? 실행 결과를 보면 소수점이 찍혀 있는지에 따라 숫자의 종류가 달라지는 것을 확인할 수 있습니다. 똑같은 0을 나타내는 숫자지만 소수점이 없는 0은 정수고, 소수점이 찍혀 있는 0.0은 부동소수점(실수)을 나타냅니다.

```
>>> print(0)
0
>>> print(type(0))
<class 'int'>
>>> print(0.0)
0.0
>>> print(type(0.0))
<class 'float'>
```

이 개념이 중요한 이유는 일반적으로 프로그래밍 언어에서는 두 자료형을 구분해서 사용하기 때문입니다. 파이썬에서는 대부분 자료형을 구분할 필요가 없지만, 문자열 선택 연산자([ ]) 등을 사용할 때 괄호 안에 넣는 숫자가 정수가 아니라 부동 소수점이면 오류가 발생하는 등 미세한 차이가 있습니다. 따라서 파이썬에는 두 가지 종류의 숫자가 있다고 꼭 기억해 주세요.

✚ 여기서 잠깐　　**파이썬에서의 지수 표현**

파이썬으로 만들어진 수학 연산, 인공지능 알고리즘을 보면 0.52273e2 혹은 0.52273E2 등의 특이한 숫자 표현을 볼 수 있습니다. 이는 파이썬에서 부동 소수점을 지수승으로 표현하는 방법입니다. 파이썬에서는 0.52273×10^2를 0.52273e2 혹은 0.52273E2로 표현합니다. 예를 들어 다음과 같습니다.

```
>>> 0.52273e2
52.273
>>> 0.52273e-2
0.0052273
```

이 책에서는 크게 활용하지 않는 내용이지만, 이후에 필요할 수도 있는 내용이므로 "이러한 숫자 표현도 있구나"라고 기억하면 좋습니다.

숫자 연산자

문자열에 문자열 연결 연산자 또는 문자열 반복 연산자를 적용할 수 있던 것처럼 숫자에도 연산자를 적용할 수 있습니다. 어떤 연산자를 사용할 수 있을까요? 일상생활에서 숫자에 적용할 수 있는 연산자부터 떠올려 보겠습니다.

사칙 연산자: +, −, *, /

가장 기본적으로 덧셈, 뺄셈, 곱셈, 나눗셈과 같은 **사칙 연산자**를 생각할 수 있습니다. 파이썬에서도 숫자에 이와 같은 사칙 연산자를 적용할 수 있습니다.

연산자	설명	구문	연산자	설명	구문
+	덧셈 연산자	숫자＋숫자	*	곱셈 연산자	숫자＊숫자
−	뺄셈 연산자	숫자−숫자	/	나눗셈 연산자	숫자／숫자

사칙 연산자의 의미는 모두 알고 있을 거라 생각되므로 바로 코드를 입력하고 출력해 보겠습니다.

```
>>> print("5 + 7 =", 5 + 7)
5 + 7 = 12
>>> print("5 - 7 =", 5 - 7)
5 - 7 = -2
>>> print("5 * 7 =", 5 * 7)
5 * 7 = 35
>>> print("5 / 7 =", 5 / 7)
5 / 7 = 0.7142857142857143
```

실행해 보니 예상했던 대로 우리가 알고 있는 사칙 연산자의 개념과 동일하죠?

정수 나누기 연산자: //

너무 쉬웠다고요? 그렇다면 생소한 연산자 하나만 알고 갈까요? 파이썬에는 // 형태의 연산자가 있습니다. 연산자 기호는 생소하지만, 이 또한 쉬운 개념의 연산자입니다. 이것은 숫자를 나누고 소수점 이하의 자릿수를 떼어 버린 후 정수 부분만 남기는 **정수 나누기 연산자**입니다. 간단하게 실행 결과를 살펴보겠습니다.

```
>>> print("3 / 2 =", 3 / 2)
3 / 2 = 1.5
>>> print("3 // 2 =", 3 // 2)
3 // 2 = 1
```

3/2는 1.5를 계산하지만 3//2는 1.5에서 소수점을 뗀 1만 결과로 나타내고 있습니다. **//** 연산자를 사용한 수식의 결과는 소수점 아래를 떼어 버린 값이 출력되는 것을 확인할 수 있습니다.

나머지 연산자: %

파이썬에는 나머지를 구하는 **% 연산자**가 있습니다. **나머지 연산자**는 A를 B로 나누었을 때 남은 나머지를 구하는 연산자입니다.

초등학교 수학 시간에 다음과 같은 연산을 해 보았을 것입니다.
이때 위에 있는 것이 '몫'이고, 아래 있는 것이 '나머지'입니다.

```
         7   → 몫
     2 ) 15
         14
       ─────
         1   → 나머지
```

그럼 나머지 연산자 %를 활용한 수식의 결과를 확인해 볼까요?

```
>>> print("5 % 2 =", 5 % 2)
5 % 2 = 1
```

우리가 알고 있는 것처럼 5를 2로 나누면 몫이 2이고 나머지가 1이므로 결과 또한 1을 출력합니다.

note 현재 단계에서는 나머지 연산자를 왜 사용하는지 감을 잡기 힘듭니다. 그러나 이 연산자는 자주 사용하는 기능이므로 잘 익혀 두는 것이 좋습니다.

제곱 연산자: **

파이썬에는 숫자를 제곱하는 ** **연산자**가 있습니다. 수학에서 2^4은 파이썬에서 2**4로 씁니다.

제곱 연산자를 활용한 간단한 예시는 다음과 같습니다.

```
>>> print("2 ** 1 =", 2 ** 1)
2 ** 1 = 2
>>> print("2 ** 2 =", 2 ** 2)
2 ** 2 = 4
>>> print("2 ** 3 =", 2 ** 3)
2 ** 3 = 8
>>> print("2 ** 4 =", 2 ** 4)
2 ** 4 = 16
```

연산자의 우선순위

연산자에는 **우선순위**가 존재합니다. 파이썬의 수식도 우선순위에 따라 계산되는데 다음 계산 결과를 예측해 볼까요?

```
5 + 3 * 2
```

숫자를 계산할 때는 곱셈과 나눗셈이 덧셈과 뺄셈보다 우선합니다. 따라서 3 * 2가 먼저 실행되고, 이후에 5를 더하게 됩니다. 따라서 결과는 11이 나옵니다.

파이썬도 마찬가지입니다. 곱셈과 나눗셈이 덧셈과 뺄셈보다 우선합니다. 또한 곱셈/나눗셈과 덧셈/
뺄셈처럼 같은 우선순위를 가지는 연산자는 왼쪽에서 오른쪽 순서로 계산합니다. 직접 코드를 입력
하면서 살펴보겠습니다. 코드를 입력하고 실행하기 전에 실행 결과를 예측해 보세요.

```
>>> print(2 + 2 - 2 * 2 / 2 * 2)
0.0
>>> print(2 - 2 + 2 / 2 * 2 + 2)
4.0
```

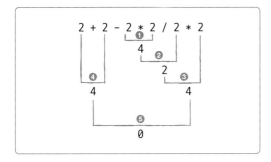 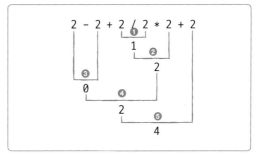

그럼 만약 5 + 3 * 2에서 5 + 3이 먼저 계산되도록 하려면 어떻게 해야 할까요? 수학에서 배웠던 것
처럼 먼저 연산하고 싶은 부분을 괄호로 감싸줍니다.

```
(5 + 3) * 2
```

참고로 곱셈과 나눗셈이 덧셈과 뺄셈보다 우선한다는 것을 모르고 있는 사
람이 여러분의 코드를 보거나 무심코 연산자 우선순위를 잊어버리고 코드
를 보는 경우도 있을 수 있으므로, 연산자 우선순위가 확실한 경우에도 다
음과 같이 괄호로 감싸 주는 것이 좋습니다.

> 연산자의 우선순위가 헷
> 갈린다면 괄호를 사용하
> 세요!

```
5 + (3 * 2)
```

TypeError 예외 예외 처리

서로 다른 자료를 연산하면 **TypeError**라는 예외가 발생합니다. 문자열과 숫자를 그대로 입력했을 때는 자료형을 눈으로 바로 확인할 수 있으므로 서로 다른 자료를 연산하는 실수는 거의 없습니다. 하지만 다음 절에서 살펴보는 변수를 사용하면 내부에 무슨 자료가 들어 있는지 바로 확인할 수 없으므로 TypeError를 발생시킬 수 있습니다.

TypeError가 언제 발생하는 오류인지 확인해 보겠습니다. 변수는 아직 배우지 않았지만, 대략 이해할 수 있을 거라 생각합니다.

```
>>> string = "문자열"
>>> number = 273
>>> string + number
```

문자열과 숫자를 + 연산자로 연결했습니다. 문자열은 + 연산자를 **문자열 연결 연산자**로 사용하려고 하고, 숫자는 + 연산자를 **덧셈 연산자**로 사용하려다 보니 충돌이 발생합니다.

다음과 같은 오류가 발생했다면 서로 다른 자료를 연산한 것입니다. 처음 프로그래밍을 공부할 때 자주 발생하는 오류이므로 꼭 기억하세요.

> **오류**
>
> ```
> Traceback (most recent call last):
>   File "<pyshell#3>", line 1, in <module>
>     string+number
> TypeError: can only concatenate str (not "int") to str
> ```
> → TypeError 예외가 발생했어요.

> 예외 처리 방법은 6장에서 자세히 살펴보겠습니다.

문자열 연산자의 우선순위

문자열에 적용하는 연산자도 우선순위를 갖습니다. 일단 다음 코드의 실행 결과를 예측해 봅시다.

```
print("안녕" + "하세요" * 3)
```

문자열 연결 연산자 +가 우선한다면 괄호는 아래와 같이 감싸고 있는 형태이므로 "안녕하세요안녕하세요안녕하세요"를 출력할 것이고,

```
print(("안녕" + "하세요") * 3)
```

문자열 반복 연산자 *가 우선한다면 괄호는 아래와 같이 감싸고 있는 형태이므로 "안녕하세요하세요하세요"를 출력할 것입니다.

```
print("안녕" + ("하세요" * 3))
```

코드를 직접 입력해서 결과를 확인해 볼까요? 여러분들은 어떤 결과가 출력될 것으로 예측하셨나요? 실행 결과는 아래와 같이 "안녕하세요하세요하세요"를 출력합니다.

```
>>> print("안녕" + "하세요" * 3)
안녕하세요하세요하세요
```

따라서 문자열도 곱셈 연산자와 같은 * 연산자가 우선한다는 것을 알 수 있습니다. 하지만 본문에서 언급했던 것처럼 연산자의 우선순위를 모르는 사람도 여러분이 작성한 코드를 볼 가능성이 있고, 여러분도 우선순위를 잊어버릴 수도 있으므로 다음과 같이 괄호를 함께 작성하는 것이 좋습니다.

```
print("안녕" + ("하세요" * 3))
```

마무리

▶ 4가지 키워드로 정리하는 핵심 포인트

- **숫자 자료형**에는 소수점이 없는 정수형과 소수점이 있는 실수형(부동 소수점)이 있습니다.

- **숫자 연산자**에는 +, −, *, /와 같은 사칙 연산자와 //(정수 나누기 연산자), %(나머지 연산자), **(제곱 연산자)가 있습니다.

- **연산자**에는 우선순위가 존재합니다. ❶ 곱하기와 나누기가 우선이고 ❷ 더하기와 빼기가 다음으로 우선 ❸ 잘 모를 때는 괄호를 쳐서 나타냅니다.

▶ 확인문제

1. 오른쪽의 예시를 보고 숫자 자료형을 나타내는 단어를 써 보세요.

단어	예시
	273, 52, 0, 1234, −25
	0.0, 1.234, 2.73e2, −25.0

2. 숫자에 적용할 수 있는 연산자입니다. 의미를 보고 왼쪽 연산자 항목에 기호를 써 보세요.

연산자	의미
	덧셈 연산자
	뺄셈 연산자
	곱셈 연산자
	나눗셈 연산자
	정수 나누기 연산자
	나머지 연산자
	제곱 연산자

3. 다음 프로그램의 실행 결과를 예측해 보세요.

```
print("# 기본적인 연산")
print(15, "+", 4, "=", 15 + 4)
print(15, "-", 4, "=", 15 - 4)
print(15, "*", 4, "=", 15 * 4)
print(15, "/", 4, "=", 15 / 4)
```

▣ 실행 결과　　　　　　　　　　✕

4. 3462를 17로 나누었을 때의 몫과 나머지를 구하는 프로그램입니다. 빈칸을 채워 완성해 보세요.

```
print("3462를 17로 나누었을 때의")
print("- 몫:",                )
print("- 나머지:",                )
```

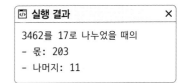

▣ 실행 결과　　　　　　　　　　✕
3462를 17로 나누었을 때의
- 몫: 203
- 나머지: 11

5. 다음 코드의 실행 결과를 예측해 보세요.

```
>>> print(2 + 2 - 2 * 2 / 2 * 2)

>>> print(2 - 2 + 2 / 2 * 2 + 2)

```

hint　1. 소수점이 없는 숫자를 정수형(int)이라 하고, 소수점이 있는 숫자를 실수형 혹은 부동 소수점(float)이라 합니다.

2. 숫자 연산자는 사칙 연산자(+, −, *, /), 정수 나누기 연산자(//), 나머지 연산자(%), 제곱 연산자(**)가 있습니다.

3. 너무 쉽죠? 초등학교 수학 시간을 떠올리면서 풀어 보세요.

4. 나머지는 나머지 연산자(%)를 사용하면 될 텐데 몫은 어떻게 구해야 할까요? 예를 들면 10을 3으로 나누면 3.333…이 됩니다. 이때 3이 바로 몫이 됩니다. 어떤 연산자를 써야 할까요?

5. 파이썬에서도 일반 숫자 연산과 마찬가지로 곱셈과 나눗셈이 덧셈과 뺄셈보다 우선 연산됩니다. 또 우선순위가 같은 경우에는 왼쪽에서 오른쪽 순서로 계산됩니다.

02-3

변수와 입력

변수 선언　변수 할당　변수 참조　input( )　int( )　float( )　str( )

변수는 일반적으로 '변할 수 있는 자료'라고 생각하면 됩니다. 한자로 써보면 변수 (變數)이지만 숫자뿐만 아니라 모든 자료형을 의미합니다. 파이썬에서는 변수를 생성하는 그 자체가 사용하겠다고 선언하는 것입니다. 변수에는 모든 자료형의 값을 저장할 수 있습니다.

시작하기 전에

변수는 값을 저장할 때 사용하는 식별자입니다. 수학자들이 3.14159265…라는 원주율 값을 π라는 기호로 정의해서 사용하는 것과 비슷합니다. 이를 파이썬에서는 pi라는 이름의 상자(저장 공간)를 만든 후, pi 상자 내부에 값을 넣어 놨다가 필요할 때 이를 호출하여 사용합니다. 이때 pi를 '변수'라고 하며 숫자뿐만 아니라 모든 자료형을 저장할 수 있습니다.

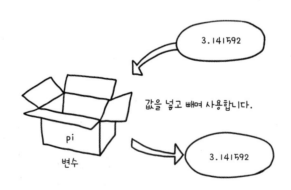

변수 만들기/사용하기

간단하게 pi라는 이름의 변수를 만들어 사용해 볼까요? pi라는 이름의 저장 공간에 3.14159265를 넣고, pi라는 이름을 호출하면 저장 공간에 있는 값을 꺼내 출력합니다.

```
>>> pi = 3.14159265
>>> pi
3.14159265
```

변수를 활용하는 방법은 세 가지가 있습니다.

첫째, 변수를 선언하는 방법

변수를 생성하는 것을 의미합니다. 수학자들이 3.14159265…라는 원주율 값을 π라는 기호로 정의했듯이 pi를 "사용하겠다"라고 선언하는 것을 말합니다.

둘째, 변수에 값을 할당하는 방법

변수에 값을 넣는 것을 의미합니다. π = 3.14159265이듯이 변수로 사용하겠다고 선언한 pi에 값을 넣는 것, 즉 pi = 3.14159265를 말합니다. 이때 = 기호는 '같다'는 의미가 아니라 우변의 값을 좌변에 '넣겠다', '할당하겠다'를 의미합니다.

셋째, 변수를 참조하는 방법

변수에서 값을 꺼내는 것을 의미합니다. 원의 둘레를 구하는 공식은 2 * π * r이고, 원의 넓이를 구하는 공식은 π * r * r인데, 이때 π라는 값은 직접적으로 입력하지 않습니다. π에 3.14159265…이 들어 있을 것이라고 가정하는 것이죠. 즉 π라고 쓰면 이 안에 들어 있는 값을 쓰겠다는 의미입니다. 이처럼 변수 안에 있는 값을 사용하는 것을 **변수 참조**라고 합니다.

자, 그러면 변수를 선언하고, 값을 할당하고, 참조하는 형식을 자세히 살펴보겠습니다.

변수를 사용하기 위해서는 변수를 선언해야 하는데, 파이썬에서는 아래처럼 변수 이름을 적어주면 그 자체로 사용하겠다는 선언을 하는 것입니다. 여기에 =을 입력하고 값을 입력하면 이것은 값을 변수에 할당하는 것이 됩니다.

> 변수 = 값
>
> 값을 변수에 할당합니다.

앞의 예시에서 입력한 pi = 3.14159265가 그것입니다.

```
>>> pi = 3.14159265
```

3.14159265를 변수 pi에 저장합니다.

이렇게 선언한 변수를 사용하고 싶으면 '참조한다'고 했는데, 변수를 참조할 때는 참조할 위치에서 변수 이름을 아래와 같이 써 주면 됩니다.

• 변수에 저장된 값을 출력합니다.

```
변수
```

• 변수에 저장된 값으로 연산합니다.

```
변수 + 변수
```

• 변수에 저장된 값을 출력합니다.

```
print(변수)
```

앞의 예시에서 입력한 pi는 숫자 자료형에 이름을 붙인 것이기 때문에 숫자 연산을 모두 수행할 수 있습니다.

```
>>> pi = 3.14159265
>>> pi + 2
5.14159265
>>> pi - 2
1.1415926500000002
>>> pi * 2
6.2831853
>>> pi / 2
1.570796325
>>> pi % 2
1.1415926500000002
>>> pi * pi
9.869604378534024
```

다만, pi는 숫자 자료형이기 때문에 숫자와 문자열을 연산하는 것은 당연히 안 됩니다.

---

pi + "문자열" ──→ 오류가 발생합니다.

---

pi에 저장한 값을 이용해 원의 둘레와 넓이를 구해 보겠습니다. r은 반지름입니다.

직접 해보는 손코딩

원의 둘레와 넓이 구하기   소스 코드 `variable.py`

```
01    # 변수 선언과 할당
02    pi = 3.14159265
03    r = 10
04
05    # 변수 참조
06    print("원주율 =", pi)
07    print("반지름 =", r)
08    print("원의 둘레 =", 2 * pi * r)   # 원의 둘레
09    print("원의 넓이 =", pi * r * r)   # 원의 넓이
```

실행 결과   ✕
```
원주율 = 3.14159265
반지름 = 10
원의 둘레 = 62.831853
원의 넓이 = 314.159265
```

➕ 여기서 잠깐   **파이썬의 유연성**

프로그래밍 언어 중 C, C++, 자바, C# 등에서는 변수를 사용할 때 변수의 자료형을 미리 선언해야 합니다.

자바, C의 경우

`int` `pi` ──→ 변수 pi를 사용하기 위해서 변수에 저장할 자료형을 선언합니다.

그러나 파이썬은 다른 프로그래밍 언어와는 다르게 변수에 자료형을 지정하지 않습니다. 따라서 같은 변수에 여러 종류의 자료형을 넣을 수도 있습니다.

```
a = "문자열"
a = True
a = 10
```

유연해서 좋다고 말할 수도 있겠지만, 오히려 이러한 유연성 때문에 변수에 어떠한 자료형이 들어 있는지 모르고 실수해서 실행 중에 TypeError를 발생할 확률이 높습니다. 그러므로 하나의 변수에는 되도록 하나의 자료형을 넣어 활용하는 것이 좋습니다.

복합 대입 연산자

변수는 내부에 들어 있는 자료의 연산자를 사용할 수 있습니다. 문자열이 들어 있으면 문자열과 관련된 연산자를 사용할 수 있으며, 숫자가 들어 있으면 숫자와 관련된 연산자를 사용할 수 있습니다. 그런데 변수를 활용할 때는 기존의 연산자와 조합해서 사용할 수 있는 연산자가 생깁니다. 바로 **복합 대입 연산자**입니다.

복합 대입 연산자는 자료형에 적용하는 기본 연산자와 = 연산자를 함께 사용해 다음과 같이 구성하는 연산자입니다.

```
a += 10
```

이렇게 a += 10이라고 사용하면 a = a + 10이라고 하는 것과 같은 결과를 냅니다. 숫자에 적용할 수 있는 다른 연산자들도 마찬가지의 방법으로 사용할 수 있습니다.

숫자에 적용할 수 있는 복합 대입 연산자는 다음과 같습니다.

연산자 이름	설명
+=	숫자 덧셈 후 대입
-=	숫자 뺄셈 후 대입
*=	숫자 곱셈 후 대입
/=	숫자 나눗셈 후 대입
%=	숫자의 나머지를 구한 후 대입
**=	숫자 제곱 후 대입

간단한 예제를 살펴보겠습니다.

```
>>> number = 100
>>> number += 10
>>> number += 20
>>> number += 30
>>> print("number:", number)
number: 160
```

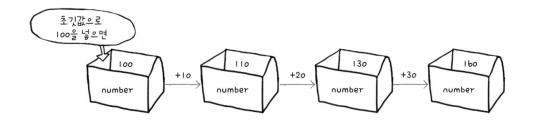

문자열도 마찬가지로 다음과 같은 복합 대입 연산자를 사용할 수 있습니다.

연산자 이름	설명
+=	문자열 연결 후 대입
*=	문자열 반복 후 대입

문자열 복합 대입 연산자를 활용한 예제도 살펴보겠습니다.

```
>>> string = "안녕하세요"
>>> string += "!"
>>> string += "!"
>>> print("string:", string)
string: 안녕하세요!!
```

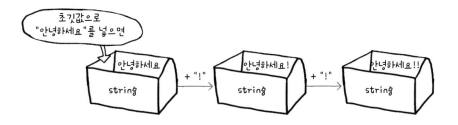

+= 형태의 연산자만 사용해 보았는데, 이 밖에 다른 복합 대입 연산자도 직접 사용해 보세요.

사용자 입력: input( )

실무에서 프로그램을 만들 때는 명령 프롬프트에 글자를 입력하고 그 입력을 읽어 활용하는 경우가 드물지만, 프로그램을 공부하는 과정에서는 사용자로부터 입력을 받아 여러 가지 프로그램을 만들어 보는 것이 좋습니다. 파이썬은 명령 프롬프트에서 사용자로부터 데이터를 입력받을 때 input( ) 함수를 사용합니다.

input( ) 함수로 사용자 입력받기

사용자로부터 데이터를 입력받을 때는 다음 코드를 입력합니다. 이때, input 함수 괄호 안에 입력한 내용을 **프롬프트 문자열**이라고 하며, 사용자에게 입력을 요구하는 안내 내용을 의미합니다.

```
>>> input("인사말을 입력하세요> ")
```

실행하면 다음과 같이 "인사말을 입력하세요〉"라는 문자열이 뜨고 프로그램이 종료되지 않은 상태에서 대기가 됩니다. 이렇게 프로그램이 실행 도중에 잠시 멈추는 것을 **블록**block이라고 하는데, input( ) 함수가 사용자에게 자료 입력을 요구하면서 코드 진행을 블록하고 있는 것입니다.

```
인사말을 입력하세요> |  ── 입력 대기를 알려주는 커서입니다. 커서는 프로그램에 따라 모양이 다를 수 있습니다.
```

명령 프롬프트에서 실행하고 있다면 곧바로 "인사말을 입력하세요〉" 옆에 "안녕하세요" 등의 글자를 입력하고 Enter 를 누릅니다.

```
인사말을 입력하세요> 안녕하세요 Enter
'안녕하세요'
```

이렇게 사용자가 입력한 내용은 input 함수의 결과로 나오는데, 이 값은 다른 변수에 대입해서 사용할 수 있습니다. print( ) 함수를 사용해서 변수에 제대로 대입되었는지 확인해 보겠습니다.

```
>>> string = input("인사말을 입력하세요> ")
인사말을 입력하세요> 안녕하세요 Enter
>>> print(string)
안녕하세요
```

input과 같이 함수의 결과로 나오는 값을 **리턴값**이라고 합니다. 지금 당장은 이 용어를 외우지 않아도 되지만, 앞으로 많이 나오는 용어이기 때문에 지금은 의미 정도만 기억하고 있으면 좋습니다.

input( ) 함수의 입력 자료형

앞서 input() 함수의 결과를 string이라는 변수에 대입했는데, 대입한 값의 자료형이 어떻게 되는지 한번 살펴볼까요? 자료형을 알아볼 때는 type( ) 함수를 사용합니다.

```
>>> print(type(string))
<class 'str'>
```

string 변수에는 "안녕하세요"라는 문자열을 입력해 대입했으니 당연히 자료형도 문자열이겠죠. 문자열임을 나타내는 'str'로 결과가 확인되었습니다.

다음 코드를 볼까요? 숫자를 입력하면 숫자가 출력된다는 것은 우리가 충분히 상상할 수 있습니다.

```
>>> number = input("숫자를 입력하세요> ")
숫자를 입력하세요> 12345 Enter
>>> print(number)
12345
```

그렇다면 자료형은 어떨까요?

```
>>> print(type(number))
<class 'str'>
```

input() 함수는 사용자가 무엇을 입력해도 결과는 무조건 문자열 자료형입니다. number에 대입한 12345도 'str'로 확인되네요. 이후에 배울 True나 False와 같은 불boolean 값을 입력해도 모두 문자열로 나옵니다.

다음 〈직접 해보는 손코딩〉 예제를 통해 다양한 값을 입력해 보고, 그 자료형이 어떻게 나오는지 확인해 보겠습니다. 첫 번째 실행할 때는 숫자 52273을 입력했고, 두 번째 실행할 때는 불 값인 True를 입력했습니다.

입력 자료형 확인하기 소스 코드 input.py

```python
01  # 입력을 받습니다.
02  string = input("입력> ")
03
04  # 출력합니다.
05  print("자료:", string)
06  print("자료형:", type(string))
```

> **실행 결과 1** ✕
> 입력> 52273 [Enter]
> 자료: 52273
> 자료형: <class 'str'>

> **실행 결과 2** ✕
> 입력> True [Enter]
> 자료: True
> 자료형: <class 'str'>

한마디로 숫자를 입력해도 문자열로 들어온다는 의미입니다. 따라서 input() 함수로 자료를 입력받은 후 입력받은 것과 숫자를 더하는 코드를 작성하고 싶다고 다음과 같이 작성하면 문제가 발생합니다. 파이썬은 문자열은 문자열끼리 연산해야 하고, 숫자는 숫자끼리 연산해야 하기 때문입니다.

직접 해보는 손코딩

입력받고 더하기 소스 코드 input_error.py

```python
01  # 입력을 받습니다.
02  string = input("입력> ")
03
04  # 출력합니다.
05  print("입력 + 100:", string + 100)
```

> **실행 결과** ✕
> 입력> 300 [Enter]
> Traceback (most recent call last):
>   File "inputerror.py", line 5, in <module>
>   print("입력 + 100:", string + 100)
> TypeError: can only concatenate str (not "int") to str

입력받은 값 300과 100을 더하고자 한 것이었으나 input() 함수로 입력받은 자료는 모두 문자열로 저장되므로 "300"+100이 되어 문자열과 숫자는 더할 수 없어 발생한 오류입니다. 입력받은 문자열을 숫자로 변환해야 숫자 연산에 활용할 수 있습니다.

문자열을 숫자로 바꾸기

input() 함수의 입력 자료형은 항상 문자열이기 때문에 입력받은 문자열을 숫자로 변환해야 숫자 연산에 활용할 수 있습니다. 영어로는 **캐스트**^{cast}라고 부르는데, 영어로도 자주 언급되므로 기억해 주세요.

문자열을 숫자 자료형으로 변환해야 하는 경우는 매우 많습니다. 예를 들어 파이썬을 사용해 인터넷에서 환율 정보를 가져온다고 합시다. 이때도 인터넷에 있는 글자는 모두 문자열이므로 숫자로 변환해야 활용할 수 있습니다.

문자열을 숫자로 변환할 때는 다음과 같은 함수를 사용합니다.

- int() 함수: 문자열을 int 자료형으로 변환합니다. int는 정수형을 의미합니다.
- float() 함수: 문자열을 float 자료형으로 변환합니다. float는 실수형 또는 부동 소수점을 의미합니다.

그럼 간단하게 예제를 살펴보겠습니다.

직접 해보는 손코딩

int() 함수 활용하기 　소스 코드 int_convert.py

```
01    string_a = input("입력A> ")
02    int_a = int(string_a)
03
04    string_b = input("입력B> ")
05    int_b = int(string_b)
06
07    print("문자열 자료:", string_a + string_b)
08    print("숫자 자료:", int_a + int_b)
```

> **실행 결과**　　　　　　×
> 입력A> 273 [Enter]
> 입력B> 52 [Enter]
> 문자열 자료: 27352
> 숫자 자료: 325

코드를 실행한 후 '입력A〉'의 값으로 273을 입력하고, '입력B〉' 값으로 52를 입력합니다. 변환하지 않은 상태에서는 문자열 연산자 +가 적용되어 문자열을 연결한 27352를 출력하지만, 정수로 변환한 값에서는 273과 52를 덧셈하여 325를 출력합니다.

이번에는 문자열이 int()와 float() 함수를 거치면 정말 자료형이 바뀌는지도 살펴보겠습니다.

👉 직접 해보는 손코딩

int() 함수와 float() 함수 활용하기　　소스 코드 int_float01.py

```
01    output_a = int("52")
02    output_b = float("52.273")
03
04    print(type(output_a), output_a)
05    print(type(output_b), output_b)
```

📄 실행 결과　　　　　　　　✕
```
<class 'int'> 52
<class 'float'> 52.273
```

"52"와 "52.273"이었던 문자열이 52와 52.273이라는 int 자료형과 float 자료형의 숫자로 변환되는 모습을 확인할 수 있습니다.

이전 절에서 살펴보았던 input() 함수와 함께 조합하면 사용자에게 입력을 받아 숫자 연산을 하는 프로그램을 만들 수 있습니다. 간단하게 사용자에게 숫자 두 개를 입력받고, 입력받은 두 수의 덧셈, 뺄셈, 곱셈, 나눗셈 연산을 하는 프로그램을 만들어 보겠습니다.

👉 직접 해보는 손코딩

int() 함수와 float() 함수 조합하기　　소스 코드 int_float02.py

```
01    input_a = float(input("첫 번째 숫자> "))
02    input_b = float(input("두 번째 숫자> "))
03
04    print("덧셈 결과:", input_a + input_b)
05    print("뺄셈 결과:", input_a - input_b)
06    print("곱셈 결과:", input_a * input_b)
07    print("나눗셈 결과:", input_a / input_b)
```

📄 실행 결과　　　　　　　　✕
```
첫 번째 숫자> 273 Enter
두 번째 숫자> 52 Enter
덧셈 결과: 325.0
뺄셈 결과: 221.0
곱셈 결과: 14196.0
나눗셈 결과: 5.25
```

float() 함수를 사용했으므로 숫자를 입력할 때 52.273과 같이 소수점을 포함한 형태를 입력할 수 있습니다.

note 덧셈, 뺄셈, 곱셈 결과에서 의미 없는 소수점을 출력하고 싶지 않을 때가 있을 수도 있는데, 이와 관련된 내용은 02-4에서 알아보겠습니다.

ValueError 예외 예외 처리

자료형을 변환할 때 '변환할 수 없는 것'을 변환하려고 하면 ValueError 예외가 발생합니다. 이러한 예외가 발생하는 경우는 다음 두 가지입니다.

첫째, 숫자가 아닌 것을 숫자로 변환하려고 할 때

```
int("안녕하세요")
float("안녕하세요")
```

이와 같은 코드를 실행하면 곧바로 예외가 발생합니다. "안녕하세요"라는 문자열은 int() 함수로 변환할 수 없는 값이기 때문입니다. 함수의 괄호 안에 넣는 것을 매개변수라고 부르는데, int() 함수와 float() 함수는 매개변수로 변환할 수 없는 형태가 들어가면 항상 오류를 발생시킵니다.

121쪽 int_convert.py를 실행한 후 '입력A〉'의 데이터를 입력할 때 "안녕하세요"라고 입력하면 이 자료는 아예 숫자로 변환할 수 없으므로 다음과 같은 오류가 발생합니다.

🖭 오류

```
Traceback (most recent call last):
  File "int_convert.py", line 2, in <module>
    int_a = int(string_a)
ValueError: invalid literal for int() with base 10: '안녕하세요'
```

둘째, 소수점이 있는 숫자 형식의 문자열을 int() 함수로 변환하려고 할 때

```
int("52.273")
```

int는 정수형인데 부동 소수점이 있는 자료를 정수형으로 바꾸라 하면, 이 또한 오류가 발생합니다.

121쪽 int_convert.py를 실행한 후 '입력A>'의 데이터를 입력할 때 52.273이라는 부동 소수점 자료를 입력하면 이 자료는 정수형으로 변환할 수 없으므로 다음과 같은 오류 메시지를 보여줍니다.

1 오류

```
Traceback (most recent call last):
  File "int_convert.py", line 2, in <module>
    int_a = int(string_a)
ValueError: invalid literal for int() with base 10: '52.273'
```

?! 문제해결

정수와 실수, 부동 소수점 구분이 어려워요. 만약 정수와 실수, 부동 소수점을 정확하게 구분하는 게 어렵다면 일단, float( ) 함수를 사용한다고 기억해도 무방합니다. int( ) 함수는 부동 소수점 자료형을 정수로 변환하지 못하지만, float( ) 함수가 의미하는 실수는 정수도 포함하고 있기 때문에 정수, 실수 구분 없이 사용할 수 있습니다.

숫자를 문자열로 바꾸기

문자열을 숫자로 변환하는 것처럼 숫자를 문자열로 변환하는 것도 가능합니다. 사실 문자열로 변환하는 방법은 매우 다양합니다. 여기서는 str( ) 함수를 사용하는 방법을 살펴보고, 02-4에서 문자열 format( ) 함수를 활용하는 방법을 살펴보겠습니다.

str( ) 함수는 앞서 했던 int( ) 그리고 float( ) 함수와 비슷한 형태를 가집니다. 즉 다른 자료형의 값을 str( ) 함수의 매개변수에 넣으면 문자열로 변환됩니다.

```
str(다른 자료형)
```

예제를 살펴보겠습니다.

직접 해보는 손코딩

str( ) 함수를 사용해 숫자를 문자열로 변환하기   소스 코드 str.py

```
01    output_a = str(52)
02    output_b = str(52.273)
03    print(type(output_a), output_a)
04    print(type(output_b), output_b)
```

실행 결과   ✕

```
<class 'str'> 52
<class 'str'> 52.273
```

단순한 결과이므로 쉽게 이해가 되죠? 숫자 52와 52.273이 str() 함수에 의해 문자열로 변환됩니다.

inch 단위를 cm 단위로 변경하기 〔누적 예제〕

사용자에게 데이터를 입력 받아 가공한 후 결과를 보여주는 것은 프로그램의 기본입니다. 지금까지 배운 내용을 활용해 첫 프로그램을 작성해 보겠습니다.

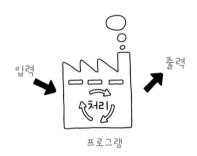

입력 처리 출력 프로그램

다음은 inch 단위의 숫자를 입력받아 cm로 변환하여 출력하는 프로그램입니다. 지금까지 배운 내용을 이해했다면 쉽게 작성할 수 있습니다.

〔 직접 해보는 손코딩 〕

inch 단위를 cm 단위로 변경하기 〔소스 코드 inch_to_cm.py〕

```
01    # 숫자를 입력받습니다.
02    raw_input = input("inch 단위의 숫자를 입력해주세요: ")
03
04    # 입력받은 데이터를 숫자 자료형으로 변경하고, ㎝ 단위로 변경합니다.
05    inch = int(raw_input)
06    cm = inch * 2.54
07
08    # 출력합니다.
09    print(inch, "inch는 cm 단위로", cm, "cm입니다.")
```

> **실행 결과**   ✕
>
> inch 단위의 숫자를 입력해주세요: 27 〔Enter〕
> 27 inch는 cm 단위로 68.58 cm입니다.

1inch는 2.54cm라는 지식이 있으면 코드 자체는 어렵지 않습니다.

파이썬 튜터 Python Tutor는 프로그래밍 초보자가 코드 흐름을 쉽게 이해할 수 있도록 파이썬 코드를 시각적으로 분석해 주는 도구입니다. 앞서 작성한 누적 예제inch_to_cm.py 코드가 어떤 형태로 실행되는지 확인해 보겠습니다.

01 파이썬 튜터 홈페이지에 접속합니다. 화면 중간에 있는 [Start visualizing your code now]를 클릭하여 코드를 작성하는 화면으로 이동합니다.

파이썬 튜터 홈페이지

URL https://pythontutor.com

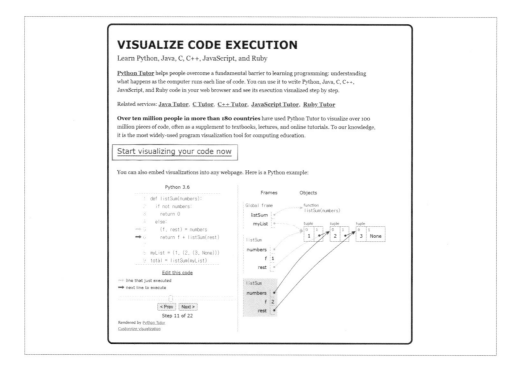

02 파이썬 코드를 입력합니다. 누적 예제 코드^{inch_to_cm.py}를 입력하고 아래에 있는 [Visualize Execution] 버튼을 클릭하면 코드를 시각적으로 분석해 주는 화면으로 이동합니다.

> **note** 파이썬 튜터는 Python 3.6 버전까지 지원합니다.

03 이번 코드는 시작과 함께 input( ) 함수로 사용자에게 입력을 받습니다. 그래서 코드 아래에 붉은색으로 Enter user input 부분이 출력됩니다.

04 Enter user input 부분에 숫자 [27]을 입력하고 [Submit] 버튼을 클릭합니다.

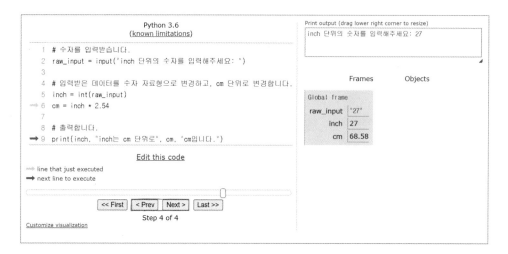

Enter user input:
inch 단위의 숫자를 입력해주세요: 27   Submit

05 숫자를 입력하면 코드가 실행됩니다. 코드 아래에 있는 [〈Prev] 버튼과 [Next〉] 버튼을 클릭하면 코드를 한 줄씩 이동하면서 실행할 수 있습니다. [Next〉] 버튼을 누르면 코드 옆의 붉은색 화살표가 한 줄씩 다음 행으로 이동하는 것을 볼 수 있습니다.

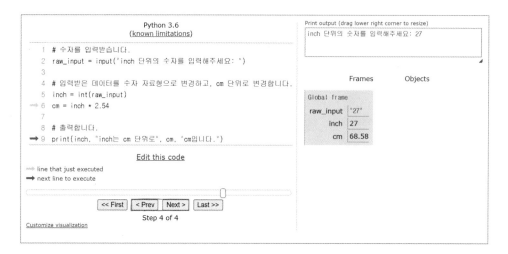

06 코드를 한 줄씩 실행하여 마지막까지 이동하면, 오른쪽의 Print output 부분에 print() 함수로 출력한 결과가 나옵니다. 또한 아래에는 현재 코드에서 사용되고 있는 변수와 변수 안에 들어있는 값이 출력됩니다.

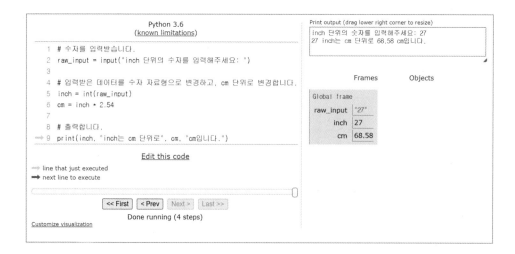

누적 예제 코드에서는 raw_input, inch, cm라는 변수를 만들었으므로 Frames에 세 가지 변수가 출력됩니다. 여기에서 raw_input 변수에 들어있는 값은 "27"로 따옴표로 감싸여 있으므로 문자열이라는 것을 확인할 수 있습니다. 따라서 int() 함수로 문자열을 숫자로 변경한 뒤에 계산해야 합니다.

이처럼 직접 파이썬 튜터의 여러 버튼을 클릭해 보면서 코드가 어떤 형태로 실행되는지 확인해 보세요. 파이썬 튜터에 익숙해지면 이후에 어려운 코드가 나오더라도 코드가 어떻게 실행되는지 한 줄씩 파악할 수 있습니다. 꼭 활용해 보기 바랍니다!

note Frames와 Objects가 무엇을 의미하는지는 5장의 좀 더 알아보기에서 자세하게 살펴봅니다.

지금까지 파이썬 프로그래밍 언어에서 사용되는 기본 요소에 대해서 살펴보았습니다. 조금 지루했을지도 모르겠는데요, 마치 영어에서 알파벳을 배웠다고 생각하면 됩니다. 한마디로 지금까지의 내용을 제대로 모르면 이후의 내용을 제대로 이해할 수 없다는 것이기도 하니, 어느 정도 기억해 두는 게 좋습니다.

처음 프로그래밍을 공부하면 다음과 같이 생각하는 경우가 많습니다.

"외워야 할 것이 너무 많아요."

사실입니다. 많습니다. 문자열, 숫자, 자료형, 변수 등을 대충 이해했다면 일단 계속 진행해 주세요. 반복해서 코드를 살펴볼 것이므로 점점 익숙해질 수 있을 것입니다.

외워야 할 것은 많지만 문자열, 숫자, 자료형, 변수로 파이썬 기본 요소 정복!

▶ 7가지 키워드로 정리하는 핵심 포인트

- **변수 선언**은 변수를 생성하는 것을 의미하고, **변수 할당**은 변수에 값을 넣는 것을 의미합니다.

- **변수 참조**는 변수에서 값을 꺼내는 것을 의미합니다.

- input( ) 함수는 명령 프롬프트에서 사용자로부터 데이터를 입력받을 때 사용합니다.

- int( ) 함수는 문자열을 int 자료형으로 변환하고 float( ) 함수는 문자열을 float 자료형으로 변환합니다.

- str( ) 함수는 숫자를 문자열로 변환합니다.

▶ 확인문제

1. 다음은 변수에 값을 할당하기 위한 구문입니다. 빈칸에 알맞은 기호를 써 보세요.

> 변수 이름   값

2. 다음은 숫자에 적용할 수 있는 복합 대입 연산자입니다. 설명을 보고 왼쪽 연산자 항목에 기호를 써 보세요.

연산자	내용
	숫자 덧셈 후 대입
	숫자 뺄셈 후 대입
	숫자 곱셈 후 대입
	숫자 나눗셈 후 대입
	숫자 나머지 구한 후 대입
	숫자 제곱 후 대입

3. 문자열을 숫자로 변환하는 함수, 숫자를 문자열로 변환하는 함수입니다. 설명을 보고 알맞은 함수 이름을 넣어 보세요.

함수	내용
	문자열을 int 자료형으로 변환
	문자열을 float 자료형으로 변환
	숫자를 문자열로 변환

4. 다음 코드는 inch 단위의 자료를 입력받아 cm 단위를 구하는 예제입니다. 빈칸에 알맞은 내용을 넣어 코드를 완성해 주세요. (1inch = 2.54cm).

```python
str_input =        ("숫자 입력> ")
num_input =        (str_input)

print()
print(num_input, "inch")
print((num_input * 2.54), "cm")
```

🖥 **실행 결과 1** ✕

숫자 입력> 1 `Enter`

1.0 inch
2.54 cm

🖥 **실행 결과 2** ✕

숫자 입력> 26 `Enter`

26.0 inch
66.04 cm

---

hint 1. 변수에 값을 할당할 때 사용하는 기호인 =는 '같다'라는 의미가 아니라 '넣겠다', '할당하겠다'를 의미합니다.

2. 복합 대입 연산자는 자료형에 적용하는 기본 연산자 +, −, *, /, %, **와 = 연산자를 함께 사용해 구성하는 연산자입니다.

3~4. input( ) 함수의 입력 자료형은 항상 문자열이기 때문에 입력받은 문자열을 int( ) 혹은 float( ) 함수를 사용해 숫자로 변환해야 숫자 연산에 활용할 수 있습니다.

5. 원의 반지름을 입력받아 원의 둘레와 넓이를 구하는 코드입니다. 빈칸에 알맞은 내용을 넣어 코드를 완성해 주세요.

- 둘레: 2 * 원주율 * 반지름
- 넓이: 원주율 * 반지름 * 반지름

```python
str_input =              ("원의 반지름 입력> ")
num_input =          (str_input)
print()
print("반지름: ", num_input)
print("둘레: ", 2 * 3.14 *              )
print("넓이: ", 3.14 *              ** 2)
```

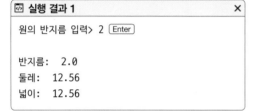

실행 결과 1   ✕

원의 반지름 입력> 2 [Enter]

반지름: 2.0
둘레: 12.56
넓이: 12.56

실행 결과 2   ✕

원의 반지름 입력> 5 [Enter]

반지름: 5.0
둘레: 31.400000000000002
넓이: 78.5

6. 프로그램을 실행했을 때 문자열 두 개를 입력받고 다음과 같이 출력하는 프로그램이 있다고 가정합시다. 굵은 글씨로 되어 있는 부분은 사용자 입력입니다.

문자열 입력> **안녕하세요** [Enter]
문자열 입력> **아침입니다** [Enter]
안녕하세요 아침입니다
아침입니다 안녕하세요

단순하게 a와 b라는 이름의 변수로 입력을 받고 print(a, b)와 print(b, a)를 사용하면 이런 결과를 낼 수 있습니다. 그러나 여러분들은 이런 단순한 방법 말고 두 변수 안에 있는 값을 교체하여 출력해 보세요. 변수 교체를 **스왑**^{swap}이라고 부르는데, 중요한 프로그래밍 기술 중의 하나이므로 잘 생각해서 빈칸을 채워 보세요.

```
a = input("문자열 입력> ")
b = input("문자열 입력> ")

print(a, b)
```

```
print(a, b)
```

변수 교체를 위해 스왑이라
는 기술을 많이 사용해요.

hint 5. 원의 반지름을 입력받으면 이는 문자열이므로 숫자로 변환해야 둘레와 넓이를 구할 수 있습니다.

6. 사실 파이썬은 이후에 배우는 튜플(tuple)이라는 기능을 사용해 이를 쉽게 할 수 있는데요, 튜플을 모르는 상태에서
작성해 보면 좋은 공부가 될 것입니다.

02-4 숫자와 문자열의 다양한 기능

핵심 키워드

`format( )` `upper( )` `lower( )` `strip( )` `find( )` `in 연산자` `split( )` `f-문자열`

식별자 뒤에 괄호( )가 있으면 '함수'라고 부른다고 했습니다. '함수'는 영어로 'function'인데요, 영어 사전에서 찾아보면 '사람 또는 사물의 기능'이라고 나옵니다. 지금까지 살펴보았던 숫자나 문자열과 같은 자료도 컴퓨터에서는 하나의 사물처럼 취급되기 때문에 내부적으로 여러 가지 기능을 가지고 있습니다.

시작하기 전에

비주얼 스튜디오 코드에서 문자열 뒤에 마침표(.)를 입력해 보면 자동 완성 기능으로 다양한 것들이 나옵니다. 이는 모두 문자열이 가지고 있는 자체적인 기능입니다.

```
3   format_b = "파이썬 열공하여 첫 연봉 {}만 원 만들기".format(5000)
4   format_c = "{} {} {}    capitalize                          ⓘ
5   format_d = "{} {} {}    casefold
6   format_e = "{} {}".f    center
7   format_f = "{} {} {}    count
8                           encode
9   # 출력하기               endswith
10  print(format_a)         expandtabs
11  print(format_b)         find
12  print(format_c)         format
13  print(format_d)         format_map
14  print(format_e)         index
15  print(format_f)         isalnum
```

앞으로 여러 가지 문자열 기능들에 대해 살펴볼 텐데 절대로 모두 외우려고 하지 마세요. 대략적으로 '문자열에는 이러한 기능이 있다'라고만 알아 두고, 자동 완성 기능을 살펴보면서 '이 이름이 이 기능이었던 것 같아!'라고 떠올릴 정도로 기억하면 됩니다. 일단 그렇게 기억해 두고 해당 기능을 여러 번 사용해 보면 자동으로 외워질 것입니다.

문자열의 format( ) 함수

format( ) 함수로 숫자를 문자열로 변환하는 몇 가지 형태를 살펴보겠습니다.

format( ) 함수는 문자열이 가지고 있는 함수입니다. 중괄호{}를 포함한 문자열 뒤에 마침표(.)를 찍고 format( ) 함수를 사용하는데, 중괄호의 개수와 format 함수 괄호 안 매개변수의 개수는 반드시 같아야 합니다.

```
"{}".format(10)
"{} {}".format(10, 20)
"{} {} {} {} {}".format(101, 202, 303, 404, 505)
```

이러한 형태로 함수를 사용하면 앞쪽에 있는 문자열의 {} 기호가 format( ) 함수 괄호 안에 있는 매개변수로 차례로 대치되면서 숫자가 문자열이 되는 것입니다.

format( ) 함수로 숫자가 문자열이 되는 과정을 살펴보겠습니다. 다음은 숫자 10이 문자열 중괄호 부분에 들어가 문자열 "10"이 되는 코드입니다.

> **직접 해보는 손코딩**

format( ) 함수로 숫자를 문자열로 변환하기   소스 코드 **format_basic.py**

```
01    # format() 함수로 숫자를 문자열로 변환하기
02    string_a = "{}".format(10)
03
04    # 출력하기
05    print(string_a)
06    print(type(string_a))
```

> 🖥 **실행 결과**   ✕
> ```
> 10
> <class 'str'>
> ```

코드를 실행하니 숫자 10의 자료형은 문자열이 되었으며, string_a에는 문자열 10이 들어 있는 것을 알 수 있습니다.

format이라는 함수는 {} 기호를 format의 괄호 안에 있는 매개변수로 대체하는 것뿐이기 때문에 {} 기호 앞뒤 혹은 {} 기호와 {} 기호 사이에 다양한 문자열을 넣을 수 있습니다.

이제 한 단계 더 나아가 {} 기호 양쪽에 다른 문자열을 같이 넣은 형태, {} 기호와 매개변수를 여러 개 넣은 형태를 실행해 보겠습니다.

format( ) 함수의 다양한 형태　　소스 코드 **format01.py**

```
01   # format() 함수로 숫자를 문자열로 변환하기
02   format_a = "{}만 원".format(5000)
03   format_b = "파이썬 열공하여 첫 연봉 {}만 원 만들기 ".format(5000)
04   format_c = "{} {} {}".format(3000, 4000, 5000)
05   format_d = "{} {} {}".format(1, "문자열", True)
06
07   # 출력하기
08   print(format_a)
09   print(format_b)
10   print(format_c)
11   print(format_d)
```

```
🖥 실행 결과                              ✕
5000만 원
파이썬 열공하여 첫 연봉 5000만 원 만들기
3000 4000 5000
1 문자열 True
```

2행의 format_a는 {} 기호 옆에 다른 문자열을 넣은 형태입니다. 이렇게 입력하면 {}라는 기호 부분만 format( ) 함수의 매개변수에 넣은 5000으로 대치됩니다.

3행의 format_b는 {} 기호의 앞뒤로 다른 문자열을 넣은 형태입니다. format( ) 함수의 매개변수에 넣은 5000이 대치되어 표현 방법을 달리할 수 있습니다.

4행의 format_c는 매개변수를 여러 개 넣은 형태입니다. 이렇게 입력하면 차례대로 해당 위치에 맞게 대치됩니다.

5행의 format_d는 사실 이번 절의 주제인 '숫자를 문자열로 변환하기'와는 관련 없는 내용입니다. format( ) 함수는 숫자 이외의 자료형에도 적용할 수 있다는 것을 보여 주는 예입니다.

IndexError 예외　　예외 처리

{} 기호의 개수가 format( ) 함수의 매개변수 개수보다 많으면 **IndexError** 예외가 발생합니다. 아래의 예시에서 첫 번째는 매개변수가 {}보다 많은 경우로 {} 개수만큼 적용되고 나머지 매개변수는

버려집니다. 그래서 아무 문제 없이 실행됩니다. 두 번째는 {}가 매개변수보다 많은 경우로 Index Error라는 예외가 발생합니다.

```
>>> "{} {}".format(1, 2, 3, 4, 5)
'1 2'
>>> "{} {} {}".format(1, 2)
Traceback (most recent call last):
File "<pyshell#1>", line 1, in <module>
  "{} {} {}".format(1, 2)
IndexError: tuple index out of range
```

format( ) 함수의 다양한 기능

format( ) 함수는 숫자와 관련해서도 다양한 기능을 가지고 있습니다.

정수 출력의 다양한 형태

그 첫 번째를 살펴볼까요? format( ) 함수를 사용하면 출력할 정수에 기호를 넣어주거나, 숫자 형태를 다양하게 출력할 수 있습니다.

> 직접 해보는 손코딩

정수를 특정 칸에 출력하기　소스 코드 format02.py

```
01    # 정수
02    output_a = "{:d}".format(52)
03
04    # 특정 칸에 출력하기
05    output_b = "{:5d}".format(52)          # 5칸
06    output_c = "{:10d}".format(52)         # 10칸
07
08    # 빈칸을 0으로 채우기
09    output_d = "{:05d}".format(52)         # 양수
10    output_e = "{:05d}".format(-52)        # 음수
11
```

```
12    print("# 기본")
13    print(output_a)
14    print("# 특정 칸에 출력하기")
15    print(output_b)
16    print(output_c)
17    print("# 빈칸을 0으로 채우기")
18    print(output_d)
19    print(output_e)
```

실행 결과   ✕
```
# 기본
52
# 특정 칸에 출력하기
   52
        52
# 빈칸을 0으로 채우기
00052
-0052
```

2행의 output_a는 {:d}를 사용했습니다. int 자료형의 정수를 출력하겠다고 직접적으로 지정하는 것입니다. 따라서 {:d}를 사용했을 때는 매개변수로 정수만 올 수 있습니다.

5~6행의 output_b와 output_c는 특정 칸에 맞춰서 숫자를 출력하는 형태입니다. {:5d}라고 입력하면 5칸을 빈 칸으로 잡고 뒤에서부터 52라는 숫자를 채웁니다. {:10d}도 마찬가지로 10칸을 빈 칸으로 잡고 뒤에서부터 52라는 숫자를 채웁니다.

8~9행의 output_d와 output_e는 빈칸을 0으로 채우는 형태입니다. {:05d}라고 지정하면 5칸을 잡고 뒤에서부터 52라는 숫자를 넣은 후, 앞의 빈 곳을 0으로 채웁니다. output_d는 양수, output_e는 음수인데, 부호가 있을 때는 맨 앞자리를 부호로 채우고 나머지 빈 곳을 0으로 채웁니다.

이어서 기호와 관련된 예제를 살펴보겠습니다.

직접 해보는 손코딩

기호 붙여 출력하기   소스 코드 format03.py

```
01    # 기호와 함께 출력하기
02    output_f = "{:+d}".format(52)    # 양수
03    output_g = "{:+d}".format(-52)   # 음수
04    output_h = "{: d}".format(52)    # 양수: 기호 부분 공백
05    output_i = "{: d}".format(-52)   # 음수: 기호 부분 공백
06
07    print("# 기호와 함께 출력하기")
08    print(output_f)
09    print(output_g)
10    print(output_h)
11    print(output_i)
```

실행 결과   ✕
```
# 기호와 함께 출력하기
+52
-52
 52
-52
```

2~3행의 {:+d}처럼 d앞에 + 기호를 붙이면 양수와 음수 기호를 표현할 수 있습니다. 이때 양수는 + 기호로 표현됩니다. output_f의 출력 결과를 보면 쉽게 이해할 수 있습니다.

또는 4~5행의 {: d}처럼 앞에 공백을 두어 기호 위치를 비워 주면 함수에 입력한 기호가 표현됩니다. 52라는 숫자를 기호없이 넣었을 때 원래 "52"처럼 출력되었다면 output_h는 " 52"로 출력됩니다.

그럼 이와 같은 정수 출력을 조합해서 확인해 봅시다. 다음과 같이 조합할 수 있습니다.

조합해 보기   소스 코드 format04.py

```
01  # 조합하기
02  output_h = "{:+5d}".format(52)      # 기호를 뒤로 밀기: 양수
03  output_i = "{:+5d}".format(-52)     # 기호를 뒤로 밀기: 음수
04  output_j = "{:=+5d}".format(52)     # 기호를 앞으로 밀기: 양수
05  output_k = "{:=+5d}".format(-52)    # 기호를 앞으로 밀기: 음수
06  output_l = "{:+05d}".format(52)     # 0으로 채우기: 양수
07  output_m = "{:+05d}".format(-52)    # 0으로 채우기: 음수
08
09  print("# 조합하기")
10  print(output_h)
11  print(output_i)
12  print(output_j)
13  print(output_k)
14  print(output_l)
15  print(output_m)
```

```
실행 결과                    ✕
# 조합하기
  +52
  -52
+  52
-  52
+0052
-0052
```

기호와 공백을 조합할 때는 = 기호를 앞에 붙일 수 있습니다. 이는 5칸의 공간을 잡았을 때 기호를 빈칸 앞에 붙일 것인지, 숫자 앞에 붙일 것인지 지정하는 기호입니다. 차근차근 출력 결과를 확인해 보면 쉽게 이해할 수 있습니다.

?! 문제해결

조합 순서가 중요해요. 조합 순서가 달라지면 출력이 이상하게 됩니다. 예를 들어 {:=+05d}를 {:=0+5d}처럼 입력하면 전혀 다른 형태가 나오므로 주의하기 바랍니다.

부동 소수점 출력의 다양한 형태

이번에는 소수점이 들어가는 float 자료형의 숫자에 대해서 알아보겠습니다. float 자료형 출력을 강제로 지정할 때는 {:f}를 사용합니다. 그리고 이전에 살펴보았던 형태들을 적용할 수 있습니다.

직접 해보는 손코딩

다양한 형태의 부동 소수점 출력하기　　소스 코드 format05.py

```
01    output_a = "{:f}".format(52.273)
02    output_b = "{:15f}".format(52.273)       # 15칸 만들기
03    output_c = "{:+15f}".format(52.273)      # 15칸에 부호 추가하기
04    output_d = "{:+015f}".format(52.273)     # 15칸에 부호 추가하고 0으로 채우기
05
06    print(output_a)
07    print(output_b)
08    print(output_c)
09    print(output_d)
```

```
실행 결과                          ×
52.273000
       52.273000
      +52.273000
+0000052.273000
```

추가로 부동 소수점의 경우는 소수점 아래 자릿수를 지정하는 기능이 있습니다. 다음 코드처럼 '.'을 입력하고 뒤에 몇 번째 자릿수까지 표시할지 지정하면 됩니다.

직접 해보는 손코딩

소수점 아래 자릿수 지정하기　　소스 코드 format06.py

```
01    output_a = "{:15.3f}".format(52.273)
02    output_b = "{:15.2f}".format(52.273)
03    output_c = "{:15.1f}".format(52.273)
04
05    print(output_a)
06    print(output_b)
07    print(output_c)
```

```
실행 결과                          ×
         52.273
          52.27
           52.3
```

이렇게 입력하면 15칸을 잡고 소수점을 각각 3자리, 2자리, 1자리로 출력합니다. 이때 자동으로 반올림도 일어납니다.

의미 없는 소수점 제거하기

파이썬은 0과 0.0을 출력했을 때 내부적으로 자료형이 다르므로 서로 다른 값으로 출력합니다. 그런데 의미 없는 0을 제거한 후 출력하고 싶을 때가 있습니다. 이때는{ :g}를 사용합니다.

직접 해보는 손코딩

의미 없는 소수점 제거하기　소스 코드 format07.py

```
01    output_a = 52.0
02    output_b = "{:g}".format(output_a)
03    print(output_a)
04    print(output_b)
```

실행 결과　✕
```
52.0
52
```

대소문자 바꾸기: upper( )와 lower( )

upper( ) 함수는 문자열의 알파벳을 대문자로, lower( ) 함수는 문자열의 알파벳을 소문자로 만듭니다.

다음은 upper( ) 함수의 예로, 변수 a에 저장된 문자열의 알파벳을 모두 대문자로 만듭니다.

```
>>> a = "Hello Python Programming...!"
>>> a.upper()
'HELLO PYTHON PROGRAMMING...!'
```

다음은 lower( ) 함수의 예로, 변수 a에 저장된 문자열의 알파벳을 모두 소문자로 만듭니다.

```
>>> a.lower()
'hello python programming...!'
```

➕ 여기서 잠깐　**파괴적 함수와 비파괴적 함수**

문자열과 관련된 함수를 사용할 때 착각하는 것 중 하나가 upper( ) 함수와 lower( ) 함수를 사용하면 a의 문자열이 바뀔 것으로 생각하는데, 절대로 원본은 변하지 않는다는 것을 기억하세요. 이렇게 원본을 변화시키지 않는 함수를 비파괴적 함수라고 부릅니다. 이와 반대되는 파괴적 함수는 4장에서 알아보겠습니다.

문자열 양옆의 공백 제거하기: strip( )

strip( ) 함수는 문자열 양옆의 공백을 제거합니다. 예를 들어 페이스북에 댓글을 입력할 때 입력 실수로 " 안녕하세요 "처럼 양쪽에 공백을 넣어 입력했다고 가정해 봅시다. 이런 문자열이 그대로 댓글로 달려 버리면 댓글 창이 지저분해질 수 있습니다. 따라서 양옆의 공백을 지워서 "안녕하세요"라고 댓글이 입력되도록 만드는 데 활용합니다.

왼쪽의 공백을 제거하는 lstrip( ) 함수와 오른쪽의 공백을 제거하는 rstrip( ) 함수도 있습니다. 이때 공백이란 '띄어쓰기', '탭', '줄바꿈'을 모두 포함합니다.

- strip( ): 문자열 양옆의 공백을 제거합니다.
- lstrip( ): 문자열 왼쪽의 공백을 제거합니다.
- rstrip( ): 문자열 오른쪽의 공백을 제거합니다.

예를 들어 큰따옴표 또는 작은따옴표를 세 번 반복한 기호로 여러 줄 문자열을 입력할 때 보기 쉽게 하려고 다음과 같이 코드를 작성하면 문자열 위아래에 의도하지 않은 줄바꿈이 들어갑니다.

```
>>> input_a = """
        안녕하세요
문자열의 함수를 알아봅니다
"""
>>> print(input_a)
        의도하지 않은 공백이 들어갑니다.
        안녕하세요
문자열 함수를 알아봅니다
```

위와 같은 의도하지 않은 줄바꿈 및 문자열 양옆의 공백은 strip( ) 함수로 쉽게 제거할 수 있습니다.

```
>>> print(input_a.strip())
안녕하세요
문자열 함수를 알아봅니다
```

코드를 실행한 결과를 보면 공백 제거 이전에는 줄바꿈과 띄어쓰기가 들어갔지만, 공백 제거 이후에는 이러한 것들이 모두 사라지는 것을 볼 수 있습니다. 공백을 제거할 때는 strip을 활용한다고 기억해 주세요.

note lstrip( ) 함수와 rstrip( ) 함수는 거의 사용하지 않습니다.

문자열의 구성 파악하기: isOO( )

문자열이 소문자로만 구성되어 있는지, 알파벳으로만 구성되어 있는지, 숫자로만 구성되어 있는지 등을 확인할 때는 is로 시작하는 이름의 함수를 사용합니다. 조금 많습니다. 아래 목록에 없는 것들도 많은데, 당연히 외우려고 하지 말고 '이런 이름은 이런 기능이 아닐까?'를 떠올리는 정도로만 살펴보기 바랍니다.

- isalnum( ): 문자열이 알파벳 또는 숫자로만 구성되어 있는지 확인합니다.
- isalpha( ): 문자열이 알파벳으로만 구성되어 있는지 확인합니다.
- isidentifier( ): 문자열이 식별자로 사용할 수 있는 것인지 확인합니다.
- isdecimal( ): 문자열이 정수 형태인지 확인합니다.
- isdigit( ): 문자열이 숫자로 인식될 수 있는 것인지 확인합니다.
- isspace( ): 문자열이 공백으로만 구성되어 있는지 확인합니다.
- islower( ): 문자열이 소문자로만 구성되어 있는지 확인합니다.
- isupper( ): 문자열이 대문자로만 구성되어 있는지 확인합니다.

간단하게 몇 가지만 사용해 보겠습니다. 출력은 True(맞다) 또는 False(아니다)라고 나오는데, 이를 불boolean이라고 부릅니다. 이와 관련된 내용은 3장에서 알아보겠습니다.

```
>>> print("TrainA10".isalnum())
True
>>> print("10".isdigit())
True
```

isalnum( )은 문자열이 알파벳 또는 숫자로만 구성되어 있는지 확인하는 함수이므로 "TrainA10"은 True(맞다)이고, isdigit( )는 문자열이 숫자로 인식될 수 있는 것인지 확인하는 함수이므로 "10"도 True(맞다)입니다.

문자열 찾기: find( )와 rfind( )

문자열 내부에 특정 문자가 어디에 위치하는지 확인할 때 find( ) 함수와 rfind( ) 함수를 사용합니다.

- find( ): 왼쪽부터 찾아서 처음 등장하는 위치를 찾습니다.
- rfind( ): 오른쪽부터 찾아서 처음 등장하는 위치를 찾습니다.

"안녕안녕하세요"라는 문자열에는 "안녕"이라는 문자열이 두 개 있습니다. 따라서 왼쪽부터 찾았을 때와 오른쪽부터 찾았을 때의 위치가 다릅니다. 다음 예제의 결과를 볼까요?

```
>>> output_a = "안녕안녕하세요".find("안녕")
>>> print(output_a)
0
```

```
>>> output_b = "안녕안녕하세요".rfind("안녕")
>>> print(output_b)
2
```

다시 언급하지만, 문자열은 가장 앞글자를 0번째라고 셉니다. 처음 "안녕"은 0번째에 있는 것이고 두 번째 "안녕"은 2번째부터 등장하는 것입니다. 따라서 실행 결과로 0과 2가 나온 것입니다.

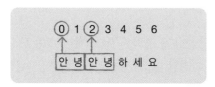

note 4장에서 리스트를 배울 때 순서에 대해서 다시 언급할 텐데 미리 알고 있으면 이후에 살펴볼 때 조금은 쉽게 이해할 수 있습니다. 다시 한번 '문자열은 0번째부터 시작한다!'만 꼭 기억해 주세요.

문자열과 in 연산자

문자열 내부에 어떤 문자열이 있는지 확인하려면 **in 연산자**를 사용합니다. 출력은 True(맞다) 또는 False(아니다)라고 나옵니다.

다음 예제에서 볼 수 있듯이 단순한 형태로 사용합니다. "안녕하세요" 문자열에 "안녕"을 포함하고 있으므로 True(맞다)라는 결과를 출력합니다.

```
>>> print("안녕" in "안녕하세요")
True
```

"안녕하세요"라는 문자열에 "잘자"는 포함하고 있지 않으므로 False(아니다)를 출력합니다.

```
>>> print("잘자" in "안녕하세요")
False
```

note in 연산자는 4장에서 리스트를 배울 때 또 나옵니다. 그때 더 살펴보겠습니다.

문자열 자르기: split( )

문자열을 특정한 문자로 자를 때는 split( ) 함수를 사용합니다. 다음과 같은 예제에서는 split( ) 함수 괄호 안의 문자열인 공백(띄어쓰기)을 기준으로 자릅니다.

```
>>> a = "10 20 30 40 50".split(" ")
>>> print(a)
['10', '20', '30', '40', '50']
```

실행 결과로 **리스트**list가 나옵니다. 리스트는 4장에서 배울 내용인데, 일단 split( ) 함수로 문자열을 원하는 대로 자를 수 있다는 것만 기억해 주세요.

문자열 내부에 표현식을 삽입하고 싶을 때는 다음과 같이 **문자열 연결 연산자**를 사용한다고 배웠습니다(093쪽).

```
>>> "3 + 4 = " + str(3 + 4)
'3 + 4 = 7'
```

여기에서 str() 함수는 왜 사용했을까요? 문자열과 숫자를 단순하게 + 연산자로 연결하려고 하면 파이썬은 '지금 숫자 덧셈 연산을 해야하는지, 문자열 연결 연산을 해야하는지 모르겠다!'고 판단하여 **TypeError** 오류를 출력하기 때문입니다. 따라서 표현식 (3 + 4)의 숫자 결과를 문자열로 바꾸기 위해 str( ) 함수로 감싸주는 과정이 필요합니다.

그러나 표현식을 여러 개 삽입할 때마다 str() 함수로 감싸는 것 자체가 귀찮을 것입니다. 이럴 때 편리한 것이 **format()** 함수입니다. format() 함수의 매개변수를 { } 기호 위치에 대치할 수 있기 때문에 자료형 제약없이 문자열에 데이터를 삽입할 수 있습니다.

```
>>> "3 + 4 = {}".format(3 + 4)
'3 + 4 = 7'
```

파이썬 3.6버전부터는 이러한 format( ) 함수를 더 간단하게 사용할 수 있는 방법을 제공합니다. 바로 **f-문자열**입니다. f 문자열은 문자열 앞에 f를 붙여서 만드는데, 문자열 내부에 표현식을 { } 괄호로 감싸서 삽입할 수 있습니다.

---
f'문자열{표현식}문자열'
---

note 파이썬 3.6 이전 버전에서 사용하면 오류가 발생합니다.

format( ) 함수와 비교하며 살펴보겠습니다. 표현식 10을 출력하려면 다음과 같이 작성합니다.

```
>>> "{}".format(10)
'10'
>>> f'{10}'
'10'
```

{ } 괄호 안에는 어떤 표현식이든 넣을 수 있습니다.

```
>>> f"3 + 4 = {3 + 4}"
'3 + 4 = 7'
>>> f"""1 + 2 = {1 + 2}    ──→여러 줄 문자열에도 사용할 수 있습니다.
    2 + 3 = {2 + 3}
    3 + 4 = {3 + 4}"""
'1 + 2 = 3\n2 + 3 = 5\n3 + 4 = 7'
```

f-문자열이 format() 함수보다 간단하고 직관적이므로 f-문자열이 등장한 이후로는 대부분 format() 함수보다는 f-문자열을 사용하는 편입니다. 다만 이 책은 입문서이므로 '함수 형태에 조금 더 익숙해지기 위한 목적'으로 **format()** 함수를 활용하겠습니다.

f-문자열은 사용하기 간단하지만, format( ) 함수를 사용하는 것이 더 편리한 경우도 있습니다. 다음 페이지에서 계속해서 살펴보겠습니다.

이번 절에서 작성한 format( ) 함수 코드를 f-문자열로 바꿔 작성하며 연습해 보세요.

f-문자열보다 format() 함수를 사용하는 것이 더 좋은 경우

대부분의 상황에서는 f-문자열을 더 많이 사용합니다. 그러나 다음과 같은 두 가지 상황에서는 format() 함수를 더 많이 사용합니다.

첫째, 문자열 내용이 너무 많을 때

f-문자열을 사용하면 어떤 데이터를 삽입하여 출력하는지 확인하기 위해 문자열을 모두 읽어야 한다는 문제가 있습니다. 이런 상황에서는 format() 함수를 사용하는 것이 무엇을 출력하는지 더 쉽게 알 수 있습니다.

```
>>> name = "구름"
>>> age = 7
>>> """# 문자열이 너무 긴 경우
    문자열이 너무 긴 상황에서
    데이터 {}을/를 출력해야 하는 경우가 있습니다.

    이때 f-문자열을 사용하면
    어떤 위치에 어떤 데이터 {}가 출력되는지 확인하기 위해서
    문자열 전체를 읽어야 하는 문제가 있습니다.
    이러한 경우 format() 함수를 사용하는 것이 편리합니다.
    문자열이 아무리 길어도 다음 줄만 보면
    어떤 데이터를 출력하는지 쉽게 알 수 있습니다.
    """.format(name, age)  ──→ format() 함수로 삽입할 데이터를 가리킵니다.
'# 문자열이 너무 긴 경우\n문자열이 너무 긴 상황에서\n데이터 구름을/를 출력해야 하는 경우가
있습니다.\n\n이때 f-문자열을 사용하면\n어떤 위치에 어떤 데이터 7가 출력되는지 확인하기 위해
서\n문자열 전체를 읽어야 하는 문제가 있습니다.\n이러한 경우 format() 함수를 사용하는 것이
편리합니다.\n문자열이 아무리 길어도 다음 줄만 보면\n어떤 데이터를 출력하는지 쉽게 알 수
있습니다.\n'
```

아마 위의 코드를 보고 'format() 함수를 사용해도 문자열을 다 읽어야 하는 것은 똑같지 않을까?'라고 생각할 수 있습니다. 하지만 일반적으로 문자열의 내용보다는 '어떤 데이터를 출력하는가?'가 더 중요한 경우가 많습니다. 이러한 상황에서는 데이터를 뒤에 모아서 볼 수 있는 format() 함수가 유용합니다.

둘째, 데이터를 리스트에 담아서 사용할 때

데이터를 다음과 같이 리스트에 담아서 사용하는 상황이 굉장히 많습니다. 이럴 때는 format( ) 함수를 사용하는 것이 좋습니다.

```
['별', 2, 'M', '서울특별시 강서구', 'Y']
```

note 리스트는 여러 가지 자료를 모아서 저장할 수 있는 자료형입니다. 자세한 내용은 192쪽에서 살펴보겠습니다.

만약 위의 리스트를 f−문자열로 형식화해서 출력하려면 다음과 같이 [ ] 기호로 일일이 리스트 요소에 접근해야 하지만,

```
>>> data = ['별', 2, 'M', '서울특별시 강서구', 'Y']
>>> f"""이름: {data[0]}
    나이: {data[1]}
    성별: {data[2]}
    지역: {data[3]}
    중성화 여부: {data[4]}"""
'이름: 별\n나이: 2\n성별: M\n지역: 서울특별시 강서구\n중성화 여부: Y'
```

format( ) 함수와 전개 연산자를 사용하면 다음과 같이 더 간단하게 입력하여 리스트 요소를 한꺼번에 출력할 수 있습니다.

```
>>> data = ['별', 2, 'M', '서울특별시 강서구', 'Y']
>>> """이름: {}
    나이: {}
    성별: {}
    지역: {}
    중성화 여부: {}""".format(*data)
'이름: 별\n나이: 2\n성별: M\n지역: 서울특별시 강서구\n중성화 여부: Y'
```

→ 전개 연산자를 사용하여 리스트 내용을 전개합니다.

note 전개 연산자는 211쪽에서 살펴보겠습니다.

▶ 8가지 키워드로 정리하는 핵심 포인트

- format( ) 함수를 이용하면 숫자와 문자열을 다양한 형태로 출력할 수 있습니다.

- upper( )와 lower( ) 함수는 문자열의 알파벳을 대문자로 혹은 소문자로 변경합니다.

- strip( ) 함수는 문자열 양옆의 공백을 제거합니다.

- find( ) 함수는 문자열 내부에 특정 문자가 어디에 위치하는지 찾을 때 사용합니다.

- in 연산자는 문자열 내부에 어떤 문자열이 있는지 확인할 때 사용합니다.

- split( ) 함수는 문자열을 특정한 문자로 자를 때 사용합니다.

- f-문자열을 사용하면 문자열 안에 값을 format( ) 함수보다 간단하게 삽입할 수 있습니다.

▶ 확인문제

1. 다음 format( ) 함수 중에서 오류가 발생하는 경우를 골라 보세요.

① "{} {}".format(52, 273)
② "{} {}".format(52, type(273))
③ "{} {} {}".format(52, type(273))
④ "{}".format(52, 273)

2. 함수와 그 기능을 연결해 보세요.

① split( ) •   • ⓐ 문자열을 소문자로 변환합니다.
② upper( ) •   • ⓑ 문자열을 대문자로 변환합니다.
③ lower( ) •   • ⓒ 문자열 양옆의 공백을 제거합니다.
④ strip( ) •   • ⓓ 문자열을 특정 문자로 자릅니다.

3. 다음 코드의 빈칸을 채워서 실행 결과처럼 출력해 보세요.

```
a = input("> 1번째 숫자: ")
b = input("> 2번째 숫자: ")
print()


print("{} + {} = {}".format(          ))
```

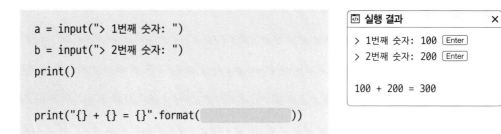

실행 결과 ✕

> 1번째 숫자: 100 Enter
> 2번째 숫자: 200 Enter

100 + 200 = 300

4. 다음 프로그램의 실행 결과를 예측해 보세요.

```
string = "hello"

# string.upper()를 실행하고, string 출력하기
string.upper()
print("A 지점:", string)

# string.upper() 실행하기
print("B 지점:", string.upper())
```

실행 결과 ✕

hint 1. { } 기호의 개수가 format( ) 함수의 매개변수 개수보다 많으면 예외가 발생합니다.

 2. 함수의 기능은 141~145쪽을 참고하세요.

 3. input( )으로 입력받은 숫자는 문자열이므로 원하는 계산을 할 때는 숫자로 변환해야 합니다.

 4. upper( ) 함수를 실행하면 대문자로 변경한 결과를 냅니다. 원본 변수가 바뀌는 것이 아닙니다. 이와 관련된 자세한
    내용은 4장에서 다시 설명합니다.

지금까지 우리가 배운 내용은 변수와 간단한 연산입니다. 이것만으로도 다양한 프로그램을 만들 수 있습니다. 세상에는 수많은 수학 공식이 있으므로 이를 프로그램으로 구현해 보면 다양하게 활용할 수 있습니다.

1. 구의 부피와 겉넓이

구의 부피와 겉넓이를 구하는 프로그램을 만들어 보세요. 구의 부피와 겉넓이를 구하는 공식은 다음과 같습니다.

$$구의\ 반지름을\ r이라고\ 할\ 때$$

$$부피 = \frac{4}{3}\pi r^3$$

$$겉넓이 = 4\pi r^2$$

```
구의  반지름을  입력해주세요: 5
= 구의  부피는 523.5986666666666입니다.
= 구의  겉넓이는 314.1592입니다.
```

hint1 r^3과 r^2를 구할 때 곱하기를 여러 번 사용하거나, 제곱 연산자를 활용하게 될 것입니다. 이때 연산자의 우선순위를 주의해서 공식을 만들어 보세요.

hint2 pi 값은 3.141592로 계산합니다.

2. 피타고라스의 정리

피타고라스의 정리는 삼각형의 밑변, 높이, 빗변의 관계를 나타내는 공식입니다.

$$a^2 + b^2 = c^2$$

빗변 c를 계산하려면 다음과 같은 공식을 사용합니다.

$$c = \sqrt{a^2 + b^2}$$

위 공식에 따라 파이썬으로 밑변과 높이를 입력하면 빗변의 길이를 구하는 프로그램을 만들어 보세요.

> 밑변의 길이를 입력해주세요: 3.0
> 높이의 길이를 입력해주세요: 4.0
> = 빗변의 길이는 5.0입니다.

hint 위 공식을 활용하려면 제곱근을 구하는 방법을 알아야 합니다. 제곱근은 다음과 같이 1/2를 제곱하면 간단하게 구할 수 있습니다. 이때 연산자 우선순위 문제가 발생해서 원하지 않는 결과가 나올 수 있으니 괄호를 꼭 넣어주세요.

```
>>> 4 ** (1/2)
2.0
>>> 4 ** (0.5)
2.0
```

위 공식을 구현할 수 있다면 이 외에도 다양한 공식을 구현해 볼 수 있습니다. 직접 찾아서 도전해 보세요!

Chapter 03

세상을 살아가면서 우리는 다양한 선택을 하게 됩니다. 그때마다 우리는 선택의 갈림길에 서서 어떤 것을 선택할지 고민하죠. '점심은 뭘 먹을까?', '이번 휴가 때는 어디를 놀러 갈까?'처럼 말이죠. 프로그램도 선택의 갈림길에 서는 순간이 있습니다. 바로 조건문을 만날 때입니다.

조건문

학습목표

- 불에 대해 이해합니다.
- if 조건문의 기본적인 사용 방법을 알아봅니다.
- 현실의 조건과 프로그래밍에서의 조건에 차이가 있다는 것을 이해합니다.

03-1 불 자료형과 if 조건문

핵심 키워드

불 | 비교 연산자 | 논리 연산자 | if 조건문

프로그래밍 언어에는 기본적인 자료형으로 참과 거짓을 나타내는 값이 있습니다. 이를 불(boolean)이라고 부릅니다. 불 자료를 만드는 방법과 이와 관련된 연산자에 대해 알아보겠습니다.

시작하기 전에

Boolean은 불린 또는 불리언이라는 발음으로 부릅니다. 프로그래밍에서는 짧게 Bool이라고 쓰기도 합니다. 한국에서는 Boolean Algebra를 불 대수, Boolean Operator를 불 연산자로 부르는 것처럼 '불'이라고 많이 표기합니다. 따라서 이 책에서도 불이라고 표현하겠습니다.

지금까지 살펴보았던 숫자와 문자열은 만드는 형태에 따라 무한에 가까운 종류를 만들 수 있었습니다.

```
10, 100, 200, 128390, "안녕하세요", "Hello", "Welcome to Python"
```

불은 오직 True(참)와 False(거짓) 값만 가질 수 있습니다. 코드를 실행하면 다음과 같습니다.

> 파이썬에서는 True와 False의 첫 글자를 반드시 대문자로 적어야 해요.

```
>>> print(True)
True
>>> print(False)
False
```

하지만 참과 거짓을 그대로 입력하는 것은 큰 의미가 없습니다. 참과 거짓은 '어떤 명제'의 결과가 될 때 의미를 갖습니다.

불 만들기: 비교 연산자

불은 비교 연산자를 통해 만들 수 있습니다. 파이썬에는 여섯 개의 비교 연산자가 있습니다. 중고등학교 수학 시간에 배우는 기본적인 연산자인데 모양은 다르지만 쉽게 이해할 수 있습니다.

연산자	설명	연산자	설명
==	같다	>	크다
!=	다르다	<=	작거나 같다
<	작다	>=	크거나 같다

비교 연산자는 숫자 또는 문자열에 적용할 수 있습니다. 숫자의 대소 비교는 누구나 쉽게 할 수 있습니다. 다음과 같은 코드를 실행시키면서 결과를 살펴보겠습니다.

```
>>> print(10 == 100)
False
>>> print(10 != 100)
True
>>> print(10 < 100)
True
>>> print(10 > 100)
False
>>> print(10 <= 100)
True
>>> print(10 >= 100)
False
```

조건식	의미	결과
10 == 100	10과 100은 같다	거짓
10 != 100	10과 100은 다르다	참
10 < 100	10은 100보다 작다	참
10 > 100	10은 100보다 크다	거짓
10 <= 100	10은 100보다 작거나 같다	참
10 >= 100	10은 100보다 크거나 같다	거짓

그런데 파이썬은 문자열에도 비교 연산자를 적용할 수 있습니다. 이때 한글은 사전 순서(가나다순)로 앞에 있는 것이 작은 값을 갖습니다. 예를 들어 '가방'과 '하마'를 비교하면 사전 순서로 '가방'이 앞에 있으므로 '가방'이 '하마'보다 작은 값을 갖습니다. 다음 코드를 통해 결과를 살펴보겠습니다.

```
>>> print("가방" == "가방")
True
>>> print("가방" != "하마")
True
>>> print("가방" < "하마")
True
>>> print("가방" > "하마")
False
```

+ 여기서 잠깐   범위 구하기

파이썬은 다음과 같은 코드를 사용해 변수의 범위 등도 비교할 수 있습니다. 실행하면 다음과 같은 결과를 출력합니다.

```
>>> x = 25
>>> print(10 < x < 30)
True
>>> print(40 < x < 60)
False
```

불 연산하기: 논리 연산자

불을 만들 때는 비교 연산자를 사용한다고 했습니다. 그리고 불끼리는 **논리 연산자**를 사용할 수 있습니다. 파이썬에는 다음과 같은 세 개의 논리 연산자가 있습니다.

연산자	의미	설명
not	아니다	불을 반대로 전환합니다.
and	그리고	피연산자 두 개가 모두 참일 때 True를 출력하며, 그 외는 모두 False를 출력합니다.
or	또는	피연산자 두 개 중에 하나만 참이라도 True를 출력하며, 두 개가 모두 거짓일 때만 False를 출력합니다.

not 연산자

not 연산자부터 알아보겠습니다. **not 연산자**는 **단항 연산자**로, 참과 거짓을 반대로 바꿀 때 사용합니다. 실행하면 단순하게 True와 False가 서로 바뀝니다.

```
>>> print(not True)
False
>>> print(not False)
True
```

위의 코드처럼 True와 False에 바로 not 연산자를 적용하는 경우는 없습니다. 일반적으로 다음과 같이 비교 연산자로 불 자료형의 변수를 만들고, 여기에 not 연산자를 적용합니다.

직접 해보는 손코딩

not 연산자 조합하기 　소스 코드 **boolean.py**

```
01   x = 10
02   under_20 = x < 20 # under_20 = (x < 20)
03   print("under_20:", under_20)
04   print("not under_20:", not under_20)
```

⟨/⟩ 실행 결과 ✕
```
under_20: True
not under_20: False
```

and 연산자와 or 연산자

not 연산자는 대부분 쉽게 이해하지만, and 연산자와 or 연산자는 처음 본 사람들한테는 이해하기 힘든 연산자입니다. 먼저 최종 결과를 확인하고 해당 내용은 차근차근 설명하겠습니다.

and 연산자는 양쪽 변의 값이 모두 참일 때만 True를 결과로 냅니다.

좌변	우변	결과
True	True	True
True	False	False
False	True	False
False	False	False

반면 or 연산자는 둘 중 하나만 참이어도 True를 결과로 냅니다.

좌변	우변	결과
True	True	True
True	False	True
False	True	True
False	False	False

한 번만 기억하면 쉽게 사용할 수 있는데, 익숙하지 않은 연산자라 한 번 기억하기가 조금 힘든 것뿐입니다. 그럼 기억하기 쉽게 현실과 조금 연관지어서 살펴보겠습니다.

다음과 같은 명령을 들었다고 가정해 봅시다.

"사과 그리고 배 가져와!"

무엇을 가져가야 할까요? '사과 그리고 배'라는 의미는 두 가지를 모두 가지고 오라는 의미입니다. 그렇다면 다음 문장은 어떤가요?

"사과 또는 배 가져와!"

'사과 또는 배'라면 둘 중 하나라도 가지고 오라는 의미입니다.

프로그래밍에서도 이와 같은 의미가 적용됩니다. 예를 들어 프로그래밍에서 True는 좋은 것이고, False는 좋지 않은 것이라고 가정하겠습니다. 그리고 최종적으로 명령을 수행하면 True, 수행하지 못하면 False라고 가정해 보겠습니다. 이제 다음과 같은 명령을 들었다면 어떻게 해야 할까요?

> "치킨(True) 그리고 쓰레기(False) 가져와!"

둘 다 들고 오라는 명령인데, 쓰레기를 손에 잡기는 싫습니다. 그럼 명령을 거부해서 False가 됩니다. 다음과 같은 명령에는 어떻게 할까요?

> "치킨(True) 또는 쓰레기(False) 가져와!"

둘 중의 하나만 들고 가면 되니까 치킨을 들고 가면 됩니다. 치킨은 맛있으니까요. 따라서 최종 결과로 True가 나옵니다. 조금 특이한 예시이지만 이와 같은 방법으로 앞의 표에서 설명한 and 연산자와 or 연산자를 하나하나 매치시키다 보면 쉽게 기억할 수 있을 것입니다.

그럼 이를 기억하면서 다음 코드를 실행해 보겠습니다.

```
>>> print(True and True)
True
>>> print(True and False)
False
>>> print(False and True)
False
>>> print(False and False)
False
>>> print(True or True)
True
>>> print(True or False)
True
>>> print(False or True)
True
>>> print(False or False)
False
```

논리 연산자의 활용

논리 연산자는 많은 곳에서 사용됩니다. 지금부터 같이 살펴보겠습니다.

and 연산자

and 연산자를 사용하는 경우를 생각해 봅시다. 유명한 연예인의 공연 티켓을 예매하는 경우를 생각해 보겠습니다. '티켓을 1장만 구매하면서 오후 3시 이후'라는 조건은 어떻게 나타낼 수 있을까요?

두 가지 조건을 모두 충족할 때만 티켓 구매가 가능한 것처럼 **and(그리고)** 연산자도 같은 방식으로 적용됩니다.

or 연산자

or 연산자를 사용하는 경우를 생각해 봅시다. 예를 들어 '결제한 카드가 우리카드나 신한카드라면 10% 할인해 준다'라는 조건은 어떻게 나타낼 수 있을까요? 우리카드와 신한카드 중 하나이기만 하면 되므로 다음과 같이 나타낼 수 있습니다.

논리 연산자는 현실에서도 많이 사용되며, 여러분이 이후에 프로그램을 만들 때도 다양한 곳에 활용될 것입니다. 따라서 평소에 논리 연산자를 적용할 수 있는 다양한 경우를 생각해 보기 바랍니다.

if 조건문이란?

파이썬에서 **if 조건문**은 조건에 따라 코드를 실행하거나, 실행하지 않게 만들고 싶을 때 사용하는 구문입니다. 이는 코드의 실행 흐름을 변경한다는 뜻입니다. 이렇게 조건을 기반으로 실행의 흐름을 변경하는 것을 조금 어려운 용어로 **조건 분기**라고 부릅니다.

if 조건문의 기본적인 구조는 다음과 같습니다.

```
if 불 값이 나오는 표현식: ──→ if의 조건문 뒤에는 반드시 콜론(:)을 붙여야 합니다.
□□□□불 값이 참일 때 실행할 문장
□□□□불 값이 참일 때 실행할 문장
                                              □□□□는 들여쓰기 4칸
```

if문 다음 문장은 4칸 들여쓰기 후 입력합니다. 들여쓰기를 하지 않으면 오류가 발생하니 이 점을 꼭 기억하세요.

조건문의 기본적인 형태를 간단한 예제를 통해 알아보겠습니다. 다음 예시는 if 뒤에 있는 불 값이 참이므로 들여쓰기(띄어쓰기 네 번) 된 명령문을 실행하여 "True입니다...!"와 "정말 True입니다...!"를 출력합니다.

```
>>> if True: Enter
...□□□□print("True입니다...!") Enter
...□□□□print("정말 True입니다...!") Enter
...□□□□ Enter
True입니다...!
정말 True입니다...!
                                              □□□□는 들여쓰기 4칸
```

다음과 같이 if 뒤에 있는 불 값이 거짓인 경우에는 들여쓰기 된 명령문이 있다고 하더라도 아무것도 실행되지 않습니다.

```
>>> if False: Enter
...□□□□print("False입니다...!") Enter
...□□□□ Enter
>>>
                                              □□□□는 들여쓰기 4칸
```

note 인터렉티브 셀에서 if 조건문을 입력하고 Enter 키를 누르면 다음 줄의 프롬프트 위치에 ...이 나타나는데, 이는 코드 입력이 끝나지 않았다는 것을 자동으로 알려주는 표시입니다. 이 위치로부터 4칸 들여쓰기 후 실행 문장을 입력하면 됩니다.

다음은 **if**문을 사용하여 양수를 입력하면 "양수입니다"를, 음수를 입력하면 "음수입니다"를, 0을 입력하면 "0입니다"를 출력하는 예시입니다.

조건문의 기본 사용   소스 코드 condition.py

```
01    # 입력을 받습니다.
02    number = input("정수 입력> ")
03    number = int(number)
04
05    # 양수 조건
06    if number > 0:
07        print("양수입니다")
08
09    # 음수 조건
10    if number < 0:
11        print("음수입니다")
12
13    # 0 조건
14    if number == 0:
15        print("0입니다")
```

> **실행 결과 1** ✕
> 정수 입력> 273 [Enter]
> 양수입니다

> **실행 결과 2** ✕
> 정수 입력> -52 [Enter]
> 음수입니다

> **실행 결과 3** ✕
> 정수 입력> 0 [Enter]
> 0입니다

✚ 여기서 잠깐   들여쓰기

처음 프로그래밍을 공부하면 '프로그래밍에서도 들여쓰기(indent)를 하나?'며 당황할 수 있는데, 들여쓰기는 코드 앞에 '띄어쓰기 4번', '띄어쓰기 2번', '탭'과 같은 것을 의미합니다. 파이썬 개발에서는 일반적으로 '띄어쓰기 4번'을 많이 사용합니다.

> 파이썬은 일반적으로 띄어쓰기 4번을 많이 사용하니 꼭 기억하세요.

그런데 코드를 입력할 때 띄어쓰기를 네 개 입력하겠다고 [Spacebar] 키를 네 번이나 계속 누르는 일은 쉬운 일이 아닙니다. 그래서 파이썬 IDLE 에디터나 비주얼 스튜디오 코드 등의 개발 전용 에디터에서는 [Tab] 키를 누르면 자동으로 띄어쓰기 네 개를 넣어주는 기능이 있습니다. 이러한 기능을 **소프트탭**(soft tab)이라고 부릅니다. 따라서 코드에 들여쓰기를 입력하려면 [Tab] 키를 누르면 됩니다. 참고로 들여쓰기를 제거하고 싶을 때는 [Shift] + [Tab] 키를 누릅니다.

여러 줄을 한꺼번에 들여쓰기 하고 싶다면 여러 줄을 선택하고 [Tab] 키를 누릅니다. 그리고 여러 줄의 들여쓰기를 한꺼번에 제거하고 싶다면 여러 줄을 선택하고 [Shift] + [Tab] 키를 누릅니다.

날짜/시간 활용하기

여러 가지 조건문 중 몇 가지를 더 살펴보겠습니다. 먼저 시간을 조건으로 구분하여 오전인지 오후인지를 출력하는 프로그램을 작성해 보겠습니다. 파이썬에서는 아래 2행과 5행의 코드를 사용하면 날짜와 시간을 구할 수 있는데, 이 코드를 한꺼번에 외우려 하기보다 어딘가에 적어둔 후 필요할 때마다 복사/붙이기 해서 사용하다 보면 저절로 외워집니다.

직접 해보는 손코딩

날짜/시간 출력하기　　소스 코드 `date.py`

```python
01  # 날짜/시간과 관련된 기능을 가져옵니다.
02  import datetime
03
04  # 현재 날짜/시간을 구합니다.
05  now = datetime.datetime.now()
06
07  # 출력합니다.
08  print(now.year, "년")
09  print(now.month, "월")
10  print(now.day, "일")
11  print(now.hour, "시")
12  print(now.minute, "분")
13  print(now.second, "초")
```

```
실행 결과                ×
2022 년
3 월
3 일
19 시
16 분
39 초
```

우선 7장에서 배울 **모듈**이라는 기능을 활용해서 datetime이라는 기능을 가져오는 게 첫 번째 해야 할 일입니다(2행). 그런 다음 datetime.datetime.now( )라는 함수로 현재의 시간을 구해 now라는 변수에 대입합니다(5행). 마지막으로 now.year(년), now.month(월), now.day(일), now.hour(시), now.minute(분), now.second(초)를 사용해 현재의 년, 월, 일, 시, 분, 초를 출력합니다(8~13행).

이는 현재 시각을 기반으로 하고 있기 때문에 그 결과는 실행할 때마다 다르게 나타납니다.

이전에 배웠던 format() 함수를 활용하면 날짜를 한눈에 볼 수 있게 출력할 수 있습니다.

 직접 해보는 손코딩

날짜/시간을 한 줄로 출력하기 소스 코드 date01.py

```
01    # 날짜/시간과 관련된 기능을 가져옵니다.
02    import datetime
03
04    # 현재 날짜/시간을 구합니다.
05    now = datetime.datetime.now()
06
07    # 출력합니다.
08    print("{}년 {}월 {}일 {}시 {}분 {}초".format(
09        now.year,
10        now.month,
11        now.day,
12        now.hour,
13        now.minute,
14        now.second
15    ))
```

> 실행 결과   ✕
>
> 2022년 3월 3일 19시 18분 45초

이제 날짜/시간과 조건문을 활용해 현재 시각을 12시 이전과 이후로 나누어 오전과 오후를 구분하는 프로그램을 작성해 보겠습니다.

➕ **여기서 잠깐** **파이썬에서 월 출력하기**

대부분의 프로그래밍 언어는 월을 0~11까지로 출력합니다. 이는 문자열의 첫 번째 글자를 0번째라고 세었던 것처럼 프로그래밍 언어의 규칙을 지키기 위한 목적입니다. 하지만 사람이 볼 때는 자주 헷갈리는 부분입니다.

따라서 파이썬은 사람이 이해하기 쉬운 형태로 월을 출력합니다. 현재 실행 결과를 보면 필자가 프로그램을 3월에 실행하고 있으므로 3을 그대로 출력합니다. 다른 프로그래밍 언어와 다르므로 주의하세요.

오전과 오후를 구분하는 프로그램 소스 코드 date02.py

```
01  # 날짜/시간과 관련된 기능을 가져옵니다.
02  import datetime
03
04  # 현재 날짜/시간을 구합니다.
05  now = datetime.datetime.now()
06
07  # 오전 구분
08  if now.hour < 12:
09      print("현재 시각은 {}시로 오전입니다!".format(now.hour))
10
11  # 오후 구분
12  if now.hour >= 12:
13      print("현재 시각은 {}시로 오후입니다!".format(now.hour))
```

> **⟩ 실행 결과** ✕
>
> 현재 시각은 19시로 오후입니다!

필자가 예제를 실행하고 있는 현재 시각은 오후 7시입니다. 따라서 위와 같이 출력합니다. 만약 새벽 3시에 프로그램을 실행하고 있는 독자라면 "현재 시각은 3시로 오전입니다!"를 출력합니다.

다음과 같이 월을 사용하면 계절을 구분할 수도 있습니다.

계절을 구분하는 프로그램 소스 코드 date03.py

```
01  # 날짜/시간과 관련된 기능을 가져옵니다.
02  import datetime
03
04  # 현재 날짜/시간을 구합니다.
05  now = datetime.datetime.now()
06
07  # 봄 구분
08  if 3 <= now.month <= 5:
09      print("이번 달은 {}월로 봄입니다!".format(now.month))
10
11  # 여름 구분
12  if 6 <= now.month <= 8:
```

```
13         print("이번 달은 {}월로 여름입니다!".format(now.month))
14
15     # 가을 구분
16     if 9 <= now.month <= 11:
17         print("이번 달은 {}월로 가을입니다!".format(now.month))
18
19     # 겨울 구분
20     if now.month == 12 or 1 <= now.month <= 2:
21         print("이번 달은 {}월로 겨울입니다!".format(now.month))
```

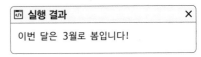

```
🖸 실행 결과                                    ✕
이번 달은 3월로 봄입니다!
```

봄, 여름, 가을, 겨울을 조건문에서 구분했습니다.

봄은 3월부터 5월까지이므로 3보다 크거나 같고 5보다 작거나 같은지를 묻는 조건식을,

```
3 <= now.month <= 5
```

여름은 6월부터 8월까지이므로 6보다 크거나 같고 8보다 작거나 같은지를 묻는 조건식을,

```
6 <= now.month <= 8
```

가을은 9월부터 11월까지이므로 9보다 크거나 같고 11보다 작거나 같은지를 묻는 조건식을 사용했고,

```
9 <= now.month <= 11
```

겨울의 경우는 12월과 1~2월이므로 or 연산자를 사용해 범위를 연결했습니다.

```
now.month == 12 or 1 <= now.month <= 2
```

필자가 예제를 실행하는 시점은 3월이므로 "봄"이라고 출력합니다.

짝수와 홀수 구분하기 [누적 예제]

if 조건문의 형식에 대해서는 다음과 같이 배웠습니다.

> if 불 값이 나오는 표현식:
> □□□□불 값이 참일 때 실행할 문장
>
> □□□□는 들여쓰기 4칸

구문 자체는 매우 간단하기 때문에 모두가 이해했을 거라 생각되는데, 여기서 다시 한번 언급하는 이유는 if문의 '불 값이 나오는 조건문'을 어떻게 만들 것인가가 핵심이기 때문입니다. 따라서 여기서는 불 값에 어떤 조건식을 넣으면 좋을지에 대해 한번 생각해 보는 시간을 가져보겠습니다.

홀수와 짝수를 구분하는 예제를 통해 알아보겠습니다. 여러분은 홀수와 짝수를 어떻게 구분하나요? 일반적으로 초등학교 때 '끝자리가 0, 2, 4, 6, 8이면 짝수다'라고 배웠습니다. 그렇다면 이를 컴퓨터로 입력하려면 어떻게 해야 할까요? 다음과 같은 프로그램을 만들 수 있습니다.

직접 해보는 손코딩

끝자리로 짝수와 홀수 구분 소스 코드 condition01.py

```
01    # 입력을 받습니다.
02    number = input("정수 입력> ")
03
04    # 마지막 자리 숫자를 추출
05    last_character = number[-1]
06
07    # 숫자로 변환하기
08    last_number = int(last_character)
09
10    # 짝수 확인
11    if last_number == 0 \
12        or last_number == 2 \
13        or last_number == 4 \
14        or last_number == 6 \
15        or last_number == 8:
16        print("짝수입니다")
17
```

```
18    # 홀수 확인
19    if last_number == 1 \
20        or last_number == 3 \
21        or last_number == 5 \
22        or last_number == 7 \
23        or last_number == 9:
24        print("홀수입니다")
```

실행 결과 1 ✕

정수 입력> 52 [Enter]
짝수입니다

실행 결과 2 ✕

정수 입력> 273 [Enter]
홀수입니다

note 파이썬에서 줄이 너무 길어질 때는 11행과 같이 \ 기호를 입력하고 줄바꿈해서 코드를 입력합니다.

주석으로 각 명령행을 설명했는데, 이해되었나요? 첫 번째 실행 결과를 보면 52를 입력했고, "짝수
입니다"를 출력했습니다. 코드를 다시 살펴보면 52를 입력했으므로 number에 52라는 문자열이 들
어가고(2행), number[-1]에 의해 문자열의 마지막 글자를 추출하므로 last_character에는 2라는
문자열이 들어갑니다(5행). 그런 다음 2를 숫자 자료형으로 변환한 후 last_number에 넣고(8행),
0, 2, 4, 6, 8 그리고 1, 3, 5, 7, 9와 비교를 한 뒤 "짝수입니다" 혹은 "홀수입니다"를 출력합니다. 2
는 짝수이므로 "짝수입니다"를 출력합니다.

코드를 간략하게 수정해 보겠습니다. 앞서 in 연산자에 대해 배웠는데요(145쪽), **in 연산자**는 어떤
문자열 내부에 찾고자 하는 문자열이 있는지를 확인할 때 사용했습니다. in 연산자를 활용해 코드를
수정해 보겠습니다.

직접 해보는 손코딩

in 문자열 연산자를 활용해서 짝수와 홀수 구분   소스 코드 condition02.py

```
01    # 입력을 받습니다.
02    number = input("정수 입력> ")
03    last_character = number[-1]
04
05    # 짝수 조건
06    if last_character in "02468":
07        print("짝수입니다")
08
09    # 홀수 조건
10    if last_character in "13579":
11        print("홀수입니다")
```

실행 결과 ✕

정수 입력> 52 [Enter]
짝수입니다

3행의 last_character에 있는 문자열이 "02468"이라는 문자열에 포함되어 있는지(6행) 혹은 "13579"라는 문자열에 포함되어 있는지(10행)를 확인해 홀수 혹은 짝수를 출력하도록 하는 코드입니다. 코드가 훨씬 깔끔해졌습니다.

한 가지 더 살펴볼까요? 컴퓨터는 모든 것을 숫자로 계산하기 때문에 문자열 연산보다 숫자 연산이 조금 더 빠릅니다. 이번 예제에서는 숫자 연산을 통해 홀수와 짝수를 구분해 보겠습니다.

직접 해보는 손코딩

나머지 연산자를 활용해서 짝수와 홀수 구분　　소스 코드 condition03.py

```
01    # 입력을 받습니다.
02    number = input("정수 입력> ")
03    number = int(number)
04
05    # 짝수 조건
06    if number % 2 == 0:
07        print("짝수입니다")
08
09    # 홀수 조건
10    if number % 2 == 1:
11        print("홀수입니다")
```

> 🖥 **실행 결과**　　　　　　　　　　✕
>
> 정수 입력> 52 `Enter`
> 짝수입니다

단순하게 2로 나눈 나머지가 0이면 '짝수', 1이면 '홀수'라고 지정한 것입니다. 이처럼 우리는 짝수와 홀수를 구분할 때 숫자의 끝자리가 2, 4, 6, 8, 0이라면 곧바로 짝수라고 생각하지만, 컴퓨터는 2로 나눈 나머지가 0인지를 확인하는 것이 좋습니다. 그래서 조건문을 만들 때는 언제나 '컴퓨터에서는 어떻게 하는 게 더 빠를까'를 생각해야 합니다.

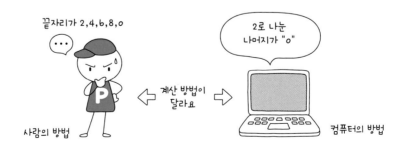

기본편

→ 질문있어요!

Q if 조건에 or 연산자를 last_number == 0 or 2 or 4 or 6 or 8이라고 쓰면 안 되나요?

A condition01.py 예제에서 끝자리가 0, 2, 4, 6, 8이면 짝수인지 확인하는 부분을 코드로 작성할 때 다음과 같이 작성한 분들이 꽤 있을 것이라고 생각합니다.

```
if last_number == 0 or 2 or 4 or 6 or 8:
```

인간의 언어 표현으로는 충분히 가능해 보이는 표현이지만, 프로그래밍 언어들은 이런 표현을 제대로 이해하지 못합니다.

or 연산자는 양쪽 피연산자가 불 자료형으로 들어올 것이라고 가정합니다. 따라서 양쪽 피연산자가 불 자료형이 아니라면, 강제로 불 자료형으로 변경한 뒤에 계산합니다. 파이썬은 0을 제외한 모든 숫자를 True로 변환합니다. 따라서 다음과 같은 조건 표현식의 숫자는 모두 True로 변환한 후 or 연산이 이루어집니다.

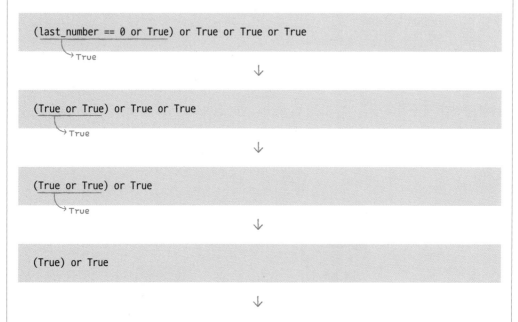

```
last_number == 0 or 2 or 4 or 6 or 8
```

↓

```
last_number == 0 or True or True or True or True
```

위 코드는 last_number에 어떤 값이 들어가는지와 상관없이 결과가 항상 True가 됩니다. or 연산자는 양쪽 피연산자 중에 하나만 True라고 해도 전체가 True가 나오기 때문입니다.

or 연산자를 앞에서부터 하나씩 순서대로 연산해 보면 다음과 같은 과정으로 이루어집니다.

```
(last_number == 0 or True) or True or True or True
           ↳ True
```

↓

```
(True or True) or True or True
      ↳ True
```

↓

```
(True or True) or True
      ↳ True
```

↓

```
(True) or True
```

↓

```
True
```

그래서 누적 예제에서는 코드를 다음과 같이 사용했습니다.

```python
# 사용할 수 없는 코드입니다.
last_number == 0 or 2 or 4 or 6 or 8

# 위 코드 대신 다음과 같은 코드를 사용해야 합니다.(예제 condition01.py)
last_number == 0 \
 or last_number == 2 \
 or last_number == 4 \
 or last_number == 6 \
 or last_number == 8

# 또는 in 문자열 연산자를 사용할 수 있습니다.(예제 condition02.py)
last_character in "02468"
```

프로그래밍을 하다 보면 될 것 같은데 안 되는 코드가 꽤 많습니다. 프로그래밍 언어의 어쩔 수 없는 특성입니다. 문제가 되는 코드를 마주했을 때 그때마다 '이런 코드는 안 되는구나'하고 기억해 두면 좋습니다.

▶ 4가지 키워드로 정리하는 핵심 포인트

- **불**은 파이썬의 기본 자료형으로 True(참)와 False(거짓)를 나타내는 값입니다.

- **비교 연산자**는 숫자 또는 문자열에 적용하며, 대소를 비교하는 연산자입니다.

- **논리 연산자**는 not, and, or 연산자가 있으며, 불을 만들 때 사용합니다.

- **if 조건문**은 조건에 따라 코드를 실행하거나 실행하지 않게 만들고 싶을 때 사용하는 구문입니다.

▶ 확인문제

1. 비교 연산자를 사용한 조건식입니다. 결과가 참이면 True를, 거짓이면 False를 적어 보세요.

조건식	결과
10 == 100	
10 != 100	
10 〉 100	
10 〈 100	
10 〈= 100	
10 〉= 100	

2. 다음 세 개의 예제 중 "참입니다"를 출력하는 것은 몇 번 예제인가요?

```
x = 2              ❶
if x > 4:
    print("참입니다")
```

```
x = 1              ❷
if x > 4:
    print("참입니다")
```

```
x = 10             ❸
if x > 4:
    print("참입니다")
```

3. 다음 상황들은 선택 조건으로 and 및 or 연산자를 적용하고 있습니다. 어떤 연산자가 사용되었을까요? and 연산자라면 'a', or 연산자라면 'o'를 괄호 안에 적어 보세요.

① 치킨이나 햄버거가 먹고 싶어서, 음식 주문 애플리케이션에서 치킨과 햄버거를 선택했다.

    (　　　　)

② H 브랜드가 출시한 10만원 이하의 가방을 구매하고 싶어서, H 브랜드와 10만원 이하를 조건으로 선택해서 검색했다.(　　　　)

③ 고궁에 입장하는데, 65세 이상의 어르신과 5살 이하의 아동은 무료 입장이었다.(　　　　)

4. 사용자로부터 숫자 두 개를 입력받고 첫 번째 입력받은 숫자가 큰지, 두 번째 입력받은 숫자가 큰지를 구하는 프로그램을 다음 빈칸을 채워 완성해 보세요.

```
a =          (input("> 1번째 숫자: "))
b =          (input("> 2번째 숫자: "))
print()


if        :
    print("처음 입력했던 {}가 {}보다 더 큽니다".              )
if        :
    print("두 번째로 입력했던 {}가 {}보다 더 큽니다".              )
```

⟨/⟩ 실행 결과　　　　　　　　　　　　　　　　　　　　　　　　　　　　　　　　　×

> 1번째 숫자: 100 [Enter]
> 2번째 숫자: 10 [Enter]

처음 입력했던 100.0가 10.0보다 더 큽니다

---

hint　1. 비교 연산자는 같다(==), 다르다(!=), 작다(〈), 크다(〉), 작거나 같다(〈=), 크거나 같다(〉=)와 같은 연산자가 있습니다.

    2. if 조건문은 조건식의 불 값이 참이면 들여쓰기 된 명령문을 실행하고, 거짓인 경우에는 들여쓰기 된 명령문이 있다고 하더라도 아무것도 실행되지 않습니다.

    3. 두 조건의 결합으로 인해서 결과가 많아지는지 또는 축소되는지를 생각해 보세요.

    4. 사용자로부터 입력받은 값은 문자열입니다. 숫자로 변환해야 숫자 비교를 할 수 있습니다.

03-2 if~else와 elif 구문

(else 구문) (elif 구문) (False 값) (pass 키워드)

if 조건문은 뒤에 else 구문을 붙여서 사용할 수 있습니다. 이처럼 if 구문 뒤에 else 구문을 붙인 것을 'if else 조건문'이라고 부르기도 합니다. 그럼 어떠한 경우에 사용하는 조건문인지 알아보도록 하겠습니다.

시작하기 전에

세상에는 두 가지로만 구분되는 것들이 많습니다. 예를 들어 오전이 아니면 반드시 오후입니다. 프로그래밍에서도 이런 상황이 많습니다. 다음 코드의 조건문을 살펴보겠습니다.

```
01   # 입력을 받습니다.
02   number = input("정수 입력> ")
03   number = int(number)
04
05   # 짝수 조건
06   if number % 2 == 0:
07       print("짝수입니다")
08
09   # 홀수 조건
10   if number % 2 == 1:
11       print("홀수입니다")
```

03-1에서 했던 나머지 연산자를 활용해 홀수와 짝수를 구분하는 예제condition03.py인데, if 조건문을 두 번이나 사용해서 조건을 비교했습니다. 하지만 홀수가 아니라면 반드시 짝수이고, 홀수라면 반드시 짝수가 아닙니다. 이런 정반대되는 상황에서 두 번이나 조건을 비교해야 하는 것은 낭비라고 할 수 있습니다.

else 조건문의 활용

그래서 프로그래밍 언어는 else 구문이라는 기능을 제공합니다. else 구문은 if 조건문 뒤에 사용하며, if 조건문의 조건이 거짓일 때 실행되는 부분입니다.

```
if 조건:
□□□□조건이 참일 때 실행할 문장
else:
□□□□조건이 거짓일 때 실행할 문장
                                              □□□□는 들여쓰기 4칸
```

앞 절의 condition03.py 예제에 else 구문을 넣어 홀수와 짝수를 비교하면 다음과 같이 코드를 구성할 수 있습니다.

직접 해보는 손코딩

if 조건문에 else 구문을 추가해서 짝수와 홀수 구분하기　　소스 코드 condition04.py

```
01    # 입력을 받습니다.
02    number = input("정수 입력> ")
03    number = int(number)
04
05    # 조건문을 사용합니다.
06    if number % 2 == 0:
07        # 조건이 참일 때, 즉 짝수 조건
08        print("짝수입니다")
09    else:
10        # 조건이 거짓일 때, 즉 홀수 조건
11        print("홀수입니다")
```

```
▣ 실행 결과                      ✕
정수 입력> 13 [Enter]
홀수입니다
```

조건문이 오로지 두 가지로만 구분될 때 **if else 구문**을 사용하면 조건 비교를 한 번만 하므로 이전의 코드보다 두 배 효율적이라고 할 수 있습니다. 사실 간단한 프로그램에서는 이런 차이가 크지 않지만, 조건 비교를 100만 번, 100억 번 정도 한다고 가정하면 시간 차이가 크게 발생합니다.

elif 구문

그런데 딱 두 가지만으로 구분되지 않는 것도 있습니다. 예를 들어 계절만 해도 네 개가 있으며, 요일만 해도 일곱 개가 있습니다. 따라서 세 개 이상의 조건을 연결해서 사용하는 방법이 필요합니다. 그것이 바로 **elif 구문**입니다.

elif 구문은 if 조건문과 else 구문 사이에 입력하며 다음과 같은 형태로 사용합니다.

```
if 조건A:
□□□□조건A가 참일 때 실행할 문장
elif 조건B:
□□□□조건B가 참일 때 실행할 문장
elif 조건C:
□□□□조건C가 참일 때 실행할 문장
...
else:
□□□□모든 조건이 거짓일 때 문장
```
□□□□는 들여쓰기 4칸

그럼 현재 월을 구하고 이를 기반으로 계절을 구하는 코드를 작성해 보겠습니다.

직접 해보는 손코딩

계절 구하기　소스 코드 condition05.py

```
01  # 날짜/시간과 관련된 기능을 가져옵니다.
02  import datetime
03
04  # 현재 날짜/시간을 구하고
05  # 쉽게 사용할 수 있게 월을 변수에 저장합니다.
06  now = datetime.datetime.now()
07  month = now.month
08
09  # 조건문으로 계절을 확인합니다.
10  if 3 <= month <= 5:
11      print("현재는 봄입니다.")
12  elif 6 <= month <= 8:
13      print("현재는 여름입니다.")
```

```
14    elif 9 <= month <= 11:
15        print("현재는 가을입니다.")
16    else:
17        print("현재는 겨울입니다.")
```

코드를 작성한 시기가 3월이었으므로 실행 결과는 "봄"으로 출력됩니다. 7행까지의 실행으로 현재 날짜에서 월을 추출하여 month에 넣고(1~7행), 첫 번째 조건인 month에 저장된 값이 3보다 크거나 같고 5보다 작거나 같은지(3 <= month <= 5)를 비교한 후(10행), 그 결과가 참이므로 바로 밑에 있는 실행문 "현재는 봄입니다."를 출력하고(11행) 코드 실행을 끝냅니다.

만약 7월이었다면 10행에서 거짓으로 판정되어 12행으로 이동해 조건문을 비교한 후 "현재는 여름입니다."를 출력하고 코드 실행을 끝내겠죠? 겨울은 12월과 1, 2월로 월이 떨어져 있습니다. 따라서 마지막으로 몰아 else 구문에 넣어 코드를 간단하게 만들었습니다.

note 지금까지 if 조건문과 함께 사용할 수 있는 else, elif 구문에 대해서 살펴보았습니다. '프로그래밍은 조건문으로 도배한다' 라고 표현할 정도로 조건문을 많이 사용합니다. 확실하게 기억해 두기 바랍니다.

if 조건문을 효율적으로 사용하기 [누적 예제]

지금까지 조건문에 대한 아주 기본적인 문법을 살펴보았습니다. 이제부터는 조건문의 활용과 관련된 내용을 더 살펴볼 텐데 기본적인 문법을 모르면 이해하기 힘들 수 있습니다. 이후 내용이 제대로 읽히지 않는다면 앞의 내용을 이해한 뒤 살펴보기 바랍니다.

인터넷을 돌아다니다가 다음과 같은 유머를 본 적이 있습니다. 학점과 학점에 대한 학생 평가인데, 재미 삼아 이를 조건문으로 구현해서 출력해 보겠습니다. 예제로 구현할 조건은 다음과 같습니다.

조건	설명(학생 평가)	조건	설명(학생 평가)
4.5	신	1.75~2.3	오락문화의 선구자
4.2~4.5	교수님의 사랑	1.0~1.75	불가촉천민
3.5~4.2	현 체제의 수호자	0.5~1.0	자벌레
2.8~3.5	일반인	0~0.5	플랑크톤
2.3~2.8	일탈을 꿈꾸는 소시민	0	시대를 앞서가는 혁명의 씨앗

일단 소수점을 사용하므로 입력을 숫자로 변환할 때 float() 함수를 사용해야 합니다. 이를 주의해서 코드를 작성하면 다음과 같이 구현할 수 있습니다.

직접 해보는 손코딩

유머를 조건문으로 구현하기(1)　　소스 코드 condition06.py

```python
01  # 변수를 선언합니다.
02  score = float(input("학점 입력> "))
03
04  # 조건문을 적용합니다.
05  if score == 4.5:
06      print("신")
07  elif 4.2 <= score < 4.5:
08      print("교수님의 사랑")
09  elif 3.5 <= score < 4.2:
10      print("현 체제의 수호자")
11  elif 2.8 <= score < 3.5:
12      print("일반인")
13  elif 2.3 <= score < 2.8:
14      print("일탈을 꿈꾸는 소시민")
15  elif 1.75 <= score < 2.3:
16      print("오락문화의 선구자")
17  elif 1.0 <= score < 1.75:
18      print("불가촉천민")
19  elif 0.5 <= score < 1.0:
20      print("자벌레")
21  elif 0 < score < 0.5:
22      print("플랑크톤")
23  elif score == 0:
24      print("시대를 앞서가는 혁명의 씨앗")
```

```
실행 결과                          ✕
학점 입력> 3.4  Enter
일반인
```

그런데 이는 초보자일 때 가장 많이 하는 형태의 비효율적인 조건문이라고 할 수 있습니다. if 조건문은 위에서 아래로 흐르며, else 구문과 elif 구문은 이전의 조건이 맞지 않을 때 넘어오는 부분입니다. 따라서 위에서 이미 제외된 조건을 한 번 더 검사할 필요는 없습니다.

앞의 코드를 좀 더 효율적으로 구성하면 다음과 같이 구현할 수 있습니다.

유머를 조건문으로 구현하기(2)　　소스 코드 condition07.py

```
01    # 변수를 선언합니다.
02    score = float(input("학점 입력> "))
03
04    # 조건문을 적용합니다.
05    if score == 4.5:
06        print("신")
07    elif 4.2 <= score:
08        print("교수님의 사랑")
09    elif 3.5 <= score:
10        print("현 체제의 수호자")
11    elif 2.8 <= score:
12        print("일반인")
13    elif 2.3 <= score:
14        print("일탈을 꿈꾸는 소시민")
15    elif 1.75 <= score:
16        print("오락문화의 선구자")
17    elif 1.0 <= score:
18        print("불가촉천민")
19    elif 0.5 <= score:
20        print("자벌레")
21    elif 0 < score:
22        print("플랑크톤")
23    else:
24        print("시대를 앞서가는 혁명의 씨앗")
```

```
📄 실행 결과                          ✕
학점 입력> 3.4 [Enter]
일반인
```

처음 보면 '무슨 차이지?'라고 생각할 수 있는데, condition07.py은 condition06.py의 조건문에서 이미 한번 비교한 것은 제외하고 작성한 코드입니다. 즉 5행에서 score가 4.5인지 비교해서 거짓임을 확인하고 7행을 실행하고 있으므로 하위 값만 검사하고 상위 값은 검사를 생략한 것입니다.

```
elif 4.2 <= score < 4.5:    →    elif 4.2 <= score:
```

이렇게 조건식을 바꾸면 이전 코드보다 조건 비교를 반밖에 하지 않고, 코드의 가독성도 좀 더 향상되기 때문에 프로그램의 효율이 훨씬 높아집니다. 그러므로 elif 구문을 사용할 때는 앞 단계 조건문에서 비교했던 것을 다음 단계에서 한 번 더 하고 있지는 않은지 꼭 확인하기 바랍니다.

False로 변환되는 값

if 조건문의 매개변수에 불이 아닌 다른 값이 올 때는 자동으로 이를 불로 변환해서 처리합니다. 따라서 어떤 값이 True로 변환되고, 어떤 값이 False로 변환되는지 알고 있어야 코드를 이해할 수 있습니다. False로 변환되는 값은 None, 숫자 0과 0.0, **빈 컨테이너**(빈 문자열, 빈 바이트열, 빈 리스트, 빈 튜플, 빈 딕셔너리 등)입니다. 이 외에는 모두 True로 변환되므로 위에 언급한 세 가지만 기억하세요.

다음 예제를 통해 숫자 0과 빈 문자열을 if else 조건문의 매개변수에 넣으면 무엇이 실행되는지 살펴보겠습니다.

직접 해보는 손코딩

False로 변환되는 값   소스 코드 false_value.py

```
01    print("# if 조건문에 0 넣기")
02    if 0:
03        print("0은 True로 변환됩니다")
04    else:
05        print("0은 False로 변환됩니다")
06        print()
07
08    print("# if 조건문에 빈 문자열 넣기")
09    if "":
10        print("빈 문자열은 True로 변환됩니다")
11    else:
12        print("빈 문자열은 False로 변환됩니다")
```

실행 결과   ✕

```
# if 조건문에 0 넣기
0은 False로 변환됩니다

# if 조건문에 빈 문자열 넣기
빈 문자열은 False로 변환됩니다
```

결과에서도 볼 수 있듯이 2행의 조건문에 0이 있으므로 이것은 False로 변환되어 5행의 else 구문으로 이동한 후 "0은 False로 변환됩니다"를 출력하고, 9행의 조건문에는 빈 문자열 " "이 있으므로 이 또한 False로 변환되어 12행의 else 구문으로 이동한 후 "빈 문자열은 False로 변환됩니다"를 출력합니다.

pass 키워드

프로그래밍을 하다 보면 일단 프로그래밍의 전체 골격을 잡아 놓고 내부에서 처리할 내용은 차근차근 생각하며 만들겠다는 의도로 다음과 같이 코딩하는 경우가 많습니다. 이때 골격은 일반적으로 조건문, 반복문, 함수, 클래스 등의 기본 구문을 말합니다.

```
if zero == 0
    빈 줄 삽입
else:
    빈 줄 삽입
```

다음 예제를 통해 어떤 결과가 나오는지 살펴보겠습니다.

직접 해보는 손코딩

나중에 구현하려고 비워 둔 구문   소스 코드 pass_keyword.py

```
01    # 입력을 받습니다.
02    number = input("정수 입력> ")
03    number = int(number)
04
05    # 조건문 사용
06    if number > 0:
07        # 양수일 때: 아직 미구현 상태입니다.
08    else:
09        # 음수일 때: 아직 미구현 상태입니다.
```

🖥 실행 결과   ✕

```
File "pass_keyword.py", line 8
    else:
    ^
IndentationError: expected an indented block
```

다른 프로그래밍 언어에서는 위의 7행과 9행처럼 아무 내용을 작성하지 않아도 실행이 정상적으로 되지만, 파이썬의 경우에는 if 조건문 사이에는 무조건 들여쓰기 4칸을 넣고 코드를 작성해야만 구문이 성립되기 때문에 위와 같이 작성한 경우에는 IndentationError를 발생합니다.

IndentationError는 '들여쓰기가 잘못되어 있다'라는 의미인데, 그렇기 때문에 if 구문 사이에는 어떤 내용이라도 넣어 줘야 합니다. 다음과 같이 0을 넣어도 일단 실행은 정상적으로 됩니다.

```
if number > 0:
    0
else:
    0
```

하지만 이렇게 0을 넣어 놓은 상태의 코드를 다른 개발자들이 보면 "왜 0이 있지?"라고 이상하게 생각할 수도 있습니다. 그래서 파이썬에서는 이러한 고민을 조금 덜어주기 위해 **pass**라는 키워드를 제공합니다. 코드를 살펴보던 중 pass 키워드를 만나면 '진짜로 아무것도 안함' 또는 '곧 개발하겠음'이라는 의미로 생각하면 됩니다.

직접 해보는 손코딩

pass 키워드를 사용한 미구현 부분 입력　　소스 코드 pass_keyword01.py

```
01    # 입력을 받습니다.
02    number = input("정수 입력> ")
03    number = int(number)
04
05    # 조건문 사용
06    if number > 0:
07        # 양수일 때: 아직 미구현 상태입니다.
08        pass
09    else:
10        # 음수일 때: 아직 미구현 상태입니다.
11        pass
```

---

pass 키워드를 입력해 놨어도 내일이면 잊어버리는 경우가 많죠. 이후에 배우겠지만, raise 키워드와 미구현 상태를 표현하는 NotImplementedError를 조합해 raise NotImplementedError를 사용하면 "아직 구현하지 않은 부분이에요!"라는 오류를 강제로 발생시킬 수도 있습니다.

앞서 작성한 passkeyword01.py에 raise NotImplementedError 구문을 넣어 보겠습니다.

```
01    # 입력을 받습니다.
02    number = input("정수 입력> ")
03    number = int(number)
04
05    # 조건문 사용
06    if number > 0:
07        # 양수일 때: 아직 미구현 상태입니다.
08        raise NotImplementedError
09    else:
10        # 음수일 때: 아직 미구현 상태입니다.
11        raise NotImplementedError
```

코드를 실행하면 코드의 실행은 정상적으로 진행됩니다. 대신 구현되지 않은 부분에 들어서는 순간 NotImplementedError라는 오류를 발생시킵니다. 따라서 '이거 어제 구현을 안 했구나'라고 인지할 수 있는 것이지요.

🖐 오류

```
정수 입력> 10 Enter
Traceback (most recent call last):
  File "passkeyword01.py", line 8, in <module>
    raise NotImplementedError
NotImplementedError
```

마무리

▶ 4가지 키워드로 정리하는 핵심 포인트

- else 구문은 if 조건문 뒤에 사용하며, if 조건문의 조건이 거짓일 때 실행됩니다.

- elif 구문은 if 조건문과 else 구문 사이에 입력하며, 세 개 이상의 조건을 연결해서 사용할 때 적절합니다.

- if 조건문의 조건식에서 False로 변환되는 값은 None, 0, 0.0과 빈 문자열, 빈 바이트열, 빈 리스트, 빈 튜플, 빈 딕셔너리 등입니다.

- pass 키워드는 프로그래밍의 전체 골격을 잡아놓고, 내부에 처리할 내용은 나중에 만들고자 할 때 pass라는 키워드를 입력해 둡니다.

▶ 확인문제

1. 다음 코드의 실행 결과를 예측해 빈칸에 결괏값을 입력하세요. 아래의 코드는 모두 같고 입력 결과가 다른 경우입니다.

```
x = 2
y = 10

if x > 4:
    if y > 2:
        print(x * y)
else:
    print(x + y)
```

```
x = 1
y = 4

if x > 4:
    if y > 2:
        print(x * y)
else:
    print(x + y)
```

```
x = 10
y = 2

if x > 4:
    if y > 2:
        print(x * y)
else:
    print(x + y)
```

> **hint** if 조건문이 참이면 바로 아래 이어지는 들여쓰기 된 문장을 실행하고, 거짓이면 else 뒤에 이어지는 들여쓰기 된 문장을 실행합니다. 하위로 계속 타고 들어가는 if 조건문의 경우 처음 접할 때는 손으로 하나씩 짚어 가며 연습을 많이 해야 합니다. 코드를 직접 실행하지 않아도 눈과 손으로 '이렇게 타고 들어가겠구나'라고 알 때까지 말입니다.

2. 다음 중첩 조건문에 논리 연산자를 적용해 하나의 if 조건문으로 만들어 주세요.

```
if x > 10:
    if x < 20:
        print("조건에 맞습니다.")
```

→

```
                            
    print("조건에 맞습니다.")
```

3. 사용자에게 태어난 연도를 입력받아 띠를 출력하는 프로그램을 작성해 주세요. 작성 시 입력받은 연도를 12로 나눈 나머지를 사용합니다. 나머지가 0, 1, 2, 3, 4, 5, 6, 7, 8, 9, 10, 11일 때 각각 원숭이, 닭, 개, 돼지, 쥐, 소, 범, 토끼, 용, 뱀, 말, 양띠입니다.

```
str_input = input("태어난 해를 입력해 주세요> ")
birth_year =

if
    print("원숭이 띠입니다.")
elif
    print("닭 띠입니다.")
elif
    print("개 띠입니다.")
elif
    print("돼지 띠입니다.")
elif
    print("쥐 띠입니다.")
elif
    print("소 띠입니다.")
elif
    print("범 띠입니다.")
elif
    print("토끼 띠입니다.")
elif
    print("용 띠입니다.")
elif
    print("뱀 띠입니다.")
elif
    print("말 띠입니다.")
elif
    print("양 띠입니다.")
```

> 🖥 **실행 결과**   ✕
>
> 태어난 해를 입력해 주세요> 2022 [Enter]
> 범 띠입니다.

도전문제   easy · medium · hard

조건문은 이후에 나오는 반복문 또는 함수와 함께 사용될 때 위력을 발휘합니다. 따라서 조건문만 배운 상태에서는 만들 수 있는 프로그램이 다양하지 않지만, 단순하더라도 if 조건문을 활용하는 간단한 프로그램을 만들어 보며 제대로 익혀야 더 복잡한 프로그램도 만들 수 있습니다.

1. 간단한 대화 프로그램

조건문을 사용해서 한 마디 대화를 나눌 수 있는 프로그램을 만들어 보세요. 간단하게 "안녕" 또는 "안녕하세요"를 입력하면 프로그램이 "안녕하세요" 정도의 인사를 할 수 있게 해 보고, "지금 몇 시야?" 또는 "지금 몇 시예요?"처럼 시간을 물어보면 시간을 응답하게 구현해 보세요.

```
입력: 안녕
> 안녕하세요.
```

```
입력: 안녕하세요.
> 안녕하세요.
```

```
입력: 지금 몇 시야?
> 지금은 15시입니다.
```

```
입력: 지금 몇 시예요?
> 지금은 15시입니다.
```

또한 준비되지 않은 문장을 입력을 했다면 입력을 그대로 출력하도록 구현해 보세요.

```
입력: 잘지내?
> 잘지내?
```

hint   입력을 받고 in 연산자를 활용해서 입력에 어떤 단어가 포함되어 있는지 확인하면 됩니다.

2. 나누어 떨어지는 숫자

본문에서 홀수 짝수를 구분하는 방법에 대해 배웠습니다. 이를 응용해서 숫자를 입력하면 그 숫자가 2, 3, 4, 5로 나누어 떨어지는지 확인하고 출력하는 프로그램을 구현해 보세요.

> 정수를 입력해주세요: 273
>
> 273은 2로 나누어 떨어지는 숫자가 아닙니다.
>
> 273은 3으로 나누어 떨어지는 숫자입니다.
>
> 273은 4로 나누어 떨어지는 숫자가 아닙니다.
>
> 273은 5로 나누어 떨어지는 숫자가 아닙니다.

`hint` 홀수 짝수 예제처럼 나머지 연산자를 사용해 보세요. 코드를 입력하기도 전에 입력해야 하는 양이 많을 것 같아서 주저한 독자도 있을 것입니다. 프로그래밍은 원래 입력하는 양이 많습니다. 입력하는 양에 두려워하지 말고 모두 입력해 보세요!

✚ 여기서 잠깐   '사람의 방식'을 구현해 보세요

본문 169쪽에서 '마지막 숫자가 02468이면 짝수이고 아니면 홀수이다'와 같은 '사람의 방식'을 구현하는 방법을 소개했습니다. 또 다른 '사람의 방식'을 소개하면 다음과 같습니다.

- 3의 배수: 각 자리 숫자의 합이 3의 배수인 경우
- 4의 배수: 십의 자리까지의 숫자가 4로 나누어 떨어지는 경우
- 5의 배수: 마지막 자리 숫자가 0 또는 5로 끝나는 경우
- 6의 배수: 짝수이면서, 각 자리 숫자의 합이 3의 배수인 경우
- 9의 배수: 각 자리 숫자의 합이 9의 배수인 경우
- 10의 배수: 마지막 자리 숫자가 0으로 끝나는 경우

이를 직접 구현해 보면 프로그래밍을 연습하는 데 많은 도움이 될 것입니다. 아직 반복문을 배우지 않아서 구현하기 힘든 내용들도 있을 텐데, 일단 '나중에 만들어 보자'라고 생각만이라도 해두었다가 나중에라도 만들어 보기 바랍니다.

04

반복문은 조건문과 같이 프로그램의 진행을 바꿀 때 사용하는 것으로, 이를 사용하면 비슷한 형태의 작업을 손쉽게 반복할 수 있습니다. 반복문은 조건문보다 형태가 조금 복잡해서 어렵게 느껴질 수 있는데, 여러 번 직접 코딩해 보면서 익숙해질 수 있도록 하세요.

반복문

- 리스트, 딕셔너리, 범위를 이해합니다.
- for 반복문과 리스트, 딕셔너리, 범위를 조합하는 방법을 배웁니다.
- while 반복문을 배웁니다.
- break 키워드와 continue 키워드를 이해합니다.

04-1 리스트와 반복문

핵심 키워드

리스트   요소   인덱스   for 반복문

지금까지 살펴보았던 문자열, 숫자, 불 등은 어떤 하나의 값을 나타내는 자료형입니다. 이와 반대로 여러 개의 값을 나타낼 수 있게 해주는 자료형이 있습니다. 리스트, 딕셔너리 등이 대표적입니다. 이번 절에서는 리스트에 대해 알아보고 이러한 자료들이 컴퓨터가 사람보다 뛰어나다고 하는 능력 중의 하나로 꼽히는 '반복문'에 의해 어떻게 활용되는지 알아보겠습니다.

시작하기 전에

리스트list란 뭘까요? 우리가 알고 있는 사전적 의미는 '목록'이며, 파이썬에서 리스트의 의미는 여러 가지 자료를 저장할 수 있는 자료입니다. '자료를 저장할 수 있는 자료'라고 하니 무슨 말인지 의아해할 수도 있는데, 지금까지 활용한 숫자나 문자, 수식 등이 개별적인, 독립적인 '자료'였다면 리스트는 이러한 자료들을 모아서 사용할 수 있게 해주는 특별한 형태의 자료를 말합니다.

다음 코드는 여섯 개의 자료를 가진 리스트를 선언한 예입니다. 리스트는 대괄호[ ] 내부에 여러 종류의 자료를 넣어 선언합니다. 선언한 리스트를 출력하면 내부의 자료를 모두 출력합니다.

```
>>> array = [273, 32, 103, "문자열", True, False]
>>> print(array)
[273, 32, 103, '문자열', True, False]
```

리스트 선언하고 요소에 접근하기

파이썬에서 리스트를 생성하는 방법은 다음과 같이 대괄호[]에 자료를 쉼표로 구분해서 입력합니다. 대괄호[] 내부에 넣는 자료를 **요소**라고 하고 영어로는 element라고 부릅니다. 두 가지 모두 자주 언급되는 용어이므로 기억해 두세요.

```
[요소, 요소, 요소...]
```

그럼 간단하게 리스트를 생성해 보겠습니다. 리스트는 한 가지 자료형만으로 구성할 수도 있고, 여러 종류의 자료형으로 구성할 수도 있습니다. 프롬프트에 리스트를 입력하면 리스트 내부의 자료를 모두 출력하는 모습을 볼 수 있습니다.

```
>>> [1, 2, 3, 4]                            # 숫자만으로 구성된 리스트
[1, 2, 3, 4]
>>> ["안", "녕", "하", "세", "요"]            # 문자열만으로 구성된 리스트
['안', '녕', '하', '세', '요']
>>> [273, 32, 103, "문자열", True, False]    # 여러 자료형으로 구성된 리스트
[273, 32, 103, '문자열', True, False]
```

리스트 안에 있는 요소를 각각 사용하려면 리스트 이름 바로 뒤에 대괄호[]를 입력하고, 자료의 위치를 나타내는 숫자를 입력합니다.

다음과 같이 리스트를 선언했다면,

```
list_a = [273, 32, 103, "문자열", True, False]
```

각각의 요소는 다음과 같은 형태로 저장되는데, 일반적으로 현실에서는 숫자를 1부터 세지만, 문자열 때처럼 파이썬은 0부터 셉니다. 각 요소가 들어 있는 위치는 다음과 같습니다.

list_a	273	32	103	문자열	True	False
	[0]	[1]	[2]	[3]	[4]	[5]

이때 리스트 기호인 대괄호[ ] 안에 들어간 숫자를 **인덱스**index라고 부릅니다. '요소'와 '인덱스'라는 이름을 꼭 기억해 주세요. 앞으로 자주 사용할 용어입니다.

```
>>> list_a = [273, 32, 103, "문자열", True, False]
>>> list_a[0]
273
>>> list_a[1]
32
>>> list_a[2]
103
>>> list_a[1:3]
[32, 103]
```

list_a[1:3]의 [1:3]은 문자열 범위 선택 연산자에서 설명했듯이 1번째 글자부터 3번째 글자를 선택하는 것이 아니라 그 앞에 숫자, 2번째 글자까지 선택합니다. 그래서 결과는 [32, 103]이 출력됩니다.

리스트의 특정 요소는 변경할 수도 있습니다. 다음과 같이 입력하면 "변경"이라는 문자열을 0번째에 대입하면서 요소를 변경하고 있습니다.

```
>>> list_a = [273, 32, 103, "문자열", True, False]
>>> list_a[0] = "변경"
>>> list_a
['변경', 32, 103, '문자열', True, False]
```

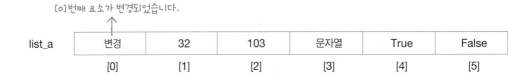

리스트는 위와 같은 일반적인 사용법 외에도 다양하게 사용할 수 있는 방법이 많습니다. 하나씩 살펴보겠습니다.

첫째, 대괄호 안에 음수를 넣어 뒤에서부터 요소를 선택할 수 있습니다.

문자열을 살펴보면서 문자열의 뒤에서부터 문자를 선택하는 방법에 대해 배웠습니다. 리스트도 마찬가지로 대괄호 안에 음수를 넣어 뒤에서부터 요소를 선택할 수 있습니다.

```
>>> list_a = [273, 32, 103, "문자열", True, False]
>>> list_a[-1]
False
>>> list_a[-2]
True
>>> list_a[-3]
'문자열'
```

273	32	103	문자열	True	False
[-6]	[-5]	[-4]	[-3]	[-2]	[-1]

둘째, 리스트 접근 연산자를 다음과 같이 이중으로 사용할 수 있습니다.

아래와 같은 리스트가 있다고 할 때 list_a[3]을 지정하면 "문자열"을 꺼내오고 list_a[3][0]을 지정하면 3번째에서 가져온 "문자열"에서 다시 0번째를 가져와 출력합니다.

```
>>> list_a = [273, 32, 103, "문자열", True, False]
>>> list_a[3]
'문자열'
>>> list_a[3][0]
'문'
```

셋째, 리스트 안에 리스트를 사용할 수도 있습니다.

아래와 같이 기술하면 list_a는 리스트 세 개를 가지는 리스트로 만들어집니다.

```
>>> list_a = [[1, 2, 3], [4, 5, 6], [7, 8, 9]]
>>> list_a[1]
[4, 5, 6]
>>> list_a[1][1]
5
```

리스트에서의 IndexError 예외 `예외 처리`

문자열에서 IndexError 예외를 살펴보았습니다. 이번에는 리스트에서의 IndexError 예외를 살펴보겠습니다. 이 예외는 리스트의 길이를 넘는 인덱스로 요소에 접근하려고 할 때 발생하는 예외입니다. 요소가 존재하지 않는 위치에서 요소를 꺼내려고 하니 예외가 발생하는 것입니다.

다음 코드를 실행하면,

```
>>> list_a = [273, 32, 103]
>>> list_a[3]
```

리스트에 [3]번째 요소가 없으므로 아래와 같이 IndexError 예외가 발생합니다.

`⬜ 오류`

```
Traceback (most recent call last):
  File "<pyshell#3>", line 1, in <module>
IndexError: list index out of range
```

리스트 연산하기: 연결(+), 반복(*), len( )

이전에 문자열에 적용할 수 있는 연산자는 리스트에서도 활용할 수 있으니 꼭 기억해 달라고 언급했습니다. 문자열과 리스트는 굉장히 비슷한 자료형으로, 사용할 수 있는 연산자와 함수도 비슷합니다. 리스트 연산자를 손코딩으로 살펴보겠습니다.

리스트 연산자 `소스 코드 list01.py`

```
01   # 리스트를 선언합니다.
02   list_a = [1, 2, 3]
03   list_b = [4, 5, 6]
04
05   # 출력합니다.
06   print("# 리스트")
07   print("list_a =", list_a)
```

```
08    print("list_b =", list_b)
09    print()
10
11    # 기본 연산자
12    print("# 리스트 기본 연산자")
13    print("list_a + list_b =", list_a + list_b)
14    print("list_a * 3 =", list_a * 3)
15    print()
16
17    # 함수
18    print("# 길이 구하기")
19    print("len(list_a) =", len(list_a))
```

```
📄 실행 결과                                              ✕
# 리스트
list_a = [1, 2, 3]
list_b = [4, 5, 6]

# 리스트 기본 연산자
list_a + list_b = [1, 2, 3, 4, 5, 6]
list_a * 3 = [1, 2, 3, 1, 2, 3, 1, 2, 3]

# 길이 구하기
len(list_a) = 3
```

2행과 3행은 list_a와 list_b에 리스트를 선언합니다.

```
list_a = [1, 2, 3]
list_b = [4, 5, 6]
```

7행과 8행은 선언된 리스트를 출력하고,

```
print("list_a =", list_a)    ➜ list_a = [1, 2, 3]
print("list_b =", list_b)    ➜ list_b = [4, 5, 6]
```

그런 다음 13행에서는 **연산자 +**를 사용해 list_a와 list_b의 자료를 연결합니다. 14행에서는 **연산자 ***를 사용해 list_a의 자료를 3번 반복합니다.

```
print("list_a + list_b =", list_a + list_b)  →  [1, 2, 3, 4, 5, 6]
print("list_a * 3 =", list_a * 3)            →  [1, 2, 3, 1, 2, 3, 1, 2, 3]
```

len() 함수는 괄호 내부에 문자열을 넣으면 문자열의 글자 수(=길이)를 세어 주지만, 리스트 변수를 넣으면 요소의 개수를 세어 줍니다. 19행은 list_a에 들어있는 요소의 개수를 구합니다.

```
print("len(list_a) =", len(list_a))         →  len(list_a) = 3
```

문자열에 연산자를 적용할 때와 비슷한 결과를 출력하므로 쉽게 이해할 수 있을 것입니다.

리스트에 요소 추가하기: append( ), insert( )

리스트에 요소를 추가할 때는 두 가지 방법이 있습니다. 한 가지는 append( ) 함수를 활용하는 것으로 리스트 뒤에 요소를 추가합니다.

> 리스트명.append(요소)

다른 한 가지는 insert( ) 함수를 활용하는 것으로 리스트의 중간에 요소를 추가합니다.

> 리스트명.insert(위치, 요소)

실제 코드를 보면서 어떻게 사용하는지 살펴보겠습니다.

직접 해보는 손코딩

리스트에 요소 추가하기   소스 코드 list02.py

```
01    # 리스트를 선언합니다.
02    list_a = [1, 2, 3]
03
04    # 리스트 뒤에 요소 추가하기
05    print("# 리스트 뒤에 요소 추가하기")
06    list_a.append(4)
07    list_a.append(5)
```

```
08    print(list_a)
09    print()
10
11    # 리스트 중간에 요소 추가하기
12    print("# 리스트 중간에 요소 추가하기")
13    list_a.insert(0, 10)
14    print(list_a)
```

2행의 실행문은 list_a에 넣을 리스트 자료를 선언합니다. 선언하고 나면 각 자료는 다음과 같은 형태로 저장되겠죠.

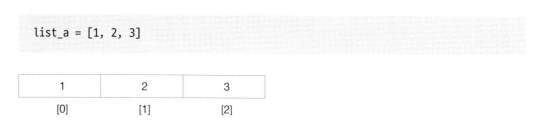

append() 함수는 현재의 리스트 뒤쪽에 요소를 추가하는 것이므로, 6행이 실행되면 list_a에는 4가 추가되고, 7행이 실행되면 5가 추가됩니다. 그 결과 list_a = [1, 2, 3, 4, 5]가 됩니다.

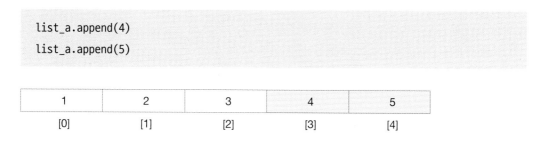

그에 반해 13행의 insert() 함수는 괄호 안에서 정해 준 위치에 요소를 삽입합니다. 이때 해당 위치의 요소는 뒤로 하나씩 밀려 list_a = [10, 1, 2, 3, 4, 5]가 됩니다.

append() 함수와 insert() 함수는 리스트에 요소 하나를 추가합니다. 한 번에 여러 요소를 추가하고 싶을 때는 extend() 함수를 사용합니다. extend() 함수는 매개변수로 리스트를 입력하는데, 원래 리스트 뒤에 새로운 리스트의 요소를 모두 추가해 줍니다.

```
>>> list_a = [1, 2, 3]
>>> list_a.extend([4, 5, 6])
>>> print(list_a)            → 매개변수를 리스트 형태로 넣습니다.
[1, 2, 3, 4, 5, 6]
```

extend() 함수는 마치 append() 함수를 세 번 반복 실행한 효과를 가져옵니다.

리스트 연결 연산자와 요소 추가의 차이

리스트 연결 연산자와 extend() 함수는 비슷한 형태로 동작합니다. 리스트와 리스트를 연결한다는 기능은 동일한데, 한 가지 큰 차이점이 있습니다.

다음 코드를 살펴보겠습니다.

```
>>> list_a = [1, 2, 3]
>>> list_b = [4, 5, 6]
>>> list_a + list_b    → 리스트 연결 연산자로 연결하니,
[1, 2, 3, 4, 5, 6]     → 실행 결과로 [1, 2, 3, 4, 5, 6]이 나왔습니다.
>>> list_a
[1, 2, 3]    → list_a에는 어떠한 변화도 없습니다(비파괴적 처리).
>>> list_b
[4, 5, 6]    → list_b에는 어떠한 변화도 없습니다(비파괴적 처리).
```

리스트 연결 연산자는 연산 결과로 [1, 2, 3, 4, 5, 6]을 출력하고 있으며, 원본에 어떠한 변화도 없다는 것을 확인할 수 있습니다. 이어서 extend() 함수를 사용해 보겠습니다.

```
>>> list_a = [1, 2, 3]
>>> list_b = [4, 5, 6]
>>> list_a.extend(list_b)    → 실행 결과로 아무 것도 출력하지 않았습니다.
>>> list_a
```

```
[1, 2, 3, 4, 5, 6]  ──→ 앞에 입력했던 list_a 자체에 직접적인 변화가 있습니다(파괴적 처리).
>>> list_b
[4, 5, 6]
```

리스트 연결 연산자(list_a + list_b)만으로는 list_a에 어떠한 영향도 주지 않습니다. 하지만 extend() 함수를 사용하면 list_a에 직접적으로 영향을 줍니다.

리스트 연결 연산자와 같이 원본에 어떠한 영향도 주지 않는 것을 **비파괴적**이라고 표현하고, append(), insert(), extend() 함수와 같이 리스트에 직접적인 영향을 주는 함수 또는 연산을 **파괴적**이라고 표현합니다.

원래 자료는 비파괴적으로 사용하는 것이 편리합니다. 비파괴적으로 사용하면 원본도 활용할 수 있고, 새로운 결과도 활용할 수 있으므로 선택지가 더 넓기 때문입니다. 그래서 기본 자료형(숫자, 문자열, 불)과 관련된 모든 것들은 비파괴적으로 작동합니다.

하지만 리스트는 용량이 매우 커질 수도 있습니다. 프로그래밍 언어 입장에서 용량이 얼마나 큰지도 모르는 것을 '원본과 결과'라는 두 가지로 생성하는 것은 위험할 수 있습니다. 그래서 파이썬 프로그래밍 언어는 원본을 직접적으로 조작하는 기능을 제공해서 이러한 위험을 피하는 것입니다.

사실 필자는 프로그래밍을 처음 할 때 대체 어떤 것이 파괴적이고, 어떤 것이 비파괴적인 것인지를 구분하기가 어려웠습니다. 그럴 때는 위와 같이 직접 하나하나 입력해서 원본에 변화가 있는지 없는지 확인하는 것이 좋습니다.

리스트에 요소 제거하기

파이썬은 리스트에서 요소를 제거하는 방법이 많습니다. 경력이 많은 파이썬 개발자들도 방법의 일부만 알아서 제대로 활용하지 못하는 경우가 많은데, 여기서 자세하게 살펴보겠습니다. 리스트의 요소를 제거하는 방법은 크게 두 가지로 나뉩니다.

- 인덱스로 제거하기
- 값으로 제거하기

각각의 방법에 대해 알아보겠습니다.

인덱스로 제거하기: del 키워드, pop()

인덱스로 제거한다는 것은 '리스트의 2번째 요소를 제거해 주세요'처럼 요소의 위치를 기반으로 요소를 제거하는 것입니다. del 키워드 또는 pop() 함수를 사용합니다. del 키워드는 다음과 같은 구문을 사용하며 리스트의 특정 인덱스에 있는 요소를 제거합니다.

```
del 리스트명[인덱스]
```

pop() 함수 또한 제거할 위치에 있는 요소를 제거하는데, 매개변수를 입력하지 않으면 −1이 들어가는 것으로 취급해서 마지막 요소를 제거합니다.

```
리스트명.pop(인덱스)
```

직접 해보는 손코딩

리스트 요소 하나 제거하기　소스 코드 list03.py

```
01    list_a = [0, 1, 2, 3, 4, 5]
02    print("# 리스트의 요소 하나 제거하기")
03
04    # 제거 방법[1] - del 키워드
05    del list_a[1]
06    print("del list_a[1]:", list_a)
07
08    # 제거 방법[2] - pop()
09    list_a.pop(2)
10    print("pop(2):", list_a)
```

실행 결과　✕
```
# 리스트의 요소 하나 제거하기
del list_a[1]: [0, 2, 3, 4, 5]
pop(2): [0, 2, 4, 5]
```

코드를 실행해 보니 1번째 요소와 2번째 요소가 제거됩니다. 제거되는 과정을 한번 살펴볼까요? 먼저 리스트를 선언하면 list_a에 자료가 다음과 같이 저장됩니다.

```
list_a = [0, 1, 2, 3, 4, 5]
```

0	1	2	3	4	5
[0]	[1]	[2]	[3]	[4]	[5]

5행의 del 키워드가 가리키는 인덱스가 1번째이므로, 1이 제거되고 [0, 2, 3, 4, 5]를 출력합니다.

```
del list_a[1]
```

0	2	3	4	5
[0]	[1]	[2]	[3]	[4]

9행에서는 2번째 요소를 제거하라고 했으므로 3이 제거되고 [0, 2, 4, 5]를 출력합니다. 미세한 동작 차이가 있지만, 요소를 제거하기 위한 목적으로만 사용되는 경우가 많아서 차이를 무시해도 괜찮습니다.

```
list_a.pop(2)
```

0	2	4	5
[0]	[1]	[2]	[3]

추가로 del 키워드를 사용할 경우에는 범위를 지정해 리스트의 요소를 한꺼번에 제거할 수도 있습니다. [3:6]을 지정하면 마지막 요소를 포함하지 않는다는 것을 다시 한번 기억해 주세요.

```
>>> list_b = [0, 1, 2, 3, 4, 5, 6]
>>> del list_b[3:6]
>>> list_b
[0, 1, 2, 6]
```

범위의 한쪽을 입력하지 않으면 지정한 위치를 기준으로 한쪽을 전부 제거해 버릴 수도 있습니다. [:3]을 지정하면 3을 기준(3번째 불포함)으로 왼쪽을 모두 제거합니다.

```
>>> list_c = [0, 1, 2, 3, 4, 5, 6]
>>> del list_c[:3]
>>> list_c
[3, 4, 5, 6]
```

[3:]을 지정하면 3을 기준(3번째 포함)으로 오른쪽을 모두 제거합니다.

```
>>> list_d = [0, 1, 2, 3, 4, 5, 6]
>>> del list_d[3:]
>>> list_d
[0, 1, 2]
```

➕ 여기서 잠깐 **리스트 슬라이싱**

리스트에 [:] 연산자로 리스트 범위를 지정하여 여러 요소를 선택하는 것을 슬라이싱이라고 합니다. 리스트 슬라이싱은 다음과 같은 형태로 사용합니다.

> 리스트[시작_인덱스:끝_인덱스:단계]

문자열 슬라이싱과 사용법이 같습니다. 문자열 때 설명하지 않았지만, 사실 슬라이싱은 마지막 위치에 '단계'라는 부분을 추가할 수 있습니다. 단계를 사용하면 지정한 숫자만큼 인덱스를 건너뛰며 요소를 가져옵니다.

```
>>> numbers = [1, 2, 3, 4, 5, 6, 7, 8]
>>> numbers[0:5:2]
[1, 3, 5]
>>> numbers = [1, 2, 3, 4, 5, 6, 7, 8]
>>> numbers[::-1]  # 시작 인덱스와 끝 인덱스는 자동으로 "전부"가 지정됩니다.
>>> [8, 7, 6, 5, 4, 3, 2, 1] # 단계가 -1이므로 반대로 출력합니다.
```

단계는 기본값이 1이므로 요소를 건너뛰며 가져와야 하는 특별한 경우가 아니면 생략할 수 있습니다. 참고로 음수로 지정할 수도 있습니다. -1을 입력하면 반대로 출력합니다. 조금 특이한 사용 방법이지만, 이 형태는 많이 사용되므로 눈도장 찍어두면 좋습니다.

값으로 제거하기: remove()

두 번째 방법은 값으로 제거하는 것입니다. 말 그대로 '리스트 내부에 있는 2를 제거해 주세요'처럼 값을 지정해서 제거하는 것입니다. 이때는 remove() 함수를 사용합니다.

> 리스트.remove(값)

간단하게 사용해 볼까요?

```
>>> list_c = [1, 2, 1, 2]        # 리스트 선언하기
>>> list_c.remove(2)             # 리스트의 요소를 값으로 제거하기
>>> list_c
[1, 1, 2]
```

remove() 함수로 지정한 값이 리스트 내부에 여러 개 있어도 가장 먼저 발견되는 하나만 제거합니다. 위의 예제를 보면 리스트에 2가 두 개 있는데 앞쪽에 있는 2 하나만 제거되는 것을 알 수 있습니다.

만약 리스트에 중복된 여러 개의 값을 모두 제거하려면 반복문과 조합해서 사용해야 합니다.

note 리스트에 중복된 여러 개의 값을 제거하는 방법은 while 반복문을 살펴볼 때 알아보겠습니다(242쪽).

모두 제거하기: clear()

리스트 내부의 요소를 모두 제거할 때는 clear() 함수를 사용합니다.

```
리스트.clear()
```

간단한 함수이므로 쉽게 이해할 수 있습니다.

```
>>> list_d = [0, 1, 2, 3, 4, 5]
>>> list_d.clear()
>>> list_d
[]  ─→ 요소가 모두 제거되었습니다.
```

리스트 정렬하기: sort()

리스트 요소를 정렬하고 싶다면 sort() 함수를 사용합니다. 기본 오름차순 정렬입니다.

```
리스트.sort()
```

간단하게 살펴보면 다음과 같습니다.

```
>>> list_e = [52, 273, 103, 32, 275, 1, 7]
>>> list_e.sort() # 오름차순 정렬
>>> list_e
[1, 7, 32, 52, 103, 273, 275]
>>> list_e.sort(reverse=True) # 내림차순 정렬    ──→ 05-1 함수 만들기: 키워드 매개변수"에서
>>> list_e                                              자세하게 다루는 문법입니다.
[275, 273, 103, 52, 32, 7, 1]
```

지금까지 살펴보았던 모든 리스트의 함수들은 파괴적으로 동작합니다. 다시 한번 코드를 보면서 원본이 변화된 것을 느껴보면 좋을 것 같습니다.

리스트 내부에 있는지 확인하기: in/not in 연산자

파이썬은 특정 값이 리스트 내부에 있는지 확인하는 방법을 제공합니다. 바로 **in 연산자**를 활용하는 방법입니다. 아래와 같은 형식으로 사용됩니다.

값 **in** 리스트

많이 사용하는 연산자입니다. 곧바로 코드를 살펴보며 어떻게 사용하는지 알아보겠습니다.

```
>>> list_a = [273, 32, 103, 57, 52]
>>> 273 in list_a
True
>>> 99 in list_a
False
>>> 100 in list_a
False
>>> 52 in list_a
True
```

리스트 내부에 값이 있으면 True, 없으면 False를 출력한다는 것을 쉽게 확인할 수 있습니다. 추가적으로 **not in 연산자**도 있습니다. not in 연산자는 리스트 내부에 해당 값이 없는지 확인하는 연산자로, in 연산자와 정확하게 반대로 동작합니다.

```
>>> list_a = [273, 32, 103, 57, 52]
>>> 273 not in list_a
False
>>> 99 not in list_a
True
>>> 100 not in list_a
True
>>> 52 not in list_a
False
>>> not 273 in list_a
False
```

note 물론 in 연산자를 사용하고 전체를 not으로 감싸는 방법도 사용할 수 있지만, not in 연산자를 사용하는 것이 훨씬 읽기 쉽습니다.

지금까지 리스트와 관련된 기본적인 내용을 살펴보았습니다. 이외에도 리스트에는 셀 수 없을 만큼 많은 기능이 있습니다. 순열과 조합을 만들거나 행렬 연산을 하는 등의 수학적인 기능도 있습니다. 지금까지 배운 기본적인 내용을 확실하게 알아야 이후에 인공지능 등을 공부할 때 막힘없이 리스트를 더 공부할 수 있습니다. 따라서 지금까지 살펴본 내용 정도는 꼭 기억해 주세요.

for 반복문

컴퓨터가 사람보다 월등히 뛰어난 능력이 있다면 바로 '반복'입니다. 아무리 반복해도 컴퓨터는 지루해 하지도, 능률이 떨어지지도 않습니다. 컴퓨터에 반복을 지시하는 방법이 바로 **반복문**입니다.

컴퓨터에 반복 작업을 시키는 방법은 간단합니다. 반복할 작업 내용이 있는 코드를 '복사'하고, 원하는 만큼 '붙여넣기'하면 됩니다. 예를 들어 다음 코드는 "출력"을 다섯 번 반복합니다.

```
print("출력")
print("출력")
```

```
print("출력")
print("출력")
print("출력")
```

하지만 100번, 1,000번 또는 무한하게 반복 작업하고 싶을 때 코드를 계속 붙여넣기 하는 것은 무리입니다. 이럴 때 반복문을 사용하면 매우 편리합니다. 예를 들어 다음 코드는 출력을 100번 반복합니다.

```
for i in range(100):
    print("출력") ──→ 반복에 사용할 수 있는 자료
```

note range(100)은 for 반복문과 함께 많이 사용되는 범위 자료형입니다. 04-3에서 자세히 배웁니다.

앞서 배웠던 여러 개의 값을 나타낼 수 있는 리스트와 같은 자료를 사용해서 반복문을 적용하는 것이 반복문의 기본입니다. 그럼 반복문에 대해 살펴보겠습니다.

for 반복문: 리스트와 함께 사용하기

for 반복문의 기본 형태는 다음과 같습니다.

```
for 반복자 in 반복할 수 있는 것:
    코드
```

반복할 수 있는 것에는 문자열, 리스트, 딕셔너리, 범위 등이 있습니다. 지금까지 리스트를 살펴보았으니 리스트와 조합해서 사용해 보겠습니다.

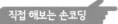
for 반복문과 리스트 소스코드 for_list.py

```
01    # 리스트를 선언합니다.
02    array = [273, 32, 103, 57, 52]
03
04    # 리스트에 반복문을 적용합니다.
05    for element in array:
06        # 출력합니다.
07        print(element)
```

실행 결과 ✕
```
273
32
103
57
52
```

for 반복문은 리스트에 있는 요소 하나하나가 element라는 변수에 들어가며, 차례차례 반복하게 됩니다. print() 함수로 element를 출력하므로 리스트의 요소를 차례차례 출력하게 되는 것입니다.

➕ 여기서 잠깐 **for 반복문과 문자열**

for 반복문은 문자열을 함께 사용할 수도 있습니다. 문자열을 for 반복문의 뒤에 넣으면 글자 하나하나에 반복이 적용됩니다. 실행 결과를 보면 어떤 식으로 실행되는지 쉽게 이해할 수 있을 것입니다.

```
for character in "안녕하세요":
    print("-", character)
```

실행 결과 ✕
```
- 안
- 녕
- 하
- 세
- 요
```

중첩 리스트와 중첩 반복문 누적 예제

반복문을 여러 겹 중첩해 사용하면 **중첩 반복문**이라고 부릅니다. 중첩 반복문은 일반적으로 n−차원 처리를 할 때 사용합니다.

예를 들어 [1, 2, 3]처럼 리스트가 한 겹으로 감싸진 리스트를 **1차원 리스트**, [[1, 2, 3], [4, 5, 6]]처럼 두 겹으로 감싸진 리스트를 **2차원 리스트**라고 부릅니다. 이러한 n−차원 리스트 요소를 모두 확인하려면 반복문을 n번 중첩해야 합니다.

1차원 리스트   2차원 리스트

그럼 예제를 살펴보겠습니다. 먼저 다음과 같은 리스트가 있을 때 list_of_list의 요소를 출력하려면 코드를 어떻게 작성해야 할까요? 먼저 실행 결과를 보고 예측해 보세요.

```
list_of_list = [
    [1, 2, 3],
    [4, 5, 6, 7],
    [8, 9]
]
```

실행 결과   ✕
```
1
2
3
4
5
6
7
8
9
```

list_of_list는 리스트 안에 리스트가 있는 **중첩 리스트**입니다. 리스트가 2번 중첩되어 있으므로 2차원 리스트라고도 합니다.

2차원 리스트의 요소를 모두 출력하려면 **for 반복문**을 2번 중첩해서 사용해야 합니다. 일단 for 반복문을 한 번만 활용해 보겠습니다. list_of_list의 요소는 리스트이므로 변수 items에 리스트가 들어갑니다. 실행하면 리스트를 한 줄에 하나씩 출력하는 것을 확인할 수 있습니다.

직접 해보는 손코딩

2차원 리스트에 반복문 한번 사용하기   소스 코드 2dlist01.py

```
01   list_of_list = [
02       [1, 2, 3],
03       [4, 5, 6, 7],
04       [8, 9]
05   ]
06
07   for items in list_of_list:
08       print(items)
```

실행 결과   ✕
```
[1, 2, 3]
[4, 5, 6, 7]
[8, 9]
```

items를 출력한 결과가 리스트이므로 반복문을 한 번 더 적용할 수 있습니다. 따라서 다음과 같이 코드를 작성하면, 중첩된 리스트 내부에 있는 요소를 하나하나 출력할 수 있습니다.

2차원 리스트에 반복문 두번 사용하기   소스 코드 2dlist02.py

```
01   list_of_list = [
02       [1, 2, 3],
03       [4, 5, 6, 7],
04       [8, 9]
05   ]
06
07   for items in list_of_list:
08       for item in items:
09           print(items)
```

실행 결과 ✕

```
[1, 2, 3]
[1, 2, 3]
[1, 2, 3]
[4, 5, 6, 7]
[4, 5, 6, 7]
[4, 5, 6, 7]
[4, 5, 6, 7]
[8, 9]
[8, 9]
```

처음 보면 어렵게 느껴질 수 있는 코드입니다. 시간을 갖고 코드를 충분히 분석해 보세요. 파이썬 튜터를 활용해도 좋을 것입니다.

좀 더 알아보기   **전개 연산자**

전개 연산자를 사용하면 리스트 내용을 전개해서 입력할 수 있습니다. 리스트 앞에 * **기호**를 사용하여 다음과 같은 형태로 작성하며 리스트 요소를 전개하여 입력한 것과 같은 효과를 냅니다.

$$*리스트 \longrightarrow 리스트[0], 리스트[1], ...$$

전개 연산자는 기본적으로 ❶ 리스트 내부 ❷ 함수의 매개변수 위치에 사용합니다. 각각의 경우를 나누어서 어떻게 사용하는지 살펴보겠습니다.

첫째, 리스트 내부에 사용하는 경우

a 리스트 요소가 1, 2, 3, 4일 때 b 리스트 내부에 *a라고 입력하면 1, 2, 3, 4라고 전개해서 입력한 것과 같은 효과를 냅니다. 다음 코드를 살펴보면 b = [*a, *a]일 때 b = [1, 2, 3, 4, 1, 2, 3, 4]와 같은 의미라는 것을 알 수 있습니다.

```
>>> a = [1, 2, 3, 4]
>>> b = [*a, *a]
>>> b
[1, 2, 3, 4, 1, 2, 3, 4]
```

또한 전개 연산자를 사용하면 append( ) 함수 같이 리스트에 요소를 추가할 때 코드를 **비파괴적으**로 구현할 수 있습니다.

```
# append() 함수를 사용한 경우
>>> a = [1, 2, 3, 4]
>>> a.append(5)
>>> a
[1, 2, 3, 4, 5]  ——→ a 내용이 변경됩니다.

# 전개 연산자를 사용한 경우
>>> b = [1, 2, 3, 4]
>>> c = [*b, 5]
>>> b
[1, 2, 3, 4]  ——→ b 내용에는 어떠한 영향도 없습니다.
>>> c
[1, 2, 3, 4, 5]  ——→ 새로운 리스트 c가 만들어집니다.
```

둘째, 함수 매개변수 위치에 사용하는 경우

리스트 안에 사용하는 것과 마찬가지로 리스트 요소를 하나하나 입력하는 것처럼 전개됩니다.

```
>>> a = [1, 2, 3, 4]
>>> print(*a)  ——→ print(1, 2, 3, 4)처럼 동작합니다.
1 2 3 4
```

마무리

▶ **4가지 키워드로 정리하는 핵심 포인트**

• **리스트**는 여러 가지 자료를 저장할 수 있는 자료형을 말합니다.

• **요소**는 리스트 내부에 있는 각각의 내용을 의미합니다.

• **인덱스**는 리스트 내부에서 값의 위치를 의미합니다.

• **for 반복문**은 특정 코드를 반복해서 실행할 때 사용하는 기본적인 구문입니다.

▶ **확인문제**

1. list_a = [0, 1, 2, 3, 4, 5, 6, 7]입니다. 다음 표의 함수들을 실행했을 때 list_a의 결과가 어떻게 나오는지 적어 보세요.

함수	list_a의 값
list_a.extend(list_a)	
list_a.append(10)	
list_a.insert(3, 0)	
list_a.remove(3)	
list_a.pop(3)	
list_a.clear( )	

hint 1. extend( ), append( ), insert( ) 함수는 요소 추가, remove( )와 pop( ) 함수는 요소 제거할 때 사용하는 함수입니다.

2. 다음 반복문 내부에 if 조건문의 조건식을 채워서 100 이상의 숫자만 출력하게 만들어 보세요. if 조건문과 for 반복문을 조합하는 코드는 굉장히 많이 사용합니다.

```
numbers = [273, 103, 5, 32, 65, 9, 72, 800, 99]

for number in numbers:
    if 
        print("- 100 이상의 수:", number)
```

```
📟 실행 결과                        ✕
 - 100 이상의 수: 273
 - 100 이상의 수: 103
 - 100 이상의 수: 800
```

3. 다음 빈칸을 채워서 실행 결과에 해당하는 프로그램들을 완성해 보세요.

```
numbers = [273, 103, 5, 32, 65, 9, 72, 800, 99]
```

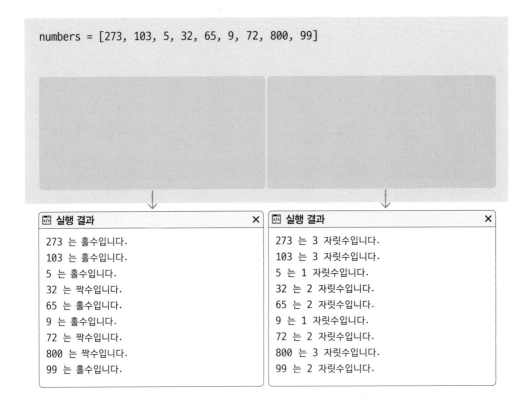

```
📟 실행 결과                        ✕
 273 는 홀수입니다.
 103 는 홀수입니다.
 5 는 홀수입니다.
 32 는 짝수입니다.
 65 는 홀수입니다.
 9 는 홀수입니다.
 72 는 짝수입니다.
 800 는 짝수입니다.
 99 는 홀수입니다.
```

```
📟 실행 결과                        ✕
 273 는 3 자릿수입니다.
 103 는 3 자릿수입니다.
 5 는 1 자릿수입니다.
 32 는 2 자릿수입니다.
 65 는 2 자릿수입니다.
 9 는 1 자릿수입니다.
 72 는 2 자릿수입니다.
 800 는 3 자릿수입니다.
 99 는 2 자릿수입니다.
```

`hint` 2. 100보다 크다는 조건식만 넣으면 됩니다.

3. 홀 · 짝수를 구하는 조건식은 이전에 배웠습니다. 자릿수를 구하는 것은 조금 힘들 수 있는데요. 우리가 자릿수를 어떤 형태로 세는지를 잘 생각해 보고 코드로 구현해 보세요.

4. 다음 코드의 빈칸을 채워서 실행 결과처럼 출력되도록 완성해 보세요.

```python
numbers = [1, 2, 3, 4, 5, 6, 7, 8, 9]
output = [[], [], []]

for number in numbers:
    output[                    ].append(number)

print(output)
```

📟 **실행 결과**   ✕

```
[[1, 4, 7], [2, 5, 8], [3, 6, 9]]
```

5. 다음 코드의 빈칸을 채워서 실행 결과처럼 출력되도록 완성해 보세요. 짝수 번째 요소를 제곱하는 것입니다.

```python
numbers = [1, 2, 3, 4, 5, 6, 7, 8, 9]

for i in range(0, len(numbers) // 2):
    # j가 1, 3, 5, 7이 나오려면
    # 어떤 식을 사용해야 할까요?
    j =
    print(f"i = {i}, j = {j}")
    numbers[j] = numbers[j] ** 2

print(numbers)
```

📟 **실행 결과**   ✕

```
i = 0, j = 1
i = 1, j = 3
i = 2, j = 5
i = 3, j = 7
[1, 4, 3, 16, 5, 36, 7, 64, 9]
```

> **hint** 4. 리스트의 인덱스는 1, 2, 3, 4와 같은 숫자를 입력할 수도 있지만, 1 + 2, 3 + 4와 같은 수식을 입력할 수도 있습니다. 어떤 수식을 입력해야 할지 생각해 보세요. 처음 보면 언뜻 생각하기 어려울 수 있는데요. 중첩 리스트의 중첩을 해제할 때 많이 사용되는 기술입니다.
>
> 5. //는 정수 나누기 연산자입니다. len(numbers) // 2하면 9 // 2가 되어 4가 나옵니다. 참고로 range(1, len(numbers), 2)로 범위를 설정하면 더 쉽게 풀겠지만, 공부 목적으로 문제를 꼬아 보았습니다.

04-2 딕셔너리와 반복문

핵심 키워드

딕셔너리   키   값

04-1에서 여러 개의 값을 나타낼 수 있게 해주는 자료형으로 리스트와 딕셔너리가 있고 이들은 반복문의 in 키워드 뒤에 반복할 수 있는 것으로 넣을 수 있다고 배웠습니다(208쪽). 지금까지 리스트를 살펴보았으므로 이번 절에서는 딕셔너리를 알아보겠습니다.

시작하기 전에

리스트list가 '인덱스를 기반으로 값을 저장하는 것'이라면 딕셔너리dictionary는 '키key를 기반으로 값key을 저장하는 것'이라고 할 수 있습니다. 다음 예를 살펴봅시다.

```
        키    값
        ↓    ↓
{
    "키A":  10,        # 문자열을 키로 사용하기
    "키B":  20,
    "키C":  30,
    1:      40,        # 숫자를 키로 사용하기
    False:  50         # 불을 키로 사용하기
}
```

자료형	의미	가리키는 위치	선언 형식
리스트	인덱스를 기반으로 값을 저장	인덱스	변수 = []
딕셔너리	키를 기반으로 값을 저장	키	변수 = {}

딕셔너리 선언하기

딕셔너리는 중괄호{}로 선언하며, **키: 값** 형태를 쉼표(,)로 연결해서 만듭니다. 키는 문자열, 숫자, 불 등으로 선언할 수 있습니다. 하지만 일반적으로는 문자열로 사용하는 경우가 많습니다.

딕셔너리를 어떻게 생성하는지 살펴볼까요?

```
변수 = {
    키: 값,
    키: 값,
    ...
    키: 값
}
```

코드를 적용해 보면 좀 더 쉽게 이해할 수 있습니다.

```
>>> dict_a = {
...     "name": "어벤저스 엔드게임",
...     "type": "히어로 무비"
...     }
```

딕셔너리의 요소에 접근하기

바로 앞에서 선언한 딕셔너리를 출력해 볼까요?

```
>>> dict_a
{'name': '어벤저스 엔드게임', 'type': '히어로 무비'}
```

특정 키 값만 따로 출력할 수도 있습니다. 딕셔너리의 요소에 접근할 때는 리스트처럼 딕셔너리 뒤에 대괄호[ ]를 입력하고 내부에 인덱스처럼 키를 입력합니다. 이때 주의할 점은 딕셔너리를 선언할 때는 중괄호{ }를 사용하지만, 딕셔너리의 요소에 접근할 때는 리스트처럼 딕셔너리 뒤에 대괄호[ ]를 입력 하고 내부에 인덱스처럼 키를 입력한다는 것입니다.

```
>>> dict_a["name"]
'어벤저스 엔드게임'
>>> dict_a["type"]
'히어로 무비'
```

딕셔너리 내부의 값에 문자열, 숫자, 불 등의 다양한 자료를 넣을 수도 있습니다. 리스트와 딕셔너리도 하나의 자료이므로, 리스트와 딕셔너리를 값으로 넣을 수도 있습니다.

```
>>> dict_b = {
...     "director": ["안소니 루소", "조 루소"],
...     "cast": ["아이언맨", "타노스", "토르", "닥터스트레인지", "헐크"]
...     }
```

다음과 같은 결과를 확인할 수 있습니다.

```
>>> dict_b
{'director': ['안소니 루소', '조 루소'], 'cast': ['아이언맨', '타노스', '토르', '닥터스트
레인지', '헐크']}
>>> dict_b["director"]
['안소니 루소', '조 루소']
```

요소에 접근하는 방법은 리스트와 거의 비슷하므로 쉽게 이해할 수 있습니다.

구분	선언 형식	사용 예	틀린 예
리스트	list_a = []	list_a[1]	
딕셔너리	dict_a = {}	dict_a["name"]	dict_a{"name"}

처음 파이썬을 공부할 때
자주 실수하는 형태이므로
주의해 주세요.

예제를 통해 확인해 보겠습니다.

직접 해보는 손코딩

딕셔너리의 요소에 접근하기 소스 코드 dict01.py

```
01  # 딕셔너리를 선언합니다.
02  dictionary = {
03      "name": "7D 건조 망고",
04      "type": "당절임",
05      "ingredient": ["망고", "설탕", "메타중아황산나트륨", "치자황색소"],
06      "origin": "필리핀"
07  }
08
09  # 출력합니다.
10  print("name:", dictionary["name"])
11  print("type:", dictionary["type"])
12  print("ingredient:", dictionary["ingredient"])
13  print("origin:", dictionary["origin"])
14  print()
15
16  # 값을 변경합니다.
17  dictionary["name"] = "8D 건조 망고"
18  print("name:", dictionary["name"])
```

📄 **실행 결과**   ✕

```
name: 7D 건조 망고
type: 당절임
ingredient: ['망고', '설탕', '메타중아황산나트륨', '치자황색소']
origin: 필리핀

name: 8D 건조 망고
```

위의 예제에서 보면 ingredient는 dictionary의 키이기도 하지만, 여러 개의 자료를 가지고 있는 리스트이기도 하므로 다음과 같이 인덱스를 지정하여 리스트 안의 특정 값을 출력할 수도 있습니다.

```
>>> dictionary["ingredient"]
['망고', '설탕', '메타중아황산나트륨', '치자황색소']
>>> dictionary["ingredient"][1]
'설탕'
```

딕셔너리의 문자열 키와 관련된 실수 　예외 처리

딕셔너리를 만들 때 다음과 같이 입력 실수를 하는 경우가 꽤 많습니다. 이러한 코드를 실행하면 NameError라는 오류가 발생합니다.

```
>>> dict_key = {
...     name: "7D 건조 망고",
...     type: "당절임"
...     }
```

📋 오류

```
Traceback (most recent call last):
  File "<pyshell#5>", line 2, in <module>
    name: "7D 건조 망고",
NameError: name 'name' is not defined
```

name이라는 이름이 정의되지 않았다는 오류입니다. 파이썬은 딕셔너리의 키에 따옴표 없이 단순하게 식별자를 입력하면 이를 변수로 인식합니다. 오류 자체를 해결하고 싶다면 다음과 같이 name이라는 이름을 변수로 만들어 주면 됩니다. type은 type() 함수라는 기본 식별자가 있기 때문에 이것이 키로 들어가 따로 오류를 발생하지는 않습니다.

```
>>> name = "이름"
>>> dict_key = {
...     name: "7D 건조 망고",
...     type: "당절임"
...     }
>>> dict_key
{'이름': '7D 건조 망고', <class 'type'>: '당절임'}
```

하지만 일반적으로 이런 형태로 코드를 사용하는 경우는 거의 없습니다. 따라서 키를 문자열로 사용할 때는 반드시 따옴표를 붙여주세요.

딕셔너리에 값 추가하기/제거하기

딕셔너리에 값을 추가할 때는 키를 기반으로 값을 입력하면 됩니다.

> 딕셔너리[새로운 키] = 새로운 값

219쪽 〈직접 해보는 손코딩^{dict01.py}〉에서 만든 dictionary에 새로운 자료를 추가하고자 한다면 다음과 같이 키를 정하고 값을 입력합니다. 마지막 위치에 "price" 키가 추가되었습니다.

```
>>> dictionary["price"] = 5000
>>> dictionary
{'name': '8D 건조 망고', 'type': '당절임', 'ingredient': ['망고', '설탕', '메타중아황산
나트륨', '치자황색소'], 'origin': '필리핀', 'price': 5000} ──→ "price" 키가 추가되었습니다.
```

만약 다음과 같이 딕셔너리에 이미 존재하고 있는 키를 지정하고 값을 넣으면 기존의 값을 새로운 값으로 대치하기도 합니다.

```
>>> dictionary["name"] = "8D 건조 파인애플"
>>> dictionary                      새로운 값으로 대치되었습니다.
{'name': '8D 건조 파인애플', 'type': '당절임', 'ingredient': ['망고', '설탕', '메타중아
황산나트륨', '치자황색소'], 'origin': '필리핀', 'price': 5000}
```

딕셔너리 요소의 제거 또한 간단합니다. 리스트 때처럼 del 키워드를 사용하여 특정 키를 지정하면 해당 요소가 제거됩니다.

```
>>> del dictionary["ingredient"]
>>> dictionary
{'name': '8D 건조 파인애플', 'type': '당절임', 'origin': '필리핀', 'price': 5000}
```

아무것도 없는 딕셔너리에 요소를 추가해 출력하는 예제를 작성해 보겠습니다.

딕셔너리에 요소 추가하기 소스 코드 dict02.py

```python
01  # 딕셔너리를 선언합니다.
02  dictionary = {}
03
04  # 요소 추가 전에 내용을 출력해 봅니다.
05  print("요소 추가 이전:", dictionary)
06
07  # 딕셔너리에 요소를 추가합니다.
08  dictionary["name"] = "새로운 이름"
09  dictionary["head"] = "새로운 정신"
10  dictionary["body"] = "새로운 몸"
11
12  # 출력합니다.
13  print("요소 추가 이후:", dictionary)
```

📺 실행 결과   ✕

요소 추가 이전: {}
요소 추가 이후: {'name': '새로운 이름', 'head': '새로운 정신', 'body': '새로운 몸'}

이번에는 두 개의 요소를 가진 딕셔너리를 선언하고, 이 두 요소를 제거한 후 내용을 출력하는 예제를 작성해 보겠습니다.

딕셔너리에 요소 제거하기 소스 코드 dict03.py

```python
01  # 딕셔너리를 선언합니다.
02  dictionary = {
03      "name": "7D 건조 망고",
04      "type": "당절임"
05  }
06
07  # 요소 제거 전에 내용을 출력해 봅니다.
```

```
08    print("요소 제거 이전:", dictionary)
09
10    # 딕셔너리의 요소를 제거합니다.
11    del dictionary["name"]
12    del dictionary["type"]
13
14    # 요소 제거 후에 내용을 출력해 봅니다.
15    print("요소 제거 이후:", dictionary)
```

> **▶ 실행 결과**   ✕
>
> 요소 제거 이전: {'name': '7D 건조 망고', 'type': '당절임'}
> 요소 제거 이후: {}

KeyError 예외 [예외 처리]

리스트의 길이를 넘는 인덱스에 접근하면 IndexError가 발생했습니다. 딕셔너리도 존재하지 않는
키에 접근하면 마찬가지로 **KeyError**가 발생합니다.

```
>>> dictionary = {}
>>> dictionary["Key"]
```

> **▣ 오류**
>
> ```
> Traceback (most recent call last):
>   File "<pyshell#7>", line 1, in <module>
>     dictionary["Key"]
> KeyError: 'Key'
> ```

리스트는 '인덱스'를 기반으로 값을 저장하므로 IndexError, 딕셔너리는 '키'를 기반으로 값을 저장
하므로 KeyError가 발생하는 것입니다. 참고로 값을 제거할 때도 마찬가지입니다.

```
>>> del dictionary["Key"]
Traceback (most recent call last):
  File "<pyshell#8>", line 1, in <module>
    del dictionary["Key"]
KeyError: 'Key'    ⟶ KeyError가 발생합니다.
```

딕셔너리 내부에 키가 있는지 확인하기

방금 언급했던 것처럼 딕셔너리에 존재하지 않는 키에 접근하면 KeyError가 발생합니다. 그래서 존재하는 키인지, 존재하지 않는 키인지 확인할 수 있는 방법이 필요합니다.

in 키워드

리스트 내부에 값이 있는지 없는지 확인할 때 in 키워드를 사용했던 것처럼 딕셔너리 내부에 키가 있는지 없는지 확인할 때도 in 키워드를 사용합니다.

그럼 다음 코드를 살펴보겠습니다. 사용자로부터 접근하고자 하는 키를 입력받은 후, 존재하는 경우에만 접근해서 값을 출력합니다.

직접 해보는 손코딩

키가 존재하는지 확인하고 값에 접근하기   소스 코드 key_in.py

```
01    # 딕셔너리를 선언합니다.
02    dictionary = {
03        "name": "7D 건조 망고",
04        "type": "당절임",
05        "ingredient": ["망고", "설탕", "메타중아황산나트륨", "치자황색소"],
06        "origin": "필리핀"
07    }
08
09    # 사용자로부터 입력을 받습니다.
10    key = input("> 접근하고자 하는 키: ")
11
12    # 출력합니다.
13    if key in dictionary:
14        print(dictionary[key])
15    else:
16        print("존재하지 않는 키에 접근하고 있습니다.")
```

실행 결과   ✕

```
> 접근하고자 하는 키: name  Enter
7D 건조 망고
> 접근하고자 하는 키: ㅇㅂㅇ  Enter
존재하지 않는 키에 접근하고 있습니다.
```

get( ) 함수

존재하지 않는 키에 접근하는 상황에 대한 두 번째 대처 방법으로
는 딕셔너리의 get( ) 함수를 사용하는 방법이 있습니다. 이전에 문
자열이 내부적으로 많은 함수를 갖고 있는 것을 확인했습니다. 딕
셔너리도 뒤에 .(마침표)를 찍고 자동 완성 기능으로 확인하면 다양
한 기능이 있다는 것을 알 수 있습니다.

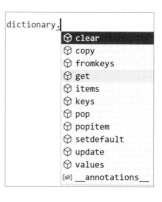

이와 관련된 내용은 04-4절에서 자세히 알아보고 여기서는 키의
존재와 관련된 get( ) 함수만 살펴보겠습니다. get( ) 함수는 딕셔너
리의 키로 값을 추출하는 기능으로 딕셔너리[키]를 입력할 때와 같은
기능을 수행하지만, 존재하지 않는 키에 접근할 경우 KeyError를
발생시키지 않고 None을 출력합니다.

직접 해보는 손코딩

키가 존재하지 않을 때 None을 출력하는지 확인하기 소스 코드 `get01.py`

```
01    # 딕셔너리를 선언합니다.
02    dictionary = {
03        "name": "7D 건조 망고",
04        "type": "당절임",
05        "ingredient": ["망고", "설탕", "메타중아황산나트륨", "치자황색소"],
06        "origin": "필리핀"
07    }
08
09    # 존재하지 않는 키에 접근해 봅니다.
10    value = dictionary.get("존재하지 않는 키")
11    print("값:", value)
12
13    # None 확인 방법
14    if value == None:     ──→ None과 같은지 확인만 하면 됩니다.
15        print("존재하지 않는 키에 접근했었습니다.")
```

> 🖥 **실행 결과**   ✕
>
> 값: None
> 존재하지 않는 키에 접근했었습니다.

for 반복문: 딕셔너리와 함께 사용하기

이번에는 for 반복문과 딕셔너리를 조합하는 방법을 살펴보겠습니다. for 반복문과 딕셔너리를 조합해서 사용하면 다음과 같은 형태가 됩니다. 여기서 주의할 점은 딕셔너리 내부에 있는 키가 변수에 들어간다는 것입니다.

```
for 키 변수 in 딕셔너리:
    코드
```

딕셔너리 자체는 어렵지 않게 사용할 수 있습니다. 중요한 것은 활용입니다. 손코딩 결과를 통해 살펴보겠습니다.

직접 해보는 손코딩

for 반복문과 딕셔너리　　소스 코드 for_dict.py

```
01    # 딕셔너리를 선언합니다.
02    dictionary = {
03        "name": "7D 건조 망고",
04        "type": "당절임",
05        "ingredient": ["망고", "설탕", "메타중아황산나트륨", "치자황색소"],
06        "origin": "필리핀"
07    }
08
09    # for 반복문을 사용합니다.
10    for key in dictionary:
11        # 출력합니다.
12        print(key, ":", dictionary[key])
```

```
☞ 실행 결과                                                    ✕
name : 7D 건조 망고
type : 당절임
ingredient : ['망고', '설탕', '메타중아황산나트륨', '치자황색소']
origin : 필리핀
```

▶ 3가지 키워드로 정리하는 핵심 포인트

• **딕셔너리**는 키를 기반으로 여러 자료를 저장하는 자료형입니다.

• **키**는 딕셔너리 내부에서 값에 접근할 때 사용하는 것입니다.

• **값**은 딕셔너리 내부에 있는 각각의 내용을 의미합니다.

▶ 확인문제

1. 다음 표에서 dict_a의 결과가 나오도록 빈칸을 채워보세요.

dict_a의 값	dict_a에 적용할 코드	dict_a의 결과
{}		{ 'name': '구름' }
{ "name": "구름" }		{}

2. 딕셔너리와 리스트를 조합하면 다음 코드의 변수 pets처럼 다양한 정보를 축적할 수 있습니다. 이를 실행 결과처럼 출력되도록 빈칸에 반복문과 print() 함수를 조합해 보세요.

```
# 딕셔너리의 리스트를 선언합니다.
pets = [
    {"name": "구름", "age": 5},
    {"name": "초코", "age": 3},
    {"name": "아지", "age": 1},
    {"name": "호랑이", "age": 1}
]

print("# 우리 동네 애완 동물들")
```

실행 결과 ✕
```
# 우리 동네 애완 동물들
구름 5살
초코 3살
아지 1살
호랑이 1살
```

숫자와 문자열 사이에
빈칸이 없게 출력하세요.

3. 다음 빈칸을 채워서 numbers 내부에 들어 있는 숫자가 몇 번 등장하는지를 출력하는 코드를 작성해 보세요.

```python
# 숫자는 무작위로 입력해도 상관 없습니다.
numbers = [1,2,6,8,4,3,2,1,9,5,4,9,7,2,1,3,5,4,8,9,7,2,3]
counter = {}

for number in numbers:




# 최종 출력
print(counter)
```

실행 결과 ✕

```
{1: 3, 2: 4, 6: 1, 8: 2, 4: 3, 3: 3, 9: 3, 5: 2, 7: 2}
```

hint 1. 딕셔너리의 기본 조작입니다.

2. 너무 어렵게 생각하지 마세요. 단 두 줄이면 됩니다. 사실 이번 문제의 포인트는 2장에서 배웠던 내용의 복습으로, 추가 지시로 있는 "숫자와 문자열 사이에 띄어쓰기가 없게 출력하세요"라고 할 수 있습니다. 어떻게 해야 할까요?

3. 리스트와 딕셔너리를 조합해서 사용하는 전형적인 예제입니다. 조건문, 리스트, 딕셔너리, 반복문을 모두 조합하는 예제입니다.

4. 209쪽 누적 예제에서 리스트가 중첩되어 있는 경우, 반복문을 두 번 적용해야 한다고 했습니다. 딕셔너리도 마찬가지입니다. 딕셔너리와 리스트가 중첩되어 있다면 반복문을 두 번 적용해야 합니다.

4. 파이썬은 다음과 같은 방법으로 특정 값이 어떤 자료형인지 확인할 수 있습니다.

```
type("문자열") is str   # 문자열인지 확인
type([]) is list       # 리스트인지 확인
type({}) is dict       # 딕셔너리인지 확인
```

이를 활용해 다음 빈칸을 채워 실행 결과와 같이 출력되게 만들어 보세요.

```
# 딕셔너리를 선언합니다.
character = {
    "name": "기사",
    "level": 12,
    "items": {
        "sword": "불꽃의 검",
        "armor": "풀플레이트"
    },
    "skill": ["베기", "세계 베기", "아주 세게 베기"]
}

# for 반복문을 사용합니다.
for key in character:
```

실행 결과 ✕

```
name : 기사
level : 12
sword : 불꽃의 검
armor : 풀플레이트
skill : 베기
skill : 세게 베기
skill : 아주 세게 베기
```

04-3 범위 자료형과 while 반복문

핵심 키워드

범위   while 반복문   break 키워드   continue 키워드

지금까지는 어떤 대상을 기반으로 반복을 적용해 보았습니다. 여기서는 '특정 횟수만큼 반복한다', '특정 시간 동안 반복한다', '어떤 조건이 될 때까지 반복한다'와 같이 다양한 조건에 따라 반복하는 경우를 알아보겠습니다.

시작하기 전에

지금까지 리스트와 딕셔너리에 대해 알아보고 for 반복문에서 활용하는 방법도 배웠습니다. 추가로 for 반복문과 함께 많이 사용되는 자료형을 하나 더 꼽자면 범위^{range}가 있습니다. 특정한 횟수만큼 반복해서 돌리고 싶을 때는 for 반복문과 범위를 조합해서 사용합니다. 범위는 다음과 같은 3가지 방법으로 사용할 수 있습니다.

- 첫째, 매개변수에 숫자 한 개를 넣는 방법
- 둘째, 매개변수에 숫자 두 개를 넣는 방법
- 셋째, 매개변수에 숫자 세 개를 넣는 방법

설명만으로 무슨 말인지 잘 모르겠죠? 다음 페이지에서 자세히 알아보겠습니다.

10000번. 날이 샐 때까지,
시원하다 느낄 때까지 반복
해 주세요!

범위

리스트, 딕셔너리 외에 for 반복문과 함께 많이 사용되는 **범위**^{range} 자료형의 사용법에 대해 알아보겠습니다. 정수로 이루어진 범위를 만들 때는 range( ) 함수를 사용합니다.

첫째, 매개변수에 숫자를 한 개 넣는 방법
0부터 A−1까지의 정수로 범위를 만듭니다.

```
range(A)  ──→ A는 숫자
```

둘째, 매개변수에 숫자를 두 개 넣는 방법
A부터 B−1까지의 정수로 범위를 만듭니다.

```
range(A, B)  ──→ A와 B는 숫자
```

셋째, 매개변수에 숫자를 세 개 넣는 방법
A부터 B−1까지의 정수로 범위를 만드는데, 앞뒤의 숫자가 C 만큼의 차이를 가집니다.

```
range(A, B, C)  ──→ A, B, C는 숫자
```

코드를 실행해 보겠습니다. 매개변수에 숫자를 한 개 넣는 방법입니다. 범위를 선언합니다.

```
>>> a = range(5)
```

범위 이름을 입력하면 다음과 같은 형태로 출력됩니다.

```
>>> a
range(0, 5)
```

어떤 값들이 해당하는지 보기 위해 list( ) 함수로 출력해 보았습니다. list( ) 함수를 이용해 범위를 리스트로 변경하면 범위 내부에 어떤 값이 들어 있는지 확인할 수 있습니다.

```
>>> list(range(5))
[0, 1, 2, 3, 4]
```

매개변수에 숫자를 두 개 넣은 범위입니다.

```
>>> list(range(0, 5)) —→ 0부터 (5-1)까지의 정수로 범위를 만듭니다.
[0, 1, 2, 3, 4]
>>> list(range(5, 10)) —→ 5부터 (10-1)까지의 정수로 범위를 만듭니다.
[5, 6, 7, 8, 9]
```

매개변수에 숫자를 세 개 넣은 범위입니다.

```
>>> list(range(0, 10, 2)) —→ 0부터 2씩 증가하면서 (10-1)까지의 정수로 범위를 만듭니다.
[0, 2, 4, 6, 8]
>>> list(range(0, 10, 3)) —→ 0부터 3씩 증가하면서 (10-1)까지의 정수로 범위를 만듭니다.
[0, 3, 6, 9]
```

> **✚ 여기서 잠깐**　**range(0, 10)에서 10은 포함되지 않아요**
>
> 처음 범위를 공부할 때 range(10), range(0, 10)이라고 되어 있으면 [0, 1, 2, 3, 4, 5, 6, 7, 8, 9, 10]이라고 생각하기 쉬
> 운데, 여기에서 10은 포함되지 않습니다. 이전에 string[0:2] 또는 list_a[0:2]라고 입력하면 뒤에 입력한 2는 포함되지 않
> 는다고 했던 것을 기억하나요. 파이썬에서는 범위를 지정할 때 뒤에 입력한 숫자를 포함하지 않습니다. 꼭 기억해 주세요.

범위를 만들 때 매개변수 내부에 수식을 사용하는 경우도 많습니다. 예를 들어 0부터 10까지의 범위
를 생성하는데, 10을 반드시 포함해야 한다는 것을 강조하고 싶을 때는 다음과 같이 작성하기도 합니다.

```
>>> a = range(0, 10 + 1)
>>> list(a)
[0, 1, 2, 3, 4, 5, 6, 7, 8, 9, 10]
```

11을 굳이 10+1로 표현하는 것이 비효율적으로 보일 수도 있지만 "매일매일 이 영양제를 하나씩 드
세요"가 아니라, "이 영양제는 월화수목금토일 매일매일 꼭 드셔야 해요"처럼 정확하게 콕 집어 강조
할 수 있는 것입니다. 이후에 이 코드를 다시 보는 사람은 다른 사람일 수도 있지만, 미래에 해당 코
드를 다시 보는 자신일 수도 있습니다. 왜 이렇게 사용하는지는 이후에 문제를 풀다 보면 더 잘 이해
할 수 있습니다.

수식에 나누기 연산자를 사용한 경우를 살펴보겠습니다.

```
>>> n = 10
>>> a = range(0, n / 2)  ──→ 매개변수로 나눗셈을 사용한 경우 오류가 발생합니다.
Traceback (most recent call last):
  File "<pyshell#10>", line 1, in <module>
TypeError: 'float' object cannot be interpreted as an integer
```

TypeError가 발생하는 이유는 range() 함수의 매개변수로는 반드시 '정수'를 입력해야 하기 때문입니다. int() 함수 등으로 실수를 정수로 바꾸는 방법도 있겠지만, 다음과 같이 105쪽에서 배운 정수 나누기 연산자를 많이 사용합니다.

```
>>> a = range(0, int(n / 2))  ──→ 실수를 정수로 바꾸는 방법보다
>>> list(a)
[0, 1, 2, 3, 4]

>>> a = range(0, n // 2)  ──→ 정수 나누기 연산자를 많이 사용합니다!
>>> list(a)
[0, 1, 2, 3, 4]
```

for 반복문: 범위와 함께 사용하기

for 반복문과 범위를 조합하는 방법을 살펴보겠습니다. for 반복문과 범위를 조합해서 사용하면 다음과 같은 형태가 됩니다.

```
for 숫자 변수 in 범위:
    코드
```

직접 코드를 작성해 보고 그 결과를 살펴보겠습니다.

for 반복문과 범위 `소스 코드 for_range.py`

```
01    # for 반복문과 범위를 함께 조합해서 사용합니다.
02    for i in range(5):
03        print(str(i) + "= 반복 변수")
04    print()
05
06    for i in range(5, 10):
07        print(str(i) + "= 반복 변수")
08    print()
09
10    for i in range(0, 10, 3):
11        print(str(i) + "= 반복 변수")
12    print()
```

```
실행 결과                    ✕
0 = 반복 변수
1 = 반복 변수
2 = 반복 변수
3 = 반복 변수
4 = 반복 변수

5 = 반복 변수
6 = 반복 변수
7 = 반복 변수
8 = 반복 변수
9 = 반복 변수

0 = 반복 변수
3 = 반복 변수
6 = 반복 변수
9 = 반복 변수
```

첫 번째 반복문은 [0, 1, 2, 3, 4]로, 두 번째 반복문은 [5, 6, 7, 8, 9]로, 세 번째 반복문은 [0, 3, 6, 9]로 반복이 일어납니다.

for 반복문: 리스트와 범위 조합하기

209쪽에서 리스트와 반복문을 조합해서 사용할 때 다음과 같은 코드[for_list.py]를 사용했습니다. 그런데 반복을 적용하다 보면 '몇 번째 반복일까?'를 알아야 하는 경우가 있습니다.

```
# 리스트를 선언합니다.
array = [273, 32, 103, 57, 52]
# 리스트에 반복문을 적용합니다.
for element in array:
    # 출력합니다.
    print(element)
```

현재 무엇을 출력하고 있는지 보다, 몇 번째 출력인지를 알아야 하는 경우가 있습니다.

'몇 번째인지 알아내는 방법'은 많습니다. 가장 쉬운 방법은 다음과 같이 범위를 조합해서 사용하는 것입니다.

리스트와 범위를 조합해서 사용하기   소스 코드 list_range01.py

```
01    # 리스트를 선언합니다.
02    array = [273, 32, 103, 57, 52]
03
04    # 리스트에 반복문을 적용합니다.
05    for i in range(len(array)):
06        # 출력합니다.
07        print("{}번째 반복: {}".format(i, array[i]))
```

실행 결과   ✕
```
0번째 반복: 273
1번째 반복: 32
2번째 반복: 103
3번째 반복: 57
4번째 반복: 52
```

가장 기본적이고, 많이 사용하는 형태입니다. 이번 절의 확인문제에서 다시 한번 살펴보겠습니다. 리스트와 반복문 조합은 조금 더 편한 형식으로 사용할 수도 있는데요. 이와 관련된 내용은 04-4에서 알아보겠습니다(252쪽).

for 반복문: 반대로 반복하기

방금 살펴본 반복문은 반복 변수가 작은 숫자에서 큰 숫자 순서로 올라갔습니다. 그런데 프로그래밍을 하다 보면 반대로 반복 변수가 큰 숫자에서 작은 숫자로 반복문을 적용해야 하는 경우도 있습니다. 이러한 반복문을 **역반복문**이라고 부르기도 하는데, 크게 두 가지 방법을 사용해서 만듭니다.

첫 번째는 range() 함수의 매개변수를 세 개 사용하는 방법입니다.

반대로 반복하기(1)   소스 코드 reversed_for01.py

```
01    # 역반복문
02    for i in range(4, 0 - 1, -1):
03        # 출력합니다.
04        print("현재 반복 변수: {}".format(i))
```

실행 결과   ✕
```
현재 반복 변수: 4
현재 반복 변수: 3
현재 반복 변수: 2
현재 반복 변수: 1
현재 반복 변수: 0
```

range() 함수의 매개변수에 0−1이라는 수식을 넣었는데요. 그냥 −1로 입력해도 상관없습니다. 이전에 언급했던 것처럼 단순한 강조 표현입니다. "0까지 반복하고 싶어서 이 코드를 사용했어"를 강조하기 위해서 이렇게 입력해 보았습니다.

두 번째는 reversed() 함수를 사용하는 방법입니다.

반대로 반복하기(2)　　소스 코드 `reversed_for02.py`

```
01    # 역반복문
02    for i in reversed(range(5)):
03        # 출력합니다.
04        print("현재 반복 변수: {}".format(i))
```

```
🖥 실행 결과                        ✕
현재 반복 변수: 4
현재 반복 변수: 3
현재 반복 변수: 2
현재 반복 변수: 1
현재 반복 변수: 0
```

reversed() 함수를 적용하면 [0, 1, 2, 3, 4]라는 형태의 범위가 [4, 3, 2, 1, 0]으로 뒤집어집니다. 따라서 9부터 0까지 반대로 반복문을 돌릴 수 있습니다.

reversed() 함수는 리스트 등에도 적용할 수 있습니다. 그런데 reversed() 함수는 처음 사용하다 보면 "이렇게 하면 될 것 같은데 안 되네?"라는 생각을 할 정도로 주의 사항이 굉장히 많은 함수입니다. 04-4에서 좀 더 자세히 알아보겠습니다(252쪽).

지금까지 for 반복문의 기본적인 사용 형태에 대해서 모두 살펴보았습니다. 매개변수에 리스트를 넣는 경우, 딕셔너리를 넣는 경우, 범위를 넣는 경우로 구분해서 생각하면 쉽게 이해할 수 있습니다.

중첩 반복문으로 피라미드 만들기 [누적 예제]

for 반복문을 공부할 때 사용하는 고전적인 예제로 다음과 같은 피라미드 만들기가 있습니다. 다음과 같은 실행 결과가 나오도록 직접 구현해 보기 바랍니다. 이때 문자열 * 연산자를 사용하지 말고 반복문을 사용해 보세요.

```
*
**
***
****
*****
******
*******
********
*********
```

필자가 처음 프로그래밍을 배울 때 이 예제를 직접 완성하지 못하고 결국 답지를 보았습니다. 5년 정도 후에 함께 일하는 동료들과 이야기를 나누다가 다시 한번 만들어봤는데 그때도 스스로 완성하지 못했습니다. 어려운 문제이므로 코드를 작성하지 못해도 크게 낙심하지 마세요!

프로그래밍은 항상 여러가지 답이 나올 수 있습니다. 일반적인 답은 다음과 같습니다. 반복문을 2번 중첩해 사용했습니다.

직접 해보는 손코딩

반복문으로 피라미드 만들기(1)   소스 코드 for_pyramid01.py

```
01    output = ""
02
03    for i in range(1, 10):
04        for j in range(0, i):
05            output += "*"
06        output += "\n"
07
08    print(output)
```

2개의 for 반복문이 한 번 실행될 때마다 나오는 결과를 직접 적어가며 분석하다 보면 결과가 어떻게 해서 나오게 되는지 알 수 있습니다.

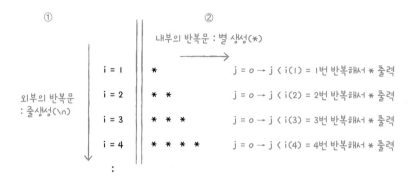

그래도 잘 모르겠다면 파이썬 튜터를 활용해 보세요. output, i, j라는 변수가 어떻게 변화하면서 결과가 나오는지 조금 더 쉽게 이해할 수 있을 것입니다.

다음은 앞서 실행했던 예제와 다른 형태의 피라미드 예제입니다. 필자는 이 예제도 처음 프로그래밍을 공부할 당시 며칠을 꼬박 고민하고도 완성하지 못했습니다.

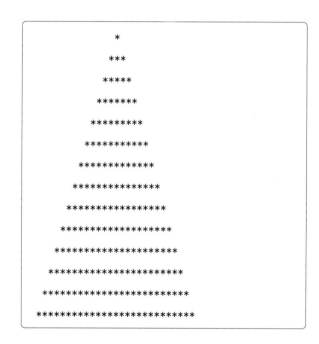

일반적인 답은 다음과 같습니다. 마찬가지로 파이썬 튜터를 활용해서 분석해 보세요. 또한 문자열 * 연산자를 활용하는 형태로도 구현해 보면 좋을 것입니다.

 직접 해보는 손코딩

반복문으로 피라미드 만들기(2)　　소스 코드 for_pyramid02.py

```python
01   output = ""
02
03   for i in range(1, 15):
04       for j in range(14, i, -1):
05           output += ' '
06       for k in range(0, 2 * i - 1):
07           output += '*'
08       output += '\n'
09
10   print(output)
```

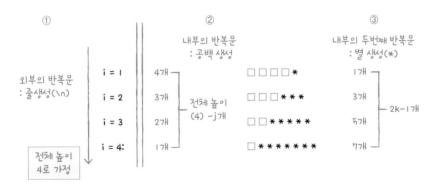

이번 활용 예제를 직접 연습하고 분석하면서 진행했다면 며칠이 지났을지도 모릅니다. 이 책이나 실무에서 이만큼 어려운 반복문을 그다지 많이 사용하지 않습니다. 따라서 이번 예제를 모두 이해했다면, 책에 있는 모든 예제를 진행할 실력을 갖춘 것입니다.

사실 문자열 * 연산자를 사용하면 다음과 같이 간단하게 코드를 작성할 수 있습니다. 중첩 반복문을 활용한 코드에서 내부에 있는 반복문의 역할이 output += ("*" * i) 라는 것을 생각해 보면 됩니다. for_pyramid01.py 예제 코드를 바꾸면 다음과 같습니다.

```python
output = ""

for i in range(1, 10):
    output += ("*" * i)
    output += "\n"

print(output)
```

while 반복문

리스트 또는 딕셔너리 내부의 요소를 모두 순회하는 경우, 즉 특정 횟수만큼 반복하는 경우에는 for 반복문을 사용합니다. 그런데 파이썬에는 for 반복문 이외에도 범용적으로 사용할 수 있는 **while 반복문**이 있습니다. 기본적인 형태는 다음과 같습니다.

```
while 불 표현식:
    문장
```

if 조건문과 굉장히 비슷한 형식인데, 〈불 표현식〉이 참인 동안 문장을 계속 반복합니다. 그럼 불 표현식에 True를 넣어 어떤 결과가 나타나는지 확인해 보겠습니다.

👉 직접 해보는 손코딩

무한 반복 <u>소스 코드</u> infinite_loop.py

```python
01  # while 반복문을 사용합니다.
02  while True:
03      # "."을 출력합니다.
04      # 기본적으로 end가 "\n"이라 줄바꿈이 일어나는데
05      # 빈 문자열 ""로 바꿔서 줄바꿈이 일어나지 않게 합니다.
06      print(".", end="")
```

실행하면 위와 같이 화면에 "."이 무한 반복해서 출력되기 때문에 일부러 멈추지 않으면 프로그램이 종료되지 않습니다. Ctrl + C 를 눌러서 강제 종료해 주세요. 개발할 때 이와 같이 먹통이 발생하면 Ctrl + C 를 눌러 강제 종료하면 됩니다.

while 반복문: for 반복문처럼 사용하기

while 반복문의 기본적인 사용 방법을 알아보는 고전적인 예제를 살펴보겠습니다.

> 직접 해보는 손코딩

while 반복문을 for 반복문처럼 사용하기   소스 코드 `while_as_for.py`

```python
01  # 반복 변수를 기반으로 반복하기
02  i = 0
03  while i < 10:
04      print("{}번째 반복입니다.".format(i))
05      i += 1
```

```
┌─ 🖥 실행 결과 ──────── ✕ ┐
│ 0번째 반복입니다.        │
│ 1번째 반복입니다.        │
│ 2번째 반복입니다.        │
│ 3번째 반복입니다.        │
│ 4번째 반복입니다.        │
│ 5번째 반복입니다.        │
│ 6번째 반복입니다.        │
│ 7번째 반복입니다.        │
│ 8번째 반복입니다.        │
│ 9번째 반복입니다.        │
└───────────────────────┘
```

그렇다면 for 반복문은 언제 사용하고, while 반복문은 언제 사용하는지 궁금하시죠? 일단 답을 먼저 말하면 for 반복문을 설명할 때 언급했던 것 이외에는 모두 **while 반복문**을 사용합니다. 대표적으로 바로 앞서 실행했던 **무한 반복**입니다. for 반복문으로는 무한 반복을 구현할 수 없습니다. 그리고 while 반복문에서 가장 중요한 키워드는 **조건**입니다. 조건을 활용해서 반복을 사용해야 한다면 while 반복문을 사용하는 것이 좋습니다. 조건이 중요한 경우에 대해 살펴보겠습니다.

while 반복문: 상태를 기반으로 반복하기

204쪽에서 살펴보았던 리스트의 remove() 함수는 리스트 내부에서 해당하는 값을 하나만 제거할 수 있었습니다. while 반복문을 활용하면 여러 개를 제거할 수 있습니다. while 반복문의 조건을 '리스트 내부에 요소가 있는 동안'으로 지정합니다.

직접 해보는 손코딩

해당하는 값 모두 제거하기　소스 코드 while_with_condition.py

```
01   # 변수를 선언합니다.
02   list_test = [1, 2, 1, 2]
03   value = 2
04
05   # list_test 내부에 value가 있다면 반복
06   while value in list_test:
07       list_test.remove(value)
08
09   # 출력합니다.
10   print(list_test)
```

실행 결과　✕
```
[1, 1]
```

리스트 내부에 있는 모든 2가 제거될 때까지 반복하기 때문에 2가 모두 제거된 결과가 출력됩니다.

while 반복문: 시간을 기반으로 반복하기

시간을 기반으로 반복하는 예를 살펴보겠습니다. 시간을 기반으로 반복하려면 유닉스 타임이라는 개념을 알아야 합니다. **유닉스 타임**[Unix Time]이란 세계 표준시[UTC]로 1970년 1월 1일 0시 0분 0초를 기준으로 몇 초가 지났는지를 정수로 나타낸 것을 말합니다. 파이썬에서 유닉스 타임을 구할 때는 다음과 같은 코드를 사용합니다.

먼저 시간과 관련된 기능을 가져옵니다.

```
>>> import time
```

그런 다음 유닉스 타임을 구합니다.

```
>>> time.time()
1557241486.6654928
```

이러한 유닉스 타임과 while 반복문을 조합하면 특정 시간 동안 프로그램을 정지시킬 수 있습니다. 다음 코드를 살펴보겠습니다.

> 직접 해보는 손코딩

5초 동안 반복하기 소스 코드 while_with_time.py

```
01    # 시간과 관련된 기능을 가져옵니다.
02    import time
03
04    # 변수를 선언합니다.
05    number = 0
06
07    # 5초 동안 반복합니다.
08    target_tick = time.time() + 5
09    while time.time() < target_tick:
10        number += 1
11
12    # 출력합니다.
```

```
13    print("5초 동안 {}번 반복했습니다.".format(number))
```

┌───┐
│ 🖵 실행 결과   ✕ │
├───┤
│ 5초 동안 14223967번 반복했습니다.   │
└───┘

물론 컴퓨터의 성능과 상황에 따라 반복 횟수는 계속 달라집니다. 이를 활용하면 5초 동안 다른 사용자의 응답을 기다릴 수 있습니다. 통신할 때 자주 사용하는 코드이므로 시간을 기반으로 조건을 걸 때는 while 반복문을 활용한다고 기억해 주세요.

┌───┐
│ ✚ 여기서 잠깐   for 반복문, while 반복문 중 무엇으로 작성할지가 고민된다면! │
│   │
│ for 반복문과 while 반복문에 대해 알아보았습니다. 사용 구분을 길게 설명했지만 스스로 코드를 입력해 보며 while 반복 │
│ 문보다 for 반복문으로 작성하는 것이 더 편할 것 같다, 혹은 그 반대가 좋겠다라는 것을 직접 느끼는 것이 중요합니다. 다 │
│ 양한 프로그램을 생각하고 만들어 보며 어떤 것이 더 적합할지 고민해 보세요!   │
└───┘

while 반복문: break 키워드/continue 키워드

반복문 내부에서만 사용할 수 있는 break와 continue라는 특수한 키워드가 있습니다. break 키워드는 반복문을 벗어날 때 사용하는 키워드입니다. 일반적으로 무한 반복문을 만들고, 내부의 반복을 벗어날 때 많이 사용합니다.

👉 직접 해보는 손코딩

break 키워드   소스 코드 break.py

```
01    # 변수를 선언합니다.
02    i = 0
03
04    # 무한 반복합니다.
05    while True:
06        # 몇 번째 반복인지 출력합니다.
07        print("{}번째 반복문입니다.".format(i))
08        i = i + 1
09        # 반복을 종료합니다.
```

```
10        input_text = input("> 종료하시겠습니까?(y/n): ")
11        if input_text in ["y", "Y"]:
12            print("반복을 종료합니다.")
13            break
```

실행 결과 ✕

0번째 반복문입니다.
> 종료하시겠습니까?(y/n): n `Enter`
1번째 반복문입니다.
> 종료하시겠습니까?(y/n): n `Enter`
2번째 반복문입니다.
> 종료하시겠습니까?(y/n): n `Enter`
3번째 반복문입니다.
> 종료하시겠습니까?(y/n): n `Enter`
4번째 반복문입니다.
> 종료하시겠습니까?(y/n): y `Enter`
반복을 종료합니다.

코드를 실행하면 "0번째 반복문입니다."를 출력하고 프로그램을 종료할지 물어봅니다. 이때 "y" 또는 "Y"를 입력하면 break 키워드를 만나 반복문을 벗어나게 되므로 프로그램이 종료됩니다. 이 외의 경우에는 반복문을 계속 실행합니다.

continue 키워드는 현재 반복을 생략하고, 다음 반복으로 넘어갈 때 사용하는 키워드입니다. 현재 반복을 생략한다는 말이 무슨 말인지 잘 모르겠다고요? 예제를 통해 살펴보겠습니다.

> 직접 해보는 손코딩

continue 키워드   소스 코드 break01.py

```
01    # 변수를 선언합니다.
02    numbers = [5, 15, 6, 20, 7, 25]
03
04    # 반복을 돌립니다.
05    for number in numbers:
06        # number가 10보다 작으면 다음 반복으로 넘어갑니다.
07        if number < 10:
08            continue
09        # 출력합니다.
10        print(number)
```

실행 결과 ✕

15
20
25

물론 현재 코드를 보면 if else 구문을 사용해도 됩니다. 다만 다음과 같이 처음부터 반복에 조건을 걸고 사용하고 싶을 때 continue 키워드를 사용하면 이후 처리의 들여쓰기를 하나 줄일 수 있습니다.

continue 키워드를 사용하지 않은 경우

```
# 반복을 돌립니다.
for number in numbers:
    # 반복 대상을 한정합니다.
    if number >= 10:
        # 문장
        # 문장
        # 문장
        # 문장
        # 문장
```

continue 키워드를 사용한 경우

```
# 반복을 돌립니다.
for number in numbers:
    # 반복 대상에서 제외해버립니다.
    if number < 10:
        continue
    # 문장
    # 문장
    # 문장
    # 문장
    # 문장
```

마무리

▶ 4가지 키워드로 정리하는 핵심 포인트

- 범위는 정수의 범위를 나타내는 값입니다. range() 함수로 생성합니다.

- while 반복문은 조건식을 기반으로 특정 코드를 반복해서 실행할 때 사용하는 구문입니다.

- break 키워드는 반복문을 벗어날 때 사용하는 구문입니다.

- continue 키워드는 반복문의 현재 반복을 생략할 때 사용하는 구문입니다.

▶ 확인문제

1. 다음 표를 채워 보세요. 코드가 여러 개 나올 수 있는 경우 가장 간단한 형태를 넣어 주세요. 예를 들어 range(5), range(0, 5), range(0, 5, 1)은 모두 같은 값을 나타내는데, 이때는 range(5)로 넣어 주세요.

코드	나타내는 값
range(5)	[0, 1, 2, 3, 4]
range(4, 6)	
range(7, 0, −1)	
range(3, 8)	[3, 4, 5, 6, 7]
	[3, 6, 9]

→ 두 번째 매개변수를 9보다 크게 입력하기만 하면 됩니다.

참고로 마지막 [3, 6, 9]는 함정이 있습니다. 알고 나면 당연한 내용이지만, 실제 코드를 작성할 때 많이 실수하는 부분입니다. 문제를 풀어 보고 답을 꼭 확인해 보기 바랍니다.

hint 1. range(1, 5)라고 입력하면 5를 포함하지 않습니다. 이것만 주의한다면 쉽게 풀 수 있습니다.

2. 빈칸을 채워 키와 값으로 이루어진 각 리스트를 조합해 하나의 딕셔너리를 만들어 보세요.

```python
# 숫자는 무작위로 입력해도 상관없습니다.
key_list = ["name", "hp", "mp", "level"]
value_list = ["기사", 200, 30, 5]
character = {}




# 최종 출력
print(character)
```

실행 결과   ✕

```
{'name': '기사', 'hp': 200, 'mp': 30, 'level': 5}
```

3. 1부터 숫자를 하나씩 증가시키면서 더하는 경우를 생각해 봅시다. 몇을 더할 때 1000을 넘는지 구해 보세요. 그리고 그때의 값도 출력해 보세요. 다음은 10000이 넘는 경우를 구한 예입니다.

```
1, 1 + 2 = 3, 1 + 2 + 3 = 6, 1 + 2 + 3 + 4 = 10...
```

```python
limit = 10000
i = 1
# sum은 파이썬 내부에서 사용하는 식별자이므로 sum_value라는 변수 이름을 사용합니다.




print("{}를 더할 때 {}을 넘으며 그때의 값은 {}입니다.".format(i-1, limit, sum_value))
```

실행 결과   ✕

```
141을 더할 때 10000을 넘으며 그때의 값은 10011입니다.
```

4. 1부터 100까지의 숫자가 있다고 합시다. 이를 다음과 같이 계산한다고 했을 때, 최대가 되는 경우는 어떤 숫자를 곱했을 때인지를 찾아 주세요.

```
1 * 99, 2 * 98, 3 * 97, ..., 98 * 2, 99 * 1
```

🔲 실행 결과   ✕

최대가 되는 경우: 50 * 50 = 2500

어떤 수학적 문제를 프로그래밍으로 풀 때는 크게 두 가지 방법이 있습니다. 하나는 수학 상식에 기초해서 푸는 것이고, 다른 하나는 공식은 모른다고 가정하고 반복문을 사용해서 원하는 조건의 값을 찾는 것입니다.

이번 문제는 반복문을 사용하여 모든 경우를 찾는 방법으로 풀어 보세요.

```python
max_value = 0
a = 0
b = 0

for i in                       ▒
    j = 100 - i

    # 최댓값 구하기




print("최대가 되는 경우: {} * {} = {}".format(a, b, max_value))
```

hint 2. 현재 두 리스트는 길이가 같습니다. 따라서 길이를 사용해 반복문을 돌리면 필요한 인덱스에 접근할 수 있습니다.

3. "1000을 넘을 때까지 반복을 돌린다"라는 형태이므로, while 반복문을 사용합니다.

4. 범위가 두 개 있으니 중첩 반복문을 먼저 떠올리기 쉽습니다. 하지만 중첩 반복문 없이 푸는 문제입니다.

04-4 문자열, 리스트, 딕셔너리와 관련된 기본 함수

핵심 키워드

reversed( )   enumerate( )   items( )   리스트 내포

반복문과 관련된 기본적인 내용을 모두 살펴보았습니다. 지금까지의 내용은 모든 프로그래밍 언어에서 대부분 유효한 내용입니다. 하지만 반복문과 관련된 파이썬만의 기능들도 있습니다. 이번 절에서는 이 기능들을 알아보겠습니다.

시작하기 전에

이번 절의 내용은 파이썬만의 고유한 기능들이라고 할 수 있을 정도로 다른 언어에서는 보기 힘든 형태의 기능들입니다. 따라서 이 내용이 없어도 개발하는 데는 큰 문제가 없으며, 지금까지 배운 것을 응용하면 이번 절의 내용을 모두 직접 구현해 볼 수도 있습니다.

하지만 알아 두면 코드를 '파이썬스럽게' 작성할 수 있으므로 차근차근 살펴보겠습니다.

- 리스트에 적용할 수 있는 기본 함수: min(), max(), sum()
- 리스트 뒤집기: reversed()
- 현재 인덱스가 몇 번째인지 확인하기: enumerate()
- 딕셔너리로 쉽게 반복문 작성하기: items()
- 리스트 안에 for문 사용하기: 리스트 내포

리스트에 적용할 수 있는 기본 함수: min( ), max( ), sum( )

min( ), max( ), sum( ) 함수들은 리스트를 매개변수로 넣어 사용하는 매우 기본적인 함수입니다. 많이 사용되는 함수이므로 꼭 기억해 주세요.

함수	설명
min( )	리스트 내부에서 최솟값을 찾습니다.
max( )	리스트 내부에서 최댓값을 찾습니다.
sum( )	리스트 내부에서 값을 모두 더합니다.

간단하게 예제를 통해 살펴보겠습니다.

```
>>> numbers = [103, 52, 273, 32, 77]
>>> min(numbers)        ──→ 리스트 내부에서 최솟값을 찾습니다.
32
>>> max(numbers)        ──→ 리스트 내부에서 최댓값을 찾습니다.
273
>>> sum(numbers)        ──→ 리스트 내부에서 값을 모두 더합니다.
537
```

➕ 여기서 잠깐 　**리스트를 사용하지 않고 최솟값, 최댓값 구하기**

min( ) 함수와 max( ) 함수의 매개변수에 리스트를 사용하면 리스트 내부에서 최솟값과 최댓값을 찾습니다. 하지만 매개변수에 리스트를 사용하지 않고 숫자 여러 개를 나열해서 최솟값과 최댓값을 찾는 방법도 있습니다.

```
>>> min(103, 52, 273)
52
>>> max(103, 52, 273)
273
```

reversed( ) 함수로 리스트 뒤집기

리스트에서 요소의 순서를 뒤집고 싶을 때는 reversed( ) 함수를 사용합니다. reversed( ) 함수의 매개변수에 리스트를 넣으면 리스트를 뒤집을 수 있습니다.

> note 235쪽에서 역반복문을 살펴볼 때 나왔었는데, 〈직접 해보는 손코딩〉 실습으로 다시 한번 정리해 보세요.

직접 해보는 손코딩

reversed( ) 함수   소스 코드 reversed.py

```python
01  # 리스트를 선언하고 뒤집습니다.
02  list_a = [1, 2, 3, 4, 5]
03  list_reversed = reversed(list_a)
04
05  # 출력합니다.
06  print("# reversed() 함수")
07  print("reversed([1, 2, 3, 4, 5]):", list_reversed)
08  print("list(reversed([1, 2, 3, 4, 5])):", list(list_reversed))
09  print()
10
11  # 반복문을 적용해 봅니다.
12  print("# reversed() 함수와 반복문")
13  print("for i in reversed([1, 2, 3, 4, 5]):")
14  for i in reversed(list_a):
15      print("-", i)
```

▶ 실행 결과   ✕

```
# reversed() 함수
reversed([1, 2, 3, 4, 5]): <list_reverseiterator object at 0x031F21D0>
list(reversed([1, 2, 3, 4, 5])): [5, 4, 3, 2, 1]

# reversed() 함수와 반복문
for i in reversed([1, 2, 3, 4, 5]):
- 5
- 4
- 3
- 2
- 1
```

〈좀 더 알아보기: 이터레이터〉에서 자세히 설명합니다(264쪽).

그런데 필자가 처음 파이썬을 공부할 때 이해가 안 되는 코드가 있었는데, 그것이 바로 다음과 같은 코드였습니다. 실행 결과를 예측해 보세요.

```
temp = reversed([1, 2, 3, 4, 5, 6])

for i in temp:
    print("첫 번째 반복문: {}".format(i))

for i in temp:
    print("두 번째 반복문: {}".format(i))
```

코드를 실행하면 "첫 번째 반복문" 부분만 실행되고 "두 번째 반복문" 부분은 전혀 출력되지 않습니다. 왜 그럴까요?

```
첫 번째 반복문: 6
첫 번째 반복문: 5
첫 번째 반복문: 4
첫 번째 반복문: 3
첫 번째 반복문: 2
첫 번째 반복문: 1
```

이는 reversed() 함수의 결과가 **제너레이터**이기 때문입니다. 제너레이터는 파이썬의 특별한 기능으로, 5장에서 살펴보고 일단 reversed() 함수와 반복문을 조합할 때는 함수의 결과를 여러 번 활용하지 않고 다음과 같이 for 구문 내부에 reversed() 함수를 곧바로 넣어서 사용한다고 기억해 주세요.

```
numbers = [1, 2, 3, 4, 5, 6]

for i in reversed(numbers):
    print("첫 번째 반복문: {}".format(i))          ──→ 필요한 시점에 reversed() 함수를 사용합니다.

for i in reversed(numbers):
    print("두 번째 반복문: {}".format(i))
```

enumerate( ) 함수와 반복문 조합하기

다음과 같은 리스트가 있다고 가정해 보겠습니다.

```
example_list = ["요소A", "요소B", "요소C"]
```

다음과 같은 결과를 출력하고 싶다면 어떻게 해야 할까요?

```
0번째 요소는 요소A입니다.
1번째 요소는 요소B입니다.
2번째 요소는 요소C입니다.
```

여러 가지 방법이 있겠지만, 지금까지 배운 방법들로 조합해 본다면 다음과 같은 코드를 작성할 수 있습니다.

방법(1)

```
example_list = ["요소A", "요소B", "요소C"]
i = 0
for item in example_list:
    print("{}번째 요소는 {}입니다.".format(i, item))
    i += 1
```

방법(2)

```
example_list = ["요소A", "요소B", "요소C"]
for i in range(len(example_list)):
    print("{}번째 요소는 {}입니다.".format(i, example_list[i]))
```

이처럼 리스트의 요소를 반복할 때 현재 인덱스가 몇 번째인지 확인해야 하는 경우가 많은데, 파이썬은 이런 코드를 쉽게 작성할 수 있도록 enumerate( ) 함수를 제공합니다.

enumerate() 함수와 리스트   소스 코드 enumerate.py

```
01    # 변수를 선언합니다.
02    example_list = ["요소A", "요소B", "요소C"]
03
04    # 그냥 출력합니다.
05    print("# 단순 출력")
06    print(example_list)
07    print()
08
09    # enumerate() 함수를 적용해 출력합니다.
10    print("# enumerate() 함수 적용 출력")
11    print(enumerate(example_list))
12    print()
13
14    # list() 함수로 강제 변환해 출력합니다.
15    print("# list() 함수로 강제 변환 출력")
16    print(list(enumerate(example_list)))
17    print()
18
19    # for 반복문과 enumerate() 함수 조합해서 사용하기
20    print("# 반복문과 조합하기")
21    for i, value in enumerate(example_list):
22        print("{}번째 요소는 {}입니다.".format(i, value))
```

enumerate() 함수를 사용하면
for와 in 사이에 반복 변수를
두 개 넣을 수 있습니다.

┌───┐
│ ⟨/⟩ 실행 결과   ✕ │
├───┤
│ # 단순 출력   │
│ ['요소A', '요소B', '요소C']   │
│   │
│ # enumerate() 함수 적용 출력   │
│ <enumerate object at 0x02A43CB0>   │
│   │
│ # list() 함수로 강제 변환 출력   │
│ [(0, '요소A'), (1, '요소B'), (2, '요소C')]   │
│   │
│ # 반복문과 조합하기   │
│ 0번째 요소는 요소A입니다.   │
│ 1번째 요소는 요소B입니다.   │
│ 2번째 요소는 요소C입니다.   │
└───┘

딕셔너리의 items( ) 함수와 반복문 조합하기

enumerate( ) 함수와 반복문을 조합해서 for i, value in enumerate(리스트) 형태로 반복문을 작성할 수 있었던 것처럼 딕셔너리는 items() 함수와 함께 사용하면 키와 값을 조합해서 쉽게 반복문을 작성할 수 있습니다.

직접 해보는 손코딩

딕셔너리의 items( ) 함수와 반복문 　소스 코드 `items.py`

```
01    # 변수를 선언합니다.
02    example_dictionary = {
03        "키A": "값A",
04        "키B": "값B",
05        "키C": "값C",
06    }
07
08    # 딕셔너리의 items() 함수 결과 출력하기
09    print("# 딕셔너리의 items() 함수")
10    print("items():", example_dictionary.items())
11    print()
12
13    # for 반복문과 items() 함수 조합해서 사용하기
14    print("# 딕셔너리의 items() 함수와 반복문 조합하기")
15
16    for key, element  in example_dictionary.items():
17        print("dictionary[{}] = {}".format(key, element))
```

```
# 딕셔너리의 items() 함수
items(): dict_items([('키A', '값A'), ('키B', '값B'), ('키C', '값C')])

# 딕셔너리의 items() 함수와 반복문 조합하기
dictionary[키A] = 값A
dictionary[키B] = 값B
dictionary[키C] = 값C
```

리스트 내포

프로그램을 만들 때는 반복문을 사용해 리스트를 재조합하는 경우가 많습니다. 다음 코드는 range(0, 20, 2)로 0부터 20 사이의 짝수를 구한 뒤, 제곱해서 새로운 리스트를 만듭니다.

반복문을 사용한 리스트 생성　소스 코드 `for_list01.py`

```
01    # 변수를 선언합니다.
02    array = []
03
04    # 반복문을 적용합니다.
05    for i in range(0, 20, 2):
06        array.append(i * i)
07    # 출력합니다.
08    print(array)
```

실행 결과   ✕
```
[0, 4, 16, 36, 64, 100, 144, 196, 256, 324]
```

이런 형태의 코드는 많이 볼 수 있는데, 파이썬 프로그래밍 언어는 이를 한 줄로 작성할 수 있는 방법을 제공합니다.

리스트 안에 for문 사용하기   소스 코드 list_in.py

```
01    # 리스트를 선언합니다.
02    array = [i * i for i in range(0, 20, 2)]
                    ↓
03              최종 결과를 앞에 작성합니다.
04    # 출력합니다.
05    print(array)
```

'range(0, 20, 2)의 요소를 i라고 할 때 i * i로 리스트를 재조합해 주세요'라는 코드입니다. 이런 구문을 **리스트 내포**list comprehensions라고 부릅니다. 리스트 내포는 다음과 같은 형태로 사용합니다.

> 리스트 이름 = [표현식 for 반복자 in 반복할 수 있는 것]

다음과 같이 뒤에 if 구문을 넣어 조건을 조합할 수도 있습니다.

> 리스트 이름 = [표현식 for 반복자 in 반복할 수 있는 것 if 조건문]

직접 손코딩 하며 살펴보겠습니다.

조건을 활용한 리스트 내포   소스 코드 array_comprehensions.py

```
01    # 리스트를 선언합니다.
02    array = ["사과", "자두", "초콜릿", "바나나", "체리"]
03    output = [fruit for fruit in array if fruit != "초콜릿"]
04
05    # 출력합니다.
06    print(output)
```

> 🖥 **실행 결과**   ✕
> ['사과', '자두', '바나나', '체리']

'array의 요소를 fruit이라고 할 때 초콜릿이 아닌 fruit으로 리스트를 재조합해 주세요'라는 코드입니다. 따라서 실행하면 초콜릿을 제외한 요소만 모인 리스트를 만들어 줍니다.

질문있어요!

Q 코드가 너무 길어서 복잡해 보이는데 줄바꿈하면 안 되나요?

A 한 줄로 입력했을 때 코드가 너무 길어서 코드 가독성이 떨어지면 다음과 같이 3줄로 작성할 수 있습니다.

```
리스트 이름 = [표현식
    for 반복자 in 반복할 수 있는 것
    if 조건문]
```

예를 들어 '조건을 활용한 리스트 내포' 코드를 3줄로 적는다면 다음과 같습니다.

```
output = [fruit
    for fruit in array
    if fruit != "초콜릿"]
```

구문 내부에 여러 줄 문자열을 사용했을 때 문제점

조건문과 반복문에는 들여쓰기를 합니다. 그런데 구문 내부에 여러 줄의 문자열을 만들면 예상치 못한 실행 결과가 나올 때가 있습니다. 어떠한 문제가 발생하는지 살펴보겠습니다.

다음 프로그램의 실행 결과를 예측해 볼까요?

직접 해보는 손코딩

if 조건문과 여러 줄 문자열(1)   소스 코드 **if_string.py**

```
01    # 변수를 선언합니다.
02    number = int(input("정수 입력> "))
03
04    # if 조건문으로 홀수 짝수를 구분합니다.
05    if number % 2 == 0:
06        print("""\
07            입력한 문자열은 {}입니다.
08            {}는(은) 짝수입니다.""".format(number, number))
09    else:
10        print("""\
11            입력한 문자열은 {}입니다.
12            {}는(은) 홀수입니다.""".format(number, number))
```

```
🔲 실행 결과                               ✕
정수 입력> 10  Enter
    입력한 문자열은 10입니다.
    10는(은) 짝수입니다.
```

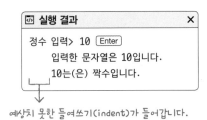

예상치 못한 들여쓰기(indent)가 들어갑니다.

프로그램을 실행하면 여러 줄 문자열 앞에 있는 들여쓰기가 문자열에 포함되어 들어가는 것을 볼 수 있습니다. 이렇게 출력되는 것을 원한 건 아닐 것입니다. 이와 같이 예상치 못한 들여쓰기를 막으려면 다음과 같이 입력합니다.

if 조건문과 여러 줄 문자열(2) 소스 코드 if_string01.py

```
01   # 변수를 선언합니다.
02   number = int(input("정수 입력> "))
03
04   # if 조건문으로 홀수 짝수를 구분합니다.
05   if number % 2 == 0:
06       print("""입력한 문자열은 {}입니다.
07   {}는(은) 짝수입니다.""".format(number, number))
08   else:
09       print("""입력한 문자열은 {}입니다.
10   {}는(은) 홀수입니다.""".format(number, number))
```

실행 결과   ✕

정수 입력> 10 [Enter]
입력한 문자열은 10입니다.
10는(은) 짝수입니다.

실행 결과는 제대로 나오지만 코드가 이상한 구조를 가지게 되었습니다. 여러 줄 문자열을 if 조건문, for 반복문, while 반복문 등의 구문과 함께 사용하면 모두 이런 문제가 발생합니다. 따라서 구문 내부에서는 여러 줄 문자열을 거의 사용하지 않는 편입니다. 하지만 그렇다고 다음과 같이 문자열을 한 줄로 길게 적으면 코드가 복잡해집니다.

if 조건문과 긴 문자열 소스 코드 if_string02.py

```
01   # 변수를 선언합니다.
02   number = int(input("정수 입력> "))
03
04   # if 조건문으로 홀수 짝수를 구분합니다.
05   if number % 2 == 0:
06       print("입력한 문자열은 {}입니다.\n{}는(은) 짝수입니다.".format(number, number))
07   else:
08       print("입력한 문자열은 {}입니다.\n{}는(은) 홀수입니다.".format(number, number))
```

이러한 여러 줄 문자열과 구문을 함께 사용할 때 발생하는 문제를 해결하는 방법은 많습니다. 해결 방법 중 몇 가지를 살펴보면서 파이썬의 기능을 추가로 알아보겠습니다.

괄호로 문자열 연결하기

파이썬으로 문자열을 생성할 때 다음과 같은 구문을 사용할 수 있습니다. 괄호 내부에 문자열을 여러 개 입력하면 모든 문자열을 합친 새로운 문자열이 만들어집니다.

직접 해보는 손코딩

괄호로 문자열 연결하기 소스 코드 `string01.py`

```
01    # 변수를 선언합니다.
02    test = (
03        "이렇게 입력해도 "
04        "하나의 문자열로 연결되어 "
05        "생성됩니다."
06    )
07
08    # 출력합니다.
09    print("test:", test)
10    print("type(test):", type(test))
```

실행 결과 ✕

```
test: 이렇게 입력해도 하나의 문자열로 연결되어 생성됩니다.
type(test): <class 'str'>
```
↓
문자열 자료형입니다.

코드를 실행하면 다음과 같이 문자열이 연결되어 출력됩니다. 변수 test의 자료형은 문자열 자료형이 라는 것을 알 수 있습니다.

➕ 여기서 잠깐   튜플 자료형의 구분

파이썬을 조금 공부해 본 사람이라면 변수 test의 자료형 이 다음 장에서 배우는 '튜플'이라고 생각할 수 있습니다. 하 지만 괄호 내부의 문자열이 다음과 같이 쉼표로 연결되어야 튜플입니다. 따라서 앞의 예제에서 변수 test의 자료형은 튜플이 아닙니다.

```
test = (
    "쉼표로 연결하면 ",
    "문자열이 아니라 ",
    "튜플이 생성된답니다."
)
```

이를 활용하면 261쪽의 코드^{if_string02.py}를 다음과 같이 작성할 수 있습니다. 줄바꿈을 하려면 마지막을 제외한 문자열 뒤에 \n을 입력하면 됩니다.

직접 해보는 손코딩

여러 줄 문자열과 if 구문을 조합했을 때의 문제 해결(1) 소스코드 string02.py

```
01    # 변수를 선언합니다.
02    number = int(input("정수 입력> "))
03
04    # if 조건문으로 홀수 짝수를 구분합니다.
05    if number % 2 == 0:
06        print((
07            "입력한 문자열은 {}입니다.\n"
08            "{}는(은) 짝수입니다."
09        ).format(number, number))
10    else:
11        print((
12            "입력한 문자열은 {}입니다.\n"
13            "{}는(은) 홀수입니다."
14        ).format(number, number))
```

?! 문제해결

자주하는 \n의 입력 실수. 다만 일부 문자열에 \n을 입력하지 않거나 마지막 문자열까지도 \n을 입력하는 실수를 하는 경우가 종종 있습니다. 이 방법을 사용한다면 반드시 주의하기 바랍니다.

문자열의 join( ) 함수

문자열의 join( ) 함수로 해결하는 경우도 있습니다. join( ) 함수는 다음과 같은 형태로 사용합니다.

문자열.join(문자열로 구성된 리스트)

join() 함수는 리스트의 요소를 문자열로 연결합니다.

```
>>> print("::".join(["1", "2", "3", "4", "5"]))
1::2::3::4::5
```

이를 활용하면 여러 줄 문자열과 if 구문을 조합했을 때의 문제를 해결할 수 있습니다.

여러 줄 문자열과 if 구문을 조합했을 때의 문제 해결(2)　소스 코드 string03.py

```python
01    # 변수를 선언합니다.
02    number = int(input("정수 입력> "))
03
04    # if 조건문으로 홀수 짝수를 구분합니다.
05    if number % 2 == 0:
06        print("\n".join([
07            "입력한 문자열은 {}입니다.",
08            "{}는(은) 짝수입니다."
09        ]).format(number, number))
10    else:
11        print("\n".join([
12            "입력한 문자열은 {}입니다.",
13            "{}는(은) 홀수입니다."
14        ]).format(number, number))
```

이외에도 다양한 해결 방법이 있지만 이 정도만 기억해 두면 앞으로 파이썬을 사용하는 데 큰 문제는 없습니다.

**좀 더
알아보기 ❷**　　**이터레이터**

반복문의 구문은 다음과 같습니다.

> for 반복자 in 반복할 수 있는 것

여기서 '반복할 수 있는 것'을 프로그래밍 용어로 **이터러블**iterable이라고 합니다. 즉 이터러블은 내부에 있는 요소들을 차례차례 꺼낼 수 있는 객체를 의미합니다. 리스트, 딕셔너리, 문자열, 튜플(5장 참고) 등은 모두 내부에서 요소를 차례차례 꺼낼 수 있으므로 이터러블입니다.

이터러블 중에서 **next()** 함수를 적용해 하나하나 꺼낼 수 있는 요소를 **이터레이터**[iterator]라고 하는데, 이터레이터의 예를 간단하게 살펴보겠습니다.

직접 해보는 손코딩

reversed( ) 함수와 이터레이터   소스 코드 *iterator01.py*

```
01   # 변수를 선언합니다.
02   numbers = [1, 2, 3, 4, 5, 6]
03   r_num = reversed(numbers)
04
05   # reversed_numbers를 출력합니다.
06   print("reversed_numbers :", r_num)
07   print(next(r_num))
08   print(next(r_num))
09   print(next(r_num))
10   print(next(r_num))
11   print(next(r_num))
```

실행 결과   ✕

```
reversed_numbers: <list_reverseiterator object at 0x034D21D0>
6
5
4
3
2
```

리스트에 reversed( ) 함수를 사용했을 때 〈list_reverseiterator object at (주소)〉처럼 출력했던 것을 기억하나요?(252쪽) reversed( ) 함수의 리턴값이 바로 'reverseiterator'로 '이터레이터'입니다. 이와 같은 이터레이터는 반복문의 매개변수로 전달할 수 있으며, 현재 코드처럼 next( ) 함수로 내부의 요소를 하나하나 꺼낼 수 있습니다.

for 반복문의 매개변수에 넣으면 반복할 때마다 next( ) 함수를 사용해서 요소를 하나하나 꺼내주는 것입니다. 그렇다면 왜 reversed( ) 함수는 리스트를 바로 리턴해 주지 않고 이터레이터를 리턴해 주는 것일까요?

이는 메모리의 효율성을 위해서입니다. 1만 개의 요소가 들어 있는 리스트를 복제한 뒤 뒤집어서 리턴하는 것보다 기존에 있던 리스트를 활용해서 작업하는 것이 훨씬 효율적이라고 판단하기 때문입니다.

▶ 4가지 키워드로 정리하는 핵심 포인트

- reversed() 함수는 매개변수에 리스트를 넣으면 요소의 순서를 뒤집을 수 있습니다.

- enumerate() 함수는 매개변수에 리스트를 넣으면 인덱스와 값을 쌍으로 사용해 반복문을 돌릴 수 있게 해주는 함수입니다.

- items() 함수는 키와 쌍으로 사용해 반복문을 돌릴 수 있게 해주는 딕셔너리 함수입니다.

- **리스트 내포**는 반복문과 조건문을 대괄호[ ] 안에 넣는 형태를 사용해서 리스트를 생성하는 파이썬의 특수한 구문입니다. 'list comprehensions'도 기억해 주세요.

▶ 확인문제

1. 다음 중 enumerate( ) 함수와 items( ) 함수의 사용법으로 올바른 것은?

   ① 리스트.enumerate( )   ② enumerate(리스트)

   ③ 딕셔너리.items( )   ④ items(딕셔너리)

2. 2진수, 8진수, 16진수로 변환하는 코드는 많이 사용됩니다. 다음과 같은 형태로 10진수를 변환할 수 있습니다.

10진수와 2진수 변환

```
>>> "{:b}".format(10)
'1010'      변환했을 때 따옴표로 둘러싸여 있다면 문자열 자료형입니다.
>>> int("1010", 2)
10
```

10진수와 8진수 변환

```
>>> "{:o}".format(10)
'12'
>>> int("12", 8)
10
```

10진수와 16진수 변환

```
>>> "{:x}".format(10)
'a'
>>> int("10", 16)
16
```

이외에도 bin( ), oct( ), hex( )라는 함수를 사용하는 방법도 있지만, format( ) 함수를 사용하는 방법이 더 유연해서 사용이 편리한 경우가 많습니다.

추가로 반복 가능한 객체(문자열, 리스트, 범위 등)의 count( ) 함수는 다음과 같이 사용합니다.

```
>>> "안녕안녕하세요".count("안") ──→ 문자열을 매개변수로 넣어야 합니다.
2
```

이를 활용해서 1~100 사이에 있는 숫자 중 2진수로 변환했을 때 0이 하나만 포함된 숫자를 찾고, 그 숫자들의 합을 구하는 코드를 만들어 보세요.

```
# 리스트 내포를 사용해본 코드입니다.
output = ▭▭▭▭▭▭▭▭
          ▭▭▭▭▭▭▭

for i in ▭▭▭▭ :
    print("{} : {}".format(i, "{:b}".format(i)))
print("합계:", sum(output))
```

▣ 실행 결과   ✕

```
2 : 10
5 : 101
6 : 110
11 : 1011
...
62 : 111110
95 : 1011111
합계: 539
```

hint 1. enumerate( )와 items( ) 함수는 중요한 함수입니다. 사용 형식을 꼭 기억해 주세요.

2. 반복문, 조건문, 리스트, 범위 등을 조합하면 쉽게 풀 수 있는 문제입니다.

프로그래밍뿐만 아니라 모든 공부는 "기초(토대)부터 잘 쌓아올려야 한다"라는 말을 합니다. 프로그래밍에서 기초가 되는 부분이 바로 반복문과 함수입니다. 기초가 탄탄하도록 이 책은 반복문과 함수 부분을 살짝 깊게 다룹니다. 반복문과 함수는 문법을 외워서 활용을 제대로 하지 못해도 지극히 정상입니다. 문제를 어떻게 풀어야 할지 발상 자체가 되지 않는다면 바로 답지를 확인해 보세요. 그리고 답지에 활용된 발상을 기억하고 이후에 다시 한번 풀어보기 바랍니다. 이런 발상들을 하나하나 기억하고 모으면 어느 순간 새로운 문제를 접해도 풀 수 있게 될 것입니다.

1. 숫자의 종류

다음 리스트에서 몇 가지 종류의 숫자가 사용되었는지 구하는 프로그램을 만들어 보세요. 1, 2, 3, 4가 사용되었으므로 4개가 사용되었다고 출력하면 됩니다.

```
[1, 2, 3, 4, 1, 2, 3, 1, 4, 1, 2, 3]
```

```
[1, 2, 3, 4, 1, 2, 3, 1, 4, 1, 2, 3]에서
사용된 숫자의 종류는 4개입니다.
참고: {1: 4, 2: 3, 3: 3, 4: 2}
```

> **hint** 딕셔너리를 사용해 보세요.

2. 염기의 개수

우리 몸은 DNA라는 설계도에 의해서 만들어집니다. DNA는 A(아데닌), T(티민), G(구아닌), C(사이토신)이라는 4가지 요소로 구성되는 리스트라고 볼 수 있습니다.

```
ctacaatgtcagtatacccattgcattagccgg
```

염기 서열을 입력했을 때 각각의 염기가 몇 개 포함되어 있는지 세는 프로그램을 구현해 보세요.

```
염기 서열을 입력해주세요: ctacaatgtcagtatacccattgcattagccgg
a의 개수: 9
t의 개수: 9
g의 개수: 6
c의 개수: 9
```

> **hint** 반복문을 사용해서 염기 숫자를 세어 보세요.

3. 염기 코돈 개수

이번에는 코돈codon의 개수를 세는 프로그램을 만들어 보세요. 염기 서열은 일반적으로 3개씩 묶여서 하나의 의미를 나타냅니다. 즉 다음과 같은 염기 서열이 있다면

ctacaatgtcagtatacccattgcattagccgg

다음과 같이 3개씩 나뉘어서 의미를 갖는다는 말입니다.
이렇게 염기 3개가 묶여 있는 것을 '코돈'이라고 부릅니다.

cta
caa
tgt
cag
tat
acc
cat
tgc
att
agc
cgg

염기 서열을 입력했을 때 어떤 코돈이 몇 개 존재하는지 다음과 같이 출력하는 프로그램을 구현해 보세요.

```
염기 서열을 입력해주세요: ctacaatgtcagtatacccattgcattagccgg
{'cta': 1, 'caa': 1, 'tgt': 1, 'cag': 1, 'tat': 1, 'acc': 1, 'cat': 1, 'tgc':
1, 'att': 1, 'agc': 1, 'cgg': 1}
```

다음과 같이 5글자를 입력하면 분석했을 때 마지막 염기 서열이 3개로 조합되지 못할 것입니다.

```
ctaca
```

이렇게 남는 염기 서열은 결과에서 무시합니다.

```
cta
ca # 무시
```

4. 2차원 리스트 평탄화

다음과 같이 리스트가 중첩되어 있을 때 중첩을 제거하는 처리를 **리스트 평탄화**^{list flatten}라고 합니다.

```
[1, 2, [3, 4], 5, [6, 7], [8, 9]] -> [1, 2, 3, 4, 5, 6, 7, 8, 9]
```

[1, 2, [3, 4], 5, [6, 7], [8, 9]]이라는 중첩 리스트를 입력했을 때 다음과 같이 출력하는 프로그램을 구현해 보세요.

```
[1, 2, [3, 4], 5, [6, 7], [8, 9]]를 평탄화하면
[1, 2, 3, 4, 5, 6, 7, 8, 9]입니다
```

> **hint** 리스트 평탄화를 할 때는 '요소가 일반 요소인지 리스트인지 확인'하는 처리가 필요합니다. 이는 다음과 같이 type() 함수를 사용합니다.
>
> ```
> if type(대상) == list:
>     print("대상은 리스트입니다!")
> ```

> 리스트 평탄화 문제를 풀지 못했다고 낙심하지 마세요. 5장 재귀 함수를 살펴보면서 자세히 알아봅니다.

나는 재능이 없는 것일까?

나머지 연산자로 짝수와 홀수를 구분하는 예제를 보고 '이런 것을 어떻게 생각해낼 수 있지? 재능 있는 사람은 이런 걸 생각해낼 수 있는 것일까? 그럼 나는 프로그래밍에 재능이 없는 건가?'라고 고민하는 분들이 분명 있을 것입니다.

아마 책을 보는 독자 중에서 예제를 보고 코드를 바로 발상할 수 있는 사람은 0.1%도 되지 않을 것이라고 생각합니다. 한 가지 예를 들어보겠습니다. 숫자를 1부터 100까지 더해보라고 한다면 어떤 방법을 사용할 것인가요? 일반인은 $1 + 2 + ... + 99 + 100$을 하나하나 계산하고 있을 것입니다. 하지만 일부 독자는 숫자 1부터 100까지 더하는 쉬운 방법을 알고 있을 것입니다. $1 + 100 = 101$, $2 + 99 = 101$, $3 + 98 = 101$… 처럼 101이 50개가 나오므로 숫자 1부터 100까지 더하면 5050이 됩니다. 이는 독일의 수학자 가우스가 10살 때 문제를 풀어낸 방식이죠.

우리는 이걸 어떻게 알고 있을까요? 이전에 한 번이라도 이러한 풀이를 보고 이해했기 때문입니다. 짝수와 홀수를 구하는 예제도 마찬가지입니다. 여러분이 이 코드를 보고 이해했다면 이후에도 활용할 수 있습니다.

가우스처럼 창조적인 발상이 가능하다면 프로그램을 개발하는데 많은 도움이 되겠지만, 현재 프로그램 개발자들도 모두 이 정도의 재능을 갖고 있는 것은 아닙니다. 일반적인 프로그램 개발 업무(게임 개발, 웹 개발, 데이터 분석, 머신러닝, 딥러닝 개발 등)는 수학자와 과학자들이 하는 일보다는 수학과 과학을 활용하는 일에 더 가깝기 때문입니다.

결국 보통 개발을 할 때는 '창조적 발상 몇 개를 해내는 것'보다는 '수많은 사람들이 이미 만든 수많은 창조적 발상을 다양하게 접하고 이해해서 조합하는 것'이 더 중요합니다. 따라서 '나는 이런 것도 생각해낼 수 없으니까 프로그램 개발에 재능이 없어'라고 자책하지 말기 바랍니다. 신선한 발상이 나올 때마다 이해하고 외워 보세요. 활용할 수 있게 될 것입니다.

지금까지 파이썬에서의 자료, 조건문, 반복문에 대해서 살펴보았습니다. 지금까지 배운 내용이 프로그래밍의 논리와 관련된 가장 핵심적인 부분이었다면 5장부터 배우는 내용은 '프로그램을 어떻게 더 쉽게 만들 것인가'와 관련된 내용입니다.

함수

함수 만들기

호출　　매개변수　　리턴값　　가변 매개변수　　기본 매개변수

식별자 뒤에 괄호가 붙어 있으면 해당 식별자는 '함수'라고 부른다고 했는데, 기억이 나나요? 지금까지 여러 함수를 사용해 봤는데, 가장 많이 사용했던 함수는 print( ) 함수입니다. 이 외에도 len( ), str( ), int( ) 등도 사용했습니다. 이러한 함수들을 어떻게 만들고 활용하는지 살펴보겠습니다.

시작하기 전에

함수와 관련된 용어를 몇 가지 정리해 보겠습니다. 함수를 사용하는 것을 **함수를 호출한다**고 표현합니다. 함수를 호출할 때는 괄호 내부에 여러 가지 자료를 넣게 되는데, 이러한 자료를 **매개변수**라고 부릅니다. 마지막으로 함수를 호출해서 최종적으로 나오는 결과를 **리턴값**이라고 부릅니다.

리턴값이 무엇인지 이해하기 힘들 수 있는데, len("안녕하세요")라는 코드를 사용하면 5라는 숫자가 결과로 나옵니다. 이러한 결과를 '리턴값'이라고 부릅니다.

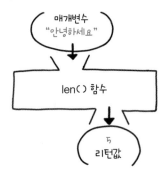

함수는 들여쓰기를 해야 하기 때문에 인터랙티브 셸에서 작성하기 조금 불편합니다. 따라서 이번 절에서는 파일을 만들고 실행하는 형태를 많이 사용하게 될 것입니다.

함수의 기본

함수는 한마디로 '코드의 집합'입니다. 함수를 생성하는 기본 형태는 다음과 같습니다.

```
def 함수 이름():
    문장
```

먼저 기본적인 함수부터 살펴보겠습니다. 이는 '코드의 집합'이라는 목적으로 활용한 것입니다. 다음 코드는 세 문장을 포함하는 print_3_times 함수를 만든 후 호출하여 실행하는 간단한 예제입니다.

직접 해보는 손코딩

기본적인 함수 소스 코드 fun_basic.py

```
01   def print_3_times():
02       print("안녕하세요")
03       print("안녕하세요")
04       print("안녕하세요")
05
06   print_3_times()
```

실행 결과 ✕
```
안녕하세요
안녕하세요
안녕하세요
```

함수에 매개변수 만들기

비주얼 스튜디오 코드에서 함수를 사용하면서 다음과 같은 자동 완성 기능이 작동하는 것을 본 적 있을 것입니다.

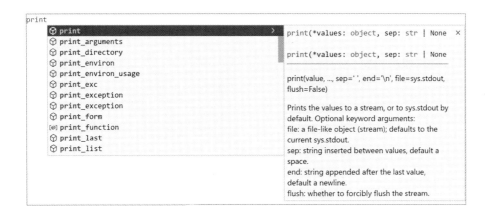

예를 들어 print() 함수를 작성할 때 print(value, ..., sep=' ', end='\n', file=sys.stdout, flush=False)와 같이 괄호 안에 많은 것들이 있습니다. 이러한 것들을 모두 **매개변수**라고 부릅니다. 매개변수는 다음과 같이 함수를 생성할 때 괄호 내부에 **식별자**를 입력해서 만듭니다.

```
def 함수 이름(매개변수, 매개변수, ...):
    문장
```

간단한 예제를 살펴보겠습니다.

직접 해보는 손코딩

매개변수의 기본 소스 코드 param_basic.py

```
01    def print_n_times(value, n):
02        for i in range(n):
03            print(value)
04
05    print_n_times("안녕하세요", 5)
```

실행 결과   ✕
안녕하세요
안녕하세요
안녕하세요
안녕하세요
안녕하세요

함수의 괄호 내부에 value와 n이라는 식별자를 입력했습니다. 이렇게 입력하면 이는 매개변수가 됩니다. 이렇게 매개변수를 만들면 함수를 호출할 때 값을 입력해서 함수쪽으로 전달할 수 있습니다.

현재 코드에서는 print_n_times("안녕하세요", 5) 형태로 함수를 호출하므로 매개변수 value에는 "안녕하세요"가 들어가고, 매개변수 n에는 5가 들어갑니다. 따라서 코드를 실행하면 "안녕하세요"를 5번 출력합니다.

매개변수와 관련된 TypeError 예외 처리

함수를 생성할 때 매개변수를 만들었는데, 함수를 호출할 때 매개변수를 넣지 않거나 더 많이 넣으면 어떻게 될까요? 일단 매개변수를 넣지 않은 경우를 살펴보겠습니다.

```
def print_n_times(value, n):  ──→ 매개변수를 2개 지정했는데
    for i in range(n):
        print(value)


# 함수를 호출합니다.
print_n_times("안녕하세요")  ──→ 하나만 넣었습니다.
```

코드를 실행하면 다음과 같이 오류를 출력합니다. 'print_n_times()라는 함수의 매개변수 n이 없다'
라는 오류입니다. 처음 프로그래밍을 할 때 자주 발생하는 오류이므로 눈도장을 꼭 찍어 두세요.

⚠ 오류

```
Traceback (most recent call last):
  File "test5_01.py", line 6, in <module>
    print_n_times("안녕하세요")
TypeError: print_n_times() missing 1 required positional argument: 'n'
```

그렇다면 지정한 개수보다 매개변수를 더 많이 넣으면 어떻게 될까요?

```
def print_n_times(value, n):  ──→ 매개변수를 2개 지정했는데
    for i in range(n):
        print(value)


# 함수를 호출합니다.
print_n_times("안녕하세요", 10, 20)  ──→ 3개를 넣었습니다.
```

코드를 실행하면 다음과 같이 오류를 출력합니다. 'print_n_times() 함수는 2개의 매개변수가 필요
한데 3개가 들어왔다'라는 오류입니다. 따라서 함수를 호출할 때는 함수를 선언할 때와 같은 개수의
매개변수를 입력해야 합니다.

⚠ 오류

```
Traceback (most recent call last):
  File "test5_02.py", line 6, in <module>
    print_n_times("안녕하세요", 10, 20)
TypeError: print_n_times() takes 2 positional arguments but 3 were given
```

가변 매개변수

앞서 살펴본 함수는 함수를 선언할 때의 매개변수와 함수를 호출할 때의 매개변수가 같아야 했습니다. 적어도 안 되고, 많아도 안 됩니다. 그러나 여러분들이 가장 많이 사용해 왔던 print() 함수는 매개변수를 원하는 만큼 입력할 수 있었습니다. 이처럼 매개변수를 원하는 만큼 받을 수 있는 함수를 **가변 매개변수** 함수라고 부르는데, 여기에서 가변 매개변수란 매개변수 개수가 변할 수 있다는 의미입니다.

가변 매개변수 함수는 다음과 같은 형태로 만듭니다.

```
def 함수 이름(매개변수, 매개변수, ..., *가변 매개변수):
    문장
```

가변 매개변수를 사용할 때는 다음과 같은 제약이 있습니다.

- 가변 매개변수 뒤에는 일반 매개변수가 올 수 없습니다.
- 가변 매개변수는 하나만 사용할 수 있습니다.

약간 어렵게 느껴질 수 있지만, 이러한 제약이 없으면 가변 매개변수가 어디부터 어디까지인지 알 수 없기 때문에 만들어진 규칙입니다. 가변 매개변수 함수를 만들어 보겠습니다.

직접 해보는 손코딩

가변 매개변수 함수　　소스 코드 variable_param.py

```
01  def print_n_times(n, *values):
02      # n번 반복합니다.
03      for i in range(n):
04          # values는 리스트처럼 활용합니다.
05          for value in values:
06              print(value)
07          # 단순한 줄바꿈
08          print()
09
10  # 함수를 호출합니다.
11  print_n_times(3, "안녕하세요", "즐거운", "파이썬 프로그래밍")
```

```
실행 결과                    ×
안녕하세요
즐거운
파이썬 프로그래밍

안녕하세요
즐거운
파이썬 프로그래밍

안녕하세요
즐거운
파이썬 프로그래밍
```

일단 가변 매개변수 뒤에는 일반 매개변수가 올 수 없다고 했습니다. 만약 print_n_times("안녕하세요", "즐거운", "파이썬 프로그래밍", 3)처럼 사용할 수 있다고 하면 어디까지가 가변 매개변수고, 어디가 매개변수 n인지 구분하기 힘듭니다. 따라서 파이썬 프로그래밍 언어는 내부적으로 가변 매개변수 뒤에 일반 매개변수가 오지 못하게 막은 것입니다.

그래서 매개변수 n을 앞으로 옮기고 매개변수 *values를 뒤로 밀었습니다. 가변 매개변수 *values는 리스트처럼 사용하면 됩니다. 예제에서는 반복문을 두 번 사용해서 쭉 출력하게 만들었습니다.

기본 매개변수

print() 함수의 자동 완성 기능으로 나오는 설명을 다시 적어 보면 다음과 같습니다.

```
print(value, ..., sep=' ', end='\n', file=sys.stdout, flush=False)
```

가장 앞에 있는 value가 바로 '가변 매개변수'입니다. 앞에서 가변 매개변수 뒤에는 일반 매개변수가 올 수 없다고 했는데 매개변수가 왔습니다. 그런데 뭔가 특이하게 '매개변수=값' 형태로 되어 있습니다. 이는 **기본 매개변수**라고 부르며, 매개변수를 입력하지 않았을 경우 매개변수에 들어가는 기본값입니다. 기본 매개변수도 다음과 같은 제약이 있습니다.

- 기본 매개변수 뒤에는 일반 매개변수가 올 수 없습니다.

예제를 통해 살펴볼까요?

> 직접 해보는 손코딩

기본 매개변수　소스 코드 default_param.py

```
01  def print_n_times(value, n=2):
02      # n번 반복합니다.
03      for i in range(n):
04          print(value)
05
06  # 함수를 호출합니다.
07  print_n_times("안녕하세요")
```

실행 결과 ✕
안녕하세요
안녕하세요

276쪽의 〈직접 해보는 손코딩^{param_basic.py}〉을 수정한 것인데, 매개변수 n을 n=2라는 형태로 입력했습니다. n을 입력하지 않을 경우 기본값이 2로 들어갑니다. 그래서 코드를 실행하면 "안녕하세요"라는 문자열을 두 번 출력합니다.

✚ 여기서 잠깐　**기본 매개변수 뒤에 일반 매개변수를 오지 못하게 막은 이유**

만약 print_n_times(n=2, value) 형태로 사용할 수 있다면 print_n_times("안녕하세요")라고 입력했을 때 "안녕하세요"라는 글자가 첫 번째 매개변수에 할당되어야 하는지, 두 번째 매개변수에 할당되어야 하는지 확실하게 알 수 없습니다. 그래서 파이썬 프로그래밍 언어는 내부적으로 기본 매개변수 뒤에 일반 매개변수가 오지 못하게 막은 것입니다.

키워드 매개변수

지금까지의 설명을 보면서 가변 매개변수와 기본 매개변수 둘을 같이 써도 되는지 궁금하지 않았나요? 상황을 나누어 살펴보겠습니다.

기본 매개변수가 가변 매개변수보다 앞에 올 때

기본 매개변수가 가변 매개변수보다 앞에 올 때는 기본 매개변수의 의미가 사라집니다. 다음 코드의 실행 결과를 예측해 봅시다. n에는 무엇이 들어갈까요?

```python
def print_n_times(n=2, *values):
    # n번 반복합니다.
    for i in range(n):
        # values는 리스트처럼 활용합니다.
        for value in values:
            print(value)
        # 단순한 줄바꿈
        print()

# 함수를 호출합니다.
print_n_times("안녕하세요", "즐거운", "파이썬 프로그래밍")
```

매개변수가 순서대로 입력되므로 n에는 "안녕하세요"가 들어가고, values에는 ["즐거운", "파이썬 프로그래밍"]이 들어옵니다. 그런데 range() 함수의 매개변수에는 숫자만 들어올 수 있으므로 다음과 같은 오류가 발생합니다.

⚠ 오류

```
Traceback (most recent call last):
  File "test5_03.py", line 11, in <module>
    print_n_times("안녕하세요", "즐거운", "파이썬 프로그래밍")
  File "test.py", line 3, in print_n_times
    for i in range(n):
TypeError: 'str' object cannot be interpreted as an integer
```

따라서 기본 매개변수는 가변 매개변수 앞에 써도 의미가 없다는 것을 기억해 주세요.

가변 매개변수가 기본 매개변수보다 앞에 올 때

그러면 반대로 가변 매개변수가 기본 매개변수보다 앞에 올 때는 어떻게 될까요? 다음 코드의 실행 결과를 예측해 봅시다.

```python
def print_n_times(*values, n=2):
    # n번 반복합니다.
    for i in range(n):
        # values는 리스트처럼 활용합니다.
        for value in values:
            print(value)
        # 단순한 줄바꿈
        print()

# 함수를 호출합니다.
print_n_times("안녕하세요", "즐거운", "파이썬 프로그래밍", 3)
```

다음과 같은 두 가지 예측을 할 수 있습니다.

- ["안녕하세요", "즐거운", "파이썬 프로그래밍"]을 세 번 출력합니다.

- ["안녕하세요", "즐거운", "파이썬 프로그래밍", 3]을 두 번 출력합니다.

코드를 실행하면 두 번째 예상대로 실행됩니다. 가변 매개변수가 우선되는 것입니다.

```
안녕하세요
즐거운
파이썬 프로그래밍
3


안녕하세요
즐거운
파이썬 프로그래밍
3
```

그렇다면 두 가지를 함께 사용할 수 있는 방법은 없을까요? 파이썬 프로그래밍 언어는 이런 상황에 대비해서 **키워드 매개변수**라는 기능을 만들었습니다.

키워드 매개변수

다시 print() 함수의 기본 형태를 살펴보겠습니다.

```
print(value, ..., sep=' ', end='\n', file=sys.stdout, flush=False)
```

value를 여러 개 입력할 수 있으므로 가변 매개변수를 앞에 두고, 뒤에 기본 매개변수들이 들어가 있는 형태입니다. 이러한 기본 매개변수가 지정된 함수를 사용할 때는 다음과 같이 사용합니다. 240쪽의 〈while 반복문〉을 살펴볼 때 짧게 보았던 코드^{infinite_loop.py}인데, 매개변수 이름을 직접적으로 지정해서 값을 입력합니다.

```
# while 반복문을 사용합니다.
while True:
    # "."을 출력합니다.
    # 기본적으로 end가 "\n"이라 줄바꿈이 일어나는데
    # 빈 문자열 ""로 바꿔서 줄바꿈이 일어나지 않게 합니다.
    print(".", end="")  ──→ 키워드 매개변수입니다.
```

따라서 이전 코드에서 ["안녕하세요", "즐거운", "파이썬 프로그래밍"]을 세 번 출력하도록 실행하려면 다음과 같이 매개변수 이름을 직접적으로 지정해서 값을 입력합니다.

키워드 매개변수　　소스 코드 param_keyword01.py

```
01   def print_n_times(*values, n=2):
02       # n번 반복합니다.
03       for i in range(n):
04           # values는 리스트처럼 활용합니다.
05           for value in values:
06               print(value)
07           # 단순한 줄바꿈
08           print()
09
10   # 함수를 호출합니다.
11   print_n_times("안녕하세요", "즐거운", "파이썬 프로그래밍", n=3)
```

> 🖥 실행 결과 ✕
> 안녕하세요
> 즐거운
> 파이썬 프로그래밍
>
> 안녕하세요
> 즐거운
> 파이썬 프로그래밍
>
> 안녕하세요
> 즐거운
> 파이썬 프로그래밍

→ 키워드 매개변수입니다.

이처럼 매개변수 이름을 지정해서 입력하는 매개변수를 **키워드 매개변수**라고 부릅니다.

기본 매개변수 중에서 필요한 값만 입력하기

키워드 매개변수는 기본 매개변수들로 구성된 함수에서도 많이 사용됩니다. 다음 코드의 실행 결과로 자세히 살펴보겠습니다.

여러 함수 호출 형태　　소스 코드 param_examples.py

```
01   def test(a, b=10, c=100):
02       print(a + b + c)
03
04   # 1) 기본 형태
05   test(10, 20, 30)
06   # 2) 키워드 매개변수로 모든 매개변수를 지정한 형태
07   test(a=10, b=100, c=200)
08   # 3) 키워드 매개변수로 모든 매개변수를 마구잡이로 지정한 형태
09   test(c=10, a=100, b=200)
10   # 4) 키워드 매개변수로 일부 매개변수만 지정한 형태
11   test(10, c=200)
```

> 🖥 실행 결과 ✕
> 60
> 310
> 310
> 220

일단 첫 번째 매개변수 a는 일반 매개변수이므로 해당 위치에 반드시 입력해야 합니다(1번 형태). 일반 매개변수이지만 키워드 매개변수처럼 사용할 수도 있습니다(2번과 3번 형태).

8행의 3번 형태를 보면 조금 이상합니다. 매개변수의 순서가 마구잡이로 쓰여 있습니다. 키워드를 지정해서 매개변수를 입력하는 경우에는 이처럼 매개변수 순서를 원하는 대로 입력할 수 있습니다.

10행의 4번은 b를 생략한 형태입니다. 이렇게 키워드 매개변수를 사용하면 필요한 매개변수에만 값을 전달할 수 있습니다.

즉 '일반 매개변수'는 필수로 입력합니다. 순서에 맞게 입력하면 됩니다. '기본 매개변수'는 필요한 것만 키워드를 지정해서 입력하는 경우가 많습니다.

지금까지 매개변수의 다양한 형태에 대해서 살펴보았습니다. 이러한 것들은 내가 직접 함수를 만들 때도 필요하지만, 다른 사람들이 만든 함수를 살펴볼 때도 유용합니다.

➕ 여기서 잠깐 ┃ 파이썬 라이브러리 문서

파이썬 공식 홈페이지에서 제공하는 라이브러리의 문서를 틈틈이 읽어 보시기 바랍니다.

- 파이썬 라이브러리 문서 [URL] https://docs.python.org/3/library/index.html

홈페이지에 접속해서 몇 가지 내용을 뽑아 보았습니다. 무엇을 하는 함수인지 구체적으로는 몰라도 어떤 형태로 매개변수를 입력하면 되는지 이해할 수 있을 것입니다.

- send_error(code, message=None, explain=None)
- timedelta(days=0, seconds=0, microseconds=0, milliseconds=0, minutes=0, hours=0, weeks=0)
- urllib.parse.urlsplit(urlstring, scheme='', allow_fragments=True)
- urllib.parse.urljoin(base, url, allow_fragments=True)

리턴

input() 함수를 생각해 보겠습니다. input() 함수는 함수를 실행하고 나면 다음과 같은 형태로 함수의 결과를 받아서 사용했습니다. 이와 같은 함수의 결과를 **리턴값** return value이라고 부릅니다.

```
# input() 함수의 리턴값을 변수에 저장합니다.
value = input("> ")

# 출력합니다.
print(value)
```

왜 '리턴'이라고 하는 걸까요? 하나씩 살펴보겠습니다.

자료 없이 리턴하기

함수 내부에서는 **return 키워드**를 사용할 수 있습니다. 이 키워드는 함수를 실행했던 위치로 돌아가라는 뜻으로, 함수가 끝나는 위치를 의미합니다.

간단한 예제 코드를 살펴보겠습니다.

자료 없이 리턴하기 소스 코드 return_only.py

```
01    # 함수를 정의합니다.
02    def return_test():
03        print("A 위치입니다.")
04        return                    # 리턴합니다.
05        print("B 위치입니다.")
06
07    # 함수를 호출합니다.
08    return_test()
```

> 🖥 **실행 결과**   ✕
> A 위치입니다.

함수 내부에서 출력을 두 번 사용했는데 중간에 return 키워드가 들어 있습니다. return 키워드는 함수를 실행했던 위치로 돌아가라는 의미와 함수를 여기서 끝내라는 의미를 가지고 있다고 했습니다. 따라서 return 키워드를 만나는 순간 함수가 종료되어 결과적으로 "A 위치입니다."만 출력하고 프로그램이 종료됩니다.

자료와 함께 리턴하기

리턴 뒤에 자료를 입력하면 자료를 가지고 리턴합니다(돌아갑니다). 다음은 return 키워드 뒤에 100 이라는 숫자를 입력한 코드입니다. 함수의 실행 결과로 100이 출력되는 것을 확인할 수 있습니다.

자료와 함께 리턴하기　　소스 코드 return_with_data.py

```
01   # 함수를 정의합니다.
02   def return_test():
03       return 100
04
05   # 함수를 호출합니다.
06   value = return_test()
07   print(value)
```

실행 결과　　✕
```
100
```

아무것도 리턴하지 않기

그렇다면 아무것도 리턴하지 않았을 때는 어떻게 출력될까요?

아무것도 리턴하지 않았을 때의 리턴값　　소스 코드 return_none.py

```
01   # 함수를 정의합니다.
02   def return_test():
03       return
04
05   # 함수를 호출합니다.
06   value = return_test()
07   print(value)
```

실행 결과　　✕
```
None
```

None을 출력합니다. **None**은 파이썬에서 '없다'라는 의미입니다.

기본적인 함수의 활용

리턴과 관련된 구문의 형식을 간단하게 살펴보았습니다. 구문만 봐서는 어떻게 활용하는지 잘 이해
되지 않을 것입니다. 여기서는 함수를 활용하는 방법을 살펴보겠습니다. 일반적으로 함수는 다음과
같이 값을 만들어 리턴하는 형태로 많이 사용합니다.

```
def 함수(매개변수):
    변수 = 초깃값
    # 여러 가지 처리
    # 여러 가지 처리
    # 여러 가지 처리
    return 변수
```

함수를 활용하는 간단한 예제로 범위 내부의 정수를 모두 더하는 함수를 만들어 보겠습니다.

 **직접 해보는 손코딩**

범위 내부의 정수를 모두 더하는 함수   소스 코드 sum_all_basic.py

```
01  # 함수를 선언합니다.
02  def sum_all(start, end):
03      # 변수를 선언합니다.
04      output = 0
05      # 반복문을 돌려 숫자를 더합니다.
```

```
06          for i in range(start, end + 1):
07              output += i
08          # 리턴합니다.
09          return output
10
11      # 함수를 호출합니다.
12      print("0 to 100:", sum_all(0, 100))
13      print("0 to 1000:", sum_all(0, 1000))
14      print("50 to 100:", sum_all(50, 100))
15      print("500 to 1000:", sum_all(500, 1000))
```

```
⟨/⟩ 실행 결과                    ✕
0 to 100: 5050
0 to 1000: 500500
50 to 100: 3825
500 to 1000: 375750
```

일반적으로 초깃값을 설정할 때는 연산을 해도 값에 아무런 변화를 주지 않는 것을 사용합니다. 예를 들면 덧셈식에서는 0입니다. 어떤 값에 0을 더하면 아무런 변화가 없습니다. 그래서 4행에서 output 변수를 0으로 초기화한 뒤에 사용했습니다.

기본 매개변수를 사용하면 함수를 조금 더 편리하게 사용할 수 있습니다. 위 코드에서 매개변수에 기본값을 주면 다음과 같은 형태로 코드를 사용할 수 있습니다.

직접 해보는 손코딩

기본 매개변수와 키워드 매개변수를 활용해 범위의 정수를 더하는 함수   소스 코드 sum_all_with_default.py

```
01      # 함수를 선언합니다.
02      def sum_all(start=0, end=100, step=1):
03          # 변수를 선언합니다.
04          output = 0
05          # 반복문을 돌려 숫자를 더합니다.
06          for i in range(start, end + 1, step):
07              output += i
08          # 리턴합니다.
09          return output
10
11      # 함수를 호출합니다.
12      print("A.", sum_all(0, 100, 10))
13      print("B.", sum_all(end=100))
14      print("C.", sum_all(end=100, step=2))
```

```
⟨/⟩ 실행 결과        ✕
A. 550
B. 5050
C. 2550
```

함수를 잘 만드는 비결은 사실 코드를 많이 보는 방법밖에 없습니다. 이전에 언급했던 것처럼 자신이 나아갈 방향(웹 개발, 머신러닝 등)이 뚜렷하게 있다면 관련된 라이브러리 코드를 많이 살펴보기 바랍니다. 아직 어디로 가야할 지 확실하게 정해지지 않았다면 간단한 알고리즘 코드들을 보면서 어떤 형태로 만드는 것이 편안하고 효율적인 방법인지 직접 느껴보면 좋겠습니다.

초깃값을 설정할 때는 연산에 아무런 변화를 주지 않는 것을 사용합니다. 덧셈식은 0, 곱셈식은 1.

▶ 5가지 키워드로 정리하는 핵심 포인트

- **호출**은 함수를 실행하는 행위를 말합니다.

- **매개변수**는 함수의 괄호 내부에 넣는 것을 의미합니다.

- **리턴값**은 함수의 최종적인 결과를 의미합니다.

- **가변 매개변수** 함수는 매개변수를 원하는 만큼 받을 수 있는 함수입니다.

- **기본 매개변수**는 매개변수에 아무것도 넣지 않아도 들어가는 값입니다.

▶ 확인문제

1. 다음과 같이 방정식을 파이썬 함수로 만들어 보세요.

예: $f(x)=x$

```
def f(x):
    return x
print(f(10))
```

① $f(x)=2x+1$

```
def f(x):
    return
print(f(10))
```

② $f(x)=x^2+2x+1$

```
def f(x):
    return
print(f(10))
```

hint 1. 몸풀기 문제입니다. 함수의 기본 구문 형태를 안다면 쉽게 풀 수 있습니다.

　2. 함수에서 선언할 초깃값이 중요합니다. 본문에서는 덧셈이었기 때문에 0을 선언했던 것입니다. 어떤 값에 0을 더해도 아무 영향이 없으니까요. 곱할 때는 초깃값을 무엇으로 설정해야 할까요?

　3. 파이썬은 애매모호한 형태로 함수를 선언할 수 없습니다. 직접 자신이 프로그래밍 언어 해석기라면 함수 호출 때 매개변수들을 어떻게 처리할지 생각해 보세요.

2. 다음 빈칸을 채워 매개변수로 전달된 값들을 모두 곱해서 리턴하는 가변 매개변수 함수를 만들어 보세요.

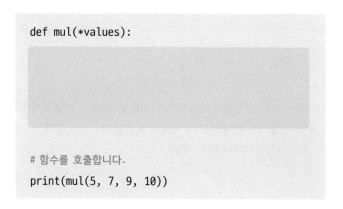

```
def mul(*values):



# 함수를 호출합니다.
print(mul(5, 7, 9, 10))
```

```
🖵 실행 결과                           ✕
3150
```

3. 다음 중 오류가 발생하는 코드를 고르세요.

①
```
def function(*values, valueA, valueB):
    pass
function(1, 2, 3, 4, 5)
```

②
```
def function(*values, valueA=10, valueB=20):
    pass
function(1, 2, 3, 4, 5)
```

③
```
def function(valueA, valueB, *values):
    pass
function(1, 2, 3, 4, 5)
```

④
```
def function(valueA=10, valueB=20, *values):
    pass
function(1, 2, 3, 4, 5)
```

05-2 함수의 활용

핵심 키워드

재귀 함수   메모화   조기 리턴

함수를 만드는 기본적인 방법을 알고 있어도, 실제로 함수들이 어떻게 사용되는지 많이 접해 보지 않으면 함수를 제대로 활용할 수 없습니다. 이번 절에서는 함수를 활용하는 주요 패턴에 대해서 살펴보겠습니다.

시작하기 전에

05-1에서 함수를 만드는 기본적인 방법에 대해서 모두 알아보았습니다. 단순하게 f(x)=2x+1 정도의 수학 공식을 함수로 만들 수 있다면 지금부터의 내용을 진행하는 데는 큰 문제 없습니다.

그런데 영어를 공부할 때 문장의 5형식만 기억한다고 영어를 술술 이야기할 수 있는 것은 아닌 것처럼 함수의 기본 구문을 알아도 이를 활용하는 것은 전혀 다른 문제입니다. 그럼 함수가 어떤 식으로 활용되는지 더 살펴보도록 합시다.

함수의 기본 구문을 아는 것과 활용은 전혀 다른 문제!

재귀 함수

중학교 수학 시간에는 **팩토리얼**factorial이라는 연산자를 배웁니다. 기억이 나지 않는 독자들을 위해 간단하게 정리하면 다음과 같은 연산입니다.

n! = n * (n - 1) * (n - 2) * ... * 1

이러한 팩토리얼을 구하는 방법은 두 가지로 구분할 수 있습니다.

- 반복문으로 팩토리얼 구하기
- 재귀 함수로 팩토리얼 구하기

반복문으로 팩토리얼 구하기

일단 반복문으로 팩토리얼을 구하는 방법을 알아보겠습니다. 05-1에서 살펴본 start부터 end까지 더하는 함수를 곱하는 함수로 바꾸기만 하면 됩니다. 일단 여러분이 직접 팩토리얼을 구하는 함수를 만들어 보세요. 만들었다면 다음 코드를 확인합니다.

직접 해보는 손코딩

반복문으로 팩토리얼 구하기   소스 코드 factorial_for.py

```python
01    # 함수를 선언합니다.
02    def factorial(n):
03        # 변수를 선언합니다.
04        output = 1
05        # 반복문을 돌려 숫자를 더합니다.
06        for i in range(1, n + 1):
07            output *= i
08        # 리턴합니다.
09        return output
10
11    # 함수를 호출합니다.
12    print("1!:", factorial(1))
13    print("2!:", factorial(2))
14    print("3!:", factorial(3))
15    print("4!:", factorial(4))
16    print("5!:", factorial(5))
```

```
실행 결과              ×
1!: 1
2!: 2
3!: 6
4!: 24
5!: 120
```

초깃값은 1로 설정했습니다. 어떤 값이라도 1을 곱하면 변화가 없기 때문에 1로 설정한 것입니다. 이처럼 연산자에 따라서 초깃값을 다르게 설정해야 한다는 것을 기억해 주세요.

재귀 함수로 팩토리얼 구하기

두 번째 방법은 **재귀 함수**를 사용하는 방법입니다. **재귀**recursion란 '자기 자신을 호출하는 것'을 의미합니다. 팩토리얼 연산은 이전에 언급했던 것처럼 다음과 같이 표현할 수 있지만,

```
n! = n * (n - 1) * (n - 2) * ... * 1
```

다음과 같이 표현할 수도 있습니다.

```
factorial(n) = n * factorial(n - 1) (n >= 1 일 때)
factorial(0) = 1
```

이와 같은 재귀 표현을 이용하여 factorial(4)를 구해 보겠습니다(간단하게 f로 표현하겠습니다).

```
f(4) = 4 * f(3)
     = 4 * 3 * f(2)
     = 4 * 3 * 2 * f(1) * f(0)  ──→ f(0)은 1이므로 곧바로 1로 변경합니다.
     = 4 * 3 * 2 * 1 * 1
```

쉽게 이해할 수 있겠죠? 이를 코드로 나타내면 다음과 같습니다.

👉 직접 해보는 손코딩

재귀 함수를 사용해 팩토리얼 구하기 　소스 코드 factorial_recursion.py

```python
01  # 함수를 선언합니다.
02  def factorial(n):
03      # n이 0이라면 1을 리턴
04      if n == 0:
05          return 1
06      # n이 0이 아니라면 n * (n-1)!을 리턴
```

```
07          else:
08              return n * factorial(n - 1)
09
10      # 함수를 호출합니다.
11      print("1!:", factorial(1))
12      print("2!:", factorial(2))
13      print("3!:", factorial(3))
14      print("4!:", factorial(4))
15      print("5!:", factorial(5))
```

실행 결과 ✕

```
1!: 1
2!: 2
3!: 6
4!: 24
5!: 120
```

팩토리얼의 경우는 어떤 형태로 만들어도 크게 상관없습니다. 프로그램을 개발하다 보면 여러 가지 방법이 생각날 텐데요. 스스로 쉽게 이해할 수 있는 형태로 작성하면 됩니다. 그런데 재귀 함수를 사용할 때는 주의할 사항이 있습니다. 계속해서 살펴보겠습니다.

재귀 함수의 문제

재귀 함수는 상황에 따라서 같은 것을 기하급수적으로 많이 반복한다는 문제가 있습니다. 그래서 개발자 사이에서는 재귀 함수를 절대 사용하면 안 된다는 의견도 있습니다. 하지만 필요할 때 적재적소에 활용하면 코드를 쉽게 알아볼 수 있습니다. 재귀 함수로 인해 발생하는 문제를 알아보고, 이후에 이 문제를 해결할 수 있는 **메모화**^{memoization}라는 기술을 알아보겠습니다.

재귀 함수를 하나 더 살펴보겠습니다. 바로 **피보나치 수열**입니다. 피보나치 수열은 '토끼는 어떠한 속도로 번식하는가'와 같은 연구에 사용되는 수열입니다. 다음과 같은 규칙을 가지고 있습니다.

- 처음에는 토끼가 한 쌍만 존재합니다.
- 두 달 이상 된 토끼는 번식할 수 있습니다.
- 번식 가능한 토끼는 매달 새끼를 한 쌍씩 낳습니다.
- 토끼는 죽지 않는다고 가정합니다.

이를 그림으로 나타내면 다음과 같습니다.

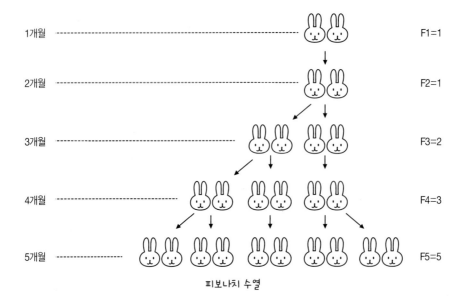

피보나치 수열

한 달이 지날 때마다 달라지는 토끼 쌍의 수를 적어 보면 '1쌍, 1쌍, 2쌍, 3쌍, 5쌍, 8쌍, 13쌍, …'이 됩니다. 규칙을 적어 보면 다음과 같습니다.

- 1번째 수열 = 1
- 2번째 수열 = 1
- n번째 수열 = (n−1)번째 수열 + (n−2)번째 수열

이를 코드로 구현해 보면 다음과 같습니다.

직접 해보는 손코딩

재귀 함수로 구현한 피보나치 수열(1)　　소스 코드 `fibonacci_recursion01.py`

```
01   # 함수를 선언합니다.
02   def fibonacci(n):
03       if n == 1:
04           return 1
05       if n == 2:
06           return 1
07       else:
08           return fibonacci(n - 1) + fibonacci(n - 2)
09
```

```
10    # 함수를 호출합니다.
11    print("fibonacci(1):", fibonacci(1))
12    print("fibonacci(2):", fibonacci(2))
13    print("fibonacci(3):", fibonacci(3))
14    print("fibonacci(4):", fibonacci(4))
15    print("fibonacci(5):", fibonacci(5))
```

실행 결과   ✕

fibonacci(1): 1
fibonacci(2): 1
fibonacci(3): 2
fibonacci(4): 3
fibonacci(5): 5

피보나치 수열은 꽃들의 꽃잎 수를 계산할 때도 사용되는 수열입니다. 잘 만들어진 함수라고 볼 수도 있겠지만 문제가 있습니다. fibonacci(35)를 입력해서 35번째 피보나치 수를 구해 보세요. 시간이 조금 오래 걸리지 않았나요? 필자의 컴퓨터에서는 4초 정도 걸렸습니다. 그리고 fibonacci(50)으로 50번째 피보나치 숫자를 구할 때는 1시간이 넘게 걸렸습니다.

왜 이렇게 시간이 오래 걸리는 것일까요? 코드를 조금 변경해서 문제를 확인해 보겠습니다.

 직접 해보는 손코딩

재귀 함수로 구현한 피보나치 수열(2)   소스 코드 fibonacci_recursion02.py

```
01    # 변수를 선언합니다.
02    counter = 0
03
04    # 함수를 선언합니다.
05    def fibonacci(n):
06        # 어떤 피보나치 수를 구하는지 출력합니다.
07        print("fibonacci({})를 구합니다.".format(n))
08        global counter
09        counter += 1
10        # 피보나치 수를 구합니다.
11        if n == 1:
12            return 1
13        if n == 2:
14            return 1
15        else:
16            return fibonacci(n - 1) + fibonacci(n - 2)
17
```

```
18    # 함수를 호출합니다.
19    fibonacci(10)
20    print("---")
21    print("fibonacci(10) 계산에 활용된 덧셈 횟수는 {}번입니다.".format(counter))
```

> 🖵 실행 결과   ✕
>
> fibonacci(10)를 구합니다.
> fibonacci(9)를 구합니다.
> ...생략...
> fibonacci(1)를 구합니다.
> fibonacci(2)를 구합니다.
> ---
> fibonacci(10) 계산에 활용된 덧셈 횟수는 109번입니다.

코드를 실행해 보면 같은 것을 여러 번 연산한다는 것을 확인할 수 있습니다. fibonacci(10)을 구하는 데 109번이나 연산했습니다.

숫자를 바꾸면서 코드를 몇 번 더 실행해 보면 35번째 피보나치 수를 구할 때 덧셈을 무려 18454929번이나 반복 계산합니다. 이 정도면 아무리 컴퓨터라 하더라도 계산에 시간이 오래 걸립니다.

> fibonacci(35) 계산에 활용된 덧셈 횟수는 18454929번입니다.

이렇게 덧셈 횟수가 기하급수적으로 늘어나는 이유를 그림으로 살펴보겠습니다. 일단 그림을 보기 위해 용어를 정리해 보면 다음과 같은 형태의 그림을 **트리**tree라고 부릅니다. 트리에 있는 각각의 지점을 **노드**node, 노드 중에 가장 마지막 단계의 노드를 **리프**leaf라고 부릅니다.

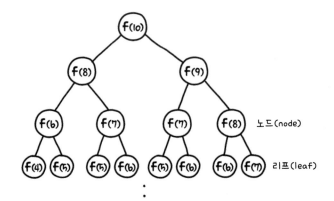

트리 내부에 있는 각각의 노드 값을 계산하려면 덧셈을 한 번씩 해야 합니다. 그런데 노드가 한 번에 두 개씩 달려 있습니다. 한 번 구한 값은 그것으로 계산이 끝나면 좋겠지만, 현재 코드의 재귀 함수는 한 번 구했던 값이라도 처음부터 다시 계산해야 합니다. 그래서 계산 횟수가 기하급수적으로 늘어나는 것입니다.

UnboundLocalError에 대한 처리 예외 처리

297쪽의 코드를 보면 8행에 global counter라고 되어 있는 부분이 있습니다. 왜 이런 코드를 사용하는지 확인하기 위해 다음과 같이 해당 내용을 지우고 실행해 보겠습니다.

직접 해보는 손코딩

재귀 함수로 구현한 피보나치 수열(3)   소스 코드 `fibonacci_recursion03.py`

```
01    # 변수를 선언합니다.
02    counter = 0
03
04    # 함수를 선언합니다.
05    def fibonacci(n):
06        counter += 1
07        # 피보나치 수를 구합니다.
08        if n == 1:
09            return 1
10        if n == 2:
11            return 1
12        else:
13            return fibonacci(n - 1) + fibonacci(n - 2)
14
15    # 함수를 호출합니다.
16    print(fibonacci(10))
```

코드를 실행하면 다음과 같이 UnboundLocalError라는 예외를 출력합니다.

```
Traceback (most recent call last):
  File "fibonacci_recursion03.py", line 16, in <module>
    print(fibonacci(10))
  File "fibonacci_recursion03.py", line 6, in fibonacci
    counter += 1
UnboundLocalError: local variable 'counter' referenced before assignment
```

파이썬은 함수 내부에서 함수 외부에 있는 변수를 참조하지 못합니다. 참조라는 말이 조금 어려울 수도 있는데, 변수에 접근하는 것을 **참조**^{reference}라고 부릅니다. 함수 내부에서 함수 외부에 있는 변수라는 것을 설명하려면 다음과 같은 구문을 사용합니다.

---

global 변수 이름

---

global 키워드는 파이썬 프로그래밍 언어에만 있는 특이한 구조입니다. 그래서 필자도 global 키워드의 존재를 전혀 생각하지 않고 코드를 작성할 때가 많습니다. 그리고 붉은색 밑줄이 떴을 때 마우스를 밑줄 위에 올려놓고 W0621: Redefining name 'counter' from outer scope 또는 E0602: Undefined variable 'counter'가 나타나면 그제야 global 키워드를 쓰라는 것으로 판단하고 코드를 수정합니다.

> global 키워드를 언제 사용하는지에 대한 정확한 내용은 350쪽에서 다루겠습니다.

메모화

재귀 함수의 이러한 문제 때문에 재귀 함수를 사용하지 말라는 개발자도 있습니다. 하지만 필요한 경우에 활용하면 코드가 간결해지며 읽기도 쉬워집니다. 그럼 이런 경우에 재귀 함수를 어떻게 사용해야 코드가 빠르게 실행되도록 만들 수 있을까요?

현재 문제는 같은 값을 구하는 연산을 반복하고 있기 때문에 발생하는 것입니다. 따라서 같은 값을 한 번만 계산하도록 코드를 수정하면 됩니다. 다음 코드를 살펴보겠습니다.

메모화 소스 코드 `fibonacci_memo.py`

```python
01  # 메모 변수를 만듭니다.
02  dictionary = {
03      1: 1,
04      2: 1
05  }
06
07  # 함수를 선언합니다.
08  def fibonacci(n):
09      if n in dictionary:
10          # 메모가 되어 있으면 메모된 값을 리턴
11          return dictionary[n]
12      else:
13          # 메모가 되어 있지 않으면 값을 구함
14          output = fibonacci(n - 1) + fibonacci(n - 2)
15          dictionary[n] = output
16          return output
17
18  # 함수를 호출합니다.
19  print("fibonacci(10):", fibonacci(10))
20  print("fibonacci(20):", fibonacci(20))
21  print("fibonacci(30):", fibonacci(30))
22  print("fibonacci(40):", fibonacci(40))
23  print("fibonacci(50):", fibonacci(50))
```

```
🖥 실행 결과                             ✕
fibonacci(10): 55
fibonacci(20): 6765
fibonacci(30): 832040
fibonacci(40): 102334155
fibonacci(50): 12586269025
```

딕셔너리를 사용해서 한 번 계산한 값을 저장합니다. 이를 **메모**memo한다고 표현합니다. 딕셔너리에 값이 메모되어 있으면 처리를 수행하지 않고 곧바로 메모된 값을 돌려주면서 코드의 속도를 빠르게 만드는 것입니다.

이전에는 fibonacci(50)을 계산하는 데 한참 걸렸지만, **메모화**를 사용하면 실행 후 곧바로 결과를 출력할 정도로 속도가 빨라집니다. 재귀 함수와 함께 많이 사용되는 기술이므로 꼭 기억해 주세요.

조기 리턴

과거에는 프로그래밍을 할 때 변수는 반드시 앞쪽에 몰아서 선언하고, 리턴은 반드시 뒤쪽에서 해야 한다는 비공식적인 규칙이 있었습니다. 하지만 요즘에는 필요할 때 하면 된다는 인식이 널리 퍼졌습니다. 그럼 return 키워드를 중간에 사용하는 형태를 살펴보겠습니다.

과거에는 함수 흐름의 끝에 리턴을 적기 위해 다음과 같은 형태의 코드를 사용했습니다. if else 조건 문을 만들고 각각의 마지막 부분에서 리턴하도록 한 것입니다.

```python
# 함수를 선언합니다.
def fibonacci(n):
    if n in dictionary:
        # 메모되어 있으면 메모된 값을 리턴
        return dictionary[n]
    else:
        # 메모되어 있지 않으면 값을 구함
        output = fibonacci(n - 1) + fibonacci(n - 2)
        dictionary[n] = output
        return output
```

하지만 코드를 다음과 같이 변경하면 어떨까요? 들여쓰기 단계가 줄기 때문에 코드를 더 쉽게 읽을 수 있습니다. 이렇게 흐름 중간에 return 키워드를 사용하는 것을 **조기 리턴**early returns이라고 부릅니다.

```python
# 함수를 선언합니다.
def fibonacci(n):
    if n in dictionary:
        # 메모되어 있으면 메모된 값 리턴
        return dictionary[n]
    # 메모되어 있지 않으면 값을 구함
    output = fibonacci(n - 1) + fibonacci(n - 2)
    dictionary[n] = output
    return output
```

리스트 평탄화하는 재귀 함수 만들기 `누적 예제`

리스트 평탄화는 중첩된 리스트가 있을 때 중첩을 모두 제거하고 풀어서 1차원 리스트로 만드는 것을 의미합니다. 그런데 다음과 같이 세번 중첩된 리스트를 평탄화하려면 어떻게 해야 할까요?

```
[[1, 2, 3], [4, [5, 6]], 7, [8, 9]]
```
세번 중첩된 리스트

→

```
[1, 2, 3, 4, 5, 6, 7, 8, 9]
```
1차원 리스트

일반적으로 2차원 리스트 평탄화까지는 쉬운 문제이지만, 몇 차원까지 중첩될지 정해지지 않은 리스트를 평탄화하는 문제는 조금 어렵습니다. 그럼 함께 코드를 작성해 봅시다.

먼저 리스트 하나를 입력 받아 이를 평탄화해서 **리턴**하는 함수를 만듭니다. 따라서 다음과 같이 flatten이라는 이름으로 재귀 함수의 기본 구조를 잡아 생성합니다.

```python
def flatten(data):
    output = []

    return output
```

이어서 내부에 있는 요소를 하나씩 확인하면서 리스트인지 리스트가 아닌지 확인합니다. 요소를 하나씩 확인하는 for 반복문을 추가합니다.

```python
def flatten(data):
    output = []
    for item in data:

    return output
```

for 반복문 내부에서는 리스트인지, 리스트가 아닌지 확인해야 합니다. 리스트가 아니라면 바로 output 리스트에 자료를 넣고, 리스트라면 리스트에 있는 요소들을 하나하나 output에 추가해야 합니다.

```
def flatten(data):
    output = []
    for item in data:
        if type(item) == list:


        else:
            output.append(item)
    return output
```

리스트에 있는 내용을 추가할 때는 + 연산자 또는 extend() 함수를 사용할 수 있는데, 여기에서는 +
연산자를 사용해 보겠습니다.

완성된 코드는 다음과 같습니다.

직접 해보는 손코딩

리스트 평탄화하기(1) 　소스 코드 list_flatten01.py

```
01    def flatten(data):
02        output = []
03        for item in data:
04            if type(item) == list:
05                output += item
06            else:
07                output.append(item)
08        return output
09
10    example = [[1, 2, 3], [4, [5, 6]], 7, [8, 9]]
11    print("원본: ", example)
12    print("변환: ", flatten(example))
```

```
☞ 실행 결과                                          ✕
원본: [[1, 2, 3], [4, [5, 6]], 7, [8, 9]]
변환: [1, 2, 3, 4, [5, 6], 7, 8, 9]
```

그런데 리스트를 변환하니 [1, 2, 3, 4, [5, 6], 7, 8, 9]가 나옵니다. 중간에 [5, 6]이라는 리스트가
여전히 포함되어 있습니다. 이 리스트까지 해제하려면 output += item으로 요소를 추가(5번 행)할
때도 flatten() 함수를 적용해서 코드를 output += flatten(item)으로 변경하면 됩니다.

직접 해보는 손코딩

리스트 평탄화하기(2)   소스 코드 list_flatten02.py

```python
01   def flatten(data):
02       output = []
03       for item in data:
04           if type(item) == list:
05               output += flatten(item)   ──→flatten() 함수를 재귀적으로 호출합니다.
06           else:
07               output.append(item)
08       return output
09
10   example = [[1, 2, 3], [4, [5, 6]], 7, [8, 9]]
11   print("원본: ", example)
12   print("변환: ", flatten(example))
```

```
</> 실행 결과                                              ✕
원본:  [[1, 2, 3], [4, [5, 6]], 7, [8, 9]]
변환:  [1, 2, 3, 4, 5, 6, 7, 8, 9]
```

우리가 원하는 결과가 나왔네요. 리스트가 더 복잡하게 중첩되어 있어도 문제없이 평탄화하는 함수를 만들었습니다.

→ **질문있어요!**

   Q output.append(item)을 output += item으로 수정했을 때 왜 안되나요?

A append() 함수와 += 연산자는 리스트에 요소를 추가할 수 있다는 점에서 비슷해 보이지만, 서로 다른 기능을 합니다. 실제로 간단한 코드를 입력해 보면서 어떤 차이가 있는지 확인해 보겠습니다.

append() 함수는 매개변수 하나를 리스트의 마지막 요소로 추가합니다. 다음과 같이 append(리스트_자료형) 형태로 리스트를 전달하면 리스트 전체가 하나의 요소로서 추가됩니다.

```python
>>> a = [1, 2, 3]
>>> b = [4, 5, 6]
>>> a.append(b)
>>> a
[1, 2, 3, [4, 5, 6]]   ──→마지막 요소로 [4, 5, 6]이 추가됩니다.
```

반면 += 연산자는 오른쪽에 있는 리스트의 요소를 하나하나 리스트에 추가합니다. 다음과 같은 형태로 리스트를 결합하면 리스트에 있는 요소 하나하나가 추가됩니다.

```
>>> a = [1, 2, 3]
>>> b = [4, 5, 6]
>>> a += b
>>> a
[1, 2, 3, 4, 5, 6]
```

따라서 += 연산자와 같은 기능을 수행하는 함수는 extend() 함수입니다. extend() 함수를 다음과 같은 형태로 사용해 보면 위의 += 연산자 코드와 같은 실행 결과를 낸다는 것을 알 수 있습니다.

```
>>> a = [1, 2, 3]
>>> b = [4, 5, 6]
>>> a.extend(b)
>>> a
[1, 2, 3, 4, 5, 6]
```

재귀 함수는 글로만 봐서는 어렵습니다. 어떤 형태로 실행되는지는 눈으로 꼭 확인해보는 것이 좋습니다. 이번에는 파이썬 튜터에 코드를 넣어서 더 자세히 살펴보겠습니다.

파이썬 튜터에 list_flatten02.py 코드를 넣고 실행한 후 [Next>]버튼을 클릭하여 Step 4로 이동합니다. 오른쪽 화면에서 실행 결과를 보면 example 리스트는 다음과 같이 복잡한 형태로 구성됩니다. 그러나 단순하게 [[1, 2, 3], [4, [5, 6]], 7, [8, 9]]를 나타낸다고 생각하면 됩니다.

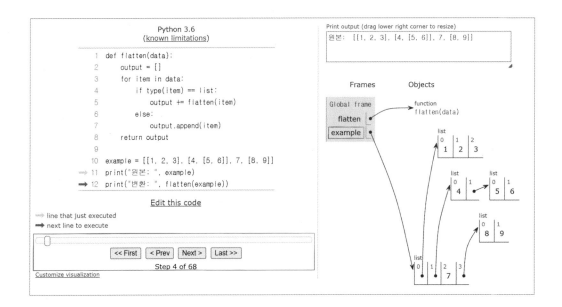

계속해서 [Next>]버튼을 클릭하여 코드 진행을 확인합니다. flatten() 함수는 **재귀 함수**이므로 오른쪽의 화면에 flatten() 함수가 계속해서 쌓이면서 추가될 것입니다.

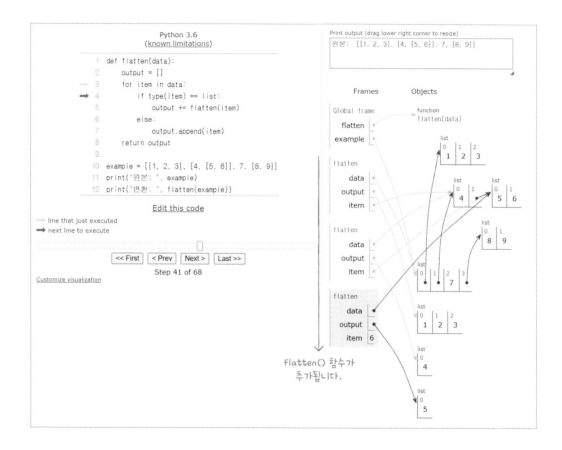

여기에서 꼭 기억해야 하는 것이 두 가지 있습니다.

첫째, 함수의 변수는 함수 호출마다 따로따로 만들어집니다.

flatten() 함수에서 flatten() 함수를 호출했을 때 변수 output이 계속해서 이어진다라고 생각하는 경우가 있습니다. 하지만 함수의 변수는 함수 호출마다 따로 만들어집니다.

둘째, 함수가 끝나면(리턴되면) 함수를 호출했던 위치로 돌아옵니다.

현재 코드에서는 output += flatten(item) 부분에서 재귀적으로 flatten() 함수를 호출합니다.

다음 그림과 코드를 살펴보면 flatten() 함수가 여러 번 호출되면서 [5, 6] 결과를 리턴합니다. 그리고 이 함수가 끝나면 재귀적으로 함수를 호출했었던 다음 부분으로 돌아옵니다. 따라서 코드가 다음과 같이 구성되어 리스트 [4]에 [5, 6]을 추가합니다.

```
output += flatten(item) ➜ output += [5, 6]
```

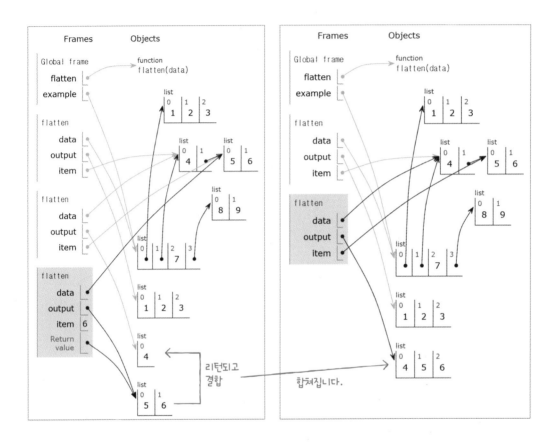

그래서 [4, 5, 6]이 나오는 것입니다. 마찬가지로 이 재귀 호출도 끝나면 다음 부분으로 돌아옵니다.

```
output += flatten(item) ➜ output += [4, 5, 6]
```

리스트 [1, 2, 3]에 [4, 5, 6]이 추가되어 [1, 2, 3, 4, 5, 6]이 됩니다.

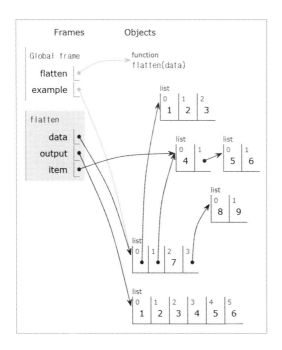

재귀 함수는 이와같이 치고 빠지기를 반복하면서 결과를 만들어냅니다. 이 책에서 68단계나 되는 단계를 모두 소개할 수는 없으므로 반드시 직접 파이썬 튜터에서 코드 실행 흐름을 확인해 보세요.

코드에 이름 붙이기

지금까지 함수와 관련된 기본적인 내용을 알아보았는데요. 실제로 만들어지는 프로그램을 보면 함수를 굉장히 많이 사용합니다. 그 이유는 바로 '가독성' 때문입니다. 가독성이란 코드를 쉽게 읽을 수 있는 성질이라고 정의할 수 있습니다. 즉 가독성이 좋은 코드는 쉽게 읽을 수 있다는 의미입니다.

가독성은 프로그래밍할 때 굉장히 중요한 요소입니다. 프로그래밍에서 성능과 속도만 중요하다면 모든 프로그램이 C 언어로 개발되었을 것입니다. 하지만 C 언어는 '학습 난이도가 높다', '가독성 좋게 코드를 작성하기 힘들다'라는 단점이 있죠. 못한다는 것은 아닙니다. 가독성 좋게 코드를 작성할 수 있는 상급자가 될 때까지 걸리는 시간, 노력 등이 크다는 것이죠.

함수로 가독성이 좋은 코드를 작성하는 방법을 살펴보겠습니다. 다음 코드를 보면 2 * 3.14 * radius와 3.14 * radius * radius와 같은 식이 있으니 원의 둘레와 넓이를 구한다고 생각할 수 있지만, 이 또한 무엇을 나타내는 함수인지 생각해내는 데는 시간이 걸립니다.

어떠한 설명도 없는 코드

```
number_input_a = input("숫자 입력> ")
radius = float(number_input_a)

print(2 * 3.14 * radius)
print(3.14 * radius * radius)
```

이럴 때 주석을 사용합니다. 다음과 같이 주석이 써져 있다면 코드의 내용을 분석하지 않아도 어떤 내용인지 쉽게 이해할 수 있습니다.

주석이 있는 코드

```
# 숫자 입력을 받습니다.
number_input_a = input("숫자 입력> ")
radius = float(number_input_a)

# 원의 둘레와 넓이를 출력합니다.
print(2 * 3.14 * radius)
print(3.14 * radius * radius)
```

'주석을 잘 사용하는 사람이 프로그래밍을 잘하는 사람이다'라는 말도 있습니다. 주석을 잘 사용할 수록 다른 사람과 함께 프로그램을 작성할 때 가독성이 좋아지기 때문입니다. 그렇다고 주석을 남발해서는 안 됩니다. '주석을 많이 사용한다'는 것이 '주석을 잘 사용한다'는 의미는 결코 아닙니다. 주석은 정말 필요한 경우에만 정확하게 사용하는 것이 좋습니다.

더 좋은 형태는 다음과 같이 함수를 만들어 사용하는 것입니다. 함수를 만들면 코드에 이름을 붙일 수 있습니다. 그리고 코드에 이름을 붙이면 쉽게 읽을 수 있습니다. 다음 코드를 보면 주석이 없어도 코드를 쉽게 읽을 수 있습니다(물론 area와 circumference라는 단어의 의미를 모르면 힘들겠지만요).

함수를 활용한 코드

```
# 함수 정의
def number_input():
    output = input("숫자 입력> ")
    return float(output)
def get_circumference(radius):
    return 2 * 3.14 * radius
def get_circle_area(radius):
    return 3.14 * radius * radius


# 코드 본문
radius = number_input()
print(get_circumference(radius))
print(get_circle_area(radius))
```

그런데 코드가 엄청나게 길어졌다고 당황하셨나요? 코드가 길어져서 오히려 복잡해졌다고 생각할 수도 있는데, 함수 부분은 생략하고 코드 본문 부분만 살펴봅시다. 주석이 전혀 없는 데도 코드만 읽고 무엇을 하는 코드인지 쉽게 알 수 있습니다.

```
radius = number_input()
print(get_circumference(radius))
print(get_circle_area(radius))
```

한 줄의 코드라도 의미를 가지고 있다면 함수로 만드는 것이 좋습니다. 위의 〈함수를 활용한 코드〉에서 함수 부분은 다음 장에서 배울 **모듈**^{module}이라는 기능으로 더 간단하게 만들 수 있습니다.

코드 유지보수

함수를 활용하면 코드를 유지보수 할 때도 큰 도움이 됩니다. 함수는 코드에 이름을 붙인다는 점에서 변수와 비슷한데, 일반 변수로 유지보수를 좋게 하는 방법부터 알아보고 함수를 활용해 보겠습니다.

다음 코드는 방금 살펴보았던 함수들입니다. 그런데 여기에서 3.14라는 것이 무엇을 의미할까요? 물론 당연히 원주율이라고 이야기하는 사람도 있겠지만, 그렇지 못한 사람도 있을 수 있습니다.

3.14를 숫자로 입력한 상태

```
def get_circumference(radius):
    return 2 * 3.14 * radius
def get_circle_area(radius):
    return 3.14 * radius * radius
```

그렇다면 이를 변수로 만들어 가독성을 높여줄 수 있습니다.

3.14를 PI라는 변수로 설정한 상태

```
PI = 3.14

def get_circumference(radius):
    return 2 * PI * radius
def get_circle_area(radius):
    return PI * radius * radius
```

코드가 또 길어져서 싫어할 분들이 있을 것이라고 생각합니다. 하지만 코드를 위와 같이 작성하면 장점이 생깁니다.

예를 들어 "파이의 정밀도를 올리고 싶어요. 3.141592로 변경해 주세요"라는 요청을 받았다고 가정합시다. 기존의 상태에서는 3.14라는 숫자를 찾아 하나하나 변경하거나 전체 수정을 해야 할 것입니다. 하지만 이 과정에서 실수가 발생할 가능성은 매우 큽니다.

2022.03.14라는 날짜가 코드에 포함되어 있다고 했을 때 이 중에서 3.14를 파이값으로 알고 3.141592로 수정하면 2022.03.141592라는 이상한 날짜가 되어 버려 프로그램에 문제가 발생합니다. 하지만 변수로 선언한 경우에는 그런 실수가 발생할 가능성이 전혀 없습니다. 변수 PI 옆에 있는 3.14라는 숫자를 3.141592로만 수정하면 됩니다.

함수도 마찬가지입니다. 어떤 기능을 하나하나 입력했다고 가정합시다.

함수를 사용하지 않은 경우

```
# 출력합니다.
print("<p>{}</p>".format("안녕하세요."))
print("<p>{}</p>".format("간단한 HTML 태그를 만드는 예입니다."))
```

다음과 같은 실행 결과를 확인할 수 있습니다.

```
<p>안녕하세요.</p>
<p>간단한 HTML 태그를 만드는 예입니다.</p>
```

그런데 갑자기 "단순한 〈p〉〈/p〉로 감싸지 말고 〈p class='content-line'〉〈/p〉로 감싸주세요"라는 요청을 받았다면 어떻게 해야 할까요? 함수를 사용하지 않은 상태라면 모든 코드를 하나하나 수정해야 할 것입니다. 당연히 실수 등이 발생할 수 있죠. 하지만 함수를 사용한다면 이러한 수정을 쉽게 할 수 있습니다. 해당 함수만 변경하면 되니까요. 코드는 길어졌지만, 함수를 사용하면 이러한 요청 사항 등이 있을 때 이를 쉽게 반영할 수 있습니다.

```
# p 태그로 감싸는 함수
def p(content):
    # 기존 코드 주석 처리
    # return "<p>{}</p>".format(content)
    # 2022.03.02 - 요청 반영
    return "<p class='content-line'>{}</p>".format(content)

# 출력합니다.
print(p("안녕하세요."))
print(p("간단한 HTML 태그를 만드는 예입니다."))
```

▶ 3가지 키워드로 정리하는 핵심 포인트

- **재귀 함수**는 내부에서 자기 자신을 호출하는 함수를 의미합니다.

- **메모화**는 한 번 계산한 값을 저장해 놓은 후, 이후에 다시 계산하지 않고 저장된 값을 활용하는 테크닉입니다.

- **조기 리턴**은 함수의 흐름 중간에 return 키워드를 사용해서 코드 들여쓰기를 줄이는 등의 효과를 가져오는 테크닉입니다.

▶ 확인문제

1. 패밀리 레스토랑에서 여러 개의 테이블에 나누어 앉으려고 합니다. 이때 한 사람만 앉는 테이블이 없게 그룹을 지어야 합니다. 인원 수를 나누는 패턴만 구하면 되며, 누가 어디에 앉는지 등은 고려하지 않아도 괜찮습니다. 예를 들어 6명이라면 다음과 같은 네 가지 경우를 생각할 수 있습니다.

2명 + 2명 + 2명	2명 + 4명	3명 + 3명	6명

한 개의 테이블에 앉을 수 있는 최대 사람의 수는 10명입니다. 100명의 사람이 하나 이상의 테이블에 나누어 앉는 패턴의 경우의 수를 구하세요. 소스 코드에서 한글 변수명은 여러분들의 이해를 돕기 위한 것이니, 식별자 작성 규칙에 따라 이름을 정해 주세요.

note 이 문제는 필자가 번역한 『알고리즘 퍼즐 69』(프리렉, 2019)라는 책에 나오는 몸풀기 문제입니다. 모든 경우를 탐색하는 전형적인 유형의 문제입니다.

```
앉힐수있는최소사람수 = 2
앉힐수있는최대사람수 = 10
전체사람의수 = 100
memo = {}

def 문제(남은사람수, 앉힌사람수):
    key = str([남은사람수, 앉힌사람수])
    # 종료 조건
    if key in memo:

    if 남은사람수 < 0:
                                # 무효이므로 0을 리턴
    if 남은사람수 == 0:
                                # 유효하므로 수를 세기 위해 1을 리턴
    # 재귀 처리



    # 메모화 처리


    # 종료


print(문제(전체사람의수, 앉힐수있는최소사람수))
```

⟨/⟩ 실행 결과	×
437420

hint 1. 재귀 함수를 사용해 모든 경우를 구하면 되는 문제입니다. 메모화를 하지 않으면 실행 시간이 오래 걸리므로 메모화를 함께 해야 합니다. 이런 유형의 문제를 처음 접한다면 풀기가 어렵습니다. 어느 정도 생각해 보고 잘 모르겠다면 곧바로 답을 확인하면서 분석해 보세요. 이해되었다면 다시 돌아와 풀어 볼 것을 추천합니다.

05-3 함수 고급

핵심 키워드

튜플 **콜백 함수** **람다** **with 구문**

필자가 머신러닝 교육을 진행하면서 가장 많이 받았던 질문이 튜플, 람다, 파일 처리였습니다. 이는 파이썬이 가지고 있는 특별한 문법이라 다른 프로그래밍 언어를 배웠어도 따로 공부하지 않으면 코드를 제대로 읽기조차 힘듭니다. 이번 절에서는 튜플, 람다, 파일 처리 등과 같은 함수와 관련된 파이썬의 특별한 문법과 기능을 살펴보겠습니다.

시작하기 전에

반복문 때와 마찬가지로, 지금까지 살펴보았던 함수 관련 내용은 모든 프로그래밍 언어에서 거의 비슷한 형태로 사용할 수 있는 내용입니다. 그런데 파이썬은 함수를 조금 더 편리하게 사용할 수 있게 다양한 기능들을 제공해 줍니다. 그 대표적인 것이 **튜플**tuple과 **람다**lambda입니다.

- **튜플**: 함수와 함께 많이 사용되는 리스트와 비슷한 자료형으로, 리스트와 다른 점은 한번 결정된 요소는 바꿀 수 없습니다.

- **람다**: 매개변수로 함수를 전달하기 위해 함수 구문을 작성하는 것이 번거롭고, 코드 공간 낭비라는 생각이 들 때 함수를 간단하고 쉽게 선언하는 방법입니다. 1회용 함수를 만들어야 할 때 많이 사용합니다.

(데이터, 데이터, 데이터, ...) lambda 매개변수: 리턴값

튜플

튜플은 리스트와 비슷한 자료형입니다. 리스트와 다른 점은 한번 결정된 요소를 바꿀 수 없다는 것입니다. 일반적으로 튜플은 함수와 함께 많이 사용하며 다음과 같은 형태로 생성합니다.

> (데이터, 데이터, 데이터, ...)

튜플의 기본 사용 방법을 살펴볼까요? 튜플을 선언해 생성한 후 각 요소를 출력해 보겠습니다.

```
>>> tuple_test = (10, 20, 30)
>>> tuple_test[0]
10
>>> tuple_test[1]
20
>>> tuple_test[2]
30
```

여기까지만 살펴보면 튜플과 리스트에 차이가 없습니다. 하지만 요소를 변경할 때 차이가 있습니다. 0번째 요소에 1을 넣으려고 하니 오류가 발생합니다. 튜플은 내부 요소 변경이 불가능하기 때문입니다.

```
>>> tuple_test[0] = 1
Traceback (most recent call last):
  File "<pyshell#1>", line 1, in <module>
    tuple_test[0] = 1
TypeError: 'tuple' object does not support item assignment
```

튜플은 형태만 보면 리스트와 너무 동일하여 리스트만 사용하면 되지, 왜 튜플을 사용하는지 의아했습니다. 사실 위와 같은 기본 예제만 보면 그렇게 생각할 수밖에 없습니다. 그럼 튜플은 언제 유용하게 사용되는지 조금 더 자세하게 살펴보겠습니다.

요소를 하나만 가지는 리스트는 다음과 같은 형태로 생성합니다.

```
[273]
```

그러면 요소를 하나만 가지는 튜플은 어떻게 만들까요?

```
(273)
```
(×)

아쉽게도 위와 같이 선언하면 273이라는 숫자를 괄호로 감싼 것으로 인식합니다. 요소를 하나만 가지는 튜플을 선언하려면 다음과 같이 쉼표를 넣어 선언합니다.

```
(273, )
```
(○)

머신러닝 등을 하다 보면 이처럼 요소를 하나만 가지는 튜플을 많이 사용합니다. 깜박 잊기 쉬운 내용이니 반드시 기억해 주세요.

괄호 없는 튜플

파이썬의 리스트와 튜플은 특이한 형태의 할당 구문으로 사용할 수 있습니다. 무엇이 특이한 걸까요? 다음 코드의 실행 결과를 예측해 보세요.

직접 해보는 손코딩

리스트와 튜플의 특이한 사용　소스 코드 tuple_basic.py

```
01  # 리스트와 튜플의 특이한 사용
02  [a, b] = [10, 20]
03  (c, d) = (10, 20)
04
05  # 출력합니다.
06  print("a:", a)
07  print("b:", b)
08  print("c:", c)
09  print("d:", d)
```

실행 결과　✕
```
a: 10
b: 20
c: 10
d: 20
```

리스트와 튜플을 사용하면 이와 같은 형태로 변수를 선언하고 할당할 수 있습니다. 그런데 튜플은 정말 특이한 성질이 있습니다. 괄호를 생략해도 튜플로 인식할 수 있는 경우는 괄호를 생략해도 됩니다. 예를 들어, 다음과 같은 코드를 사용할 수 있습니다.

괄호가 없는 튜플 소스 코드 tuple_use01.py

```
01   # 괄호가 없는 튜플
02   tuple_test = 10, 20, 30, 40
03   print("# 괄호가 없는 튜플의 값과 자료형 출력")
04   print("tuple_test:", tuple_test)
05   print("type(tuple_test):", type(tuple_test))
06   print()
07
08   # 괄호가 없는 튜플 활용
09   a, b, c = 10, 20, 30
10   print("# 괄호가 없는 튜플을 활용한 할당")
11   print("a:", a)
12   print("b:", b)
13   print("c:", c)
```

→ 튜플을 입력한 것입니다.

> **실행 결과** ✕
>
> ```
> # 괄호가 없는 튜플의 값과 자료형 출력
> tuple_test: (10, 20, 30, 40)
> type(tuple_test): <class 'tuple'>
>
> # 괄호가 없는 튜플을 활용한 할당
> a: 10
> b: 20
> c: 30
> ```

괄호 없이 여러 값을 할당할 수 있어 자주 사용되는 형태입니다. 이러한 특이한 구문의 편리함은 다음 코드에서도 확인할 수 있습니다. 변수의 값을 교환하는 코드입니다.

변수의 값을 교환하는 튜플 소스 코드 `tuple_use02.py`

```python
01    a, b = 10, 20
02
03    print("# 교환 전 값")
04    print("a:", a)
05    print("b:", b)
06    print()
07
08    # 값을 교환합니다.
09    a, b = b, a
10
11    print("# 교환 후 값")
12    print("a:", a)
13    print("b:", b)
14    print()
```

```
🖵 실행 결과                    ✕
# 교환 전 값
a: 10
b: 20

# 교환 후 값
a: 20
b: 10
```

a, b = b, a라는 코드만으로 값이 바뀝니다. 편리하게 사용할 수 있는 값 교환 방법이므로 눈도장을 찍어 두세요. 그리고 이러한 튜플의 기능을 꼭 기억하고 활용해 보세요.

튜플과 함수

튜플은 함수의 **리턴**에 많이 사용합니다. 함수의 리턴에 튜플을 사용하면 여러 개의 값을 리턴하고 할당할 수 있기 때문입니다. 다음 코드의 실행 결과를 예측해 보세요. 튜플을 사용해 할당할 수 있다는 것을 깨달으면 쉽게 이해할 수 있는 코드입니다.

여러 개의 값 리턴하기 소스 코드 `tuple_return.py`

```python
01    # 함수를 선언합니다.
02    def test():
03        return (10, 20)
04
05    # 여러 개의 값을 리턴받습니다.
```

```
06    a, b = test()
07
08    # 출력합니다.
09    print("a:", a)
10    print("b:", b)
```

실행 결과 ✕
```
a: 10
b: 20
```

튜플도 리스트처럼 +와 * 연산자 등을 활용할 수 있습니다. 하지만 그런 것들은 리스트로 작성하는 것과 큰 차이가 없어서 튜플을 사용하는 경우는 거의 없습니다. 이번 절에서 살펴본 것처럼 괄호 없이 여러 값을 할당하는 것은 튜플로만 할 수 있는 일입니다. 따라서 튜플과 함께 꼭 기억해 주세요.

➕ 여기서 잠깐 | **튜플을 리턴하는 함수의 예**

4장에서 enumerate() 함수와 items() 함수를 사용하면 반복 변수를 다음과 같이 입력할 수 있다고 했습니다. 이때 i, value는 (i, value) 형태의 튜플에서 괄호를 제거한 것입니다.

→ 괄호 없는 튜플입니다.

```
for i, value in enumerate([1, 2, 3, 4, 5, 6]):
    print("{}번째 요소는 {}입니다.".format(i, value))
```

또한 몫과 나머지를 구하는 divmod() 함수도 튜플을 리턴하는 대표적인 함수입니다. 기본 연산자를 사용해 다음과 같은 방법으로 몫과 나머지를 구할 수 있습니다.

```
>>> a, b = 97, 40
>>> a // b      # 몫
2
>>> a % b       # 나머지
17
```

몫과 나머지이므로 두 가지 값이 나오는데요. divmod() 함수는 이에 따라 튜플 형태로 몫과 나머지를 리턴합니다. 따라서 괄호 없는 튜플을 사용해 쉽게 변수에 할당하고 사용할 수 있습니다.

```
>>> a, b = 97, 40
>>> divmod(a, b)
(2, 17)
>>> x, y = divmod(a, b)
>>> x
2
>>> y
17
```

람다

요즘 프로그래밍 언어에서는 함수라는 '기능'을 매개변수로 전달하는 코드를 많이 사용합니다. 그리고 이런 코드를 조금 더 효율적으로 작성할 수 있도록 파이썬은 **람다**^{lambda}라는 기능을 제공합니다.

함수의 매개변수로 함수 전달하기

먼저 함수를 매개변수로 전달하는 것이 무엇인지 알아보고 람다까지 살펴보겠습니다.

다음은 함수의 매개변수로 함수를 전달하는 코드입니다. 참고로 함수의 매개변수에 사용하는 함수를 **콜백 함수**^{callback function}라고 합니다.

직접 해보는 손코딩

함수의 매개변수로 함수 전달하기 소스 코드 `func_as_param.py`

```python
01  # 매개변수로 받은 함수를 10번 호출하는 함수
02  def call_10_times(func):
03      for i in range(10):
04          func()
05
06  # 간단한 출력하는 함수
07  def print_hello():
08      print("안녕하세요")
09
10  # 조합하기
11  call_10_times(print_hello)
```

매개변수로 함수를 전달합니다.

실행 결과 ✕
```
안녕하세요
안녕하세요
안녕하세요
안녕하세요
안녕하세요
안녕하세요
안녕하세요
안녕하세요
안녕하세요
안녕하세요
```

프로그램을 실행하면 print_hello() 함수를 10번 실행합니다. 따라서 "안녕하세요"라는 문자열을 10번 출력합니다.

filter( ) 함수와 map( ) 함수

함수를 매개변수로 사용하는 대표적인 **표준 함수**로 map( ) 함수와 filter( ) 함수가 있습니다.

> **note** 파이썬이 표준으로 제공하는 함수를 '내장 함수' 또는 '표준 함수'라고 부릅니다.

map( ) 함수는 리스트의 요소를 함수에 넣고 리턴된 값으로 새로운 리스트를 구성해 주는 함수입니다.

```
map(함수, 리스트)
```

filter( ) 함수는 리스트의 요소를 함수에 넣고 리턴된 값이 True인 것으로, 새로운 리스트를 구성해 주는 함수입니다.

```
filter(함수, 리스트)
```

직접 해보는 손코딩

map( ) 함수와 filter( ) 함수 　소스 코드 `call_with_func.py`

```
01  # 함수를 선언합니다.
02  def power(item):
03      return item * item
04  def under_3(item):
05      return item < 3
06
07  # 변수를 선언합니다.
08  list_input_a = [1, 2, 3, 4, 5]
09
10  # map() 함수를 사용합니다.
11  output_a = map(power, list_input_a)
12  print("# map() 함수의 실행 결과")
13  print("map(power, list_input_a):", output_a)
14  print("map(power, list_input_a):", list(output_a))
15  print()
16
17  # filter() 함수를 사용합니다.
18  output_b = filter(under_3, list_input_a)
```

→ 함수를 매개변수로 넣었습니다.

```
19    print("# filter() 함수의 실행 결과")
20    print("filter(under_3, list_input_a):", output_b)
21    print("filter(under_3, list_input_a):", list(output_b))
```

┌───┐
│ 🖥 실행 결과   ✕ │
├───┤
│ # map() 함수의 실행 결과   │
│ map(power, list_input_a): <map object at 0x03862270>   │
│ map(power, list_input_a): [1, 4, 9, 16, 25]   │
│   │
│ # filter() 함수의 실행 결과   │
│ filter(under_3, list_input_a): <filter object at 0x03862290>│
│ filter(under_3, list_input_a): [1, 2]   │
└───┘

map() 함수와 filter() 함수는 모두 첫 번째 매개변수에 함수, 두 번째 매개변수에 리스트를 넣습니다. 일단 map() 함수를 살펴봅시다. 첫 번째 매개변수에는 값을 제곱해 주는 power() 함수를 넣었습니다.

두 번째 매개변수에는 [1, 2, 3, 4, 5]라는 리스트를 넣었습니다. 그리고 결과로 [1, 2, 3, 4, 5] 내부의 요소에 power() 함수가 적용된 [1, 4, 9, 16, 25]를 얻었습니다.

이어서 filter() 함수를 살펴봅시다. 첫 번째 매개변수에는 item〈3을 판정하는 under_3() 함수를 넣었습니다. 두 번째 매개변수에는 [1, 2, 3, 4, 5]라는 리스트를 넣었습니다. 그리고 결과로 [1, 2, 3, 4, 5] 내부의 요소 중에 item〈3이 True인 [1, 2]를 얻었습니다.

결과로 〈map object〉와 〈filter object〉가 나오는데, 이를 **제너레이터**generator라고 부릅니다. 이와 관련된 내용은 336쪽의 〈좀 더 알아보기: 제너레이터〉를 참고하세요. 여기에 list() 함수를 적용해서 강제로 리스트 자료형으로 변환해 출력해 보았습니다. 처음 보면 조금 당황할 수 있는 두 함수입니다. 이해가 잘 안 된다면 코드와 실행 결과를 조금 더 자세하게 살펴보며 이해해 보세요.

람다의 개념

매개변수로 함수를 전달하기 위해 함수 구문을 작성하는 것도 번거롭고, 코드 공간 낭비라는 생각이 들 수 있습니다. 많은 개발자들이 이러한 생각을 했고, 그래서 **람다**lambda라는 개념을 생각했습니다.

람다는 '간단한 함수를 쉽게 선언하는 방법'입니다. 다음과 같은 형태로 만듭니다.

┌───┐
│ lambda 매개변수: 리턴값   │
└───┘

이전 코드를 람다로 변경해 보겠습니다. power() 함수와 under_3() 함수를 람다로 변환하면 다음과 같은 코드가 됩니다. def 키워드로 선언했던 함수를 lambda로 바꾸고, return 키워드를 따로 쓰지 않았다는 정도의 차이가 생깁니다.

직접 해보는 손코딩

람다   소스 코드 lambda01.py

```
01   # 함수를 선언합니다.
02   power = lambda x: x * x
03   under_3 = lambda x: x < 3
04
05   # 변수를 선언합니다.
06   list_input_a = [1, 2, 3, 4, 5]
07
08   # map() 함수를 사용합니다.
09   output_a = map(power, list_input_a)
10   print("# map() 함수의 실행 결과")
11   print("map(power, list_input_a):", output_a)
12   print("map(power, list_input_a):", list(output_a))
13   print()
14
15   # filter() 함수를 사용합니다.
16   output_b = filter(under_3, list_input_a)
17   print("# filter() 함수의 실행 결과")
18   print("filter(under_3, list_input_a):", output_b)
19   print("filter(under_3, list_input_a):", list(output_b))
```

실행 결과   ×

```
# map() 함수의 실행 결과
map(power, list_input_a): <map object at 0x03862270>
map(power, list_input_a): [1, 4, 9, 16, 25]

# filter() 함수의 실행 결과
filter(under_3, list_input_a): <filter object at 0x03862290>
filter(under_3, list_input_a): [1, 2]
```

람다는 간단한 함수를 쉽게 선언하는 방법이라고 했는데, 왜 사용하는지가 의심스러울 정도로 복잡해 보입니다. 코드를 한번 더 변경해 보겠습니다.

람다는 다음과 같이 함수의 매개변수에 곧바로 넣을 수 있습니다.

인라인 람다   소스 코드 lambda02.py

```
01    # 변수를 선언합니다.
02    list_input_a = [1, 2, 3, 4, 5]
03
04    # map() 함수를 사용합니다.          power() 함수를 선언하지도 않고,
                                          매개변수로 바로 넣었습니다.
05    output_a = map(lambda x: x * x, list_input_a)
06    print("# map() 함수의 실행 결과")
07    print("map(power, list_input_a):", output_a)
08    print("map(power, list_input_a):", list(output_a))
09    print()
10
11    # filter() 함수를 사용합니다.        under_3() 함수를 선언하지도 않고,
                                          매개변수로 바로 넣었습니다.
12    output_b = filter(lambda x: x < 3, list_input_a)
13    print("# filter() 함수의 실행 결과")
14    print("filter(under_3, list_input_a):", output_b)
15    print("filter(under_3, list_input_a):", list(output_b))
```

실행 결과는 이전과 같습니다. 람다를 사용하면 코드를 더 깔끔하게 작성할 수 있고, 함수가 매개변수로 넣어졌다고 확인하고 어떤 함수인지를 알기 위해 다시 찾아 올라가는 수고를 하지 않아도 됩니다.

파일 처리

파이썬 표준 함수에는 파일과 관련된 처리를 하는 함수가 기본으로 제공됩니다. 파일은 크게 **텍스트 파일**과 **바이너리 파일**로 나뉘는데, 여기서는 '텍스트 파일'과 관련된 내용만 살펴보겠습니다.

파일을 처리하려면 일단 **파일 열기**|open를 해야 합니다. 파일을 열면 **파일 읽기**|read 또는 **파일 쓰기**|write를 할 수 있습니다.

파일 열고 닫기

파일을 열 때는 open( ) 함수를 사용합니다.

> 파일 객체 = open(문자열: 파일 경로, 문자열: 읽기 모드)

open( ) 함수의 첫 번째 매개변수에는 파일 경로^{path}를 입력하고, 두 번째 매개변수에는 모드^{mode}를 지정합니다. 모드에는 다음과 같은 것을 지정할 수 있습니다.

모드	설명
w	write 모드(새로 쓰기 모드)
a	append 모드(뒤에 이어서 쓰기 모드)
r	read 모드(읽기 모드)

파일을 닫을 때는 close( ) 함수를 사용합니다.

> 파일 객체.close()

파일을 열고 간단한 글을 써보는 예제를 작성해 보겠습니다.

직접 해보는 손코딩

파일 열고 닫기　　소스 코드 file_open.py

```python
01    # 파일을 엽니다.
02    file = open("basic.txt", "w")
03
04    # 파일에 텍스트를 씁니다.
05    file.write("Hello Python Programming...!")
06
07    # 파일을 닫습니다.
08    file.close()
```

프로그램을 실행하면 프로그램과 같은 폴더에 'basic.txt'라는 파일이 생성됩니다.

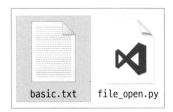

이 파일을 메모장 등으로 열어 보면 다음과 같은 글이 쓰여 있는 것을 확인할 수 있습니다.

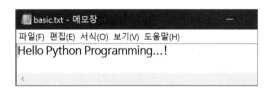

open() 함수로 파일을 열면 close() 함수로 파일을 닫아 주어야 합니다. 프로그램이 종료될 때는 열려있는 파일을 모두 자동으로 닫고 종료됩니다. 그렇다고 close() 함수를 따로 사용하지 않아도 된다고 생각하지는 마세요. 반드시 open() 함수로 열면 close() 함수로 닫는 습관을 길러 주세요.

with 키워드

프로그램이 길어지면 open() 함수와 close() 함수 사이에 많은 코드가 들어갑니다. 조건문과 반복문이 들어가다 보면 파일을 열고 닫지 않는 실수를 하는 경우가 생길 수 있습니다. 이런 실수를 방지하기 위해 **with 키워드**라는 기능이었습니다. with 키워드는 다음과 같은 형태의 구문으로 사용합니다.

```
with open(문자열: 파일 경로, 문자열: 모드) as 파일 객체:
    문장
```

327쪽 〈직접 해보는 손코딩file_open.py〉의 코드를 with 구문으로 수정하면 다음과 같습니다.

```
# 파일을 엽니다.
with open("basic.txt", "w") as file:
    # 파일에 텍스트를 씁니다.
    file.write("Hello Python Programming...!")
```

이렇게 코드를 작성하면 with 구문이 종료될 때 자동으로 파일이 닫힙니다. 따라서 파일을 열고 닫지 않는 실수를 줄일 수 있습니다.

➕ 여기서 잠깐 | 스트림

프로그램이 외부 파일, 외부 네트워크 등과 통신할 때는 데이터가 흐르는 길을 만들어야 합니다. 이를 스트림(stream)이라고 부릅니다. open( ) 함수를 정확하게 설명하면 프로그램에서 파일로 흐르는 길을 만드는 것이고, close( ) 함수는 프로그램에서 파일로 흐르는 길을 닫는 것입니다.

with 키워드는 이러한 스트림을 열고 닫는 실수를 줄이고자 만들어진 구문입니다. 현재는 파일을 열고 닫을 때 사용해 보았는데, 이 책의 범위에서는 다루지 않지만 네트워크로 흐르는 길을 열고 닫을 때도 사용합니다.

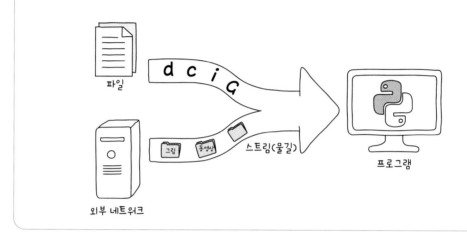

텍스트 읽기

파일에 텍스트를 쓸 때는 방금 살펴보았던 것처럼 write( ) 함수를 사용합니다. 반대로 파일을 읽을 때는 read( ) 함수를 사용합니다.

```
파일 객체.read()
```

파일을 열고 파일 객체의 read() 함수를 호출하기만 하면 내부에 있는 데이터를 모두 읽어 출력합니다.

직접 해보는 손코딩

read( ) 함수로 텍스트 읽기 소스 코드 file_read.py

```
01  # 파일을 엽니다.                        읽기 모드로 변경했습니다!
02  with open("basic.txt", "r") as file:
03      # 파일을 읽고 출력합니다.
04      contents = file.read()
05  print(contents)
```

실행 결과
```
Hello Python Programming...!
```

텍스트 한 줄씩 읽기

텍스트를 사용해 데이터를 구조적으로 표현할 수 있는 방법으로 CSV, XML, JSON 등이 있습니다. 이 중에서 CSV를 간단하게 살펴보겠습니다. CSV는 Comma Separated Values의 줄임말로, 쉼표로 구분된 값들을 의미합니다. 다음과 같은 데이터가 CSV 형식의 대표적인 예입니다.

```
이름, 키, 몸무게 ──────→ 헤더

윤인성, 176, 62 ┐
                  ├──→ 데이터
연하진, 169, 50 ┘
```

CSV 파일은 한 줄에 하나의 데이터를 나타내며, 각각의 줄은 쉼표를 사용해 데이터를 구분합니다. 이때 첫 번째 줄에 헤더header를 넣어 각 데이터가 무엇을 나타내는지 설명해 줄 수 있습니다.

CSV라는 용어가 어려워서 그렇지 그냥 보면 '윤인성은 키 176에 몸무게가 62'로 이해할 수 있습니다. 최근 머신러닝 등에는 이러한 형태로 수십만 명의 데이터를 저장하고 활용하는 경우가 많은데, 한 번에 모든 데이터를 올려놓고 사용하는 것은 컴퓨터의 성능에 영향을 미칠 수 있습니다.

도마 위에 야채를 올려놓고 자를 때 한 번에 모든 재료를 올려놓고 자르지 않습니다. 한 번에 자를 수 있는 양 만큼 올려서 자르고 처리하는 것을 반복하죠. 데이터를 처리할 때도 마찬가지입니다. 한 번에 데이터를 모두 읽어 들이기보다는 '한 번에 한 명씩' 처리하는 경우가 많습니다. 이번 절에서는 간단하게 이름, 키, 몸무게 데이터가 있다고 가정하고 만든 후, 파일을 한 줄씩 읽어 들여 처리하는 방법을 살펴보겠습니다.

일단 데이터를 구성하겠습니다. 다음과 같이 간단한 코드로 1000명의 이름, 키, 몸무게 데이터를 만듭니다.

랜덤하게 1000명의 키와 몸무게 만들기　　소스 코드 file_write.py

```python
01  # 랜덤한 숫자를 만들기 위해 가져옵니다.
02  import random
03  # 간단한 한글 리스트를 만듭니다.
04  hanguls = list("가나다라마바사아자차카타파하")
05  # 파일을 쓰기 모드로 엽니다.
06  with open("info.txt", "w") as file:
07      for i in range(1000):
08          # 랜덤한 값으로 변수를 생성합니다.
09          name = random.choice(hanguls) + random.choice(hanguls)
10          weight = random.randrange(40, 100)
11          height = random.randrange(140, 200)
12          # 텍스트를 씁니다.
13          file.write("{}, {}, {}\n".format(name, weight, height))
```

```
실행 결과                        ✕
다자, 98, 171
나차, 60, 171
타카, 56, 153
마아, 71, 144
타카, 95, 160
가마, 52, 163
...생략...
```

info.txt에 생성된 데이터입니다. ←

그럼 데이터가 많이 있다고 가정하고 한 줄씩 읽어봅시다. 데이터를 한 줄씩 읽어 들일 때는 **for 반복문**을 다음과 같은 형태로 사용합니다.

```
for 한 줄을 나타내는 문자열 in 파일 객체:
    처리
```

이전에 만든 데이터를 한 줄씩 읽으면서 키와 몸무게로 BMI(비만도)를 계산해 보겠습니다.

반복문으로 파일 한 줄씩 읽기 소스 코드 `file_readlines.py`

```python
with open("info.txt", "r") as file:
    for line in file:
        # 변수를 선언합니다.
        (name, weight, height) = line.strip().split(", ")

        # 데이터가 문제없는지 확인합니다: 문제가 있으면 지나감
        if (not name) or (not weight) or (not height):
            continue
        # 결과를 계산합니다.
        bmi = int(weight) / ((int(height) / 100) ** 2)
        result = ""
        if 25 <= bmi:
            result = "과체중"
        elif 18.5 <= bmi:
            result = "정상 체중"
        else:
            result = "저체중"

        # 출력합니다.
        print('\n'.join([
            "이름: {}",
            "몸무게: {}",
            "키: {}",
            "BMI: {}",
            "결과: {}"
        ]).format(name, weight, height, bmi, result))
        print()
```

▣ 실행 결과 ✕

```
이름: 나자
몸무게: 82
키: 193
BMI: 22.014013799028163
결과: 정상 체중

이름: 차카
몸무게: 90
키: 153
BMI: 38.446751249519416
결과: 과체중

이름: 카다
몸무게: 61
키: 175
BMI: 19.918367346938776
결과: 정상 체중

...생략...
```

?! 문제해결

파일을 처리하는 코드. 처음 프로그래밍을 공부한다면 파일 처리 관련 기능을 외우기 힘듭니다. 사실 필자도 가끔 파이썬에서 파일을 읽을 때 무슨 함수를 사용하는지가 생각나지 않아 과거에 스스로 정리했던 코드들을 살펴봅니다. 모든 공부가 그렇듯이 내 것으로 만드는 과정은 정리가 필요합니다. '파일을 처리하는 코드'만 따로 정리해 두고 필요할 때 찾아보면서 사용하기 바랍니다.

write() 함수를 입력하다 보면 자동 완성 기능에서 writelines()를 볼 수 있습니다. 사실 지금까지
다른 예제들을 진행하면서 자동 완성 기능으로 나타나는 비슷한 이름들이 궁금하지 않으셨나요?

그리고 이 책의 확인문제에서는 본문에서 다루지 않은 함수도 간단하게 설명하고 이를 활용해 문제
를 풀어보라고 하는데요. 어떤 기능에 대한 의문이 들었다면 그때그때 의문을 해결하고 정리하세요.

이런 의문을 해결하는 방법은 파이썬 문서에서 찾는 방법, 구글에서 찾는 방법 등이 있습니다. 파이
썬 문서의 링크는 이전에 소개했으므로, 이번에는 구글에서 찾는 방법을 살펴보겠습니다.

예를 들어 구글에서 'python writelines( )'를 검색해 보겠습니다.

다양한 글이 검색되는데, 이는 크게 두 가지로 구분할 수 있습니다.

- **공식 문서 또는 튜토리얼 사이트**: 함수 등을 검색했을 때 함수들의 사용법이 나오는 튜토리얼(사
  용 지침서) 사이트입니다. 이런 곳을 확인하면 함수의 기본적인 사용 방법 등이 기술된 페이지를
  방문할 수 있습니다.
- **스택 오버플로우**Stack Overflow: 프로그래밍의 다양한 주제에 대한 질문 답변 사이트로, 특정한 함
  수를 사용할 때 문제가 발생한 사람들의 질문들도 올라옵니다. 함수를 사용할 때의 주의점, 활용
  하는 방법 등을 살펴볼 수 있습니다.

그러면 상위에 있는 튜토리얼 사이트의 글을 클릭해 보겠습니다. 여러분이 검색할 때는 또 다른 내용이 검색될 수도 있습니다.

일단 영어라서 당황할 수 있는데, 프로그래밍과 관련된 영어는 생각보다 문장 구조와 단어가 어렵지 않습니다. 차근차근 읽어 보면 금세 이해할 수 있습니다. 코드를 살펴보겠습니다.

tutorialpoint.com의 writelines 관련 글

```python
# Open a file in witre mode
fo = open("foo.txt", "rw+")


# Write sequence of lines at the end of the file.
seq = ["This is 6th line\n", "This is 7th line"]
line = fo.writelines(seq)


# Now read complete file from beginning.
fo.seek(0,0)
for index in range(7):
    line = fo.next()
    print "Line No %d - %s" % (index, line)
```

무슨 말인지 자세히는 모르겠지만, 리스트를 매개변수로 넣어서 사용한다는 정도는 알 수 있을 것입니다. 그래도 다양한 의문이 있을 수 있습니다.

- 리스트의 요소들이 줄바꿈 되어서 들어가는 것일까? 그냥 들어가는 것일까?
- 리스트의 요소는 문자열만 넣어야 할까? 다른 것을 넣어도 될까?

이러한 예상을 기반으로 직접 예제를 작성해 보세요.

```python
with open("test.txt", "w") as file:
    # writeline() 기본 사용
    file.writelines(["안녕하세요.",\
        "줄바꿈이 될까요",\
        "안 될까요?",\
        "띄어쓰기라도 하지 않을까요?"])
    # writeline() 매개변수의 리스트는 여러 자료형을 가질 수 있을까?
    file.writelines([True, 273, "문자열"])
```

코드를 실행하면 다음과 같은 오류 메시지가 나타납니다.

▣ 오류

```
Traceback (most recent call last):
  File "test.py", line 8, in <module>
    file.writelines([True, 273, "문자열"])
TypeError: write() argument must be str, not bool
```

마지막 줄의 'TypeError: write() argument must be str, not bool'을 보니 문자열 리스트만 넣어야 하는 것 같습니다. 코드에서 writelines() 함수를 사용했는데, 오류 메시지는 'write() 함수의 매개변수에는 문자열을 넣어야 해요!'라고 하는 것을 보니 writelines() 함수는 내부적으로 write() 함수를 사용하는 모양입니다.

첫 번째 writelines() 함수는 정상적으로 실행되었으니 test.txt 파일을 열어봅시다. 열어보면 다음과 같이 출력합니다. 띄어쓰기나 줄바꿈은 중간에 들어가지 않는다는 것도 확인할 수 있습니다.

안녕하세요.줄바꿈이 될까요안 될까요?띄어쓰기라도 하지 않을까요?

영어 문법책을 읽는다고 세부적인 문법까지 모두 사용할 수 있는 것은 아닙니다. 마찬가지로 이 책을 읽으면 파이썬의 핵심적인 내용과 사용할 때 마주칠 수 있는 상황들은 대부분 접할 수 있겠지만, 모두 접할 수 있는 것은 아닙니다. 그러므로

❶ 의문이 들었다면 ❷ 이와 같은 방법으로 인터넷에서 검색해서 확인하고

❸ 예제를 직접 만들어보고 ❹ 정리해 보시기 바랍니다.

제너레이터

제너레이터^{generator}는 파이썬의 특수한 문법 구조입니다. 제너레이터는 **이터레이터**를 직접 만들 때 사용하는 코드입니다(264쪽 참고). 함수 내부에 **yield 키워드**를 사용하면 해당 함수는 제너레이터 함수가 되며, 일반 함수와는 달리 함수를 호출해도 함수 내부의 코드가 실행되지 않습니다. 다음 코드를 볼까요?

직접 해보는 손코딩

제너레이터 함수   소스 코드 generator.py

```
01   # 함수를 선언합니다.
02   def test():
03       print("함수가 호출되었습니다.")
04       yield "test"
05
06   # 함수를 호출합니다.
07   print("A 지점 통과")
08   test()
09
10   print("B 지점 통과")
11   test()
12   print(test())
```

> 🖥 **실행 결과**   ✕
>
> A 지점 통과
> B 지점 통과
> <generator object test at 0x02F20C90>

원래 test() 함수를 호출하면 "함수가 호출되었습니다."라는 문자열이 출력되어야 하지만, 출력되지 않습니다. 함수의 리턴값으로 〈generator object test at 0x02F20C90〉 등이 출력됩니다. 즉 제너레이터 함수는 제너레이터를 리턴합니다. 출력된 〈generator object test at 0x02F20C90〉는 제너레이터 객체입니다.

제너레이터 객체는 **next()** 함수를 사용해 함수 내부의 코드를 실행합니다. 이때 yield 키워드 부분까지만 실행하며, next() 함수의 리턴값으로 yield 키워드 뒤에 입력한 값이 출력됩니다.

제너레이터 객체와 next() 함수 소스 코드 generator01.py

```python
01  # 함수를 선언합니다.
02  def test():
03      print("A 지점 통과")
04      yield 1
05      print("B 지점 통과")
06      yield 2
07      print("C 지점 통과")
08  # 함수를 호출합니다.
09  output = test()
10  # next() 함수를 호출합니다.
11  print("D 지점 통과")
12  a = next(output)
13  print(a)
14  print("E 지점 통과")
15  b = next(output)
16  print(b)
17  print("F 지점 통과")
18  c = next(output)
19  print(c)
20  # 한 번 더 실행하기
21  next(output)
```

```
▶ 실행 결과                                            ✕
D 지점 통과
A 지점 통과
1
E 지점 통과
B 지점 통과
2
F 지점 통과
C 지점 통과
Traceback (most recent call last):
  File "generator01.py", line 22, in <module>
    c = next(output)
StopIteration
```

코드를 실행하면 next() 함수를 호출할 때마다 "A 지점 통과", "B 지점 통과", "C 지점 통과"처럼 함수 내부의 내용이 진행되는 모습을 확인할 수 있습니다. next() 함수를 호출한 이후 yield 키워드를 만나지 못하고 함수가 끝나면 StopIteration이라는 예외가 발생합니다.

이처럼 제너레이터 객체는 함수의 코드를 조금씩 실행할 때 사용합니다. 이는 메모리의 효율성을 위해서입니다. 제너레이터 객체와 이터레이터 객체는 완전히 같지는 않지만, 기본적인 단계에서는 거의 비슷하다고 봐도 무방합니다. 252쪽의 reversed() 함수도 직접 제너레이터로 구현하면 어떻게 구현할 수 있을지 생각해보기 바랍니다.

note 제너레이터는 직접 이터레이터를 만드는 코드라고 했습니다. 264쪽의 〈좀 더 알아보기: 이터레이터〉와 연결해서 살펴보면 이해가 쉽습니다.

리스트 함수의 key 키워드 매개변수

리스트에서 최솟값과 최댓값을 찾을 때는 min() 함수와 max() 함수를 사용한다고 배웠습니다.

```
>>> a = [52, 273, 32, 103, 57]
>>> min(a) # 최솟값을 찾습니다.
32
>>> max(a) # 최댓값을 찾습니다.
273
```

그런데 만약 다음과 같이 딕셔너리를 활용해서 책을 표현한 경우 '가격이 가장 저렴한 책'과 '가격이 가장 비싼 책'을 찾고 싶다면 어떻게 해야 할까요?

```
books = [{
    "제목": "혼자 공부하는 파이썬",
    "가격": 18000
}, {
    "제목": "혼자 공부하는 머신러닝 + 딥러닝",
    "가격": 26000
}, {
    "제목": "혼자 공부하는 자바스크립트",
    "가격": 24000
}]
```

딕셔너리에 있는 키를 활용하면 됩니다. min() 함수와 max() 함수에는 '어떤 값으로 비교'할 것인지 나타내는 key라는 키워드 매개변수를 지정할 수 있습니다. 이를 활용하면 딕셔너리에 있는 가격 속성으로 최댓값과 최솟값을 비교할 수 있습니다.

전체 코드를 작성하면 다음과 같습니다.

직접 해보는 손코딩

키워드 매개변수에 함수 전달하기   소스 코드 func_as_keyparam.py

```
01  books = [{
02      "제목": "혼자 공부하는 파이썬",
03      "가격": 18000
04  }, {
05      "제목": "혼자 공부하는 머신러닝 + 딥러닝",
06      "가격": 26000
07  }, {
08      "제목": "혼자 공부하는 자바스크립트",
09      "가격": 24000
10  }]
11
12  def 가격추출함수(book):
13      return book["가격"]  ──→ 딕셔너리에서 "가격" 값을 추출하는 함수를 선언합니다.
14
15  print("# 가장 저렴한 책")
16  print(min(books, key=가격추출함수))  ──→ "가격" 값을 비교하여 최솟값을 구합니다.
17  print()
18
19  print("# 가장 비싼 책")
20  print(max(books, key=가격추출함수))  ──→ "가격" 값을 비교하여 최댓값을 구합니다.
```

```
💻 실행 결과                                          ✕
# 가장 저렴한 책
{'제목': '혼자 공부하는 파이썬', '가격': 18000}

# 가장 비싼 책
{'제목': '혼자 공부하는 머신러닝 + 딥러닝', '가격': 26000}
```

이렇게 코드를 활용하면 딕셔너리 내부에 있는 특정 속성을 활용해서 최솟값과 최댓값을 비교할 수 있습니다.

람다로 수정한다면 코드를 어떻게 바꾸어야 할지 직접 한 번 생각해 보세요. 람다를 어느정도 이해했다면 이제 콜백 함수를 람다로 바꿀 수 있을 것입니다.

람다로 바꾼 코드는 다음과 같습니다.

직접 해보는 손코딩

콜백 함수를 람다로 바꾸기 소스 코드 lambda03.py

```
01   books = [{
02       "제목": "혼자 공부하는 파이썬",
03       "가격": 18000
04   }, {
05       "제목": "혼자 공부하는 머신러닝 + 딥러닝",
06       "가격": 26000
07   }, {
08       "제목": "혼자 공부하는 자바스크립트",
09       "가격": 24000
10   }]
11
12   print("# 가장 저렴한 책")
13   print(min(books, key=lambda book: book["가격"]))
14   print()
15
16   print("# 가장 비싼 책")
17   print(max(books, key=lambda book: book["가격"]))
```

```
실행 결과                                              ✕
# 가장 저렴한 책
{'제목': '혼자 공부하는 파이썬', '가격': 18000}

# 가장 비싼 책
{'제목': '혼자 공부하는 머신러닝 + 딥러닝', '가격': 26000}
```

예상한 코드가 맞나요? 함수를 따로 생성하지 않아도 되니 코드가 훨씬 간결합니다.

계속해서 람다 예제를 하나 더 살펴보겠습니다. 리스트 요소를 정렬할 때 sort( ) 함수를 사용한다고 했습니다. sort( ) 함수는 파괴적 함수이므로 호출했을 때 리스트 자체가 바뀝니다.

```
# sort 함수로 오름차순 정렬하기
>>> a = [52, 273, 103, 32, 57, 272]
>>> a.sort()
>>> a
[32, 52, 57, 103, 272, 273]
```

기본 오름차순 정렬이므로 만약 내림차순 정렬하고 싶다면 다음과 같이 reverse 키워드 매개변수를 True로 지정해야 합니다.

```
# sort 함수로 내림차순 정렬하기
>>> a.sort(reverse=True)
>>> a
[273, 272, 103, 57, 52, 32]
```

그런데 단순한 숫자 리스트가 아니라 '딕셔너리의 리스트'처럼 복합적인 리스트를 정렬해야 할 때는 어떻게 해야 할까요? 이럴 때도 딕셔너리의 키를 활용하여 **key 키워드 매개변수**에 **람다**를 사용하면 됩니다. 다음 코드는 책 가격을 기준으로 오름차순으로 정렬합니다.

직접 해보는 손코딩

딕셔너리 오름차순 정렬하기   소스 코드 lambda04.py

```
01   books = [{
02       "제목": "혼자 공부하는 파이썬",
03       "가격": 18000
04   }, {
05       "제목": "혼자 공부하는 머신러닝 + 딥러닝",
06       "가격": 26000
07   }, {
08       "제목": "혼자 공부하는 자바스크립트",
09       "가격": 24000
10   }]
11
```

```
12    print("# 가격 오름차순 정렬")
13    books.sort(key=lambda book: book["가격"])
14    for book in books:
15        print(book)
```

> **실행 결과**   ✕
>
> # 가격 오름차순 정렬
> {'제목': '혼자 공부하는 파이썬', '가격': 18000}
> {'제목': '혼자 공부하는 자바스크립트', '가격': 24000}
> {'제목': '혼자 공부하는 머신러닝 + 딥러닝', '가격': 26000}

note 매개변수가 하나인 람다만을 살펴보았는데, 매개변수가 여러 개인 람다도 만들 수 있습니다.

```
lambda x, y: x * y
```

좀 더 알아보기 ❹

스택, 힙

이번 좀 더 알아보기부터는 살짝 어려운 주제입니다. 너무 어렵게 느껴진다면, 일단 무시하고 넘어가도 괜찮습니다. 파이썬 기본 자료형에는 숫자, 문자열, 불이 있습니다. 이 세 가지를 제외한 자료형들은 모두 **객체 자료형**입니다. 그렇다면 기본 자료형과 객체 자료형은 어떤 차이가 있을까요?

먼저 **기본 자료형**은 가볍고 정형화된 자료형입니다. 그래서 파이썬은 작은 상자에 기본 자료형을 저장하며 이를 쌓아서 모아둡니다. 이렇게 기본 자료형들이 차곡차곡 정리되어 있는 공간을 **스택**stack이라고 부릅니다. 예를 들어 기본 자료형 3개를 그림으로 살펴보면 다음과 같습니다.

```
a = 10
b = True
c = "안녕하세요"
```

반면 **객체 자료형**은 무겁고 크기가 정형화되어 있지 않습니다. 스택처럼 차곡차곡 쌓아서 정리할 수 없으므로 파이썬은 이를 거대한 창고에 넣어둡니다. 이렇게 객체 자료형들이 저장되어 있는 거대한 창고를 **힙**heap이라고 부릅니다. 객체 자료형을 그림으로 살펴보면 다음과 같습니다.

```
d = [1, 2, 3, 4, 5]
e = {"이름": "구름", "나이": 6}
```

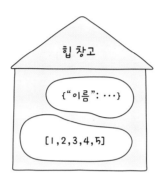

스택에 있는 자료는 잘 정리되어 있어 쉽고 빠르게 찾을 수 있지만, 힙에 있는 자료는 힙이라는 창고가 너무 크기 때문에 쉽게 찾을 수 없습니다. 그래서 파이썬은 약간 특별한 방법을 사용합니다.

바로 **리스트**와 **딕셔너리** 같이 큰 자료형은 힙이라는 창고에 넣어두고 창고의 어떤 위치에 저장했는지를 **스택**에 기록하는 것입니다.

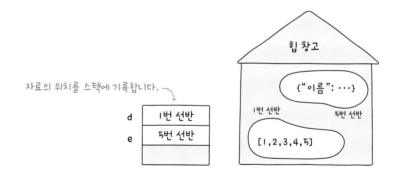

창고에 위치한 선반을 컴퓨터 과학에서는 0x01, 0x06과 같은 형태의 **16진수 숫자**로 표현합니다. 앞에 붙어 있는 0x는 '이 숫자는 16진수로 특별한 값이다'를 나타냅니다. 지금까지 살펴보았던 변수 a, b, c, d, e를 그림으로 표현하면 다음과 같습니다.

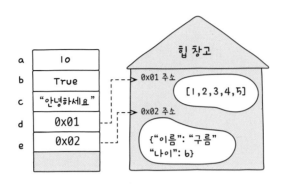

이처럼 창고의 어떤 위치에 저장했는지를 **주소**address 또는 **레퍼런스**reference라고 부릅니다(자세히 다루면 약간 다르지만, 초보자 단계에서는 같은 것으로 보아도 괜찮습니다). 컴퓨터 과학에서 많이 활용되는 용어이므로 기억해두기 바랍니다.

함수의 값 복사와 레퍼런스 복사

파이썬은 함수를 호출할 때 함수 내부 코드를 실행하기 위해 함수 내부의 변수를 저장할 스택을 추가로 만듭니다. 다음 코드를 실행하면 메모리에 2개의 **스택**이 만들어지는데 참고로 가장 외곽에 있는 스택을 **전역 스택** global stack이라고 합니다.

```python
def 함수(b):
    c = 10


a = 10
함수(a)
```

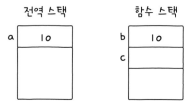

위 코드에서는 함수(a) 코드로 함수()를 호출합니다. 함수() 매개변수에는 a를 넣었으므로 a에 들어 있는 값이 함수()로 전달됩니다.

이때 전달을 택배처럼 '변수 a 자체를 직접 함수()에 가져다 준다'라고 생각하는 경우가 있는데요. 그렇지 않습니다. 각각의 스택에 들어있는 변수는 완전 별개의 것입니다. 오히려 다음 그림과 같이 함수를 호출한 쪽에서 값을 외치고 이를 함수 쪽에서 받아 적는다는 느낌으로 생각하는 것이 더 알맞습니다. 둘은 그냥 같은 값이 적혀 있는 것뿐이지 같은 대상이 아닙니다.

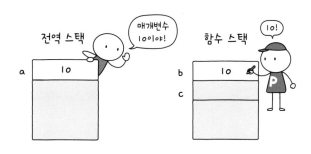

❶ 기본 자료형과 객체 자료형의 특징과 ❷ 함수를 호출할 때 스택에 적혀 있는 값을 복사하는 특징 때문에 처음 코드를 보았을 때 이해하기 힘들 수 있습니다. 이번에는 기본 자료형을 전달하는 경우와 객체 자료형을 전달하는 경우로 나누어서 어떻게 다른지 살펴보겠습니다.

기본 자료형 복사

다음 코드를 살펴보겠습니다. 실행 결과를 한번 예측해 보세요.

```python
def primitive_change(b):
    b = 20

a = 10

print(a)
primitive_change(a)
print(a)
```

실행 결과
```
10
10
```

10을 2번 출력합니다. 함수를 호출하고 함수 내부에서 변수를 변경해도 원본 값에 전혀 영향을 미치지 않는 것입니다.

객체 자료형 복사

이번에는 리스트를 매개변수로 전달하고 append() 함수를 호출해서 요소를 추가해 보겠습니다. 먼저 실행 결과를 예측해 보세요.

```
def object_change1(d):
    d.append(4)

c = [1, 2, 3]

print(c)
object_change1(c)
print(c)
```

실행 결과 ✕
```
[1, 2, 3]
[1, 2, 3, 4]
```

이전과 다르게 매개변수로 전달했던 리스트 c가 변경되었습니다. 이전과 비슷한 코드 같은데 무엇이 다른 것일까요?

변수 c에 들어있는 값은 힙에 존재하는 리스트 위치를 나타내는 **주소**입니다. 이 값이 함수의 매개변수 d로 전달된 것입니다. 변수 c와 변수 d는 같은 값을 갖고 있을 뿐 직접적인 관계가 없는 변수입니다. 하지만 둘이 모두 같은 주소를 가리킵니다.

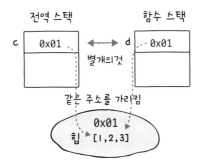

따라서 d.append(4) 코드를 사용하면 힙에 있는 리스트가 변경됩니다.

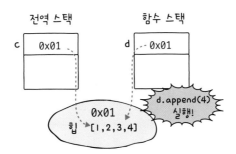

이후 함수가 종료되면 함수 내부 변수는 더 이상 의미가 없으므로 함수 스택이 사라집니다. 이제 메모리에 다음과 같은 것들만 남았을 것입니다. 이 상태에서 print(c) 실행하면, [1, 2, 3, 4]를 출력합니다.

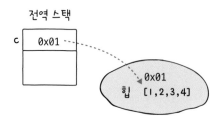

기본 자료형과 객체 자료형이 저장될 때 어떤 차이가 있는지 이해한다면 쉽게 이해할 수 있는 내용입니다. 예제 하나를 더 살펴보겠습니다. 다음 코드의 실행 결과도 예측해 보세요.

```python
def object_change2(f):
    f = [4, 5, 6]

e = [1, 2, 3]

print(e)
object_change2(e)
print(e)
```

실행 결과
```
[1, 2, 3]
[1, 2, 3]
```

이번에는 왜 원본(변수 e)에 어떠한 영향도 없는 것일까요? 일단 함수를 호출하는 시점까지는 다음 그림과 같은 형태를 갖고 있었을 것입니다.

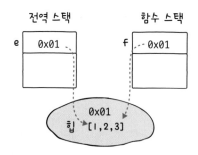

하지만 f = [4, 5, 6]을 실행하면 힙에 새로운 리스트가 올라가고 f에 그 주소 값이 할당됩니다. 이후 e를 출력하면 힙의 해당 위치에 저장되어 있던 [1, 2, 3]을 출력할 뿐입니다.

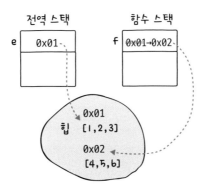

많은 초보 개발자들이 단순하게 '객체 자료형을 매개변수로 전달하고 변경하면, 원본 변수의 내용이 바뀐다'고 생각하는 경우가 많습니다. 하지만 상황에 따라서 다릅니다. 스택과 힙에 어떠한 값이 저장되는지 생각해 보세요. 확실하게 구분할 수 있을 것입니다.

스택과 힙을 알면 코드를 이전보다 더 잘 분석할 수 있습니다. 파이썬 튜터를 활용하여 객체 자료형을 복사하는 object_change1() 함수를 활용하는 코드를 넣고 시각화도 해보세요. 실행 결과 오른쪽 화면에서 왼쪽에 있는 Frames는 스택 영역을 의미하고, 오른쪽에 있는 Objects는 힙 영역을 의미합니다. 기본적으로 모든 변수는 스택 쪽에서 관리하며, 리스트와 함수 등의 큰 자료형은 힙에서 관리하고 있다는 것을 알 수 있습니다.

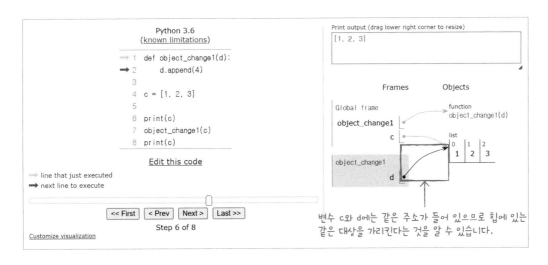

300쪽에서 global 키워드를 설명하면서 global 키워드는 '오류가 발생할 때 붙이면 된다'고 했습니다. 이는 global 키워드를 사용하는 상황을 판단하는 것이 초보자 단계에서는 굉장히 어려운 일이기 때문입니다. 하지만 이제 스택과 힙에 대한 이해가 생겼다면 구분할 수 있습니다.

global 키워드는 기본적으로 ❶ 함수 내부에서 함수 외부의 변수의 값을 활용한 후 ❷ 스택에 있는 값을 교체하려고 할 때 사용합니다. 키워드를 사용하지 않으면 UnboundLocalError가 발생합니다.

다음 코드를 살펴보겠습니다.

```
a = 10

def 함수():
    print(a)
    a = 20

함수()
```

이 코드는 ❶ 함수 내부에서 함수 외부에 있는 변수 a를 print 함수로 출력합니다. 그리고 ❷ 변수 a 스택에 있는 값을 교체하고 있습니다. 따라서 코드를 실행하면 다음과 같이 UnboundLocalError 오류가 발생합니다.

```
UnboundLocalError: local variable 'a' referenced before assignment
```

이번에는 많은 초보 개발자들이 '이 코드는 왜 global 키워드를 사용하지 않아도 괜찮나요?'라고 하는 부분을 살펴보겠습니다. 다음 코드는 ❶ 함수 내부에서 함수 외부에 있는 변수 a를 print 함수로 출력합니다. ❷ 이어서 append( ) 함수를 사용해 '힙에 있는 리스트'를 변경합니다. 스택에 있는 값을 교체하고 있지 않습니다.

```
a = [1, 2, 3]

def 함수():
    print(a)
    a.append(4)

함수()
```

따라서 코드를 실행했을 때, 아무런 문제없이 실행됩니다.

```
[1, 2, 3]
```

만약 이전과 마찬가지로 다음 코드의 a = [4, 5, 6]과 같은 형태로 스택에 있는 변수 a의 값(주소) 자체를 수정하려고 한다면 어떻게 될까요?

```
a = [1, 2, 3]

def 함수():
    print(a)
    a = [4, 5, 6]

함수()
```

이 코드는 함수 내부에서 함수 외부에 있는 변수 a를 print 함수로 출력하고, 변수 a의 스택에 있는 값(주소)을 교체합니다. 따라서 실행하면 UnboundLocalError가 발생합니다.

```
UnboundLocalError: local variable 'a' referenced before assignment
```

스택, 힙, 주소, 레퍼런스는 고급 주제입니다. 이 책은 파이썬 입문서이므로 설명은 이쯤에서 마무리하겠습니다. 더 자세히 알고 싶다면 C 언어나 C++ 언어처럼 파이썬보다 메모리 관리를 자유롭게 할 수 있는 언어를 공부해 보면 좋습니다.

주소, 레퍼런스는 컴퓨터 과학에서 많이 사용하는 용어이므로 기억해두세요.

마무리

▶ 3가지 키워드로 정리하는 핵심 포인트

- **튜플**은 리스트와 비슷하지만, 요소를 수정할 수 없는 파이썬의 특별한 문법입니다. 괄호를 생략해서 다양하게 활용할 수 있습니다.

- **람다**는 함수를 짧게 쓸 수 있는 파이썬의 특별한 문법입니다.

- **with 구문**은 블록을 벗어날 때 close() 함수를 자동으로 호출해 주는 구문입니다.

▶ 확인문제

1. 다음은 많은 사람들이 파이썬으로 프로그램을 개발하다가 막히는 대표적인 코드입니다. 빈칸을 채워서 실행 결과처럼 출력되게 만들어 주세요.

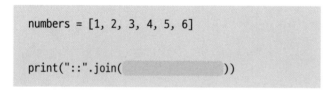

```python
numbers = [1, 2, 3, 4, 5, 6]

print("::".join(                    ))
```

실행 결과   ×

```
1::2::3::4::5::6
```

 hint 1. 그냥 numbers를 넣으면 TypeError: sequence item 0: expected str instance, int found라는 오류가 발생합니다. 문자열이 들어 있을 것이라 예상했는데, 숫자가 들어있다는 의미입니다. 즉 리스트 내부의 모든 숫자를 문자열로 변환해야 합니다.

2. 다음 코드의 빈칸을 채워서 실행 결과처럼 결과가 나오게 해주세요.

```
numbers = list(range(1, 10 + 1))

print("# 홀수만 추출하기")
print(list(filter(                    , numbers)))
print()

print("# 3 이상, 7 미만 추출하기")
print(list(filter(                    , numbers)))
print()

print("# 제곱해서 50 미만 추출하기")
print(list(filter(                    , numbers)))
```

실행 결과 ✕

```
# 홀수만 추출하기
[1, 3, 5, 7, 9]

# 3 이상, 7 미만 추출하기
[3, 4, 5, 6]

# 제곱해서 50 미만 추출하기
[1, 2, 3, 4, 5, 6, 7]
```

hint 2. 기본적인 람다와 조건식 문제입니다.

재귀 함수를 연습할 수 있는 유명한 문제인 **하노이 탑**^{Tower of Hanoi} 문제에 도전해 보세요. 하노이 탑은 다음과 같은 3개의 기둥과 크기가 다른 원판들이 왼쪽 형태로 존재합니다. 이때 다음 규칙을 지켜 원판을 다른 기둥으로 옮겨야 합니다.

1. 한 번에 한 개의 원판만 옮길 수 있다.
2. 큰 원판이 작은 원판 위에 있어서는 안 된다.

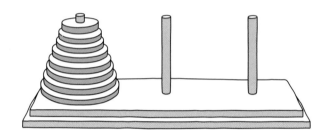

기본적으로 원판의 개수가 n개일 때 2^n-1회 움직여야 원판을 모두 옮길 수 있다고 알려져 있습니다.

1. 하노이 탑

원판 개수가 4개일 때 어떻게 원판을 옮겨야 하는지 출력하도록 프로그램을 구현해 보세요.

```
원판의 개수를 입력하세요: 4
A탑 → C탑
A탑 → B탑
C탑 → B탑
...생략...
A탑 → C탑
A탑 → B탑
C탑 → B탑
```

> **hint** 하노이 탑 퍼즐을 한 번도 풀어본 적이 없다면 매우 어려운 문제입니다. 따라서 내용을 읽고 이를 코드로 옮겨 보세요.

하노이 탑에는 3개의 기둥이 있습니다. 각각의 기둥을 A, B, C라고 표현하겠습니다. 그리고 '처음 원판이 있는 기둥'을 '시작 기둥', '원판을 옮겨야 하는 기둥'을 '대상 기둥', '보조적으로 활용하는 기둥'을 '보조 기둥'이라고 하겠습니다.

일단 원판이 하나일 때입니다. 원판이 하나일 때는 "시작 기둥"에서 "대상 기둥"으로 원판을 옮기기만 하면 됩니다.

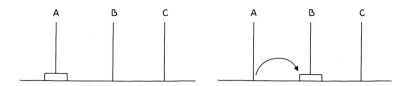

코드로 옮긴다면, 다음과 같을 것입니다.

```
if 원판이 1개:
    이동 from 시작기둥 to 대상기둥
```

시작 기둥이 "A"이고, 대상 기둥이 "B"라면 위 코드를 다음과 같이 출력할 것입니다.

```
A탑 → B탑
```

이어서 원판이 2개일 때입니다. 다음과 같은 과정에 따라서 ❶ 위에 있는 원판을 "보조 기둥"으로 옮기고 ❷ 아래에 있는 원판을 "대상 기둥"으로 옮긴 뒤 ❸ "보조 기둥"에 있던 원판을 "대상 기둥"으로 옮기면 ❹ 모든 원판이 "대상 기둥"으로 옮겨집니다.

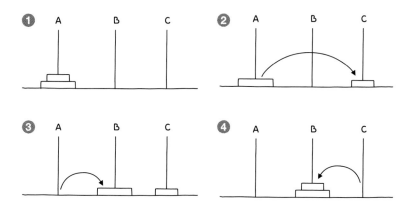

이를 확장해 보겠습니다. 다음 그림과 같이 원판 하나와 원판 덩어리가 있다면, 아래에 있는 원판을 "시작 기둥"에서 "대상 기둥"으로 옮기려면 어떻게 해야할까요?

❶ 일단 덩어리를 "보조 기둥"으로 옮깁니다. ❷ 이어서 아래의 원판을 "대상 기둥"으로 옮깁니다. ❸ "보조 기둥"에 있던 덩어리를 "대상 기둥"으로 옮깁니다. ❹ 모든 원판이 "대상 기둥"으로 옮겨집니다.

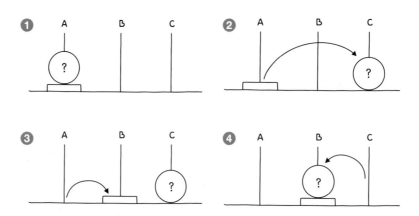

그림을 코드로 옮기면 다음과 같습니다.

```
if 원판이 2개 이상
    덩어리 이동 from 시작기둥 to 보조기둥
    이동 from 시작기둥 to 대상기둥
    덩어리 이동 from 보조기둥 to 대상기둥
```

그리고 이전과 마찬가지로 시작 기둥에서 대상 기둥으로 이동을 출력하면 됩니다.

```
이동 from 시작기둥 to 대상기둥
```

A탑 → B탑

그렇다면 "원판이 2개 이상인 덩어리 이동"은 어떻게 표현해야 할까요? 원판의 덩어리도 하나의 하노이 탑 문제입니다. 따라서 함수를 재귀 호출하면 될 것입니다.

알고리즘을 전체적으로 풀어서 적어보면 다음과 같습니다. 답은 거의 다 나왔습니다. 남은 부분은 직접 구현해 보세요!

```
# 하노이 탑에서 필요한 요소를 모두 매개변수로 받습니다.
하노이탑(원판, "시작기둥"에서 "대상기둥"으로 "보조기둥"을 활용해서):
    if 원판이 1개:
        이동 from 시작기둥 to 대상기둥


    if 원판이 2개 이상
        # 아래의 원판을 제외하고, 시작 기둥에서 보조 기둥으로 이동합니다.
        하노이탑(원판 - 1, "시작기둥"에서 "보조기둥"으로 "대상기둥"을 활용해서)
        이동 from 시작 기둥 to 대상 기둥
        # 아래의 원판을 제외하고, 보조 기둥에서 대상 기둥으로 이동합니다.
        하노이탑(덩어리 - 1, "보조기둥"에서 "대상기둥"으로 "시작기둥"을 활용해서)
```

2. 하노이 탑 이동 횟수

1번에서 하노이 탑을 풀어 보았습니다. 이번에는 다음과 같이 하노이 탑의 이동 횟수를 다음과 같이 출력해 보세요. 앞에서 설명한 모든 내용을 응용해 보면 됩니다.

```
원판의 개수를 입력해주세요: 20
이동 횟수는 1048575회입니다.
```

hint 원판의 개수가 n개일 때 2^n-1회 움직여야 원판을 모두 옮길 수 있습니다.

하노이 탑 알고리즘은 쉬운 발상은 아닙니다. 처음 이런 문제를 풀어본다면 며칠이 걸릴 수 있으니 문제를 풀지 못한다고 하여 너무 실망하지 마세요!

지금까지 코드를 작성하면서 다양한 오류를 마주했을 것입니다. 이러한 오류는 크게 실행 전에 발생하는 '구문 오류(syntax error)'와 실행 후에 발생하는 '예외(exception)'로 구분할 수 있습니다. 이때 예외는 프로그램이 정상적으로 실행되는 것처럼 보이다가 중간에 프로그램을 죽게 만들어 버립니다. 따라서 '예외 처리(exception handling)'로 예외를 처리해야 합니다.

예외 처리

- 구문 오류와 예외를 구분합니다.
- 예외 처리하는 방법을 이해합니다.
- 예외를 강제로 발생시키는 방법과 이유를 이해합니다.

06-1 구문 오류와 예외

핵심 키워드

구문 오류   예외(런타임 에러)   기본 예외 처리   try except 구문

사람은 처음 접하는 예상치 못한 상황을 만났을 때 임기응변으로 대처할 수 있지만, 일반적으로 프로그램은 명령을 받고 실행하는 것이 전부라서 예상치 못한 상황이 발생했을 때 "뭘 어떻게 해야 하는지 모르겠다"하고 죽어버립니다('다운된다'라는 표현이 있지만, '죽는다'는 표현을 많이 사용합니다). 예상치 못한 상황이란 무엇일까요? 이번 절에서 이를 알아보고 세분화해 보겠습니다.

시작하기 전에

처음 프로그래밍을 공부하고 있다면 지금까지 책의 예제를 작성하면서 입력 실수 등으로 발생하는 수많은 **오류**를 보았을 것입니다.

① 오류

```
Traceback (most recent call last):
  File "test.py", line 16, in <module>
    print(fibonacci(10))
  File "test.py", line 6, in fibonacci
    counter += 1
UnboundLocalError: local variable 'counter' referenced before assignment
```

그런데 이를 지금까지 '자주 발생하는 예외니까 기억해 주세요'라며 **예외**라고 불렀습니다. 이번 절에서는 오류와 예외의 구분에 대해 차근차근 알아보겠습니다.

오류는 대체 무엇이고, 예외는 대체 무엇일까요?

오류의 종류

프로그래밍 언어의 **오류**(error)에는 크게 두 가지 종류가 있습니다.

- 프로그램 실행 전에 발생하는 오류
- 프로그램 실행 중에 발생하는 오류

두 가지 모두 '오류'라고 부릅니다. 실행 전에 발생하는 오류를 **구문 오류**(syntax error)라고 부르며, 프로그램 실행 중에 발생하는 오류를 **예외**(exception) 또는 **런타임 오류**(runtime error)라고 구분합니다. 그럼 구문 오류부터 살펴보겠습니다.

구문 오류

구문 오류는 괄호의 개수, 들여쓰기 문제 등으로 프로그램이 실행되기도 전에 발생하는 오류입니다. 다음 코드를 살펴보겠습니다. 두 번째 print() 함수의 매개변수에 넣은 문자열이 닫히지 않았습니다.

구문 오류가 발생하는 코드

```
# 프로그램 시작
print("# 프로그램이 시작되었습니다!")

# 구문 오류 발생 코드          ┌→ 닫는 따옴표로 문자열을 닫지 않았습니다.
print("# 예외를 강제로 발생시켜 볼게요!)
```

코드를 실행하면 EOL(End Of Line)에 문제가 있다고 합니다. 중요한 것은 앞에 적혀 있는 SyntaxError라는 단어입니다. **SyntaxError**는 구문에 문제가 있어 프로그램이 실행조차 되지 않는 오류입니다.

📄 **오류**

```
SyntaxError: EOL while scanning string literal
```

구문 오류는 해결하지 않으면 프로그램 자체가 실행되지 않습니다. 따라서 코드를 제대로 수정해야 합니다.

구문 오류 해결

```
# 프로그램 시작
print("# 프로그램이 시작되었습니다!")

# 구문 오류 발생 코드          ┌→ 닫는 따옴표로 문자열을 닫아서 해결합니다.
print("# 예외를 강제로 발생시켜 볼게요!")
```

예외

예외 또는 런타임 오류는 실행 중에 발생하는 오류를 의미합니다.

예외가 발생하는 코드

```
# 프로그램 시작
print("# 프로그램이 시작되었습니다!")

# 예외 발생 코드
list_a[1]
```

코드를 실행하면 일단 "# 프로그램이 시작되었습니다!"라는 문자열이 출력됩니다. 그러니까 일단 프로그램이 실행되었다는 의미입니다. 그런데 list_a[1]을 읽을 때 NameError가 발생했습니다.

이처럼 프로그램이 일단 실행된 다음, 실행 중에 발생하는 오류를 **예외** 또는 **런타임 오류**라고 부릅니다.

```
# 프로그램이 시작되었습니다!  ──→ 여기까지는 프로그램이 정상으로 실행되었다는 것을 확인할 수 있습니다.
Traceback (most recent call last):
  File "test.py", line 5, in <module>
    list_a[1]
NameError: name 'list_a' is not defined
```

예외를 해결하는 방법도 구문 오류와 다르지 않습니다. 코드를 제대로 작성하면 됩니다. name 'list_ a' is not defined는 list_a라는 이름을 가진 것이 정의되지 않았다는 의미이므로, list_a라는 이름 을 가진 것을 만들어 주면 됩니다.

다음과 같이 수정할 수 있으며, 실행하면 정상적으로 실행됩니다.

예외 해결

```
# 프로그램 시작
print("# 프로그램이 시작되었습니다!")

# 예외 발생 코드 해결
list_a = [1, 2, 3, 4, 5]  ──→ list_a를 정의합니다.
list_a[1]
```

현재 예외는 단순하게 해결할 수 있었습니다. 하지만 프로그램을 만들다 보면 조금 더 복잡한 방법들 로 예외를 처리해야 하는 경우가 있습니다.

기본 예외 처리

예외를 해결하는 모든 것을 **예외 처리**exception handling라고 부릅니다. 예외를 처리하는 방법은 다음 두 가지로 나뉩니다.

- 조건문을 사용하는 방법
- try 구문을 사용하는 방법

note 구문 오류는 프로그램이 실행조차 되지 않기 때문에 예외 처리 방법으로 처리할 수 없습니다. 문법 문제가 발생한 코드를 수정해야 합니다.

일단 조건문을 사용해서 예외를 처리하는 방법부터 살펴보겠습니다. 이와 같은 예외 처리 방법을 **기 본 예외 처리**라고 부릅니다.

예외 상황 확인하기

일단 예외가 발생할 상황을 만들어 보겠습니다. 다음과 같은 코드가 있을 때 어떤 상황들이 나올 수 있는지 예측해 보세요.

예외가 발생할 수 있는 코드

```
# 숫자를 입력받습니다.
number_input_a = int(input("정수 입력> "))

# 출력합니다.
print("원의 반지름:", number_input_a)
print("원의 둘레:", 2 * 3.14 * number_input_a)
print("원의 넓이:", 3.14 * number_input_a * number_input_a)
```

여러분이라면 지금까지 배운 것을 토대로 '정수를 입력하면 원의 반지름, 둘레, 넓이를 출력하겠지'라고 생각했을 것입니다.

```
정수 입력> 7 Enter
원의 반지름: 7
원의 둘레: 43.96
원의 넓이: 153.86
```

하지만 이제부터는 예외적인 상황도 생각해야 합니다. 만약 정수를 입력하지 않으면 어떻게 될까요? 다음과 같이 예외가 발생할 것입니다.

```
정수 입력> 7센티미터 Enter  ──→ 정수로 변환할 수 없는 문자열을 입력했습니다.
Traceback (most recent call last):
  File "test.py", line 2, in <module>
    number_input_a = int(input("정수 입력> "))
ValueError: invalid literal for int() with base 10: '7센티미터'
```

조건문으로 예외 처리하기

364쪽의 코드에서 정수를 입력하지 않으면 문제가 발생합니다. 따라서 '정수를 입력하지 않았을 때'를 조건으로 구분해서 해당 상황일 때 다른 처리를 하도록 설정해 보겠습니다.

다음 코드를 살펴보겠습니다. 문자열의 isdigit() 함수를 사용해서 숫자로만 구성된 글자인지 확인합니다. 이렇게 하면 int() 함수를 이용해 숫자로 변환할 수 없는 문자열을 변환하면서 발생하는 예외를 피할 수 있습니다.

> **직접 해보는 손코딩**
>
> **조건문으로 예외 처리하기**   소스 코드 handle_with_condition.py

```python
01   # 숫자를 입력받습니다.
02   user_input_a = input("정수 입력> ")
03
04   # 사용자 입력이 숫자로만 구성되어 있을 때
05   if user_input_a.isdigit():
06       # 숫자로 변환합니다.
07       number_input_a = int(user_input_a)
08       # 출력합니다.
09       print("원의 반지름:", number_input_a)
10       print("원의 둘레:", 2 * 3.14 * number_input_a)
11       print("원의 넓이:", 3.14 * number_input_a * number_input_a)
12   else:
13       print("정수를 입력하지 않았습니다.")
```

코드를 실행해 보겠습니다. 정수를 입력하면 정상적인 값을 출력합니다.

```
정수 입력> 8 Enter
원의 반지름: 8
원의 둘레: 50.24
원의 넓이: 200.96
```

이번에는 정수로 변환할 수 없는 문자열을 입력해 보겠습니다. isdigit() 함수를 사용해 숫자로 구성되어 있지 않다는 것을 확인하고, else 구문 쪽으로 들어가서 "정수를 입력하지 않았습니다."라는 문자열을 출력합니다.

```
정수 입력> yes!! Enter
정수를 입력하지 않았습니다.
```

프로그램이 중간에 강제로 죽지 않고 정상 종료됩니다.

프로그램을 작성할 때는 항상 예외적인 상황까지 모두 생각하는 습관을 기르는 게 좋습니다. 그러한 상황이 언제 발생하는지와 관련된 조건을 스스로 구분할 수 있으면 쉽게 예외를 처리할 수 있습니다.

try except 구문

원래 초기의 프로그래밍 언어는 조건문만으로 예외를 처리했습니다. 하지만 예외가 발생할 상황을 예측하고 모두 조건문으로 처리하는 것은 매우 힘든 일입니다. 프로그래밍 언어의 구조적인 문제로 인해 조건문만으로 예외를 처리할 수 없는 경우도 있습니다.

그래서 요즘 프로그래밍 언어는 예외를 처리할 수 있는 구문을 제공합니다. 바로 **try except 구문**입니다. try except 구문의 기본적인 구조는 다음과 같습니다.

```
try:
    예외가 발생할 가능성이 있는 코드
except:
    예외가 발생했을 때 실행할 코드
```

그럼 이전의 예제를 try except 구문으로 변경해 보겠습니다. 예외가 발생할 가능성이 있는 코드를 모두 try 구문 안에 넣고 예외가 발생했을 때 실행할 코드를 모두 except 구문 안에 넣으면 됩니다.

어떤 상황에 예외가 발생하는지 완벽하게 이해하고 있지 않아도 프로그램이 강제로 죽어 버리는 상황을 막을 수 있습니다.

try except 구문   소스 코드 handle_with_try.py

```
01    # try except 구문으로 예외를 처리합니다.
02    try:
03        # 숫자로 변환합니다.
04        number_input_a = int(input("정수 입력> "))  ──→ 예외가 발생할 가능성이 있는 구문
05        # 출력합니다.
06        print("원의 반지름:", number_input_a)
07        print("원의 둘레:", 2 * 3.14 * number_input_a)
08        print("원의 넓이:", 3.14 * number_input_a * number_input_a)
09    except:
10        print("무언가 잘못되었습니다.")  ──→ 예외가 발생했을 때 실행할 구문
```

코드를 실행하고 정수로 변환할 수 없는 문자열을 입력해 보세요. 코드를 실행하면 프로그램이 강제로 종료되는 일 없이 예외 처리를 하고 정상적으로 종료됩니다.

```
정수 입력> yes!!  Enter
무언가 잘못되었습니다.
```

try except 구문과 pass 키워드 조합하기

프로그래밍을 하다 보면 이유는 정확히 모르겠지만, 어떤 부분에서 예외가 발생하는지 정도는 파악할 수 있는 상황이 있습니다. 예외가 발생하면 일단 처리해야 하지만, 해당 코드가 딱히 중요한 부분이 아니라면 일단 프로그램이 강제 종료되는 것부터 막자는 목적으로 except 구문에 아무 것도 넣지 않고 try 구문을 사용하게 됩니다.

하지만 구문 내부에 아무 것도 넣지 않으면 구문 오류가 발생하므로 다음과 같이 **pass 키워드**를 넣어 줍니다.

```
try:
    예외가 발생할 가능성이 있는 코드
except:
    pass
```

예외를 잘 활용하면 간단한 코드로 필요한 기능을 구현할 수 있습니다. 다음 코드를 살펴보겠습니다.

직접 해보는 손코딩

숫자로 변환되는 것들만 리스트에 넣기　소스 코드 try_pass.py

```
01    # 변수를 선언합니다.
02    list_input_a = ["52", "273", "32", "스파이", "103"]
03
04    # 반복을 적용합니다.
05    list_number = []
06    for item in list_input_a:
07        # 숫자로 변환해서 리스트에 추가합니다.
08        try:
09            float(item)  # 예외가 발생하면 알아서 다음으로 진행은 안 되겠지?
10            list_number.append(item)   # 예외 없이 통과했으면 list_number 리스트에 넣어줘!
11        except:
12            pass
13
14    # 출력합니다.
15    print("{} 내부에 있는 숫자는".format(list_input_a))
16    print("{}입니다.".format(list_number))
```

🖥 실행 결과　　　　　　　　　　　　　　　　　　　　　　×

```
['52', '273', '32', '스파이', '103'] 내부에 있는 숫자는
['52', '273', '32', '103']입니다.
```

숫자로 변환할 수 없는 문자열이라면 float(item)를 실행할 때 예외가 발생합니다. 따라서 이를 이용해서 try except 구문으로 감싸고 예외가 발생하지 않는 경우에만 list_number.append(item)가 실행되도록 만드는 코드입니다.

물론 try except 구문은 if 구문을 활용하는 코드에 비해 아주 약간 느립니다. 하지만 필자는 파이썬 자체가 그렇게 속도를 중요시하는 프로그래밍 언어가 아니므로 코드를 조금 더 쉽게 작성할 목적이라면 사용해도 괜찮다고 생각합니다.

try except else 구문

try except 구문 뒤에 else 구문을 붙여서 사용하면 '예외가 발생하지 않았을 때 실행할 코드'를 지정할 수 있습니다.

```
try:
    예외가 발생할 가능성이 있는 코드
except:
    예외가 발생했을 때 실행할 코드
else:
    예외가 발생하지 않았을 때 실행할 코드
```

try except else 구문을 사용할 때는 예외가 발생할 가능성이 있는 코드만 try 구문 내부에 넣고 나머지를 모두 else 구문으로 빼는 경우가 많습니다. 다음 코드를 살펴보겠습니다.

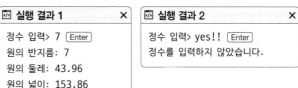

try except else 구문 〔소스 코드 try_except_else.py〕

```
01  # try except else 구문으로 예외를 처리합니다.
02  try:
03      # 숫자로 변환합니다.
04      number_input_a = int(input("정수 입력> "))
05  except:
06      print("정수를 입력하지 않았습니다.")
07  else:
08      # 출력합니다.
09      print("원의 반지름:", number_input_a)
10      print("원의 둘레:", 2 * 3.14 * number_input_a)
11      print("원의 넓이:", 3.14 * number_input_a * number_input_a)
```

🖵 실행 결과 1   ✕
정수 입력> 7 〔Enter〕
원의 반지름: 7
원의 둘레: 43.96
원의 넓이: 153.86

🖵 실행 결과 2   ✕
정수 입력> yes!! 〔Enter〕
정수를 입력하지 않았습니다.

사실 코드를 보고 왜 이렇게 써야 하는지, 그냥 이전 코드처럼 try 구문 안에 모두 넣으면 왜 안 되는 건지 궁금해하는 독자도 있을 것입니다.

당연한 생각입니다. C++, C#, Java, JavaScript, PHP, Objective-C, Swift, Kotlin 등의 프로그래밍 언어는 예외 처리에 else 구문이 없습니다. 예외 처리에 else 구문이 있는 프로그래밍 언어는 파이썬과 루비 정도입니다.

수많은 프로그래밍 언어 중에 몇몇 프로그래밍 언어만 가지고 있는 기능은 다른 말로 하면, 그 기능이 없어도 프로그램을 만드는 데는 문제가 없다는 것입니다. 한마디로 말해 꼭 이렇게 코드를 작성할 필요는 없습니다. else 구문을 사용하지 않고 try 구문 내부에 모두 넣고 처리해도 괜찮습니다. 물론 예외 처리 때 else 구문을 활용하는 것이 더 깔끔하다고 생각하고 예외가 발생하는 부분만 try 구문에 넣는 분도 있습니다.

하지만 몰라도 되는 것은 아닙니다. 그건 다른 문제입니다. 왜냐하면 다른 사람이 만든 코드를 이해할 때 필요하기 때문입니다. 따라서 기억은 해 두되, 편한 대로 사용하기 바랍니다.

finally 구문

finally 구문은 예외 처리 구문에서 가장 마지막에 사용할 수 있는 구문입니다. 예외가 발생하든 발생하지 않든 무조건 실행할 때 사용하는 코드입니다.

```
try:
    예외가 발생할 가능성이 있는 코드
except:
    예외가 발생했을 때 실행할 코드
else:
    예외가 발생하지 않았을 때 실행할 코드
finally:
    무조건 실행할 코드
```

그럼 구문을 모두 사용한 예제를 살펴보겠습니다.

finally 구문 소스 코드 `try_except_else_finally.py`

```
01  # try except 구문으로 예외를 처리합니다.
02  try:
03      # 숫자로 변환합니다.
04      number_input_a = int(input("정수 입력> "))
05      # 출력합니다.
06      print("원의 반지름:", number_input_a)
07      print("원의 둘레:", 2 * 3.14 * number_input_a)
08      print("원의 넓이:", 3.14 * number_input_a * number_input_a)
09  except:
10      print("정수를 입력하지 않았습니다.")
11  else:
12      print("예외가 발생하지 않았습니다.")
13  finally:
14      print("일단 프로그램이 어떻게든 끝났습니다.")
```

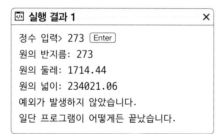

```
💻 실행 결과 1                         ✕

정수 입력> 273  Enter
원의 반지름: 273
원의 둘레: 1714.44
원의 넓이: 234021.06
예외가 발생하지 않았습니다.
일단 프로그램이 어떻게든 끝났습니다.
```

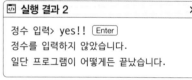

```
💻 실행 결과 2                         ✕

정수 입력> yes!!  Enter
정수를 입력하지 않았습니다.
일단 프로그램이 어떻게든 끝났습니다.
```

두 가지 경우 모두 "일단 프로그램이 어떻게든 끝났습니다."라고 finally 구문이 실행되는 모습을 볼 수 있습니다.

try, except, finally 구문의 조합

예외 처리 구문은 다음과 같은 규칙을 지켜야 합니다.

- try 구문은 단독으로 사용할 수 없으며, 반드시 except 구문 또는 finally 구문과 함께 사용해야 합니다.

- else 구문은 반드시 except 구문 뒤에 사용해야 합니다.

이를 조합해 보면 다음과 같습니다.

- try + except 구문 조합
- try + except + else 구문 조합
- try + except + finally 구문 조합
- try + except + else + finally 구문 조합
- try + finally 구문 조합

이 외의 조합은 실행했을 때 구문 오류가 발생합니다. 예를 들어 try + else를 조합해 보겠습니다.

try + else 구문 조합

```python
# try except 구문으로 예외를 처리합니다.
try:
    # 숫자로 변환합니다.
    number_input_a = int(input("정수 입력> "))
    # 출력합니다.
    print("원의 반지름:", number_input_a)
    print("원의 둘레:", 2 * 3.14 * number_input_a)
    print("원의 넓이:", 3.14 * number_input_a * number_input_a)
else:
    print("프로그램이 정상적으로 종료되었습니다.")
```

이렇게 조합하면 코드를 실행했을 때 다음과 같이 구문 오류가 발생합니다. 구문 오류가 발생하면 코드가 아예 실행되지도 않습니다.

⚠ 오류

```
SyntaxError: Invalid syntax
```

finally에 대한 오해

일반적으로 finally 키워드를 설명하는 예제로 '파일 처리'를 많이 사용합니다. 초보자를 위해 쉽게 설명하기 위한 용도로 좋기는 하지만, 실제 finally 구문을 사용하는 것과는 전혀 관련이 없습니다.

아마 이 책을 보는 분 중에서도 그렇게 잘못 알고 있는 경우가 있을 수 있으므로, 왜 잘못되었는지 살펴보고 finally 키워드를 사용하는 상황에 대해 제대로 살펴보겠습니다.

파일을 열고 있으면 해당 파일을 이동하거나 덮어 씌우거나 하는 것이 불가능해집니다. 따라서 프로그램에서 파일을 열었으면open 무조건 닫아야close 합니다. 파일을 제대로 닫았는지는 file 객체의 **closed** 속성으로 알 수 있습니다.

직접 해보는 손코딩

파일이 제대로 닫혔는지 확인하기 소스 코드 file_closed01.py

```python
01  # try except 구문을 사용합니다.
02  try:
03      # 파일을 엽니다.
04      file = open("info.txt", "w")
05      # 여러 가지 처리를 수행합니다.
06      # 파일을 닫습니다.
07      file.close()
08  except:
09      print("오류가 발생했습니다.")
10
11  print("# 파일이 제대로 닫혔는지 확인하기")
12  print("file.closed:", file.closed)
```

```
실행 결과                                    ✕
# 파일이 제대로 닫혔는지 확인하기
file.closed: True
```

물론 현재 예제처럼 간단하게 실행되고 끝나는 프로그램이라면 큰 상관은 없습니다. 프로그램이 끝날 때 자신이 열었던 파일을 자동으로 모두 닫으니까요. 하지만 이 프로그램이 항상 켜져 있는 프로그램이라면 문제가 생길 수 있습니다.

note 항상 켜져 있는 프로그램을 데몬(daemon) 또는 서비스(service)라고 부릅니다. 예를 들어 컴퓨터의 성능을 감시하는 프로그램, 파일의 변경을 감시하는 프로그램, 사용자에게 웹 페이지를 제공해 주는 웹 서버 등이 모두 데몬이자 서비스입니다.

파일을 닫을 때는 **close()** 함수를 사용합니다. 그런데 중간 과정에서 예외가 발생해서 try 구문 중간에 튕겨 버리면 파일이 제대로 닫히지 않는 문제가 발생할 수 있습니다.

파일 처리 중간에 예외 발생 소스 코드 file_closed02.py

```
01  # try except 구문을 사용합니다.
02  try:
03      # 파일을 엽니다.
04      file = open("info.txt", "w")
05      # 여러 가지 처리를 수행합니다.
06      예외.발생해라()  ──→ 일부러 예외를 발생시킵니다.
07      # 파일을 닫습니다.
08      file.close()
09  except:
10      print("오류가 발생했습니다.")
11
12  print("# 파일이 제대로 닫혔는지 확인하기")
13  print("file.closed:", file.closed)
```

> **실행 결과**   ×
>
> 오류가 발생했습니다.
> # 파일이 제대로 닫혔는지 확인하기
> file.closed: False

코드를 실행해 보면 closed가 False이므로 파일이 닫히지 않았다는 것을 알 수 있습니다. 따라서 반드시 finally 구문을 사용하여 파일을 닫게 해야 합니다.

finally 구문 사용해 파일 닫기 소스 코드 file_closed03.py

```
01  # try except 구문을 사용합니다.
02  try:
03      # 파일을 엽니다.
04      file = open("info.txt", "w")
05      # 여러 가지 처리를 수행합니다.
06      예외.발생해라()
07  except:
08      print("오류가 발생했습니다.")
09  finally:
10      # 파일을 닫습니다.
11      file.close()
12
```

> **실행 결과**   ×
>
> 오류가 발생했습니다.
> # 파일이 제대로 닫혔는지 확인하기
> file.closed: True

```
13    print("# 파일이 제대로 닫혔는지 확인하기")
14    print("file.closed:", file.closed)
```

이는 finally 키워드와 관련된 기본적인 설명이며, 모든 프로그래밍 언어에서 예외 처리를 설명할 때 단골로 나오는 이야기입니다. 그런데 의심이 많은 사람이라면 '다음과 같은 코드를 사용해도 되지 않을까'라는 생각을 할 수도 있습니다.

직접 해보는 손코딩

try except 구문 끝난 후 파일 닫기　　소스 코드 file_closed04.py

```
01    # try except 구문을 사용합니다.
02    try:
03        # 파일을 엽니다.
04        file = open("info.txt", "w")
05        # 여러 가지 처리를 수행합니다.
06        예외.발생해라()
07    except:
08        print("오류가 발생했습니다.")
09
10    # 파일을 닫습니다.
11    file.close()
12    print("# 파일이 제대로 닫혔는지 확인하기")
13    print("file.closed:", file.closed)
```

📄 **실행 결과**　　　　　　　　　✕
```
오류가 발생했습니다.
# 파일이 제대로 닫혔는지 확인하기
file.closed: True
```

그냥 try except 구문이 모두 끝난 후에 파일을 닫으면 아무 문제 없습니다.

한마디로 파일 처리를 할 때 무조건 finally 키워드를 사용해야 한다는 것은 말도 안 되는 이야기입니다. finally 키워드는 어떤 조건에 무조건 사용해야 하는 게 아니라, finally 키워드를 사용하면 코드가 깔끔해질 것 같다고 생각되는 경우에 사용합니다. 그렇다면 어떤 경우에 코드가 깔끔해질 수 있는지 살펴볼까요?

try 구문 내부에서 return 키워드를 사용하는 경우

finally 구문은 반복문 또는 함수 내부에 있을 때 위력을 발휘합니다. 일단 다음 코드를 보고 프로그램의 실행 결과를 예측해 보세요.

직접 해보는 손코딩

try 구문 내부에서 return 키워드를 사용하는 경우　소스 코드 try_return01.py

```python
01  # test() 함수를 선언합니다.
02  def test():
03      print("test() 함수의 첫 줄입니다.")
04      try:
05          print("try 구문이 실행되었습니다.")
06          return
07          print("try 구문의 return 키워드 뒤입니다.")
08      except:
09          print("except 구문이 실행되었습니다.")
10      else:
11          print("else 구문이 실행되었습니다.")
12      finally:
13          print("finally 구문이 실행되었습니다.")
14      print("test() 함수의 마지막 줄입니다.")
15
16  # test() 함수를 호출합니다.
17  test()
```

finally 구문은 무조건 실행됩니다. ←

> **실행 결과**　✕
>
> test() 함수의 첫 줄입니다.
> try 구문이 실행되었습니다.
> finally 구문이 실행되었습니다.

try 구문 내부에 return 키워드가 있다는 것이 포인트입니다. try 구문 중간에서 탈출해도 finally 구문은 무조건 실행됩니다. 따라서 함수 내부에서 파일 처리 코드를 깔끔하게 만들고 싶을 때 finally 구문을 활용하는 경우가 많습니다. try 구문에서 원할 때 return 키워드로 빠져나가도 파일이 무조건 닫히기 때문입니다.

finally 키워드 활용   소스 코드 try_return02.py

```
01    # 함수를 선언합니다.
02    def write_text_file(filename, text):
03        # try except 구문을 사용합니다.
04        try:
05            # 파일을 엽니다.
06            file = open(filename, "w")
07            # 여러 가지 처리를 수행합니다.
08            return
09            # 파일에 텍스트를 입력합니다.
10            file.write(text)
11        except:
12            print("오류가 발생했습니다.")
13        finally:
14            # 파일을 닫습니다.
15            file.close()
16
17    # 함수를 호출합니다.
18    write_text_file("test.txt", "안녕하세요!")
```

만약 중간에 return 키워드 등으로 함수를 빠져나갈 때마다 close()를 하도록 코드를 작성했다면 코드가 굉장히 복잡해질 것입니다. 하지만 이렇게 finally 구문에서 close() 함수를 호출하도록 코드를 작성하면 코드가 깔끔해집니다.

반복문과 함께 사용하는 경우

finally 구문은 무조건 실행됩니다. 따라서 반복문에서 break로 빠져나갈 때도 마찬가지입니다. 코드로 살펴보겠습니다.

반복문과 함께 사용하는 경우　　소스 코드 `finally_loop.py`

```python
01    print("프로그램이 시작되었습니다.")
02
03    while True:
04        try:
05            print("try 구문이 실행되었습니다.")
06            break
07            print("try 구문의 break 키워드 뒤입니다.")
08        except:
09            print("except 구문이 실행되었습니다.")
10        finally:
11            print("finally 구문이 실행되었습니다.")
12        print("while 반복문의 마지막 줄입니다.")
13    print("프로그램이 종료되었습니다.")
```

> **실행 결과**　　　　　　　　　　　✕
> 프로그램이 시작되었습니다.
> try 구문이 실행되었습니다.
> finally 구문이 실행되었습니다.
> 프로그램이 종료되었습니다.

코드를 실행하면 break 키워드로 try 구문 전체를 빠져나가도 finally 구문이 실행되는 것을 볼 수 있습니다.

▶ 4가지 키워드로 정리하는 핵심 포인트

- **구문 오류**는 프로그램의 문법적인 오류로 프로그램이 실행조차 되지 않게 만드는 오류입니다.

- **예외(런타임 에러)**는 프로그램 실행 중에 발생하는 오류입니다. try except 구문 등으로 처리할 수 있습니다. 반대로 구문 오류는 실행 자체가 안 되므로 try except 구문으로 처리할 수 없습니다.

- **기본 예외 처리**는 조건문 등을 사용해 예외를 처리하는 기본적인 방법입니다.

- **try except 구문**은 예외 처리에 특화된 구문입니다.

▶ 확인문제

1. 구문 오류(Syntax Error)와 예외(Exception)의 차이를 설명해 보세요.

2. 리스트 내부에서 특정 값이 어디 있는지 확인할 때는 리스트의 index() 함수를 사용합니다. 간단한 사용 예는 다음과 같습니다.

```
>>> numbers = [52, 273, 32, 103, 90, 10, 275]
>>> numbers.index(52)
0
>>> numbers.index(103)
3
```

hint 1. 361쪽을 참고하세요!

해당 값이 여러 개 있을 경우에는 다음과 같이 첫 번째 값의 위치를 리턴합니다.

```
>>> numbers = [1, 1, 1, 1, 1, 1, 1]
>>> numbers.index(1)
0
```

그런데 이 함수는 리스트의 없는 값에 접근하려고 할 때 ValueError 예외를 발생합니다.

```
>>> numbers = [52, 273, 32, 103, 90, 10, 275]
>>> numbers.index(1000000)
Traceback (most recent call last):
  File "<pyshell#7>", line 1, in <module>
    numbers.index(1000000)
ValueError: 1000000 is not in list
```

다음 코드의 빈칸을 ❶ 조건문을 사용한 코드 ❷ try except 구문을 사용한 코드로 채워서 예외가 발생하지 않고 코드가 실행 결과처럼 출력되게 만들어 주세요.

```
numbers = [52, 273, 32, 103, 90, 10, 275]

print("# (1) 요소 내부에 있는 값 찾기")
print("- {}는 {} 위치에 있습니다.".format(52, numbers.index(52)))
print()

print("# (2) 요소 내부에 없는 값 찾기")
number = 10000

  print("- {}는 {} 위치에 있습니다.".format(number, numbers.index(number)))

  print("- 리스트 내부에 없는 값입니다.")
print()

print("--- 정상적으로 종료되었습니다. ---")
```

```
🔲 실행 결과                                                                    ✕

# (1) 요소 내부에 있는 값 찾기
- 52는 0 위치에 있습니다.

# (2) 요소 내부에 없는 값 찾기
- 리스트 내부에 없는 값입니다.

--- 정상적으로 종료되었습니다. ---
```

3. 다음 중 구문 오류 발생이 예상되면 '구문 오류'에, 예외 발생이 예상되면 '예외'에 체크 표시를 한 후, 예상되는 에러명도 적어 보세요.

```
output = 10 + "개"     # ❶
int("안녕하세요")        # ❷
cursor.close)          # ❸
[1, 2, 3, 4, 5][10]    # ❹
```

❶ ☐ 구문 오류 ☐ 예외 ➜ (   )

❷ ☐ 구문 오류 ☐ 예외 ➜ (   )

❸ ☐ 구문 오류 ☐ 예외 ➜ (   )

❹ ☐ 구문 오류 ☐ 예외 ➜ (   )

hint 2. 조건문으로 만드는 것이 잘 떠오르지 않을 수 있습니다. index() 함수는 리스트 내부에 값이 없을 때 예외를 발생시킵니다. 따라서 리스트 내부에 값이 있는지 없는지 확인하면 됩니다.

3. 실행 자체가 되지 않는 코드가 구문 오류(SyntaxError), 실행 중에 발생하는 오류가 예외(Exception)입니다.

06-2 예외 고급

핵심 키워드 예외 객체   raise 구문   깃허브

프로그램을 개발하다 보면 수많은 오류를 만나게 됩니다. 또한 처음 프로그램을 개발했을 때 모든 오류를 예측하고 처리하는 경우는 거의 없습니다. 개발이 완료된 뒤에도 예측하지 못한 오류들이 계속 발생하기 때문에 유지보수를 해줘야 합니다.

시작하기 전에

현실에서 어떤 사건이 발생하면 '누가, 언제, 어디서'라는 정보가 생깁니다. 프로그래밍 언어도 예외가 발생하면 예외와 관련된 정보가 생깁니다. 그리고 이러한 예외 정보는 **예외 객체**exception object에 저장됩니다.

예외 객체는 다음과 같은 형태로 사용합니다.

```
try:
    예외가 발생할 가능성이 있는 구문
except 예외의 종류 as 예외 객체를 활용할 변수 이름:
    예외가 발생했을 때 실행할 구문
```

예외가 발생하면
예외 정보가 생기고
예외 정보는 예외 객체에 저장됩니다.

예외 객체

처음 예외 객체를 사용해 보면 '예외의 종류'가 뭔지 몰라 당황하는 경우가 있습니다. 그럴 때는 '모든 예외의 어머니'라고 불리는 Exception을 사용합니다.

note Exception은 '클래스'입니다. 클래스와 관련된 내용은 8장에서 다루도록 하겠습니다.

이를 활용해 다음과 같이 코드를 구성하고 예외 객체의 자료형과 예외 객체 자체를 출력해 보겠습니다.

직접 해보는 손코딩

예외 객체   소스 코드 except01.py

```
01  # try except 구문으로 예외를 처리합니다.
02  try:
03      # 숫자로 변환합니다.
04      number_input_a = int(input("정수 입력> "))
05      # 출력합니다.
06      print("원의 반지름:", number_input_a)
07      print("원의 둘레:", 2 * 3.14 * number_input_a)
08      print("원의 넓이:", 3.14 * number_input_a * number_input_a)
09  except Exception as exception:
10      # 예외 객체를 출력해봅니다.
11      print("type(exception):", type(exception))
12      print("exception:", exception)
```

코드를 실행하고 문자를 입력하여 예외를 강제로 발생시켜 보세요. 예외 객체의 자료형은 Value Error, 내용은 invalid literal for int() with base 10: '〈입력한 문자열〉'이 출력됩니다.

```
정수 입력> yes!! [Enter]
type(exception): <class 'ValueError'>
exception: invalid literal for int() with base 10: 'yes!!'
```

만약 큰 규모의 웹 서비스를 구축한다면 내부에서 다양한 예외가 발생합니다. 예외가 발생할 때 이러한 정보를 메일 등으로 보내도록 해서 수집하면 이후에 프로그램을 개선하는 데 큰 도움이 됩니다.

예외 구분하기

예외 객체를 사용하면 except 구문을 if 조건문처럼 사용해서 예외를 구분할 수 있습니다. 약간 어렵게 보일 수 있는 구문이므로 차근차근 살펴보겠습니다.

여러 가지 예외가 발생할 수 있는 상황

다음 코드를 살펴보고 어떤 상황이 발생할 수 있는지 예측해 보세요.

 직접 해보는 손코딩

여러 가지 예외가 발생할 수 있는 코드   소스 코드 except02.py

```
01  # 변수를 선언합니다.
02  list_number = [52, 273, 32, 72, 100]
03
04  # try except 구문으로 예외를 처리합니다.
05  try:
06      # 숫자를 입력받습니다.
07      number_input = int(input("정수 입력> "))
08      # 리스트의 요소를 출력합니다.
09      print("{}번째 요소: {}".format(number_input, list_number[number_input]))
10  except Exception as exception:
11      # 예외 객체를 출력해봅니다.
12      print("type(exception):", type(exception))
13      print("exception:", exception)
```

첫 번째는 정상적으로 정수를 입력한 경우입니다. 어떠한 예외도 발생하지 않습니다.

```
정수 입력> 2 Enter
2번째 요소: 32
```

두 번째는 정수로 변환될 수 없는 값을 입력한 경우입니다. **ValueError**가 발생합니다.

```
정수 입력> yes!! [Enter]
type(exception): <class 'ValueError'>
exception: invalid literal for int() with base 10: 'yes!!'
```

세 번째는 정수를 입력하지만, 리스트의 길이를 넘는 인덱스를 입력한 경우입니다. 이때는 Index Error가 발생합니다.

```
정수 입력> 100 [Enter]
type(exception): <class 'IndexError'>
exception: list index out of range
```

어떤 코드의 내부에서는 이처럼 여러 개의 예외가 발생할 수 있습니다. 파이썬은 이때 예외를 구분해서 처리할 수 있는 구문을 제공합니다.

예외 구분하기

파이썬은 except 구문 뒤에 예외의 종류를 입력해서 예외를 구분할 수 있습니다.

```
try:
    예외가 발생할 가능성이 있는 구문
except 예외의 종류A:
    예외A가 발생했을 때 실행할 구문
except 예외의 종류B:
    예외B가 발생했을 때 실행할 구문
except 예외의 종류C:
    예외C가 발생했을 때 실행할 구문
```

간단하게 이전 절에서 살펴봤던 예외인 ValueError와 IndexError를 구분해 보겠습니다.

예외 구분하기 　소스 코드 except_multi.py

```
01    # 변수를 선언합니다.
02    list_number = [52, 273, 32, 72, 100]
03
04    # try except 구문으로 예외를 처리합니다.
05    try:
06        # 숫자를 입력받습니다.
07        number_input = int(input("정수 입력> "))
08        # 리스트의 요소를 출력합니다.
09        print("{}번째 요소: {}".format(number_input, list_number[number_input]))
10    except ValueError:
11        # ValueError가 발생하는 경우
12        print("정수를 입력해 주세요!")
13    except IndexError:
14        # IndexError가 발생하는 경우
15        print("리스트의 인덱스를 벗어났어요!")
```

코드를 실행하고 정수가 아닌 값을 입력해 ValueError를 발생시켜 보면 ValueError를 입력한 except 구문으로 들어가서 다음과 같이 "정수를 입력해 주세요!"라는 문자열을 출력합니다.

```
정수 입력> yes!! [Enter]
정수를 입력해 주세요!
```

다시 코드를 실행하고 리스트의 인덱스를 넘는 숫자를 입력하면 IndexError를 입력한 except 구문으로 들어가서 다음과 같이 "리스트의 인덱스를 벗어났어요!"라는 문자열을 출력합니다.

```
정수 입력> 100 [Enter]
리스트의 인덱스를 벗어났어요!
```

예외 구분 구문과 예외 객체

예외를 구분할 때 각각의 except 구문 뒤에 예외 객체를 붙여 활용할 수도 있습니다. 마찬가지로 **as 키워드**를 사용하면 됩니다. 간단하게 본문의 코드에 예외 객체를 추가하고 출력해 보겠습니다.

예외 구분과 예외 객체 소스 코드 except_as.py

```
01    # 변수를 선언합니다.
02    list_number = [52, 273, 32, 72, 100]
03
04    # try except 구문으로 예외를 처리합니다.
05    try:
06        # 숫자를 입력 받습니다.
07        number_input = int(input("정수 입력> "))
08        # 리스트의 요소를 출력합니다.
09        print("{}번째 요소: {}".format(number_input, list_number[number_input]))
10    except ValueError as exception:
11        # ValueError가 발생하는 경우
12        print("정수를 입력해 주세요!")
13        print("exception:", exception)
14    except IndexError as exception:
15        # IndexError가 발생하는 경우
16        print("리스트의 인덱스를 벗어났어요!")
17        print("exception:", exception)
```

코드를 실행하고 인덱스를 벗어나는 숫자를 입력하여 IndexError를 발생시키면 다음과 같이 출력합니다.

```
정수 입력> 100 Enter
리스트의 인덱스를 벗어났어요!
exception: list index out of range
```

모든 예외 잡기

except 구문으로 예외를 구분하면 if, elif, else 조건문처럼 차례대로 오류를 검출하면서 확인합니다. 만약 예외 조건에 일치하는 것이 없다면 당연히 예외가 발생하며 프로그램이 강제 종료됩니다.

예를 들어 다음 코드를 살펴보겠습니다. 중간에 "예외.발생해주세요()"를 사용하는데, '예외'라는 이름의 변수가 없으므로 예외가 발생합니다. 이름이 없으므로 NameError가 발생할 텐데, 예외 처리 구분 중에 NameError가 없습니다.

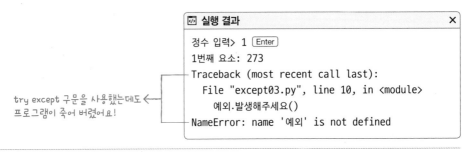

직접 해보는 손코딩

예외 처리를 했지만 예외를 못 잡는 경우   소스 코드 except03.py

```
01  # 변수를 선언합니다.
02  list_number = [52, 273, 32, 72, 100]
03
04  # try except 구문으로 예외를 처리합니다.
05  try:
06      # 숫자를 입력받습니다.
07      number_input = int(input("정수 입력> "))
08      # 리스트의 요소를 출력합니다.
09      print("{}번째 요소: {}".format(number_input, list_number[number_input]))
10      예외.발생해주세요()  ──→ 이 부분에서 잡지 않은 예외가 발생합니다.
11  except ValueError as exception:
12      # ValueError가 발생하는 경우
13      print("정수를 입력해 주세요!")
14      print(type(exception), exception)
15  except IndexError as exception:
16      # IndexError가 발생하는 경우
17      print("리스트의 인덱스를 벗어났어요!")
18      print(type(exception), exception)
```

```
🖵 실행 결과                                              ✕
정수 입력> 1 [Enter]
1번째 요소: 273
Traceback (most recent call last):
  File "except03.py", line 10, in <module>
    예외.발생해주세요()
NameError: name '예외' is not defined
```

try except 구문을 사용했는데도
프로그램이 죽어 버렸어요!

이렇게 되면 예외가 발생해 프로그램이 강제 종료됩니다. 그래서 else 구문처럼 마지막에는 모든 예외의 부모라고 할 수 있는 Exception을 넣어서 프로그램이 죽지 않게 하는 것이 좋습니다.

직접 해보는 손코딩

모든 예외 잡기   소스 코드 except_all.py

```
01  # 변수를 선언합니다.
02  list_number = [52, 273, 32, 72, 100]
03
04  # try except 구문으로 예외를 처리합니다.
05  try:
06      # 숫자를 입력 받습니다.
07      number_input = int(input("정수 입력> "))
08      # 리스트의 요소를 출력합니다.
09      print("{}번째 요소: {}".format(number_input, list_number[number_input]))
10      예외.발생해주세요()
11  except ValueError as exception:
12      # ValueError가 발생하는 경우
13      print("정수를 입력해 주세요!")
14      print(type(exception), exception)
15  except IndexError as exception:
16      # IndexError가 발생하는 경우
17      print("리스트의 인덱스를 벗어났어요!")
18      print(type(exception), exception)
19  except Exception as exception:       ──→ ValueError와 IndexError가 아닌 예외가 발생했을 때
20      # 이외의 예외가 발생한 경우               실행됩니다.
21      print("미리 파악하지 못한 예외가 발생했습니다.")
22      print(type(exception), exception)
```

▣ 실행 결과   ✕

```
정수 입력> 1 Enter
1번째 요소: 273
미리 파악하지 못한 예외가 발생했습니다.
<class 'NameError'> name '예외' is not defined
```

코드를 실행하면 프로그램이 중간에 강제 종료되지 않으며 앞의 결과와 같이 출력합니다. 참고로 너무 치명적인 문제인데도 프로그램이 종료되지 않게 만들면 그건 또 그것대로 문제가 될 수 있으므로 상황을 꼭 확인하기 바랍니다.

지금까지 예외를 처리하는 방법에 대해서 알아보았습니다. 책에서는 간단한 예제밖에 살펴보지 못했지만, 큰 규모의 프로그램을 개발할 때는 '예외 처리로 떡칠을 한다'라고 표현할 정도로 예외 처리를 많이 사용합니다.

예외 처리에서 가장 중요한 것은 '이 코드에서 어떤 예외가 발생할 것인가?'를 잘 예측하는 것입니다. 모든 것을 예측한다는 것은 절대 쉬운 일이 아닙니다.

수많은 게임을 만들어 본 개발자들도 게임 내부에서 예외를 제대로 잡지 못해서 'Microsoft Visual C++ Runtime Library – Runtime Error!' 등의 메시지가 뜨면서 프로그램이 강제 종료되는 경우가 허다합니다. 또한 잘 만들어진 게임 서버도 사람이 몰렸다는 이유만으로 예외가 발생해서 '서버가 터져 버렸어요'라는 공지를 띄우기도 합니다. KTX를 예매할 때, 공연 티켓을 예매할 때도 사람들이 너무 몰려 데이터베이스 연결이 많아지면 예외가 발생해서 긴급 유지보수를 진행하는 경우도 있습니다.

너무 많은 상황을 모두 예측할 수는 없지만, 최대한 잡을 수 있는 것들을 예측해 보고 잡을 수 있도록 노력하는 것이 개발자의 자세라고 할 수 있습니다.

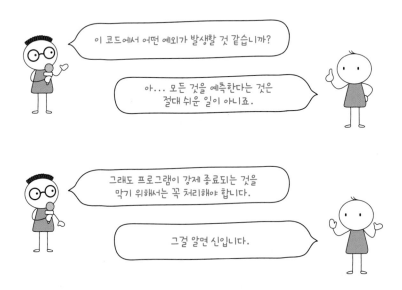

raise 구문

프로그램이 강제 종료되는 것을 막기 위해 예외는 꼭 처리해야 합니다. 하지만 프로그램을 개발하는 동안에는 '아직 구현하지 않은 부분이니까 확실하게 문제가 생기게 만들자' 또는 '이 부분을 그냥 넘어가면 나중에 큰 문제가 발생하니까 여기에서 강제 종료시키자'라는 경우도 있습니다.

이전에 pass 키워드를 배우면서(183쪽) 다음과 같은 예를 살펴보았던 적이 있습니다.

아직 구현되지 않은 부분에서 강제로 예외 발생시키기

```python
# 입력을 받습니다.
number = input("정수 입력> ")
number = int(number)
# 조건문 사용
if number > 0:
    # 양수일 때: 아직 미구현 상태입니다.
    raise NotImplementedError
else:
    # 음수일 때: 아직 미구현 상태입니다.
    raise NotImplementedError
```

아직 구현되지 않은 부분이므로 일부러 예외를 발생시켜 프로그램을 죽게 만들어 잊어버리지 않도록 하는 것입니다. 이때 사용한 **raise 키워드**가 바로 예외를 강제로 발생시키는 기능을 합니다.

```
raise 예외 객체
```

사용 방법은 간단합니다. raise 뒤에 예외 이름을 입력해 주면 됩니다.

이때 출력되는 메시지를 원하는 형태로 만들고 싶다면 예외 클래스를 만들어야 합니다. 일반적으로 많이 사용되는 내용은 아닌데, 이와 관련된 내용은 8장에서 클래스를 배우면서 살펴보겠습니다.

깃허브에서 코드 살펴보기

프로그래밍에서 어떤 구문을 무조건 사용해야 한다는 것은 불가합니다. 발생할 수 있는 상황이 너무 많기 때문에 상황에 따라 선택적으로 사용합니다.

사실 이러한 판단이 처음에는 굉장히 힘듭니다. 다른 사람들이 만든 다양한 코드들을 보면서 '이런 방법도 있구나'라는 것을 스스로 생각해 보고 많은 코드를 살펴보기 바랍니다.

파이썬 기본 문법을 공부한 이후에는 프레임워크와 라이브러리들을 살펴보게 될 것입니다. 대부분의 파이썬 프레임워크와 라이브러리들은 깃허브GitHub라는 사이트에 코드가 공개되어 있습니다. 예를 들어 웹 개발에 관심이 있는 독자라면 이 책을 모두 읽고 난 이후에 장고Django 등의 프레임워크를 살펴보게 될 텐데요, 장고도 깃허브에서 코드를 볼 수 있습니다.

깃허브의 장고 웹 페이지
URL https://github.com/django/django

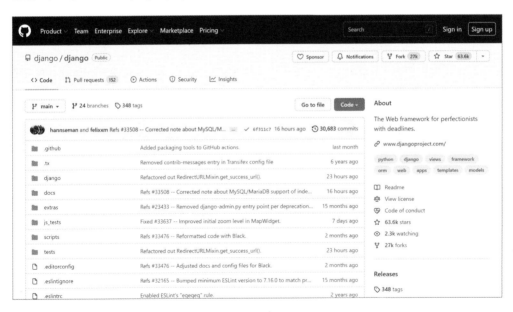

이곳에서 다양한 코드를 살펴보면 어떠한 형태로 코드를 작성해야 좋은지 확인할 수 있습니다. 그럼 실제로 장고에서 finally 키워드를 어떤 형태로 사용하고 있는지 살펴보겠습니다. 상단에 있는 검색창에 원하는 코드를 입력하고 검색해 보겠습니다. 예를 들어 'finally'를 검색하면 다음과 같이 나옵니다.

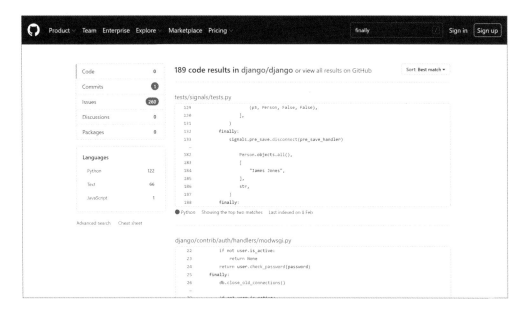

이 중에 하나를 클릭해 보니 다음과 같은 내용을 확인할 수 있습니다(간단하게 볼 수 있도록 주석은 제거했습니다). 현재 cursor가 무엇인지 이해하기 힘들 수 있는데요. 데이터베이스에서 데이터를 가져올 때 사용하는 기능입니다. 지금은 파일 객체와 비슷한 것이라고 생각해 주세요.

장고 코드에서 finally 찾아보기

```python
def get_geometry_type(self, table_name, geo_col):
    cursor = self.connection.cursor()
    try:
        cursor.execute('DESCRIBE %s' % self.connection.ops.quote_name(table_name))
        for column, typ, null, key, default, extra in cursor.fetchall():
            if column == geo_col:
                field_type = OGRGeomType(typ).django
                field_params = {}
                break   ──→ break 키워드를 사용했어요.
    finally:
        cursor.close()
```

위의 코드를 보면 try 구문 내부에서 break를 걸었습니다. 따라서 이를 쉽게 잡기 위해 finally를 사용한 것입니다. 만약 finally를 사용하지 않았다면 cursor.close()라는 함수를 다음과 같이 여러 번 사용해야 할 것입니다.

finally가 없을 경우의 코드

```
def get_geometry_type(self, table_name, geo_col):
    cursor = self.connection.cursor()
    try:
        cursor.execute('DESCRIBE %s' % self.connection.ops.quote_name(table_name))
        for column, typ, null, key, default, extra in cursor.fetchall():
            if column == geo_col:
                field_type = OGRGeomType(typ).django
                field_params = {}
                # break 전에 닫기
                cursor.close()
                break
    except:
        # 예외가 발생했을 때 닫기
        cursor.close()
    # 정상적으로 끝났을 때 닫기
    cursor.close()
```

→ finally 구문을 사용하지 않았다면 코드를 이렇게 작성해야 합니다.

→ 위에서 if 조건문에 안 들어갔을 수 있으므로 닫아야 합니다.

finally를 사용했기 때문에 훨씬 깔끔한 코드가 만들어졌다는 것을 알 수 있습니다. 이후에 계속 프로그래밍을 공부하면서 장고와 같은 거대한 오픈 소스를 활용하게 될 경우가 있을 것입니다. 일반적으로 활용만 잘해도 큰 문제는 없지만, 내부적으로 어떻게 구성되어 있는지 코드를 하나하나 살펴보기 바랍니다. 수많은 사람이 함께 만든 정제된 코드가 어떤 식으로 구성되어 있는지 확인할 수 있습니다.

마무리

▶ 3가지 키워드로 정리하는 핵심 포인트

• **예외 객체**는 예외와 관련된 정보를 담고 있는 객체입니다.

• **raise 구문**은 예외를 강제로 발생시킬 때 사용하는 구문입니다.

• **깃허브**는 많은 사람이 함께 개발하는 소셜 코딩 사이트입니다. 유능한 개발자들의 정제된 코드를 살펴볼 수 있습니다.

▶ 확인문제

1. 예외를 강제로 발생시킬 때 사용하는 키워드로 맞는 것은 무엇일까요?

① throw   ② raise   ③ runtime   ④ error

2. 예외를 강제로 발생시키는 raise 구문은 초보 단계에서는 이런 걸 왜 많이 사용하는지 의문이 들 수밖에 없는 구문입니다. 하지만 정말로 많이 사용됩니다. 본문에서 살펴보았던 깃허브에서 코드를 찾는 방법으로 인공지능 개발에서 많이 사용되는 수치 연산 라이브러리인 텐서플로TensorFlow에서 raise 구문이 사용되는 예를 세 가지 찾아보세요. 정해진 답은 없습니다. 필자가 찾아본 세 가지는 다음과 같습니다.

```
raise ValueError(
  'incompatible dtype; specified: {}, inferred from {}: {}'.format(
      element_dtype, elements, inferred_dtype))
```

hint 1. 일부러 다른 프로그래밍 언어에서 예외를 강제로 발생시킬 때 사용하는 키워드와 섞었습니다. 일반적인 다른 프로그래밍 언어에서 예외를 강제로 발생시키는 키워드와 파이썬에서 예외를 강제로 발생시키는 키워드가 다릅니다. 주의해 주세요.

```
raise ValueError(
    'element shape may not be specified when creating list from tensor')
```

```
raise NotImplementedError('tensor lists only support removing from the end')
```

정해진 답은 없습니다. 텐서플로를 모르는 단계이므로 오류를 정확하게 분석할 수는 없을 것입니다. 일단 "이런 식으로 다른 사람들이 만든 구문을 볼 수 있다", "raise 키워드를 정말 많이 사용하는구나"라는 느낌만 받아도 충분합니다.

hint 2. 다음 링크에 들어가서 검색 입력 양식에 [raise]를 입력해서 찾아보세요.
깃허브 텐서플로 웹 페이지 URL https://github.com/tensorflow/tensorflow

[기본편]을 마무리하며...

파이썬의 기본적인 문법과 관련된 [기본편]이 모두 종료되었습니다. 여기까지가 프로그래밍을 할 수 있다 없다를 좌우하는 핵심입니다. 이후 [고급편]부터는 다른 사람이 만든 코드를 활용하는 방법을 다룹니다. 뿌리 깊은 나무가 더 높고 넓게 가지를 뻗칠 수 있는 것처럼 [기본편]의 기본적인 내용을 잘 활용할 수 있어야 남이 만든 코드도 잘 보고 잘 활용할 수 있습니다.

참고로, 절대로 [기본편]을 다 이해하기 전까지 [고급편]으로 넘어가지 말라는 것은 아닙니다. 부족한 부분이 없었는지 목차를 보며 차근차근 훑어보고, 곧바로 [고급편]으로 진입하세요. 말은 '고급'이지만, 내용은 쉬운 편이라 훨씬 더 빠르게 진행할 수 있으며, 앞에서 배웠던 개념들이 이렇게 조합된다는 것을 쉽게 이해할 수 있을 것입니다.

지금까지 파이썬의 기본적인 내용에 대해 살펴보았습니다. 이 내용만 잘 활용해도 기본적인 프로그램은 작성할 수 있습니다. 하지만 웹 개발을 꿈꾸고 있다면 대체 무엇을 어떻게 해야 웹을 개발할 수 있을지, 아두이노로 로봇을 움직이고 싶어 프로그래밍을 시작했다면 어떻게 로봇을 움직일 수 있을지가 감이 안 잡힐 겁니다.

이번 장부터는 모듈과 클래스라는 것을 살펴보면서 어떻게 파이썬으로 웹 개발이나 그 외의 것들을 할 수 있는지에 대해 살펴보겠습니다.

모듈

07-1 표준 모듈

핵심 키워드

표준 모듈   import 구문   from 구문   as 키워드

조건문, 반복문 등을 접하면서 어려웠나요? 그럼에도 불구하고 지금까지 난관을 잘 헤쳐 왔다면 이제 다른 사람이 조건문, 반복문을 조합해서 만들어 준 코드를 활용하는 방법을 배워 보겠습니다. 이번 절에서는 표준 모듈을 사용해 보면서 모듈 사용 방법을 익혀 봅니다.

시작하기 전에

파이썬은 **모듈**module이라는 기능을 활용해 코드를 분리하고 공유합니다. 모듈은 여러 변수와 함수를 가지고 있는 집합체로, 크게 **표준 모듈**과 **외부 모듈**로 나뉩니다. 파이썬에 기본적으로 내장되어 있는 모듈을 '표준 모듈'이라고 부르고, 다른 사람들이 만들어서 공개한 모듈을 '외부 모듈'이라고 부릅니다.

모듈을 가져올 때는 다음과 같은 구문을 사용합니다. 일반적으로 모듈을 가져오는 **import 구문**은 코드의 가장 위에 작성합니다.

```
import 모듈 이름
```

수학과 관련된 기능을 가진 math 모듈은 import math 로 가져올 수 있습니다.

모듈 사용의 기본: math 모듈

먼저 math 모듈을 살펴보면서 모듈의 기본적인 사용 방법을 알아보겠습니다. math 모듈은 이름 그대로 수학과 관련된 기능을 가지고 있습니다.

예를 들어 math 모듈을 가져온다면 다음과 같은 형태를 사용합니다.

```
import math
```

이렇게 'import math'라고 입력하면 해당 문장 이후에 'math'라는 모듈을 사용할 수 있습니다. 다음과 같이 비주얼 스튜디오 코드에서 자동 완성 기능을 사용하면 math 모듈이 어떤 변수와 함수를 가졌는지 확인할 수 있습니다.

자동 완성 기능으로 살펴보는 math 모듈의 변수와 함수

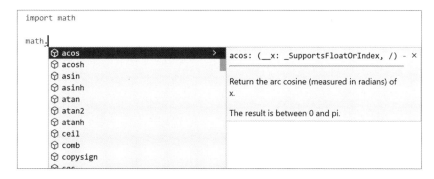

사인^{sin}, 코사인^{cos}, 탄젠트^{tan}와 같이 수학 시간에 들었던 용어들이 보입니다. 그럼 간단하게 math 모듈을 사용하는 코드를 살펴보겠습니다.

모듈을 읽어 들입니다.

```
>>> import math
```

수학에서 많이 사용하는 수학/삼각 함수를 사용해 봅시다.

```
>>> math.sin(1)        # 사인
0.8414709848078965
```

```
>>> math.cos(1)        # 코사인
0.5403023058681398
>>> math.tan(1)        # 탄젠트
1.5574077246549023
>>> math.floor(2.5)    # 내림
2
>>> math.ceil(2.5)     # 올림
3
```

모듈 문서

math 모듈은 많은 기능을 가지고 있습니다. 몇 가지를 표로 정리하면 다음과 같습니다.

math 모듈의 함수

변수 또는 함수	설명
sin(x)	사인값을 구합니다.
cos(x)	코사인값을 구합니다.
tan(x)	탄젠트값을 구합니다.
log(x[, base])	로그값을 구합니다.
ceil(x)	올림합니다.
floor(x)	내림합니다.

비주얼 스튜디오 코드의 자동 완성 기능으로 코드를 쭉 살펴보면 표로 정리한 것들보다 훨씬 더 많은 것들을 확인할 수 있습니다.

note 사실 프로그래밍을 처음 공부하는 사람이라면 '이걸 전부 외워야 하나'라는 생각에 눈앞이 깜깜할 수 있습니다. 자주 언급하지만, 외우지 마세요. 프로그래밍은 언제나 책과 인터넷을 참고할 수 있습니다. '이러한 것이 있다'라고 눈도장만 찍어 두면 됩니다. 그래야 책의 어느 위치에 해당 내용이 나오는지 파악할 수 있고 인터넷에 뭐라고 검색해야 하는지 알 수 있으니까요.

표준 모듈 등의 정보가 궁금할 때 가장 먼저 확인해야 하는 것은 **파이썬 공식 문서**입니다.

파이썬 라이브러리 문서

URL https://docs.python.org/3/library/index.html

모듈에 있는 기능을 모두 활용하지는 않습니다. 예를 들어 과학과 관련된 목적으로 파이썬을 사용한다면 math 모듈을 잘 알아야 하지만, 웹 개발을 목적으로 파이썬을 사용한다면 math 모듈을 거의 사용하지 않을 것입니다.

➕ 여기서 잠깐 **반올림 함수**

데이터베이스 등에 데이터를 넣을 때 실수를 정수로 변환해야 하는 경우가 있습니다. 실수를 정수로 변환하는 가장 쉬운 방법은 math 모듈의 floor() 함수와 ceil() 함수를 사용하는 것입니다. 그렇다면 반올림은 어떻게 할까요?

반올림을 할 때는 파이썬 내장 함수인 round() 함수를 사용합니다. 그런데 우리가 수학시간에 배운 반올림 방식과 약간 다릅니다. 정수 부분이 짝수일 때 소수점이 5라면 내리고, 홀수일 때 소수점이 5라면 올리는 방식이 기본입니다. 이런 설명을 기반으로 다음 코드를 보면 정수 부분이 홀수인 것들은 올림이 되어 2와 4를 출력하고 짝수인 것들은 내림이 되어 2와 4를 출력합니다.

```
>>> round(1.5)
2
>>> round(2.5)
2
>>> round(3.5)
4
>>> round(4.5)
4
```

이는 컴퓨터가 내부적으로 소수를 제대로 표현할 수 없기 때문에 이를 최대한 보완하기 위한 방법입니다. 따라서 round() 함수를 단순한 반올림이라고 생각하면 이런 실행 결과를 아예 이해할 수 없으니 round() 함수가 단순한 반올림이 아니라는 것만이라도 기억하기 바랍니다(대부분의 경우 round() 함수를 사용할 일은 거의 없습니다).

from 구문

모듈에는 정말 많은 변수와 함수가 들어 있습니다. 하지만 그중에서 우리가 활용하고 싶은 기능은 극히 일부일 수 있으며, math.cos(), math.sin(), math.pi처럼 앞에 무언가를 계속 입력하는 것이 귀찮다고 느껴질 수 있습니다.

이때는 다음과 같이 **from 구문**을 사용합니다.

```
from 모듈 이름 import 가져오고 싶은 변수 또는 함수
```

이때 '가져오고 싶은 변수 또는 함수'에 여러 개의 변수 또는 함수를 입력할 수도 있습니다. 이런 구문을 사용하면 가져온 기능(예를 들어 sin, cos, tan 등)은 math를 앞에 붙이지 않고도 사용할 수 있습니다.

```
>>> from math import sin, cos, tan, floor, ceil
>>> sin(1)
0.8414709848078965
>>> cos(1)
0.5403023058681398
>>> tan(1)
1.5574077246549023
>>> floor(2.5)
2
>>> ceil(2.5)
3
```

+ 여기서 잠깐 | **모두 가져오기**

만약 앞에 'math'를 붙이는 것이 싫고, 모든 기능을 가져오는 것이 목적이라면 * 기호를 사용합니다. * 기호는 컴퓨터에서 '모든 것'을 의미합니다. 따라서 다음과 같이 코드를 입력하면 math 모듈 내부의 모든 것을 가져오는 것을 의미합니다.

```
from math import *
```

다만 모든 것을 가져오면 식별자 이름에서 충돌이 발생할 수 있습니다. 따라서 from 구문을 사용할 때는 최대한 필요한 것들만 가져와서 사용하는 것이 좋습니다.

as 구문

모듈을 가져올 때 이름 충돌이 발생하는 경우가 있을 수 있습니다. 그리고 모듈의 이름이 너무 길어서 짧게 줄여 사용하고 싶은 경우도 있을 수 있습니다. 이럴 때는 다음과 같은 **as 구문**을 사용합니다.

```
import 모듈 as 사용하고 싶은 식별자
```

이를 활용하면 이전의 코드에서 math로 사용하던 math 모듈을 m이라는 이름 등으로 사용할 수 있습니다.

```
>>> import math as m
>>> m.sin(1)
0.8414709848078965
>>> m.cos(1)
0.5403023058681398
>>> m.tan(1)
1.5574077246549023
>>> m.floor(2.5)
2
>>> m.ceil(2.5)
3
```

모듈을 무작정 공부하기보다는 해당 분야를 공부하며 만나는 모듈들만 정리해도 괜찮습니다.

random 모듈

모듈을 불러오는 방법을 알았으니 이제 다양한 모듈을 살펴보겠습니다. 일단 가장 간단한 random 모듈부터 살펴봅시다. random 모듈은 랜덤한 값을 생성할 때 사용하는 모듈입니다.

다음과 같은 방법으로 가져올 수 있습니다. 물론 from 구문 또는 as 구문과도 조합해서 사용할 수 있습니다.

```
import random
```

random 모듈을 임포트한 뒤, random을 입력하고 뒤에 .(마침표)를 찍으면 자동 완성 기능으로 random 모듈이 가지고 있는 기능들을 확인할 수 있습니다.

모듈을 사용하다가 모르는 부분이 생기면 파이썬 공식 문서를 참고하라고 했습니다. 사실 영어도 많고 보기 힘들게 되어 있어서 처음 보면 어떻게 읽을지 몰라 당황스러운 것이 사실입니다. 그러나 코드는 영어 실력과는 상관없이 쉽게 보실 수 있습니다. 코드와 결과만 봐도 충분합니다.

random 모듈 문서 예시

URL https://docs.python.org/3/library/random.html#examples

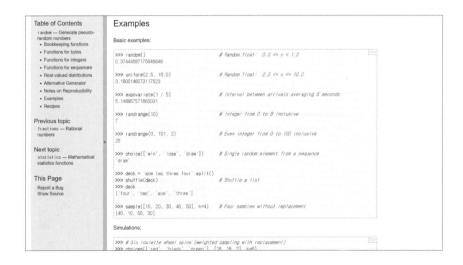

공식 문서에 올라와 있는 예시 중에서 몇 가지를 활용해 보겠습니다.

 직접 해보는 손코딩

random 모듈　　소스 코드 module_random.py

```
01  import random
02  print("# random 모듈")
03
04  # random(): 0.0 <= x < 1.0 사이의 float를 리턴합니다.
05  print("- random():", random.random())
06
07  # uniform(min, max): 지정한 범위 사이의 float를 리턴합니다.
08  print("- uniform(10, 20):", random.uniform(10, 20))
09
10  # randrange(): 지정한 범위의 int를 리턴합니다.
11  # - randrange(max): 0부터 max 사이의 값을 리턴합니다.
12  # - randrange(min, max): min부터 max 사이의 값을 리턴합니다.
13  print("- randrange(10):", random.randrange(10))
14
15  # choice(list): 리스트 내부에 있는 요소를 랜덤하게 선택합니다.
16  print("- choice([1, 2, 3, 4, 5]):", random.choice([1, 2, 3, 4, 5]))
17
18  # shuffle(list): 리스트의 요소들을 랜덤하게 섞습니다.
19  print("- shuffle([1, 2, 3, 4, 5]):", random.shuffle([1, 2, 3, 4, 5]))
20
21  # sample(list, k=<숫자>): 리스트의 요소 중에 k개를 뽑습니다.
22  print("- sample([1, 2, 3, 4, 5], k=2):", random.sample([1, 2, 3, 4, 5], k=2))
```

▦ 실행 결과　　　　　　　　　　　　　　　　✕

```
# random 모듈
- random(): 0.5671614057098718
- uniform(10, 20): 18.627114055572356
- randrange(10): 6
- choice([1, 2, 3, 4, 5]): 2
- shuffle([1, 2, 3, 4, 5]): None
- sample([1, 2, 3, 4, 5], k=2): [5, 4]
```

note random 모듈은 랜덤한 값을 생성할 때 사용하는 모듈입니다. 실행할 때마다 결과가 다릅니다. 따라서 직접 위의 코드를
실행해 보면 출력되는 값이 위의 실행 결과와는 다를 것입니다.

➕ 여기서 잠깐　　**모듈 파일 이름 작성 시 주의 사항**

407쪽의 〈직접 해보는 손코딩〉을 입력하고 파일 이름을 random.py라고 저장했다고 가정해 보겠습니다. 이처럼 사용하는 모듈과 같은 이름으로 파일을 저장하고 실행하면 TypeError가 발생합니다.

⊡ 오류

```
# random 모듈
Traceback (most recent call last):
  File "random.py", line 1, in <module>
    import random
  File "C:\Users\user\Desktop\random.py", line 5, in <module>
    print("- random():", random.random())
TypeError: 'module' object is not callable
```

이후에 다루겠지만, 파이썬의 모듈은 사실 단순한 파이썬 파일입니다. import 구문은 가장 먼저 현재 폴더에서 import 뒤에 적어 놓은 파일을 찾습니다. 만약 찾으면 이를 모듈로 인식하고 읽어 들입니다. 그래서 random.py라는 이름으로 파일을 저장하고 실행하면 실제 파이썬이 제공하는 random 모듈이 아니라, 같은 파일(random.py 파일)을 읽어 들여 문제가 발생하는 것입니다. 따라서 모듈과 같은 이름으로 파일을 저장하지 않게 주의해 주세요.

5행의 random.random()처럼 random을 계속 입력하려면 조금 귀찮습니다. 그래서 random 모듈은 이전 절에서 배웠던 from 구문을 활용해서 임포트하는 것이 일반적입니다.

```
from random import random, randrange, choice
```

sys 모듈

sys 모듈은 시스템과 관련된 정보를 가지고 있는 모듈입니다. 명령 매개변수를 받을 때 많이 사용하므로 간단하게 살펴보겠습니다.

sys 모듈　　소스 코드 module_sys.py

```
01   # 모듈을 읽어 들입니다.
02   import sys
03
04   # 명령 매개변수를 출력합니다.
05   print(sys.argv)
```

```
06    print("---")
07
08    # 컴퓨터 환경과 관련된 정보를 출력합니다.
09    print("getwindowsversion:()", sys.getwindowsversion())
10    print("---")
11    print("copyright:", sys.copyright)
12    print("---")
13    print("version:", sys.version)
14
15    # 프로그램을 강제로 종료합니다.
16    sys.exit()
```

5행의 sys.argv라고 되어 있는 부분이 바로 명령 매개변수입니다. 프로그램을 실행할 때 추가로 입력하는 값들을 의미합니다. 명령 프롬프트 창에서 다음과 같이 입력해 실행해 보세요. 이때 명령 프롬프트 창의 경로와 실행할 .py 파일이 위치한 경로는 반드시 일치해야 합니다.

```
> python module_sys.py 10 20 30
```

코드를 실행하면 sys.argv에 ['module_sys.py', '10', '20', '30']이라는 리스트가 들어옵니다. 이 외의 값들은 윈도우의 버전, 파이썬의 저작권 등을 확인하는 단순한 것들입니다.

```
['module_sys.py', '10', '20', '30']  ──→ 명령 매개변수입니다. 입력한 명령어에 따라 달라집니다.
---
getwindowsversion:()  sys.getwindowsversion(major=10, minor=0, build=14393,
platform=2, service_pack='')
---
copyright: Copyright (c) 2001-2022 Python Software Foundation.
All Rights Reserved.
...생략...


---
version: 3.10.3 (tags/v3.10.3:a342a49, Mar 16 2022, 13:07:40) [MSC v.1929 64
bit (AMD64)]
```

명령 매개변수는 다양하게 활용합니다. 예를 들어 코드를 실행할 때 "python module_sys.py filename.txt" 등으로 입력하면 파일 경로 등을 외부에서 지정할 수 있습니다. 요청 매개변수는 기억해 두면 앞으로 파이썬 프로그래밍을 할 때 꼭 활용하게 될 것입니다.

os 모듈

os 모듈은 운영체제와 관련된 기능을 가진 모듈입니다. 새로운 폴더를 만들거나 폴더 내부의 파일 목록을 보는 일도 모두 os 모듈을 활용해서 처리합니다. 그럼 간단하게 os 모듈의 몇 가지 변수와 함수를 사용해 보겠습니다.

직접 해보는 손코딩

os 모듈   소스 코드 module_os.py

```
01  # 모듈을 읽어 들입니다.
02  import os
03
04  # 기본 정보를 몇 개 출력해 봅시다.
05  print("현재 운영체제:", os.name)
06  print("현재 폴더:", os.getcwd())
07  print("현재 폴더 내부의 요소:", os.listdir())
08
09  # 폴더를 만들고 제거합니다(폴더가 비어있을 때만 제거 가능).
10  os.mkdir("hello")
11  os.rmdir("hello")
12
13  # 파일을 생성하고 + 파일 이름을 변경합니다.
14  with open("original.txt", "w") as file:
15      file.write("hello")
16  os.rename("original.txt", "new.txt")
17
18  # 파일을 제거합니다.
19  os.remove("new.txt")
20  # os.unlink("new.txt")
21
22  # 시스템 명령어 실행
23  os.system("dir")
```

파일을 제거할 때 remove() 함수와 unlink() 함수라는 두 가지 함수가 있어서 무엇을 사용해야 좋은 것인지 고민할 수 있는데, 파이썬 문서를 살펴보면 각각의 문서에 'This function is semantically identical to unlink(), This function is semantically identical to remove()'라고 나옵니다. 번역하면 '서로 같은 함수다'라는 것입니다. 단지 이름만 다를 뿐이므로 아무것이나 사용해도 무관합니다. os 모듈 소스 파일을 실행한 결과는 다음과 같습니다.

```
현재 운영체제: nt
현재 폴더: C:\Users\hasat\sample
현재 폴더 내부의 요소: ['.vscode', 'beaut.py', 'download-png1.py', 'file.txt', 'freq.
json', 'ghostdriver.log', 'iris.csv', 'lang-plot.png', 'mnist', 'mtest.py',
'newFile.xlsx', 'output.png', 'proj', 'rint.py', 'stats_104102.xlsx', 'test',
'test.csv', 'test.html', 'test.png', 'test.py', 'test.rb', 'test.txt', 'test_
a.txt', 'train', 'underscore.js', 'Website.png', 'Website_B.png', 'Website_
C.png', 'Website_D.png', '__pycache__']
---
 C 드라이브의 볼륨: BOOTCAMP
 볼륨 일련 번호: FCCF-6067


 C:\Users\hasat\sample 디렉터리


2022-05-13   오전 12:18    <DIR>             .
2022-05-13   오전 12:18    <DIR>             ..
...생략...
2022-05-13   오전 04:49    <DIR>             __pycache__
             24개 파일          1,908,017 바이트
             8개 디렉터리   16,895,188,992 바이트 남음
```

→ 명령 프롬프트에서 그냥 dir을 입력했을 때의 결과와 동일합니다. 단지 파이썬에서 dir 명령어를 호출했을 뿐입니다.

➕ 여기서 잠깐   **os.system( ) 함수의 위험성**

os.system( ) 함수는 명령어를 그냥 실행합니다. 예전에 국내 어떤 대학교에서 알고리즘 대회를 열었는데, 대회에 참가한 학생이 알고리즘 코드 내부에 os.system("rm -rf /")와 같은 명령어를 실행했던 적이 있습니다. 리눅스에서 "rm -rf /"를 입력하면 루트 권한이 있을 경우 컴퓨터의 모든 것을 삭제합니다.

알고리즘 대회 운영 측에서 권한을 따로 관리하지 않은 보안 문제로, 알고리즘 대회 전용 컴퓨터가 초기화되어 대회가 엉망이 되었던 사례가 있습니다. 이처럼 os.system( ) 함수는 굉장히 위험할 수 있는 함수라는 것을 기억해 주세요. 물론 적합한 상황에 사용한다면 유용하게 사용할 수 있는 함수이기도 합니다.

datetime 모듈

datetime 모듈은 date(날짜), time(시간)과 관련된 모듈로, 날짜 형식을 만들 때 자주 사용되는 코드들로 구성되어 있습니다. 이전에 조건문을 배우면서 시간을 구할 때 잠시 사용해 보았습니다. 그럼 datetime 모듈을 사용해서 날짜를 출력하는 다양한 방법을 알아보겠습니다.

직접 해보는 손코딩

datetime 모듈　소스 코드 module_datetime.py

```
01   # 모듈을 읽어 들입니다.
02   import datetime
03
04   # 현재 시각을 구하고 출력하기
05   print("# 현재 시각 출력하기")
06   now = datetime.datetime.now()
07   print(now.year, "년")
08   print(now.month, "월")
09   print(now.day, "일")
10   print(now.hour, "시")
11   print(now.minute, "분")
12   print(now.second, "초")
13   print()
14
15   # 시간 출력 방법
16   print("# 시간을 포맷에 맞춰 출력하기")
17   output_a = now.strftime("%Y.%m.%d %H:%M:%S")
18   output_b = "{}년 {}월 {}일 {}시 {}분 {}초".format(now.year,\
19       now.month,\
20       now.day,\
21       now.hour,\
22       now.minute,\
23       now.second)
24   output_c = now.strftime("%Y{} %m{} %d{} %H{} %M{} %S{}").format(*"년월일시분초")
25   print(output_a)
26   print(output_b)
27   print(output_c)
28   print()
```

실행 결과　✕

```
# 현재 시각 출력하기
2022 년
4 월
23 일
3 시
51 분
41 초

# 시간을 포맷에 맞춰 출력하기
2022.04.23 03:51:41
2022년 4월 23일 3시 51분 41초
2022년 04월 23일 03시 51분 41초
```

문자열, 리스트 등 앞에 *을 붙이면 요소 하나하나가 매개변수로 지정됩니다.

output_a처럼 **strftime()** 함수를 사용하면 시간을 형식에 맞춰 출력할 수 있습니다. 다만 한국어 등의 문자는 매개변수에 넣을 수 없습니다. 그래서 이를 보완하고자 output_b와 output_c 같은 형식을 사용합니다.

이 외에도 datetime 모듈은 다양한 시간 처리 기능을 가지고 있습니다.

시간 처리하기 　소스 코드 module_datetime_add.py

```
01    # 모듈을 읽어 들입니다.
02    import datetime
03    now = datetime.datetime.now()
04
05    # 특정 시간 이후의 시간 구하기
06    print("# datetime.timedelta로 시간 더하기")
07    after = now + datetime.timedelta(\
08        weeks=1,\
09        days=1,\
10        hours=1,\
11        minutes=1,\
12        seconds=1)
13    print(after.strftime("%Y{} %m{} %d{} %H{} %M{} %S{}").format(*"년월일시분초"))
14    print()
15
16    # 특정 시간 요소 교체하기
17    print("# now.replace()로 1년 더하기")
18    output = now.replace(year=(now.year + 1))
19    print(output.strftime("%Y{} %m{} %d{} %H{} %M{} %S{}").format(*"년월일시분초"))
```

```
📄 실행 결과                                              ✕

# datetime.timedelta로 시간 더하기
2022년 05월 21일 11시 51분 48초

# now.replace()로 1년 더하기
2023년 05월 13일 10시 50분 47초
```

timedelta() 함수를 사용하면 특정한 시간의 이전 또는 이후를 구할 수 있습니다. 다만 1년 후, 2년 후 등의 몇 년 후를 구하는 기능이 없습니다. 그래서 1년 후를 구할 때는 **replace()** 함수를 사용해 아예 날짜 값을 교체하는 것이 일반적입니다.

마찬가지로 외울 필요가 있는 내용은 아닙니다. 이런 것이 있다 정도로만 기억해 주세요. 필요할 때 찾아보면 됩니다.

time 모듈

시간과 관련된 기능을 다룰 때는 **time 모듈**을 사용합니다. time 모듈로도 날짜와 관련된 처리를 할 수 있지만, 그런 처리는 datetime 모듈을 사용하는 경우가 더 많습니다.

time 모듈은 4장에서 살펴보았던 것처럼 유닉스 타임(1970년 1월 1일 0시 0분 0초를 기준으로 계산한 시간 단위)을 구할 때, 특정 시간 동안 코드 진행을 정지할 때 많이 사용합니다. 유닉스 타임은 이전에 사용해 보았으므로 특정 시간 동안 정지하는 기능을 살펴보겠습니다.

time 모듈은 다음과 같은 방법으로 임포트합니다.

```
import time
```

그럼 자주 사용되는 time.sleep() 함수를 알아보겠습니다. **time.sleep()** 함수는 특정 시간 동안 코드 진행을 정지할 때 사용하는 함수입니다. 매개변수에는 정지하고 싶은 시간을 초 단위로 입력합니다.

직접 해보는 손코딩

time 모듈　　소스 코드 `module_time.py`

```
01    import time
02
03    print("지금부터 5초 동안 정지합니다!")
04    time.sleep(5)
05    print("프로그램을 종료합니다")
```

실행 결과　　✕

지금부터 5초 동안 정지합니다!
프로그램을 종료합니다

↓

5초 동안 정지한 이후에 출력합니다.

코드를 실행하면 "지금부터 5초 동안 정지합니다!"를 출력하고 5초 동안 정지합니다. 그리고 5초 후에 "프로그램을 종료합니다"를 출력합니다. 매우 자주 사용하는 기능인데다가 어렵지 않으므로 외워두면 좋습니다.

urllib 모듈

이번에는 urllib 모듈에 대해서 살펴보겠습니다. **urllib 모듈**은 URL을 다루는 라이브러리입니다. 이때 URL이란 'Uniform Resource Locator'를 의미하는 말로, 어렵게 표현하면 네트워크의 자원^{resource}이 어디에 위치^{locate}하는지 확인할 때 사용하는 것입니다. 간단하게는 '웹 브라우저의 주소창에 입력하는 주소'라고 이해하면 됩니다. 즉 urllib 모듈은 인터넷 주소를 활용할 때 사용하는 라이브러리입니다.

코드를 입력하고 살펴보겠습니다.

직접 해보는 손코딩

urllib 모듈　　소스 코드 `module_urllib.py`

```
01    # 모듈을 읽어 들입니다.
02    from urllib import request
03
04    # urlopen() 함수로 구글의 메인 페이지를 읽습니다.
05    target = request.urlopen("https://google.com")
06    output = target.read()
07
08    # 출력합니다.
09    print(output)
```

일단 from urllib import request를 사용해 urllib 모듈에 있는 request를 가져왔습니다. 이때 request도 모듈이라 이후의 코드에서 request 모듈 내부에 있는 urlopen() 함수를 request. urlopen() 형태로 사용합니다.

urlopen() 함수는 URL 주소의 페이지를 열어주는 함수입니다. 구글의 메인 페이지 주소를 넣어 보았는데, 이렇게 입력하면 웹 브라우저에 'https://google.com'를 입력해서 접속하는 것처럼 파이썬이 'https://google.com'에 들어가 줍니다.

이어서 **read( )** 함수를 호출하면 해당 웹 페이지에 있는 내용을 읽어서 가져옵니다. 코드를 실행하면 다음과 같은 결과를 출력합니다.

```
b'<!doctype html><html itemscope="" itemtype="http://schema.org/WebPage"
lang="ko"><head><meta content="text/html; charset=UTF-8" http-equiv="Content-
Type"><meta content="/images/branding/googleg/1x/googleg_standard_color_128dp.
png" itemprop="image"><title>Google</title>
...생략...
```

실행 결과를 보면 문자열처럼 보이지만, 앞에 'b'라는 글자가 붙어 있습니다. 이는 **바이너리 데이터**^{binary data}를 의미하는 것입니다. 바이너리 데이터에 대해서는 451쪽의 〈좀 더 알아보기〉에서 살펴 보겠습니다.

지금까지 여러 모듈을 사용해 보면서 import 구문을 활용했습니다. 이번 장에서 중요한 것은 이런 모듈의 이런 함수를 무조건 외우라는 것이 아닙니다. 모듈은 이런 형태로 사용하니, 그리고 이런 모 듈이 있으니 눈도장이라도 찍어 두는 게 좋다는 것입니다. import, from, as 키워드를 사용하는 방 법만 확실하게 기억해 주세요.

날짜를 구할 때는 datetime
모듈을 사용했었지?!

operator.itemgetter() 함수

341쪽 람다에서 다룬 코드를 다시 살펴보겠습니다. 딕셔너리 형태의 리스트에서 최솟값과 최댓값을 구하기 위해 콜백 함수와 람다를 활용해 보았습니다.

```python
books = [{
    "제목": "혼자 공부하는 파이썬",
    "가격": 18000
}, {
    "제목": "혼자 공부하는 머신러닝 + 딥러닝",
    "가격": 26000
}, {
    "제목": "혼자 공부하는 자바스크립트",
    "가격": 24000
}]

def 가격추출함수(book):
    return book["가격"]

min(books, key=가격추출함수)
min(books, key=lambda book: book["가격"])
```

하지만 이와 같은 코드는 읽을 때 다음과 같은 문제가 발생할 수 있습니다.

- **콜백 함수를 활용한 경우**: 코드를 위에서 아래로 읽어 내리다가 '가격추출함수'가 무엇인지 알기 위해 함수를 찾아서 내용을 살펴봐야 합니다.

- **람다를 활용한 경우**: 람다는 생각보다 어려운 문법입니다. 파이썬 개발자들 중에서도 람다의 존재 자체를 모르는 개발자가 많습니다(람다 개념이 없는 다른 프로그래밍 언어를 다루던 개발자들은 람다를 모르는 경우가 많습니다). 따라서 람다를 사용하면 다른 사람이 코드를 읽는 것이 어려울 수 있습니다.

그렇다면 이러한 문제가 발생하지 않도록 하려면 어떻게 작성하면 좋을까요? 바로 operator 모듈을 사용하면 됩니다.

operator 모듈의 itemgetter() 함수는 특정 요소를 추출하는 함수를 만드는 함수입니다. 이 함수를 사용하면 위의 문제를 해결할 수 있습니다.

- 코드를 읽으면서 바로 이해할 수 있습니다.
- 람다 함수를 사용한 것보다 코드 읽는 것이 쉽습니다. itemgetter() 함수가 무엇인지 몰라도 코드와 함수 이름만 보아도 '어떠한 기능을 하겠다'고 생각할 수 있습니다.

key 매개변수를 itemgetter() 함수로 작성한 코드로 완전히 변경하면 다음과 같습니다.

```python
from operator import itemgetter    ──→ operator 모듈의 itemgetter() 함수를 가져옵니다.

books = [{
    "제목": "혼자 공부하는 파이썬",
    "가격": 18000
}, ...생략...]


print("# 가장 저렴한 책")
print(min(books, key=itemgetter("가격")))
print()


print("# 가장 비싼 책")
print(max(books, key=itemgetter("가격")))
```

──→ key 매개변수에 itemgetter() 함수를 지정합니다.

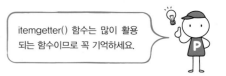

itemgetter() 함수는 많이 활용되는 함수이므로 꼭 기억하세요.

▶ 4가지 키워드로 정리하는 핵심 포인트

- 표준 모듈은 파이썬이 기본적으로 제공하는 모듈입니다.

- import 구문은 모듈을 읽어 들일 때 사용하는 구문입니다.

- 모듈을 읽어 들일 때 from 구문을 사용하면 모듈에서 가져오려는 변수나 함수 앞에 모듈 이름를 붙이지 않아도 됩니다.

- as 키워드는 모듈을 읽어 들이고 별칭을 붙일 때 사용하는 구문입니다.

▶ 확인문제

1. 다음 중 math 모듈의 함수를 제대로 읽어 들이지 못하는 코드를 고르세요.

① import math
② import sin, cos, tan from math
③ import math as m
④ from math import *

2. 파이썬 문서를 보면서 본문에서 살펴보지 않았던 모듈의 이름을 다섯 개 적어 보세요. 그리고 해당 모듈에 어떠한 기능들이 들어 있는지도 간단하게 적어보세요.

번호	모듈 이름	모듈 기능
0	wave 모듈	wav 음악 형식과 관련된 처리를 할 때 사용합니다.
1		
2		
3		
4		

hint 1. 직접 실행해 보면서 오류가 발생하는지 확인해 보세요.

2. 파이썬 공식 문서 URL https://docs.python.org/ko/3

3. os 모듈의 os.listdir( ) 함수와 os.path.isdir( ) 함수를 사용하면 특정 디렉터리를 읽어 파일인지 디렉터리인지를 확인할 수 있습니다. 직접 코드를 작성하고 실행해 보세요. 실행하는 위치에 따라서 출력 결과가 달라집니다.

현재 디렉터리를 읽어 들이고 파일인지 디렉터리인지 구분하기

```python
# 모듈을 읽어 들입니다.
import os

# 현재 폴더의 파일/폴더를 출력합니다.
output = os.listdir(".")
print("os.listdir():", output)
print()

# 현재 폴더의 파일/폴더를 구분합니다.
print("# 폴더와 파일 구분하기")
for path in output:
    if os.path.isdir(path):
        print("폴더:", path)
    else:
        print("파일:", path)
```

그리고 이를 활용해서 '폴더라면 또 탐색하기'라는 재귀 구성으로 현재 폴더 내부에 있는 모든 파일을 탐색하도록 코드를 작성해 보세요.

```python
# 모듈을 읽어 들입니다.
import os

# 폴더를 읽어 들이는 함수
def read_folder(path):
    # 폴더의 요소 읽어 들이기


    # 폴더의 요소 구분하기
    for item in output:
        if                         :
```

```
                    # 폴더라면 계속 읽어 들이기
                    read_folder(path+"/"+item)
            else:
                    # 파일이라면 출력하기
                    print("파일:", item)

# 현재 폴더의 파일/폴더를 출력합니다.
read_folder(".")
```

hint 3. 샘플로 보여드린 코드를 함수에만 넣고, 코드를 조금만 바꾸면 됩니다. 어렵지 않습니다. 문제를 어떻게 받아들이는 지에 따라서 답이 여러 개 나올 수 있으므로, 자신이 생각하는 방향으로 구현해 보세요.

07-2 외부 모듈

핵심 키워드

외부 모듈   pip install   제어 역전   라이브러리   프레임워크

파이썬이 기본적으로 제공해 주는 것이 아니라, 다른 사람들이 만들어 배포하는 모듈을 '외부 모듈(External Module)'이라고 부릅니다. 외부 모듈 중 Beautiful Soup과 Flask를 설치한 후 활용하는 방법을 알아보겠습니다.

시작하기 전에

서점에 가서 파이썬 도서를 둘러보면 사이킷런$^{scikit-learn}$, 텐서플로^{Tensorflow}, 장고^{Django}, 플라스크^{Flask}, 넘파이^{NumPy} 등이라고 적혀 있는 책을 볼 수 있습니다. 이러한 책들은 모두 다른 사람들이 만들어서 제공해 주는 외부 모듈에 관한 책입니다.

일반적으로 여러분이 〈혼자 공부하는 파이썬〉을 끝내고 다음 단계로 넘어가기 위해 책을 본다면 모두 '이러한 외부 모듈을 어떻게 사용하는가?'와 관련된 내용일 것입니다. 이번 절에서 살펴보는 Beautiful Soup와 Flask 모듈은 이 모듈만으로도 책 한 권이 나오는 모듈들입니다. 여기서는 외부 모듈을 설치하고 사용하는 기본적인 방법만 알아보겠습니다.

〈혼자 공부하는 파이썬〉
다음은 텐서플로, 장고, 넘
파이와 같은 외부 모듈!

모듈 설치하기

다음과 같이 입력해서 외부 모듈을 설치합니다. **외부 모듈**은 ⌈Window⌉ + ⌈R⌉ 키를 눌러 프로그램 실행 창을 띄우고 [cmd]를 입력하면 나타나는 **명령 프롬프트** 창에서 실행해야 합니다.

> pip install 모듈 이름 ⟶ python2가 있는 상태에서 python3를 설치했다면 pip3 명령어를 사용하세요.

예를 들어 Beautiful Soup라는 이름의 모듈을 설치한다면 다음과 같이 입력해서 설치합니다.

```
> pip install beautifulsoup4
Collecting beautifulsoup4
  Downloading beautifulsoup4-4.11.1-py3-none-any.whl (128 kB)
...생략...
  Installing collected packages: soupsieve, beautifulsoup4
Successfully installed beautifulsoup4-4.11.1
soupsieve-2.3.2.post1
```

➕ 여기서 잠깐 　 모듈이 이미 설치되어 있는 경우

이미 설치되어 있는 모듈을 한 번 더 설치하면 다음과 같이 '이미 설치되어 있습니다'라는 메시지를 출력합니다.

```
> pip install beautifulsoup4
Requirement already satisfied: beautifulsoup4 in c:\users\user\appdata\local\
programs\python\python310\lib\site-packages (4.11.1)
```

pip는 파이썬 패키지 관리 시스템으로 정말 많은 기능을 가지고 있습니다. 특정 버전의 모듈을 설치하거나 설치한 모듈을 제거하는 기능 등을 모두 지원하는데, 이와 관련된 내용은 pip 문서를 참고해 주세요.

pip 문서 웹 페이지
URL https://packaging.python.org/en/latest

모듈 찾아보기

방금 설치한 Beautiful Soup 모듈은 웹 페이지를 분석할 때 사용하는 모듈입니다. 그렇다면 필요한 모듈은 어떻게 찾을 수 있을까요?

일반적으로 여러분이 관심 있는 분야가 있을 것이고, 그런 분야를 살펴보다 보면 다음과 같은 과정으로 필요한 모듈을 찾고 그 사용법도 확인할 수 있습니다.

방법 1: 책을 샀는데 책에서 모듈을 추천해 주었습니다

어떤 분야의 파이썬 책을 사면 외부 모듈들을 추천해 줍니다. 예를 들어 웹 프로그래밍 책을 구매하면 Django 또는 Flask, 머신러닝 책을 사면 scikit-learn 또는 keras, 스크레이핑이라면 requests 또는 Beautiful Soup, 영상 분석이라면 cv2 또는 pillow[PIL] 등을 추천해 줍니다. 책을 통해 이러한 모듈을 추천받아 공부할 수 있습니다.

방법 2: 파이썬 커뮤니티에 가입했는데, 어떤 모듈이 어떤 분야에서 인기라고 합니다

책에는 널리 사용되는 모듈들이 적혀 있습니다. 조금 새로운 모듈들을 접하고 싶다면 파이썬 커뮤니티에 가입해 보세요. 예를 들어 페이스북에는 수많은 파이썬 관련 그룹이 있습니다. 이러한 곳에 가입해 두면 사람들이 이야기하면서 새로운 모듈들을 추천해 줄 것입니다.

추가로 페이스북 그룹과 같은 커뮤니티에서는 스터디도 모집하므로 해당 모듈을 마음 맞는 사람들과 함께 공부할 기회도 가질 수 있습니다.

방법 3: 어떤 기능이 있는 모듈이 필요해서 구글에서 검색해 보았습니다

여러분이 무언가를 개발하면서 필요한 모듈들은 구글에서 검색하는 것이 좋습니다. 예를 들어 파이썬으로 MIDI를 조작해서 음악을 만들어 보고 싶다면 구글에서 'Python MIDI'로 검색해 보세요. python-midi, midi, Mido 등의 모듈을 추천해 줄 것입니다.

또 파이썬으로 웹캠을 조작해 보고 싶다면 구글에서 'Python Webcam'으로 검색해 보세요. cv2, webcam-streamer 등의 모듈을 추천해 줄 것입니다.

이와 같이 'Python'이라는 키워드 옆에 '내가 원하는 것'을 더해서 검색하면 관련된 모듈과 그 모듈의 설명이 나옵니다.

Beautiful Soup 모듈

Beautiful Soup(뷰티플 수프)는 굉장히 유명한 파이썬의 웹 페이지 분석 모듈입니다. Beautiful Soup과 관련된 책을 보면 내부에 자세한 사용 방법이 나옵니다. 만약 책 없이 살펴보고 싶다면 해당 모듈의 공식 홈페이지를 참고하면 됩니다.

구글에서 'Python Beautiful Soup'로 검색하면 가장 위에 **Beautiful Soup 모듈**의 공식 홈페이지가 나옵니다. 이곳에 접속하면 관련된 문서를 살펴볼 수 있습니다.

Beautiful Soup 홈페이지

URL https://www.crummy.com/software/BeautifulSoup/bs4/doc

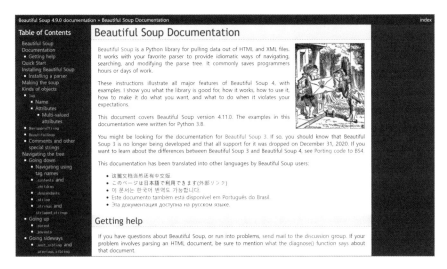

그럼 Beautiful Soup를 사용해서 기상청의 날씨 정보를 가져와 출력해 보겠습니다.

기상청 전국 날씨 정보(RSS 서비스)

URL https://www.weather.go.kr/w/pop/rss-guide.do

이 책은 Beautiful Soup 모듈을 주로 다루는 책이 아니므로 코드를 간단하게 확인하겠습니다. bs4 모듈의 BeautifulSoup() 함수의 매개변수로 HTML 문자열과 "html.parser"라는 문자열을 넣으면 BeautifulSoup라는 특수한 객체를 리턴합니다.

직접 해보는 손코딩

Beautiful Soup 모듈로 날씨 가져오기 소스 코드 beautiful_weather.py

```
01  # 모듈을 읽어 들입니다.
02  from urllib import request
03  from bs4 import BeautifulSoup
04
05  # urlopen() 함수로 기상청의 전국 날씨를 읽습니다.
06  target = request.urlopen("http://www.kma.go.kr/weather/forecast/mid-term-
    rss3.jsp?stnId=108")  ──→ 이 코드는 한 줄 코드이니 이어서 입력해야 합니다.
07
08  # BeautifulSoup을 사용해 웹 페이지를 분석합니다.
09  soup = BeautifulSoup(target, "html.parser")
10
11  # location 태그를 찾습니다.
12  for location in soup.select("location"):
13      # 내부의 city, wf, tmn, tmx 태그를 찾아 출력합니다.
14      print("도시:", location.select_one("city").string)
15      print("날씨:", location.select_one("wf").string)
16      print("최저기온:", location.select_one("tmn").string)
17      print("최고기온:", location.select_one("tmx").string)
18      print()
```

이를 기반으로 태그를 여러 개 선택할 때는 select() 함수, 하나만 선택할 때는 select_one() 함수를 사용해서 원하는 값을 추출합니다. 현재 기상청의 XML 파일을 확인하면 다음과 같습니다.

```
<rss version="2.0">
  <channel>
    <title>기상청 육상 중기예보</title>
    <!-- 생략 -->
```

```
    <item>
      <author>기상청</author>
      <!-- 생략 -->
      <description>
        <header>
          <title>전국 육상중기예보</title>
          <tm>202205051800</tm>
          <wf>
<![CDATA[ ○ (강수) 11일(수) 오후부터 12일(목) 오전 사이 수도권과 강원영서를 제외한 전국에
비가 오겠습니다. <br />○ (기온) 이번 예보기간 아침 기온은 8~17도, 낮 기온은 19~25도로
오늘(5일, 아침최저기온 8~20도, 낮최고기온 21~29도)과 비슷하거나 조금 낮겠습니다.<br />
<br />* 11일(수)~12일(목)은 우리나라 주변 기압계 변동에 따라 강수 시점과 구역이 변경될
가능성이 있으니, 앞으로 발표되는 기상정보를 참고하기 바랍니다. ]]>
          </wf>
        </header>
        <body>
          <location wl_ver="3">  ──→ location마다 지역이 표기되어 있으므로 이를 모두 추출합니다.
            <province>서울 · 인천 · 경기도</province>
            <city>서울</city>
            <data>
              <mode>A02</mode>
              <tmEf>2022-05-08 00:00</tmEf>
              <wf>구름많음</wf> ─┐
              <tmn>13</tmn>     ├─→ 내부에 날씨가 적혀 있으므로 이것들을 가져옵니다.
              <tmx>20</tmx> ─────┘
              <reliability/>
              <rnSt>30</rnSt>
            </data>
            <!-- 생략 -->
          </location>
        </body>
      </description>
    </item>
  </channel>
</rss>
```

여기에서 지역이 표기된 location을 찾고, location 내부에 있는 city, wf, tmn, tmx 태그의 내용을 추출합니다. 코드를 실행하면 다음과 같이 출력합니다. 이러한 형태로 웹 페이지의 정보를 수집할 수 있습니다.

```
도시: 서울
날씨: 구름많음
최저기온: 13
최고기온: 20

도시: 인천
날씨: 구름많음
최저기온: 13
최고기온: 19

도시: 수원
날씨: 구름많음
최저기온: 12
최고기온: 20

...생략...
```

Beautiful Soup을 사용해 웹 페이지를 분석한 결과입니다.

이번 절의 예제를 진행하면서 뭔가 이상한 것을 느끼지 못했나요? 지금까지 파이썬 프로그래밍을 하면서 단 한 번도 알파벳 대문자를 사용하지 않는데, 이번 예제에서는 Beautiful Soup에 대문자를 사용했습니다. 이것이 만약 함수라면 'beautiful soup'이라는 단어를 합쳐서 beautiful_soup()이라는 형태로 사용했을 것입니다. 그런데 각 단어의 앞글자를 대문자로 만들고 이를 합쳐서 BeautifulSoup()과 같은 형태로 사용했습니다.

왜 그랬을까요? 이는 BeautifulSoup()이 단순한 함수가 아니라 클래스의 생성자이기 때문입니다. 이와 관련된 의문은 일단 잠시 접어 두세요. 8장에서 클래스를 다루면서 자세히 살펴보겠습니다.

note Beautiful Soup와 관련된 자세한 내용이 궁금하다면 스크레이핑 관련 책을 읽으면 좋습니다.

Flask 모듈

일반적으로 파이썬으로 웹 개발을 할 때는 Django(장고) 또는 Flask(플라스크) 등의 모듈을 사용합니다. **Django**는 매우 다양한 기능을 제공하는 웹 개발 프레임워크이고, **Flask**는 작은 기능만을 제공하는 웹 개발 프레임워크입니다.

국내에도 Django, Flask와 관련된 도서가 출간되어 있으므로, 파이썬을 활용한 웹 개발에 관심이 있다면 이 책의 다음 도서로 살펴보기 바랍니다. 일단 이번 절에서는 Flask를 사용해 아주 간단한 웹 개발에 대한 맛만 보겠습니다.

Flask 모듈은 다음과 같은 명령어로 설치합니다. Beautiful Soup 모듈 설치할 때와 마찬가지로 [Window] + [R] 키를 눌러 프로그램 실행 창을 띄우고 [cmd]를 입력하면 나타나는 명령 프롬프트에서 실행해야 합니다.

```
pip install flask
```

다음 예제는 **Flask 모듈**의 공식 홈페이지에서 제공하는 기본적인 예제입니다. 입력 후, 코드를 실행해 보세요.

> Flask 모듈 홈페이지
> URL http://flask.pocoo.org

직접 해보는 손코딩

Flask 모듈 사용하기　　소스 코드 flask_basic.py

```
01  from flask import Flask
02  app = Flask(__name__)
03
04  @app.route("/")
05  def hello():
06      return "<h1>Hello World!</h1>"
```

@app.route()라고 되어 있는 부분은 **데코레이터**decorator라고 부릅니다. 이와 관련된 내용은 435쪽 〈좀 더 알아보기: 함수 데코레이터〉에서 살펴보겠습니다.

Flask는 코드를 실행하는 방법이 약간 특이한데, 다음과 같이 두 줄을 명령 프롬프트 창에 입력합니다. 이때 경로는 실행할 파일이 있는 위치여야 합니다.

> 명령 프롬프트에서는 set FLASK_APP=파일 이름으로 입력하세요.

```
$env:FLASK_APP="파일 이름"
flask run
```

✚ 여기서 잠깐 ┃ **맥과 리눅스를 사용하고 있을 경우**

맥 또는 리눅스를 사용하고 있다면 터미널에 다음과 같이 입력해 주세요.

```
export FLASK_APP=파일 이름.py
flask run
```

명령 프롬프트에서 프로그램을 실행하면 다음과 같이 출력하고 멈춥니다.

```
> $env:FLASK_APP="flask_basic"
> flask run
 * Serving Flask app 'flask_basic' (lazy loading)
...생략...
 * Running on http://127.0.0.1:5000/ (Press CTRL+C to quit)
```

명령 프롬프트의 결과를 보면 Running on http://127.0.0.1:5000/이라고 나와 있습니다. 웹 브라우저에서 http://127.0.0.1:5000을 입력하고 들어가 보세요. 다음과 같이 "Hello World!"라는 글자를 출력하는 모습을 확인할 수 있습니다. 웹 브라우저와 통신할 수 있는 웹 서버가 간단하게 만들어진 것입니다.

Flask 모듈을 사용한 웹 서버

프로그램을 종료할 때는 '(Press CTRL+C to quit)'라고 나와 있는 것처럼 Ctrl + C 키를 눌러 종료합니다.

Flask 모듈은 @app.route(경로)처럼 '〈경로〉에 들어갈 때 실행할 함수'를 지정하는 형태로 사용합니다. 이때 함수에서 리턴하는 문자열을 기반으로 HTML 파일을 웹 브라우저에 제공해 줍니다.

〈경로〉에 들어갈 때마다 함수가 실행되므로, 이전에 만들었던 Beautiful Soup 스크레이핑을 실행하는 코드를 만든다면 다음과 같이 됩니다. 단지 이전의 코드를 hello() 함수 내부에 넣고, 문자열을 리턴하도록 바꾸었을 뿐입니다.

Beautiful Soup 스크레이핑 실행하기 소스 코드 beautiful_flask.py

```python
01  # 모듈을 읽어 들입니다.
02  from flask import Flask
03  from urllib import request
04  from bs4 import BeautifulSoup
05
06  # 웹 서버를 생성합니다.
07  app = Flask(__name__)
08  @app.route("/")
09
10  def hello():
11      # urlopen() 함수로 기상청의 전국 날씨를 읽습니다.
12      target = request.urlopen("http://www.kma.go.kr/weather/forecast/mid-term-rss3.jsp?stnId=108")  → 이 코드는 한 줄 코드이니 이어서 입력해야 합니다.
13
14      # BeautifulSoup를 사용해 웹 페이지를 분석합니다.
15      soup = BeautifulSoup(target, "html.parser")
16
17      # location 태그를 찾습니다.
18      output = ""
19      for location in soup.select("location"):
20          # 내부의 city, wf, tmn, tmx 태그를 찾아 출력합니다.
21          output += "<h3>{}</h3>".format(location.select_one("city").string)
22          output += "날씨: {}<br/>".format(location.select_one("wf").string)
23          output += "최저/최고 기온: {}/{}"\
24              .format(\
25                  location.select_one("tmn").string,\
26                  location.select_one("tmx").string\
27              )
28          output += "<hr/>"
29      return output
```

다시 이전과 같은 방법으로 코드를 실행하고 웹 브라우저에서 http://127.0.0.1:5000에 접속하면 다음과 같이 출력합니다.

접속할 때마다 날씨 정보를 보여주는 웹 서버

이러한 형태로 모듈과 모듈을 결합하면서 원하는 프로그램을 만들어 나갑니다. pip 명령어로 설치할 수 있는 외부 모듈은 정말 많습니다. 이 책을 끝낸 후에 머신러닝, 웹 개발, 인공지능(머신러닝/딥러닝), IoT 개발 등을 진행한다면 모듈들을 더 알아 나가는 과정의 연속이 될 것입니다.

그러한 모듈들을 살펴볼 때 필요한 기능 중에 아직 살펴보지 않은 내용이 조금 더 있으므로, 힘내서 끝까지 나아가 봅시다.

라이브러리와 프레임워크

모듈을 살펴보면 **라이브러리**^{library}와 **프레임워크**^{framework}라는 말을 많이 듣습니다. 최근에는 큰 구분 없이 사용하는데, 그래도 확실하게 구분하자면 **제어 역전**^{IoC; Inversion of Control} 여부에 따라서 달라집니다.

라이브러리와 프레임워크

구분	설명
라이브러리(library)	정상적인 제어를 하는 모듈
프레임워크(framework)	제어 역전이 발생하는 모듈

제어 역전이란 쉽게 말해 제어가 역전되어 있다는 뜻입니다. 따라서 '역전되지 않은 정상적인 제어'가 무엇인지 알아야 제어 역전을 이해할 수 있을 것입니다. 지금까지 사용했던 모듈들을 생각해 봅시다.

라이브러리

다음 코드는 07-1에서 살펴보았던 math 모듈입니다. math 모듈은 모듈 내부의 기능을 '개발자가 직접 호출했습니다. 이처럼 개발자가 모듈의 기능을 호출하는 형태의 모듈을 **라이브러리**라고 합니다.

정상적인 제어 = 라이브러리

```python
# 모듈을 읽어 들입니다.
from math import sin, cos, tan, floor, ceil

# sin, cos, tan를 구합니다.
print("sin(1):", sin(1))
print("cos(1):", cos(1))
print("tan(1):", tan(1))

# 내림과 올림을 구합니다.
print("floor(2.5):", floor(2.5))
print("ceil(2.5):", ceil(2.5))
```

프레임워크

429쪽 〈직접 해보는 손코딩^{flask_basic.py}〉에서 살펴보았던 Flask 모듈은 다음과 같이 코드를 작성했습니다. 그런데 코드를 보면 내부에 함수만 정의했지 직접적으로 무언가 진행하는 코드는 단 하나도 없습니다.

```python
from flask import Flask
app = Flask(__name__)


@app.route("/")
def hello():
    return "<h1>Hello World!</h1>"
```

```
> $env:FLASK_APP="hello"
> flask run
 * Serving Flask app 'flask_basic' (lazy loading)
...생략...
 * Running on http://127.0.0.1:5000/ (Press CTRL+C to quit)
```

Serving Flask app 'flask_basic' (lazy loading), Running on http://127.0.0.1:5000/ (Press CTRL+C to quit)라는 글자는 우리가 출력했던 적이 없습니다. 그렇다면 이것은 어디에서 출력된 것일까요?

바로 Flask 모듈 내부입니다. 우리가 작성한 코드를 직접 실행하지 않았는데, Flask 모듈이 제공하는 명령어를 실행하면 Flask가 내부적으로 서버를 실행한 뒤 지정한 파일을 읽어 들여 적절한 상황에 스스로 실행하게 됩니다. 이처럼 모듈이 개발자가 작성한 코드를 실행하는 형태의 모듈을 **프레임워크**라고 부릅니다.

개발자가 모듈의 함수를 호출하는 것이 일반적인 제어 흐름입니다. 그런데 이와 반대로 개발자가 만든 함수를 모듈이 실행하는 것은 제어가 역전된 것입니다. 이것이 바로 **제어 역전**입니다. 이러한 제어 역전의 여부로 라이브러리와 프레임워크를 구분합니다.

함수 데코레이터

파이썬에는 **데코레이터**라는 기능이 있습니다. 07-2의 〈Flask 모듈〉에서 잠깐 언급하면서 @app. route() 형태의 코드를 보았습니다. 이렇듯 @로 시작하는 구문을 파이썬에서는 '데코레이터'라고 부릅니다. 데코레이터는 '꾸며 주는 것'이라는 의미인데, 프로그래밍에서는 무엇을 꾸민다는 걸까요?

데코레이터는 만드는 방법에 따라 크게 **함수 데코레이터**와 **클래스 데코레이터**로 나눌 수 있습니다. 여기서는 함수 데코레이터를 살펴보겠습니다.

함수 데코레이터의 기본

함수 데코레이터는 함수에 사용되는 데코레이터입니다. 이 말은 대상 함수의 앞뒤에 꾸밀 부가적인 내용, 혹은 반복할 내용을 데코레이터로 정의해서 손쉽게 사용할 수 있도록 한 것을 말합니다. 이렇게 말해도 잘 이해가 안되죠? 처음에는 이해가 잘 안 되겠지만 예제 하나만 실행해 보면 쉽습니다.

다음은 "hello"를 출력하는 함수입니다.

```python
def hello():
    print("hello")
```

그런데 "hello" 앞에 "인사가 시작되었습니다"를, "hello" 뒤에 "인사가 종료되었습니다"를 출력하려고 합니다. 예제로 구현해 보겠습니다.

직접 해보는 손코딩

함수 데코레이터의 기본 소스 코드 func_deco.py

```python
01  # 함수 데코레이터를 생성합니다.
02  def test(function):
03      def wrapper():
04          print("인사가 시작되었습니다.")
05          function()
06          print("인사가 종료되었습니다.")
```

```
07        return wrapper
08
09    # 데코레이터를 붙여 함수를 만듭니다.
10    @test
11    def hello():
12        print("hello")
13
14    # 함수를 호출합니다.
15    hello()
```

> **실행 결과**   ✕
>
> 인사가 시작되었습니다.
> hello
> 인사가 종료되었습니다.

test() 함수에서 wrapper() 함수를 리턴하므로, 최종적으로 hello에 함수가 들어가 hello() 형태로 호출할 수 있습니다.

간단한 내용을 군이 왜 이렇게 복잡하게 작성하냐고 할 수 있겠지만, 데코레이터를 사용하면 functools라는 모듈을 사용할 수 있고, 함수 데코레이터를 사용할 때 매개변수 등을 전달할 수 있어 반복되는 구문이 많아질 때 소스의 가독성도 높이고 매우 유용하게 사용할 수 있습니다.

```
# 모듈을 가져옵니다.
from functools import wraps

# 함수로 데코레이터를 생성합니다.
def test(function):
    @wraps(function)
    def wrapper(*arg, **kwargs):  ──→ 가변 매개변수와 키워드 가변 매개변수를 사용하는
        print("인사가 시작되었습니다.")          코드입니다. 이와 관련된 내용은 고급 주제이므로
        function(*arg, **kwargs)              이 책에서는 다루지 않습니다.
        print("인사가 종료되었습니다.")
    return wrapper
```

note 다른 프로그래밍 언어를 해봤다면 @라는 기호 때문에 어노테이션(annotation)과 비슷한 것이라고 생각할 수 있는데, 작성 방법만 비슷하지 기능이 크게 다르므로 구분해서 알아 두세요.

마무리

▶ 5가지 키워드로 정리하는 핵심 포인트

- **외부 모듈**은 파이썬이 기본적으로 제공하지 않는, 다른 사람들이 만들어 제공하는 모듈을 의미합니다.

- **pip install**은 외부 모듈을 설치할 때 사용하는 명령어입니다.

- **제어 역전**은 개발자가 모듈의 함수를 호출하는 것이 일반적인 제어 흐름이나, 이와 반대로 개발자가 만든 함수를 모듈이 실행하는 것을 말합니다.

- **라이브러리**는 개발자가 모듈의 기능을 호출하는 형태와 같이 정상적인 제어를 하는 모듈입니다.

- **프레임워크**는 모듈이 개발자가 작성한 코드를 실행하는 형태의 모듈입니다.

▶ 확인문제

1. 구글에서 "python prime module"이라고 검색하여 파이썬에서 소수[prime number]를 구하는 모듈을 찾아보세요. prime, primenumbers, pyprimes, pyprimesieve 등 다양한 모듈이 나올 것입니다. 적당한 것을 선택해서 100~1000 사이에 있는 소수가 몇 개인지 구해 주세요.

hint 1. 구글에서 검색해서 적당한 것을 클릭한 뒤, pip install 명령어로 설치하고 예제를 따라 입력해 보면 됩니다.

고급편

2. 자신이 나아가고자 하는 분야에서 사용되는 모듈을 찾아보세요. 어떤 과정으로 찾으면 되는 지 간단한 예를 살펴보겠습니다.

웹 서버 개발

유튜브로 동영상을 보았던 적이 있나요? 카카오톡으로 친구와 메시지를 나누었던 적이 있나요? 우리는 어떻게 다른 사람이 올린 동영상을 볼 수 있고, 내가 보낸 메시지는 친구에게 어떻게 전 달되는 것일까요?

이는 어딘가에 이러한 처리를 하는 프로그램이 있기 때문입니다. 이러한 프로그램을 통신 **서버** 라고 부르며, 웹을 통해 이러한 처리를 한다면 그것을 **웹 서버**라고 부릅니다. 파이썬으로 웹 서 버를 개발할 때는 Django와 Flask라는 모듈을 사용합니다.

인공지능 개발

알파고는 어떻게 바둑을 둘 수 있는 것일까요? 자율 주행 자동차는 어떻게 사물을 인식하고 이를 피해 달리는 것일까요? 10년 전만 해도 '컴퓨터가 바둑으로는 사람을 이길 수 없을 것이다', '컴 퓨터가 이미지를 인식하는 일은 하기 힘든 일이다'라고 했지만 지금은 가능한 일이 되었습니다.

이는 딥러닝(심층 학습)이라는 분야의 발전 덕분입니다. 그리고 딥러닝과 관련된 모듈을 가장 많 이 제공하며, 쉽게 사용할 수 있는 프로그래밍 언어가 바로 파이썬입니다. 아마 서점에 가서 인 공지능, 머신러닝, 딥러닝 책을 보면 대부분 파이썬을 사용한다는 것을 알 수 있을 것입니다.

파이썬으로 인공지능을 개발할 때는 scikit-learn, tensorflow, keras 등의 모듈을 활용합 니다.

데이터 분석

일반적으로 개발자를 꿈꾸는 독자가 파이썬을 공부한다고 하면 위에서 언급한 두 가지가 목적일 것입니다. 하지만 개발자가 아닌 분들이 파이썬을 공부한다면 업무적으로 프로그래밍을 활용하 기 위해서일 가능성이 큽니다.

기업에서 지금까지의 정보를 기반으로 데이터를 분석해 상황을 확인하거나 미래의 마케팅/경영 전략을 세우는 등의 작업을 할 때 파이썬을 활용할 수 있습니다. 최근에는 데이터 분석이 인공지 능과 결합되어 미래의 데이터를 예측하는 경우도 많습니다.

파이썬으로 데이터를 분석할 때는 pandas, matplotlib 등의 모듈을 활용합니다. 사실 분석 하고자 하는 데이터에 따라서 너무 많은 선택지가 펼쳐지므로, 무엇을 많이 사용한다고 설명하 기는 어렵습니다.

크롤러 개발

인공지능 개발, 데이터 분석 등을 할 때는 데이터가 필요합니다. 기업과 연구소라면 내부 데이터를 활용할 수 있지만, 그러한 경우가 아니라면 필요한 데이터를 직접 수집해야 합니다. 또한 기업과 연구소라도 외부 데이터, 예를 들어 트위터에서 우리 기업과 관련된 긍정적인 평가가 많은지, 부정적인 평가가 많은지 알고 싶다면 외부 데이터(트위터에 있는 데이터)를 수집해야 할 것입니다. 이러한 데이터를 수집할 때는 파이썬의 Beautiful Soup, requests, scrapy 모듈 등을 활용합니다.

분야를 결정했다면 인터넷에서 분야와 관련된 책을 찾아보고, 그 책의 목차를 확인해 보기 바랍니다. 그럼 어떤 모듈들이 활용되는지 알 수 있을 것입니다. 이러한 모듈을 세 개 정도 정리해 보세요. 이 책을 모두 마친 후에 어떤 것을 공부할 것인지 감을 잡을 수 있을 것입니다.

hint 2. 파이썬을 배워서 스스로가 무엇을 하려 했던 것인지 다시 생각해 보고 그 길에 어떤 것들이 있는지 직접 찾아 보세요.

07-3 모듈 만들기

핵심 키워드

엔트리 포인트 **__name__ == "__main__"** **패키지**

지금까지 내부 모듈과 외부 모듈을 살펴보았습니다. 그럼 이러한 모듈들은 어떻게 만드는 것일까요? 모듈을 만드는 방법을 알면 직접 모듈을 만들 수 있는 것은 물론이고 다른 사람이 만든 모듈을 분석할 수도 있습니다.

시작하기 전에

파이썬은 모듈을 만드는 방법이 간단합니다. 단순하게 파이썬 파일을 만들고, 이를 외부에서 읽어 들이면 모듈이 됩니다. 너무 간단하고 유연해서 모듈을 코드로 인식하고 실행해 버리는 문제 등이 발생할 수 있습니다. 그러나 파이썬은 이를 막기 위한 다양한 대처 방법도 제공해 줍니다. 또한 모듈을 구조화해서 거대한 모듈(**패키지**)을 만드는 기능도 제공해 줍니다.

이번 절에서는 원의 반지름과 넓이를 구하는 간단한 모듈을 만들어 보면서 모듈을 만드는 방법, 모듈 실행과 관련된 안전 장치를 설치하는 방법, 패키지를 만드는 방법에 대해서 알아봅니다.

먼저 module_basic 디렉터리를 만들어 다음 두 파일을 넣어 주세요. main.py가 메인 코드로 활용할 부분입니다.

main.py

test_module.py

모듈 만들기

[시작하기 전에]에서도 살펴봤지만 모듈을 만드는 방법은 매우 단순하고 쉬워서 길게 할 말이 별로 없습니다. 모듈 내부에 변수와 함수 등을 잔뜩 넣어주면 되는데, 간단하게 이전에 만들어 봤던 함수들을 넣어 보겠습니다. 먼저 module_basic 디렉터리를 만든 다음 아래 두 파일을 저장한 후 main.py 파일을 실행합니다.

직접 해보는 손코딩

쉬운 모듈 만들기　소스 코드 module_basic/test_module.py

```python
01  # test_module.py 파일
02  PI = 3.141592
03
04  def number_input():
05      output = input("숫자 입력> ")
06      return float(output)
07
08  def get_circumference(radius):
09      return 2 * PI * radius
10
11  def get_circle_area(radius):
12      return PI * radius * radius
```

쉬운 모듈 만들기　소스 코드 module_basic/main.py

```python
01  # main.py 파일
02  import test_module as test
03
04  radius = test.number_input()
05  print(test.get_circumference(radius))
06  print(test.get_circle_area(radius))
```

> **실행 결과**　✕
> 숫자 입력> 10 `Enter`
> 62.83184
> 314.1592

복잡하고 구조화된 모듈을 만들 때는 **패키지**^{package}라는 기능을 사용합니다. 이와 관련된 내용은 잠시 후에 살펴보도록 하겠습니다.

__name__ == "__main__"

다른 사람들이 만든 파이썬 코드들을 보다 보면 __name__ == "__main__"이라는 코드를 많이 볼 수 있습니다. 많은 파이썬 개발자들이 이유도 모르고 그냥 사용하는 경우가 많은데요, 이 의미가 무엇인지 자세하게 살펴보겠습니다.

__name__

파이썬 코드 내부에서는 __name__이라는 변수를 사용할 수 있습니다. __name__이라는 변수에 어떤 값이 들어있는지 확인해 보겠습니다.

```
>>> __name__
'__main__'
```

프로그래밍 언어에서는 프로그램의 진입점을 **엔트리 포인트**^{entry point} 또는 **메인**^{main}이라고 부릅니다. 그리고 이러한 엔트리 포인트 또는 메인 내부에서의 __name__은 "__main__"입니다.

모듈의 __name__

엔트리 포인트가 아니지만 엔트리 포인트 파일 내에서 import 되었기 때문에 모듈 내 코드가 실행됩니다. 모듈 내부에서 __name__을 출력하면 모듈의 이름을 나타냅니다. 간단하게 코드를 구성해 보겠습니다.

> **직접 해보는 손코딩**

module_main 디렉터리를 생성해 파일을 저장합니다.

모듈 이름을 출력하는 모듈 만들기 소스 코드 `module_main/main.py`

```
01    # main.py 파일
02    import test_module
03
04    print("# 메인의 __name__ 출력하기")
05    print(__name__)
06    print()
```

모듈 이름을 출력하는 모듈 만들기 소스 코드 `module_main/test_module.py`

```
01    # test_module.py 파일
02    print("# 모듈의 __name__ 출력하기")
```

```
03    print(__name__)
04    print()
```

main.py 파일을 실행하면 다음과 같이 출력합니다.

▣ 실행 결과   ✕

```
# 모듈의 __name__ 출력하기
test_module

# 메인의 __name__ 출력하기
__main__
```

코드를 실행하면 엔트리 포인트 파일에서는 "__main__"을 출력하지만, 모듈 파일에서는 모듈 이름
을 출력하는 것을 볼 수 있습니다.

__name__ 활용하기

엔트리 포인트 파일 내부에서는 __name__이 "__main__"이라는 값을 갖습니다. 이를 활용하면
현재 파일이 모듈로 실행되는지, 엔트리 포인트로 실행되는지 확인할 수 있습니다.

예를 들어 다음 코드를 살펴보겠습니다. test_module.py라는 이름으로 프로그램을 만들었습니다.
그리고 '이러한 형태로 활용한다'라는 것을 보여주기 위해 간단한 출력도 넣었습니다.

직접 해보는 손코딩   module_example 디렉터리를 생성해 파일을 저장합니다.
                                    ↑
모듈 활용하기   소스 코드 module_example/test_module.py

```
01    PI = 3.141592
02
03    def number_input():
04        output = input("숫자 입력> ")
05        return float(output)
06
07    def get_circumference(radius):
08        return 2 * PI * radius
09
10    def get_circle_area(radius):
```

```
11        return PI * radius * radius                    "이런 식으로 동작해요!"를 알려주는
                                                          활용 예를 넣었습니다.
12
13    # 활용 예
14    print("get_circumference(10):", get_circumference(10))
15    print("get_circle_area(10): ", get_circle_area(10))
```

모듈 활용하기   소스 코드 `module_example/main.py`

```
01    import test_module as test  ──→ 위 모듈을 읽어 들입니다.
02
03    radius = test.number_input()
04    print(test.get_circumference(radius))
05    print(test.get_circle_area(radius))
```

main.py 파일을 실행하면 다음과 같이 출력합니다.

```
🖥 실행 결과                                                                        ✕

get_circumference(10): 62.83184 ──┐
get_circle_area(10): 314.1592 ────┼─→ 모듈에서 활용 예로 사용했던 코드까지 출력됩니다.
숫자 입력> 10 [Enter]
62.83184
314.1592
```

그런데 현재 test_module.py라는 파일에는 '이런 식으로 동작해요!'라는 설명을 위해 추가한 활용 예시 부분이 있습니다. 모듈로 사용하고 있는데, 내부에서 출력이 발생하니 문제가 됩니다.

이때 현재 파일이 엔트리 포인트인지 구분하는 코드를 활용합니다. 조건문으로 __name__이 "__main__"인지 확인만 하면 됩니다.

📌 직접 해보는 손코딩

엔트리 포인트를 확인하는 모듈 만들기   소스 코드 `module_example/test_module.py`

```
01    PI = 3.141592
02
03    def number_input():
04        output = input("숫자 입력> ")
05        return float(output)
```

```
06
07    def get_circumference(radius):
08        return 2 * PI * radius
09
10    def get_circle_area(radius):
11        return PI * radius * radius
12    # 활용 예
13    if __name__ == "__main__":
14        print("get_circumference(10):", get_circumference(10))
15        print("get_circle_area(10): ", get_circle_area(10))
```

현재 파일이 엔트리 포인트인지 확인하고,
엔트리 포인트일 때만 실행합니다.

엔트리 포인트를 확인하는 모듈 만들기 소스 코드 module_example/main.py

```
01    import test_module as test
02
03    radius = test.number_input()
04    print(test.get_circumference(radius))
05    print(test.get_circle_area(radius))
```

main.py 파일을 실행하면 다음과 같이 출력합니다.

▣ 실행 결과   ✕

숫자 입력> 10 [Enter]
62.83184
314.1592

자주 사용되는 형태의 코드입니다. 인터넷에서 다른 사람들이 만든 코드를 보다 보면 100%의 확률로 만날 수 있을 텐데, 그럴 때 당황하지 않도록 꼭 기억하기 바랍니다.

패키지

이 책에서는 쉬운 이해를 위해 import로 가져오는 모든 것을 **모듈**module이라고 설명했습니다. 그런데 원래 pip은 Python Package Index의 줄임말로 **패키지 관리 시스템**Package Management System입니다. 그럼 패키지와 모듈은 무엇이 다른 것일까요? 결론부터 말하면 모듈이 모여서 구조를 이루면 **패키지**package라고 부르는 것입니다.

패키지 만들기

패키지를 만들어 보겠습니다. 일단 폴더를 다음과 같이 구성합니다. main.py 파일은 엔트리 포인트로 사용할 파이썬 파일이며, test_package 폴더는 패키지로 사용할 폴더입니다.

test_package   main.py

모듈이 모여 구조를 이루면 패키지가 된다고 했죠? test_package 폴더 내부에 모듈을 하나 이상 넣으면 됩니다. 예제로 module_a.py 파일과 module_b.py 파일을 생성해 보겠습니다.

module_a.py   module_b.py

이어서 파일들에 다음과 같이 입력합니다.

직접 해보는 손코딩

패키지 만들기(1) 소스 코드 module_package/test_package/module_a.py

```
01   # ./test_package/module_a.py의 내용
02   variable_a = "a 모듈의 변수"
```

패키지 만들기(1) 소스 코드 module_package/test_package/module_b.py

```
01   # ./test_package/module_b.py의 내용
02   variable_b = "b 모듈의 변수"
```

패키지 만들기(1) 소스 코드 module_package/main.py

```
01   # 패키지 내부의 모듈을 읽어 들입니다.
02   import test_package.module_a as a
```

```
03    import test_package.module_b as b
04
05    # 모듈 내부의 변수를 출력합니다.
06    print(a.variable_a)
07    print(b.variable_b)
```

main.py 파일을 실행하면 다음과 같이 출력합니다.

__init__.py 파일

패키지를 읽을 때 어떤 처리를 수행해야 하거나 패키지 내부의 모듈들을 한꺼번에 가져오고 싶을 때가 있습니다. 이럴 때는 패키지 폴더 내부에 __init__.py 파일을 만들어 사용합니다.

__init__.py는 해당 폴더가 패키지임을 알려주고, 패키지와 관련된 초기화 처리를 하는 파일입니다. __init__.py에 __all__이라는 이름의 리스트를 만드는데, 이 리스트에 지정한 모듈들이 from 〈패키지 이름〉 import *를 할 때 전부 읽어 들여집니다.

그럼 test_package 폴더 내부에 다음과 같이 __init__.py 파일을 만들어 보겠습니다.

이때 test_package 폴더 외부에는 엔트리 포인트로 사용할 main_1.py 파일을 생성합니다.

패키지 만들기(2)　　소스 코드 module_package/test_package/__init__.py

```
01    # "from test_package import *"로
02    # 모듈을 읽어 들일 때 가져올 모듈
03    __all__ = ["module_a", "module_b"]  ──→ * 사용 시 읽어 들일 모듈의 목록
04
05    # 패키지를 읽어 들일 때 처리를 작성할 수도 있습니다.
06    print("test_package를 읽어 들였습니다.")
```

패키지 만들기(2)　　소스 코드 module_package/main_1.py

```
01    # 패키지 내부의 모듈을 모두 읽어 들입니다.
02    from test_package import *
03
04    # 모듈 내부의 변수를 출력합니다.
05    print(module_a.variable_a)
06    print(module_b.variable_b)
```

명령어로 main_1.py 파일을 실행하면 다음과 같이 출력합니다.

```
실행 결과                                                              ✕
test_package를 읽어 들였습니다.
a 모듈의 변수
b 모듈의 변수
```

main_1.py 파일로 패키지를 읽어 들일 때 __init__.py를 가장 먼저 실행하는 것을 알 수 있습니다.

➕ 여기서 잠깐　　__init__.py 파일의 역할

파이썬 3.3 이전 버전에서는 __init__.py 파일이 무조건 있어야 패키지로 작동했지만, 이후 버전에서는 __init__.py 파일이 없어도 폴더 내부에 파이썬 파일이 들어 있기만 하면 패키지로 작동합니다.

텍스트 데이터

파일은 크게 **텍스트 데이터**^{text data}와 **바이너리 데이터**^{binary data}로 구분됩니다. 05-3의 〈파일 처리〉에서 '텍스트 읽기'와 '텍스트 쓰기'에 대해서 배웠는데, 여기서 '텍스트 데이터'가 무엇인지 조금 더 자세하게 살펴보겠습니다.

컴퓨터는 내부적으로 모든 처리를 0과 1로 이루어진 **이진 숫자**^{binary}로 수행합니다. 따라서 원래 컴퓨터 내부에 있는 모든 것들은 이진 숫자로 구성되어 있습니다.

예를 들어 "Hello Python Programming"이라는 글자는 내부적으로 다음과 같이 표현됩니다.

"Hello Python Programming"의 이진 데이터

```
01001000 01100101 01101100 01101100 01101111 00100000 01010000 01111001 01110100
01101000 01101111 01101110 00100000 01010000 01110010 01101111 01100111 01110010
01100001 01101101 01101101 01101001 01101110 01100111
```

이진수를 이해하기란 쉽지 않죠? 이를 10진수로 변환하면 다음과 같습니다(물론 변환해도 보기 힘듭니다).

"Hello Python Programming"의 이진 데이터를 10진수로 표기한 형태

```
72 101 108 108 111 32 80 121 116 104 111 110 32 80 114 111 103 114 97 109 109 105
110 103
```

전부 24개의 숫자로 이루어져 있습니다. 각각의 숫자는 알파벳에 대응됩니다. 이러한 숫자와 알파벳을 대응하는 방법을 **인코딩**^{encoding} 방식이라고 부릅니다. 다양한 인코딩 방식이 있는데, 현재 살펴보는 예는 가장 기본적인 ASCII 인코딩 방식입니다.

Ctrl	Dec	Hex	Char	Code	Dec	Hex	Char	Dec	Hex	Char	Dec	Hex	Char
^@	0	00		NUL	32	20		64	40	@	96	60	`
^A	1	01		SOH	33	21	!	65	41	A	97	61	a
^B	2	02		STX	34	22	"	66	42	B	98	62	b
^C	3	03		ETX	35	23	#	67	43	C	99	63	c
^D	4	04		EOT	36	24	$	68	44	D	100	64	d
^E	5	05		ENQ	37	25	%	69	45	E	101	65	e
^F	6	06		ACK	38	26	&	70	46	F	102	66	f
^G	7	07		BEL	39	27	'	71	47	G	103	67	g
^H	8	08		BS	40	28	(	72	48	H	104	68	h
^I	9	09		HT	41	29	)	73	49	I	105	69	i
^J	10	0A		LF	42	2A	*	74	4A	J	106	6A	j
^K	11	0B		VT	43	2B	+	75	4B	K	107	6B	k
^L	12	0C		FF	44	2C	,	76	4C	L	108	6C	l
^M	13	0D		CR	45	2D	-	77	4D	M	109	6D	m
^N	14	0E		SO	46	2E	.	78	4E	N	110	6E	n
^O	15	0F		SI	47	2F	/	79	4F	O	111	6F	o
^P	16	10		DLE	48	30	0	80	50	P	112	70	p
^Q	17	11		DC1	49	31	1	81	51	Q	113	71	q
^R	18	12		DC2	50	32	2	82	52	R	114	72	r
^S	19	13		DC3	51	33	3	83	53	S	115	73	s
^T	20	14		DC4	52	34	4	84	54	T	116	74	t
^U	21	15		NAK	53	35	5	85	55	U	117	75	u
^V	22	16		SYN	54	36	6	86	56	V	118	76	v
^W	23	17		ETB	55	37	7	87	57	W	119	77	w
^X	24	18		CAN	56	38	8	88	58	X	120	78	x
^Y	25	19		EM	57	39	9	89	59	Y	121	79	y
^Z	26	1A		SUB	58	3A	:	90	5A	Z	122	7A	z
^[	27	1B		ESC	59	3B	;	91	5B	[	123	7B	{
^\	28	1C		FS	60	3C	<	92	5C	\	124	7C		
^]	29	1D		GS	61	3D	=	93	5D	]	125	7D	}
^^	30	1E	▲	RS	62	3E	>	94	5E	^	126	7E	~
^-	31	1F	▼	US	63	3F	?	95	5F	_	127	7F	⌂

note ASCII 코드표는 MSDN ASCII Character Codes Chart 1입니다.

그럼 각각의 숫자를 맞춰보세요. '72'는 'H', '101'은 'e', '108'은 'l'처럼 쭉 맞춰보면 "Hello Python Programming"이라는 글자가 나오는 것을 확인할 수 있습니다. 실제로 "Hello Python Programming"이라는 글자를 메모장에 적고 저장하면 내부적으로는 앞서 언급한 2진수로 저장됩니다.

우리가 쉽게 읽을 수 있는 형태의 데이터를 '텍스트 데이터'라고 부릅니다. 텍스트 데이터는 쉽게 읽을 수 있는 것은 물론이고, 텍스트 에디터만 있으면 쉽게 편집할 수도 있습니다. 우리가 입력해 왔던 모든 코드 역시 텍스트 데이터입니다.

텍스트 에디터에서 '100'이라는 숫자를 표현하는 경우를 생각해 봅시다. 100이라는 글자는 '1', '0', '0'이라는 글자로 이루어져 있으며, 이전의 ASCII 코드표를 살펴보면 '49', '48', '48'로 변환할 수 있다는 것을 알 수 있습니다.

따라서 100.txt라는 파일을 저장하면 내부적으로 다음과 같이 저장됩니다.

3바이트를 차지하는 텍스트 데이터 100[49 48 48]

```
00110001 00110000 00110000
```

그런데 100을 '1', '0', '0'으로 나타내는 텍스트 데이터가 아니라, 곧바로 '100'이라는 숫자로 저장한다면 어떨까요? 세 글자로 표현하던 것을 한 글자로 표현할 수 있게 되므로 용량이 절약될 것입니다.

1바이트를 차지하는 바이너리 데이터 100[100]

```
01100100
```

ASCII 코드표를 다시 살펴봅시다. 100이라는 숫자는 'd'에 해당합니다. 따라서 텍스트 에디터로 이러한 내용의 파일을 읽어 들이면 'd'라는 내용이 들어 있을 것입니다. 즉 텍스트 데이터로 표현할 경우 의미를 알 수 없는 데이터가 되어 버리는 것입니다. 컴퓨터에서는 이처럼 텍스트 에디터로 열었을 때 의미를 이해할 수 없는 데이터를 **바이너리 데이터**^{binary data}라고 부릅니다.

바이너리 데이터의 대표적인 예는 이미지와 동영상입니다. 이미지와 동영상은 텍스트 데이터로 표현할 수 없습니다. 예를 들어 한빛네트워크의 로고 이미지를 메모장으로 열어 보면 다음과 같이 나옵니다.

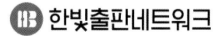

한빛네트워크 로고를 메모장으로 열었을 때의 상태

```
뎦NG
IHDR  , ?펙 tEXtSoftware Adobe ImageReadyq?< /IDATx班] tU?pDFKEA?쬥8?W 뒯?У`?(ㅋ)b
滔Pj+4*
켁? Q?+줖$%l? !곓□儉㳙複笓桱M^참鋏삼꿲;3w뻳?延;v?i衲
pXUr?땍??[??? 0貼?7rH????p8ㅋB백fg?*붏`,¦마^윙0밟 嘯?M슈  0닳壏&sH ?[8保겷Fw?M1?Y헬
쟘(u)?봠놉S백X꿓烹뗄?ë"c찹i?#□?  チJ'4A肥@
?5. $Zp秕껬돿  t뉄r매뤌툿u?_r隘??7떏嶠w???
...생략...
```

무슨 말인지 전혀 이해할 수가 없습니다. 한글도 있고, 영어도 있고, 한자도 있고, 기호도 있습니다. 이러한 파일의 내용을 제대로 읽으려면 '이미지 뷰어'가 필요하며, 내용을 수정하려면 '그림판', '포토샵' 같은 별도의 프로그램이 필요합니다. 따라서 이러한 바이너리 데이터는 텍스트 데이터보다 사용하기 어렵고 사람이 인식하기 힘들다고 할 수 있습니다.

간단하게 두 가지를 구분해서 정리하면 다음과 같습니다.

텍스트 데이터와 바이너리 데이터 비교

비교 항목	텍스트 데이터	바이너리 데이터
구분 방법	• 텍스트 에디터로 열었을 때 읽을 수 있습니다.	• 텍스트 에디터로 열어도 읽을 수 없습니다.
장점	• 사람이 쉽게 읽을 수 있습니다. • 텍스트 에디터로 쉽게 편집할 수 있습니다.	• 용량이 적습니다.
단점	• 용량이 큽니다.	• 사람이 쉽게 읽을 수 없습니다. • 일반적으로는 텍스트 에디터로 편집할 수 없습니다.

인코딩과 디코딩

사실 텍스트 데이터도, 바이너리 데이터도 2진수의 집합일 뿐입니다. 텍스트 데이터를 맞춰서 우리가 읽기 쉬운 글자로 보여 주려면, 그리고 바이너리 데이터를 읽어서 이미지로 보여 주려면 변환을 해야 합니다.

이를 **인코딩**encoding 방식이라고 부릅니다. 인코딩 방식에는 수많은 방법이 존재합니다. 텍스트 데이터의 경우 ASCII, UTF-8, UTF-16, EUC-KR, Shift-JIS 등이 있습니다. 바이너리 데이터의 경우에는 이미지만 해도 JPEG, PNG, GIF 등이 있습니다.

인코딩 방식을 기반으로 A라는 형식을 B라는 형식으로 변환하는 것을 **인코딩**^{encoding}이라고 부르며, 이렇게 인코딩된 데이터를 반대로 돌리는 것을 **디코딩**^{decoding}이라고 부릅니다.

텍스트 데이터와 바이너리 데이터

다시 파이썬 코드로 돌아와 봅시다. 이전에 urllib 모듈을 살펴볼 때(415쪽) urlopen()과 read() 함수로 실행한 결과는 단순한 문자열이 아니라 앞에 'b'가 붙어 있습니다. 이는 바이너리 데이터를 의미합니다. 바이너리 데이터는 문자열(텍스트)이 아니므로 문자열과 관련된 기능(len() 함수 등)을 활용할 수 없습니다.

그런데 바이너리 데이터는 글자가 아니라고 했는데, 왜 글자가 써져 있는 걸까요? 이는 단순히 파이썬이 바이너리를 무조건 ASCII 코드표 등으로 인코딩해서 출력해 주기 때문입니다. 이어지는 내용에서 이미지를 읽어 들여서 다른 형식일 때는 어떻게 출력하는지 확인해 보겠습니다.

인터넷의 이미지 저장하기

인터넷에서 이미지를 읽고 저장하는 방법을 살펴보겠습니다. 일단 웹에서 데이터를 가져오는 부분까지는 모두 같습니다. 그런데 데이터를 텍스트 데이터가 아니라 바이너리 데이터로 저장해야 합니다.

저장 방법은 굉장히 간단한데, 파일을 열 때 다음과 같이 뒤에 "b"를 붙여주면 됩니다. 이렇게 "rb" 또는 "wb"로 적으면 바이너리 형식으로 파일을 읽고 써줍니다.

직접 해보는 손코딩

이미지 읽어 들이고 저장하기   소스 코드 binary_download.py

```
01  # 모듈을 읽어 들입니다.
02  from urllib import request
03
04  # urlopen() 함수로 구글의 메인 페이지를 읽습니다.
05  target = request.urlopen("https://www.hanbit.co.kr/images/common/logo_hanbit.
    png")  ──→ 이 코드는 한 줄 코드이니 이어서 입력해야 합니다.
06  output = target.read()
07  print(output)
08
```

```python
09    # write binary[바이너리 쓰기] 모드로
10    file = open("output.png", "wb")   ── 바이너리 형식으로 씁니다.
11    file.write(output)
12    file.close()
```

└─ b'로 감싸져 있으므로 바이너리 데이터입니다.

코드를 실행하면 바이너리 데이터를 출력합니다. 같은 폴더에 저장된 output.png 파일을 열어 보면 다음과 같은 이미지를 확인할 수 있습니다.

한빛출판네트워크

아마 앞의 코드를 보면 '어차피 그냥 기록하는 것인데 w를 사용하면 안 될까?'라고 생각하는 독자가 있을 것입니다. 의문이 들었다면 곧바로 해결해 보세요. 그냥 바꿔보고 실행만 하면 되니까요.

wb 말고 w를 사용하면 어떻게 될까?

```
# 모듈을 읽어 들입니다.

from urllib import request

# urlopen() 함수로 구글의 메인 페이지를 읽습니다

target = request.urlopen("http://www.hanbit.co.kr/images/common/logo_hanbit.png")
output = target.read()
print(output)

# 텍스트 쓰기 모드로

file = open("output.png", "w") ──→ 텍스트 형식으로 쓰면 어떻게 될까요?
file.write(output)
file.close()
```

🖵 오류

```
Traceback (most recent call last):
  File "test.py", line 11, in <module>
    file.write(output)
TypeError: write() argument must be str, not bytes
```

실행하면 write() 함수의 매개변수에는 'bytes(바이너리)'가 아니라 'str(문자열)'를 넣어 달라는 오류가 발생합니다. 바이너리를 사용할 때는 꼭 "b"를 붙여야 한다고 기억해 주세요.

마무리

▶ 3가지 키워드로 정리하는 핵심 포인트

- **엔트리 포인트**는 python 명령어를 사용해서 첫 진입 파일을 엔트리 포인트라고 부릅니다.

- **__name__ == "__main__"**는 현재 파일이 엔트리 포인트인지 확인할 때 사용하는 코드입니다.

- **패키지**는 모듈이 모인 것을 말합니다.

▶ 모듈을 분석하는 방법

이번 절에서는 단순하게 패키지 만드는 방법을 살펴보았기 확인문제 대신 모듈의 소스 코드를 살펴보는 방법을 설명합니다. 이후에 직접 모듈을 틈틈이 분석해 보세요!

07-2의 확인문제에서 자신이 하고 싶은 분야의 모듈을 찾았을 것입니다. 파이썬 모듈은 코드가 모두 공개되어 있습니다. 컴퓨터에 설치된 모듈을 찾아보면 모듈의 코드를 확인할 수 있습니다. 일단 pip list 명령어를 사용해서 설치된 명령어를 확인해 보겠습니다.

```
> pip list
astroid (1.5.2)
beautifulsoup4 (4.6.0)
certifi (2017.4.17)
chardet (3.0.4)
...생략...
```

그리고 pip show 〈설치된 모듈〉을 입력하면 모듈이 설치된 위치를 확인할 수 있습니다.

```
> pip show beautifulsoup4
Name: beautifulsoup4
Version: 4.6.0
Summary: Screen-scraping library
Home-page: http://www.crummy.com/software/BeautifulSoup/bs4/
...생략...
Location: c:\users\hasat\appdata\local\programs\python\python36-32\lib\site-
packages

Requires:
```

Location이라고 적혀 있는 부분에 모듈이 설치되어 있습니다. 탐색기를 사용해서 해당 폴더로 들
어가면 여러 모듈이 설치된 모습을 확인할 수 있습니다. 각각의 폴더가 모듈의 이름을 나타냅니
다. 예를 들어, 이전에 살펴보았던 Beautiful Soup 모듈을 나타내는 bs4 폴더를 열어 보면 다
음과 같은 파일들이 나옵니다.

Beautiful Soup 모듈의 파일

파일을 하나하나 열어 보며 분석해 보기 바랍니다. 처음 모듈을 분석할 때는 '코드도 엄청 길고,
이 모듈들이 또 다른 모듈을 사용하며 꼬리에 꼬리를 무는데 어떻게 다 분석하지?'라는 생각이
들 것입니다. 일단 코드가 기니까 오랜 시간을 가지고 차근차근 분석하면 됩니다.

그리고 모듈들이 꼬리를 문다고 그런 모듈들을 모두 타고 올라가며 분석할 필요는 없습니다. 대
충 '이런 코드가 이런 기능을 하는구나', '이런 기능을 구현할 때 조건문과 반복문이 아니라 리스
트와 클래스를 활용했구나'라는 형태로 스스로 생각하기 힘들었던 부분들을 찾을 수 있으면 그것
으로 충분합니다.

이제 이 책의 마지막 장입니다. 이번 장에서는 파이썬의 객체 지향 프로그래밍의 기반이 되는 클래스를 배웁니다. 차근차근 살펴보도록 하겠습니다.

클래스

학습목표

- 객체 지향 프로그래밍에 대해서 이해합니다.
- 클래스, 인스턴스를 구분합니다.
- 클래스 만드는 방법을 이해합니다.

08-1 클래스의 기본

핵심 키워드

[객체] [객체 지향 프로그래밍 언어] [추상화] [클래스] [인스턴스]
[생성자] [메소드]

이번 절에서는 클래스와 객체에 대해서 다룹니다. 핵심 키워드의 수가 많은 것을
보면 알 수 있는 것처럼 다루는 개념이 많습니다. 처음 보고 이해하기 힘들 수 있
고, 어떻게 활용되는지 쉽게 알기 힘들 수도 있습니다. 하지만 흔한 말로, '시작이
반'이니 일단 시작하면 끝도 보이리라 생각됩니다.

시작하기 전에

파이썬 외에 다른 프로그래밍 언어에 대해 들어본 적이 있나요? 전 세계의 수많은 기업 혹은 사람들
이 자신이 만든 프로그램을 공유하는 깃허브의 통계 자료를 보면 자바스크립트, 자바, 파이썬, PHP,
C#, C++, 루비, C, 오브젝티브C, 스칼라, 스위프트 등의 프로그래밍 언어가 많이 사용된다고 합
니다.

이 중에서 C를 제외한 모든 프로그래밍 언어는 **객체 지향 프로그래밍 언어**Object Oriented Programming
Language입니다. **객체 지향 프로그래밍**이란 객체를 우선으로 생각해서 프로그래밍한다는 의미입니다.

이 모든 프로그래밍 언어는 클래스 기반의 객체 지향 프로그래밍 언어입니다. 클래스 기반의 객체 지
향 프로그래밍 언어는 **클래스**class라는 것을 기반으로 **객체**object를 만들고, 그러한 객체를 우선으로 생
각해서 프로그래밍해야 합니다. 그럼 클래스가 무엇이고 객체가 무엇인지 차근차근 알아보겠습니다.

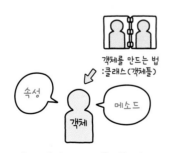

객체 : 속성과 메소드를 갖는 것

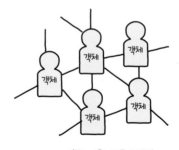

객체 지향 프로그래밍
객체를 만들고 객체들의 상호작용을
중심으로 개발하는 방법론

객체

프로그램을 만들 때는 우선 '우리가 어떤 데이터를 활용하는가?'를 생각하게 됩니다. 병원에서 사용하는 업무 프로그램을 만든다면 의사, 간호사, 환자, 병실, 예약 기록, 진료 기록, 입퇴원 기록과 같은 데이터^{data}를 먼저 고려합니다.

✚ 여기서 잠깐 **추상화**

예를 들어 사람이라는 현실의 객체는 많은 속성을 가지고 있습니다. 키, 몸무게, 얼굴 둘레, 눈썹의 길이, 눈의 크기, 코의 크기, 입의 크기, 입술의 주름 개수, 입술의 주름 길이, 머리카락 개수, 융털의 개수, 융털 각각의 길이처럼 말이지요.

한 사람을 완벽하게 재현하기 위해서는 정말 많은 것을 알아야 합니다. 하지만 프로그램을 만들 때 그러한 것이 모두 필요하지는 않습니다. 병원 업무 프로그램에서 환자 정보를 사용한다고 사람의 속성을 모두 구현할 필요는 없습니다.

프로그램에서 필요한 요소만을 사용해서 객체를 표현하는 것을 추상화(abstraction)라고 부릅니다. 조금 더 포괄적인 사전적 의미로 설명하면 복잡한 자료, 모듈, 시스템 등으로부터 핵심적인 개념 또는 기능을 간추려 내는 것을 추상화라고 합니다. 컴퓨터 과학에서 전반적으로 자주 사용되는 용어이므로 꼭 기억해 주세요.

학생 성적 관리 프로그램을 만든다면 무엇이 필요할까요? 학생 이름, 학번, 과목별 성적 등이 필요합니다. 다음과 같이 이를 리스트와 딕셔너리로 표현해 보겠습니다.

직접 해보는 손코딩

객체 만들기 소스 코드 `object_1_basic.py`

```python
01    # 학생 리스트를 선언합니다.
02    students = [
03        { "name": "윤인성", "korean": 87, "math": 98, "english": 88, "science": 95 },
04        { "name": "연하진", "korean": 92, "math": 98, "english": 96, "science": 98 },
05        { "name": "구지연", "korean": 76, "math": 96, "english": 94, "science": 90 },
06        { "name": "나선주", "korean": 98, "math": 92, "english": 96, "science": 92 },
07        { "name": "윤아린", "korean": 95, "math": 98, "english": 98, "science": 98 },
08        { "name": "윤명월", "korean": 64, "math": 88, "english": 92, "science": 92 }
09    ]
10
11    # 학생을 한 명씩 반복합니다.
12    print("이름", "총점", "평균", sep="\t")
```

```
13    for student in students:
14        # 점수의 총합과 평균을 구합니다.
15        score_sum = student["korean"] + student["math"] +\
16            student["english"] + student["science"]
17        score_average = score_sum / 4
18        # 출력합니다.
19        print(student["name"], score_sum, score_average, sep="\t")
```

실행 결과   ×

이름	총점	평균
윤인성	368	92.0
연하진	384	96.0
구지연	356	89.0
나선주	378	94.5
윤아린	389	97.25
윤명월	336	84.0

딕셔너리로 학생을 표현하고 이를 리스트로 묶어 학생들을 표현했습니다. 이처럼 여러 가지 속성을 가질 수 있는 대상을 **객체**object라고 부릅니다. 현재 코드에서는 학생이 바로 객체입니다.

조금 깊게 들어가면 프로그래밍 언어에서는 속성을 가질 수 있는 모든 것을 '객체'라고 부릅니다. 사실 위의 예제에서 리스트로 선언한 'students', 즉 '학생들'도 '여러 학생'이라는 일종의 속성을 가지고 있는 것입니다. 그래서 이것도 '객체'라고 부를 수 있습니다. 즉 object_1_basic.py는 객체를 활용해서 학생들의 성적 총점과 평균을 구하는 코드라고 할 수 있습니다.

그런데 딕셔너리로 객체를 하나하나 만드니 조금 복잡하고 귀찮습니다. 딕셔너리를 만들 때 키를 잘못 입력하는 실수 등이 일어날 가능성도 있습니다.

딕셔너리를 생성하는 코드를 다음과 같은 형태의 함수로 만들면 어떨까요? 딕셔너리를 입력할 때보다 쉽고, 키를 잘못 입력하는 실수도 하지 않게 됩니다.

직접 해보는 손코딩

객체를 만드는 함수(1) 소스 코드 object_2_dict.py

```
01    # 딕셔너리를 리턴하는 함수를 선언합니다.
02    def create_student(name, korean, math, english, science):
```

```
03       return {
04           "name": name,
05           "korean": korean,
06           "math": math,
07           "english": english,
08           "science": science
09       }
10
11   # 학생 리스트를 선언합니다.
12   students = [
13       create_student("윤인성", 87, 98, 88, 95),
14       create_student("연하진", 92, 98, 96, 98),
15       create_student("구지연", 76, 96, 94, 90),
16       create_student("나선주", 98, 92, 96, 92),
17       create_student("윤아린", 95, 98, 98, 98),
18       create_student("윤명월", 64, 88, 92, 92)
19   ]
20
21   # 학생을 한 명씩 반복합니다.
22   print("이름", "총점", "평균", sep="\t")
23   for student in students:
24       # 점수의 총합과 평균을 구합니다.
25       score_sum = student["korean"] + student["math"] +\
26           student["english"] + student["science"]
27       score_average = score_sum / 4
28       # 출력합니다.
29       print(student["name"], score_sum, score_average, sep="\t")
```

실행 결과는 이전과 같습니다. 조금 더 생각해 볼까요? 현재 총점과 평균을 구하는 처리는 학생을 대상으로만 이루어집니다. 따라서 학생을 매개변수로 받는 형태의 함수로 만들면 코드가 조금 더 균형 잡히지 않을까요? 예를 들어 다음과 같이 말이죠.

객체를 처리하는 함수(2) 소스 코드 object_3_seperate.py

```python
01  # 딕셔너리를 리턴하는 함수를 선언합니다.
02  def create_student(name, korean, math, english, science):
03      return {
04          "name": name,
05          "korean": korean,
06          "math": math,
07          "english": english,
08          "science": science
09      }
10
11  # 학생을 처리하는 함수를 선언합니다.
12  def student_get_sum(student):
13      return student["korean"] + student["math"] +\
14          student["english"] + student["science"]
15
16  def student_get_average(student):
17      return student_get_sum(student) / 4
18
19  def student_to_string(student):
20      return "{}\t{}\t{}".format(
21          student["name"],
22          student_get_sum(student),
23          student_get_average(student))
24
25  # 학생 리스트를 선언합니다.
26  students = [
27      create_student("윤인성", 87, 98, 88, 95),
28      create_student("연하진", 92, 98, 96, 98),
29      create_student("구지연", 76, 96, 94, 90),
30      create_student("나선주", 98, 92, 96, 92),
31      create_student("윤아린", 95, 98, 98, 98),
32      create_student("윤명월", 64, 88, 92, 92)
33  ]
34
```

→ 01~23행까지
학생 객체와
관련된 부분

→ 25~39행까지
객체를 활용하는
처리

```
35    # 학생을 한 명씩 반복합니다.
36    print("이름", "총점", "평균", sep="\t")
37    for student in students:
38        # 출력합니다.
39        print(student_to_string(student))
```

실행 결과는 이전과 같지만 코드가 조금 분리되었습니다. 학생이라는 객체와 관련된 기능이 위로 올라갔고, 이러한 객체를 사용하는 처리가 아래로 내려갔습니다. 이렇게 만들면 '학생 객체와 관련된 기능'을 별도의 모듈로 빼서 관리할 수도 있습니다.

이처럼 객체와 관련된 코드를 분리할 수 있게 하는 것이 객체 지향 프로그래밍의 핵심입니다. 그런데 이런 코드가 너무 자주 사용되다 보니, 개발자들은 **클래스**^{class}라는 구조를 만들게 되었습니다. 클래스라는 용어가 조금 어렵게 들릴 수 있는데, 위와 같은 형태의 코드를 조금 더 효율적으로 만들기 위한 기능이라고 생각하면 됩니다.

클래스 선언하기

클래스는 객체를 조금 더 효율적으로 생성하기 위해서 만들어진 구문입니다. 일단 클래스의 기본적인 구문을 살펴보고 무엇이 효율적인지 알아보겠습니다.

클래스는 다음과 같은 구문으로 생성합니다.

> class 클래스 이름:
>   클래스 내용

➕ **여기서 잠깐** **클래스의 이름**

7장에서 BeautifulSoup( )이라는 코드를 설명하면서 함수라면 beautiful soup을 합쳐 beautiful_soup( )이라고 만들었을 텐데, 각 단어의 앞 글자를 대문자로 만들고 이를 합쳐 BeautifulSoup( )이라는 이름을 사용했고, 그 이유를 BeautifulSoup( )이 클래스의 생성자이기 때문이라고 이야기했습니다.

이렇게 이름을 지어야 모든 파이썬 개발자들이 이를 보고 '클래스'라고 구분할 수 있습니다. 따라서 파이썬 개발자라면 각 단어의 앞 글자를 대문자로 만들고 이를 합쳐서 이름을 만드는 캐멀 케이스(파스칼 케이스) 규칙을 지켜서 클래스 이름을 짓는 것이 좋습니다. 이름 작성 규칙과 관련된 내용은 01-3의 〈식별자〉 부분을 참고해 주세요.

이렇게 만들어진 클래스는 클래스 이름과 같은 함수(**생성자**)를 사용해서 객체를 만듭니다. 단순하게 생각하면 이전의 create_student() 함수와 같은 것입니다.

인스턴스 이름(변수 이름) = 클래스 이름() —→ 생성자 함수라고 부릅니다.

이러한 클래스를 기반으로 만들어진 객체를 **인스턴스**^{instance}라고 부릅니다. 자주 사용하는 용어이므로 꼭 기억해 주세요.

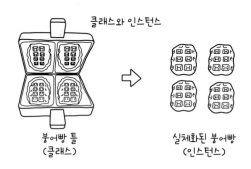

클래스와 인스턴스

붕어빵 틀
(클래스)

실체화된 붕어빵
(인스턴스)

이를 기반으로 학생 6명을 선언한다면 다음과 같습니다.

```python
# 클래스를 선언합니다.
class Student:
    pass


# 학생을 선언합니다.
student = Student()


# 학생 리스트를 선언합니다.
students = [
    Student(),
    Student(),
    Student(),
    Student(),
    Student(),
    Student()
]
```

생성자

클래스 이름과 같은 함수를 **생성자**^{constructor}라고 부릅니다. 클래스 내부에 __init__라는 함수를 만들면 객체를 생성할 때 처리할 내용을 작성할 수 있습니다.

```
class 클래스 이름:
    def __init__(self, 추가적인 매개변수):
        pass
```

클래스 내부의 함수는 첫 번째 매개변수로 반드시 self를 입력해야 합니다. 이때 self는 '자기 자신'을 나타내는 딕셔너리라고 생각하면 됩니다. 다만 self가 가지고 있는 속성과 기능에 접근할 때는 self.〈식별자〉 형태로 접근합니다.

> **➕ 여기서 잠깐**　　**self**
>
> self는 키워드가 아니라 단순한 식별자이므로, 변수 이름으로 활용해도 됩니다. 하지만 거의 모든 파이썬 개발자가 self라는 이름을 사용하고 있으므로 기본 규칙을 지키는 것이 좋겠습니다.

그럼 앞서 작성해 본 create_student() 함수처럼 구현해 보겠습니다.

```python
# 클래스를 선언합니다.
class Student:
    def __init__(self, name, korean, math, english, science):
        self.name = name
        self.korean = korean
        self.math = math
        self.english = english
        self.science = science

# 학생 리스트를 선언합니다.
students = [
    Student("윤인성", 87, 98, 88, 95),
    Student("연하진", 92, 98, 96, 98),
    Student("구지연", 76, 96, 94, 90),
    Student("나선주", 98, 92, 96, 92),
```

```
    Student("윤아린", 95, 98, 98, 98),
    Student("윤명월", 64, 88, 92, 92)
]

# Student 인스턴스의 속성에 접근하는 방법
students[0].name
students[0].korean
students[0].math
students[0].english
students[0].science
```

이렇게 만들면 Student 인스턴스가 생성될 때 속성이 직접 추가됩니다.

➕ 여기서 잠깐　　**소멸자**

생성자와 반대로 인스턴스가 소멸될 때 호출되는 함수도 있습니다. 이를 **소멸자**(destructor)라고 부릅니다. 많이 사용되는 기능은 아니지만, 그래도 눈도장은 찍어 두어야 이후에 필요할 때 활용할 수 있겠죠? 소멸자는 클래스 내부에 __del__(self) 형태로 함수를 선언해서 만듭니다.

```
class Test:
    def __init__(self, name):
        self.name = name
        print("{} - 생성되었습니다".format(self.name))
    def __del__(self):
        print("{} - 파괴되었습니다".format(self.name))

test = Test("A")
```

코드를 실행하면 Test("A")가 실행될 때 생성자가 호출되며, 프로그램이 종료될 때 소멸자가 호출됩니다.

```
A - 생성되었습니다
A - 파괴되었습니다
```

생성자에 비해 소멸자가 호출되는 시점은 약간 복잡한데, 488쪽의 〈좀 더 알아보기: 가비지 컬렉터〉에서 다시 살펴보겠습니다.

메소드

클래스가 가지고 있는 함수를 **메소드**method라고 부릅니다. 클래스 내부에 메소드를 만들 때는 다음과 같이 사용합니다. 생성자를 선언하는 방법과 똑같습니다. 다만, 첫 번째 매개변수로 self를 넣어야 한다는 것을 다시 한번 기억해 주세요.

```
class 클래스 이름:
    def 메소드 이름(self, 추가적인 매개변수):
        pass
```

+ 여기서 잠깐 | **메소드와 함수**

C#, Java 등의 프로그래밍 언어는 클래스의 함수를 '메소드'라고 부를 정도로 메소드라는 용어를 많이 사용합니다. 하지만 파이썬 프로그래밍 언어는 멤버 함수(member function) 혹은 인스턴스 함수(instance function) 등의 용어를 더 많이 사용합니다. 이 책에서도 함수(function)라는 용어를 주로 사용합니다.

464쪽 〈직접 해보는 손코딩object_3_seperate.py〉에서 만들었던 student_get_sum(), student_get_average(), student_to_string() 함수를 클래스 내부에 구현해 보겠습니다. 앞에서는 매개변수로 student를 받았었는데, 이번에는 함수를 생성할 때 self를 입력합니다.

👉 직접 해보는 손코딩

클래스 내부에 함수(메소드) 선언하기   소스 코드 object_4_class.py

```python
01    # 클래스를 선언합니다.
02    class Student:
03        def __init__(self, name, korean, math, english, science):
04            self.name = name
05            self.korean = korean
06            self.math = math
07            self.english = english
08            self.science = science
09
10        def get_sum(self):
11            return self.korean + self.math +\
12                self.english + self.science
```

```
13
14      def get_average(self):
15          return self.get_sum() / 4
16
17      def to_string(self):
18          return "{}\t{}\t{}".format(\
19              self.name,\
20              self.get_sum(),\
21              self.get_average())
22
23  # 학생 리스트를 선언합니다.
24  students = [
25      Student("윤인성", 87, 98, 88, 95),
26      Student("연하진", 92, 98, 96, 98),
27      Student("구지연", 76, 96, 94, 90),
28      Student("나선주", 98, 92, 96, 92),
29      Student("윤아린", 95, 98, 98, 98),
30      Student("윤명월", 64, 88, 92, 92)
31  ]
32
33  # 학생을 한 명씩 반복합니다.
34  print("이름", "총점", "평균", sep="\t")
35  for student in students:
36      # 출력합니다.
37      print(student.to_string())
```

실행 결과   ×

이름	총점	평균
윤인성	368	92.0
연하진	384	96.0
구지연	356	89.0
나선주	378	94.5
윤아린	389	97.25
윤명월	336	84.0

464쪽의 object_3_seperate.py에서는 student_to_string(student) 형태로 사용했지만, 이번에는 student.to_string() 형태로 사용했습니다. 어떠한 객체가 가지고 있는 어떠한 함수(기능)를 명확하게 이해할 수 있으므로 편리하다고 할 수 있습니다.

지금까지 딕셔너리와 함수를 조합해서 만들었던 학생 객체를 클래스로 만들어 보았습니다. 구문이 다른 것이지 실제로 개념에 차이가 있는 것은 아니므로 쉽게 이해할 수 있었을 것이라 생각합니다.

클래스는 객체를 위한 설계도이고, 이러한 클래스를 기반으로 만들어진 객체를 인스턴스라고 합니다.

마무리

▶ 7가지 키워드로 정리하는 핵심 포인트

- **객체**는 속성을 가질 수 있는 모든 것을 의미합니다.

- **객체 지향 프로그래밍 언어**는 객체를 기반으로 프로그램을 만드는 프로그래밍 언어를 의미합니다.

- **추상화**는 복잡한 자료, 모듈, 시스템 등으로부터 핵심적인 개념 또는 기능을 간추려 내는 것을 의미합니다.

- **클래스**는 객체를 쉽고 편리하게 생성하기 위해 만들어진 구문입니다.

- **인스턴스**는 클래스를 기반으로 생성한 객체를 의미합니다.

- **생성자**는 클래스 이름과 같은 인스턴스를 생성할 때 사용하는 함수입니다.

- **메소드**는 클래스가 가진 함수를 의미합니다.

▶ 확인문제

1. 여러 가지 프로그램에 들어 있는 객체를 생각해 보세요. 예를 들어 페이스북이라면 개인 정보, 타임라인 글, 그룹 정보 등을 생각해 볼 수 있습니다. 개인 정보라면 이름, 이메일, 비밀번호, 프로필 사진, 프로필 설명, 친구 목록, 타임라인 글 목록 등을 생각해 볼 수 있습니다. 타임라인 글이라면 작성자, 게시 시간, 좋아요 수, 좋아요를 남긴 친구, 댓글 등을 생각해 볼 수 있습니다.

   세 종류 정도의 프로그램을 살펴보면서 다음과 같이 정리해 보세요.

프로그램	객체	속성
페이스북	개인 정보	이름, 이메일, 비밀번호, 프로필 사진, 프로필 설명, 친구 목록, 타임라인 글 목록 등
	타임라인 글	작성자, 게시 시간, 좋아요를 누른 친구, 댓글 등
	그룹 정보	이름, 설명, 멤버 목록 등

아직 데이터 설계를 배우지 않은 상태이므로 기본 키와 외부 키를 연결해서 데이터 설계가 이루어지는 것까지는 다룰 수 없지만 이후에 공부할 때 기초가 되는 자료이므로 잘 정리해 보세요.

2. 같은 객체라도 사용되는 프로그램에 따라서 속성이 달라질 수 있습니다. 예를 들어 가게 정보를 생각해 볼까요? 음식 주문 애플리케이션에서 가게 정보를 저장한다면 가게 이름, 전화 번호, 주소, 메뉴, 리뷰 목록 등을 저장할 것입니다. 반면 세금 관리 애플리케이션에서 가게 정보를 저장한다면 메뉴 같은 것이 무엇이 있는지는 저장할 필요가 없죠. 대신 사업자등록증 번호, 매출 상세 목록 등의 속성은 필요합니다. 이와 같이 같은 객체라도 다른 속성을 갖게 되는 경우 세 종류 정도를 생각해 적어 보세요.

3. 모든 객체에는 속성과 직접 행위가 따라옵니다. 예를 들어 음식 주문 애플리케이션의 가게 정보를 생각해 봅시다. '이 버튼을 누르면 전화가 걸리고, 이 버튼을 누르면 원하는 메뉴를 주문할 수 있고, 이 버튼을 누르면 리뷰 목록에 리뷰를 추가할 수 있으며, 이 버튼을 누르면 가게의 위치를 보여주는' 등의 어떠한 자극에 대응되는 행위가 있습니다. 참고로 '행위'라고 하면 '걷는다', '뛴다'처럼 큰 움직임을 생각하는 경우가 많은데요. '리뷰 목록에 리뷰를 추가한다' 같은 작은 데이터 움직임도 하나의 행위입니다. 1번에서 찾아본 객체 중 두 가지를 선택해 그 행위를 다섯 가지씩 생각해 적어 보세요.

hint 프로그램을 개발하고 싶다면 다양한 프로그램을 사용해 보고 분석해 봐야 합니다. 개발자의 눈으로 프로그램이 어떤 데이터를 갖고 있을지 계속해서 생각해 보세요.

08-2 클래스의 추가적인 구문

핵심 키워드

[isinstance( )] [클래스 변수] [클래스 함수] [상속]

이전 절의 내용은 어느 정도 합리적으로 쉽게 납득할 수 있는 내용이었죠? 그러나
여기서 다루는 내용은 다소 이해하기 어려울 수 있는 내용입니다. 우선 '이런 것이
있구나'라는 느낌으로 살펴본 후 필요할 때 다시 돌아와 한 번 더 살펴보시기 바랍
니다.

시작하기 전에

클래스를 사용하는 것은 작정하고 속성과 기능을 가진 객체를 만들겠다는 의미입니다. 그래서 파이
썬은 그에 따른 부가적인 기능을 지원합니다. 예를 들어 어떤 클래스를 기반으로 그 속성과 기능을
물려받아 새로운 클래스를 만드는 **상속**, 이러한 상속 관계에 따라서 객체가 어떤 클래스를 기반으로
만들었는지 확인할 수 있게 해주는 isinstance( ) 함수, 파이썬이 기본적으로 제공하는 str( ) 함수
혹은 연산자를 사용해서 클래스의 특정 함수를 호출할 수 있게 해주는 기능 등이 대표적인 예입니다.

이번 절에서는 이러한 부가적인 기능에 대해서 알아보겠습니다.

클래스를 사용하는 것은
작정하고 속성(변수)과
기능(함수)을 가진 객체
를 만들겠다는 것!

어떤 클래스의 인스턴스인지 확인하기

일단 객체(인스턴스)가 어떤 클래스로부터 만들어졌는지 확인할 수 있도록 isinstance( ) 함수를 제공합니다. isinstance( ) 함수는 첫 번째 매개변수에 객체(인스턴스), 두 번째 매개변수에 클래스를 입력합니다.

```
isinstance(인스턴스, 클래스)
```

이때 인스턴스가 해당 클래스를 기반으로 만들어졌다면 True, 전혀 상관이 없는 인스턴스와 클래스라면 False를 리턴합니다. 간단한 예제를 살펴보겠습니다.

```
# 클래스를 선언합니다.
class Student:
    def __init__(self):
        pass

# 학생을 선언합니다.
student = Student()

# 인스턴스 확인하기
print("isinstance(student, Student):", isinstance(student, Student))
```

코드를 실행하면 다음과 같이 출력합니다. student는 Student 클래스를 기반으로 만들었으므로 True를 출력합니다.

```
isinstance(student, Student): True
```

✚ 여기서 잠깐 **단순한 인스턴스 확인**

단순한 인스턴스 확인이라면 다음과 같은 방법도 사용할 수 있습니다.

```
type(인스턴스) == 클래스
```

다만 이 방법은 496쪽의 〈좀 더 알아보기: 상속〉에서 살펴보겠지만, '상속을 사용할 때' 다르게 동작합니다. 상속을 살펴본 이후에 다시 다음 코드를 살펴보기 바랍니다. 일단 차이가 있다는 것만 기억해 주세요.

isinstance( ) 함수와 type( ) 함수로 확인하는 것의 차이

```python
# 클래스를 선언합니다.
class Human:
    def __init__(self):
        pass
class Student(Human):
    def __init__(self):
        pass

# 학생을 선언합니다.
student = Student()

# 인스턴스 확인하기
print("isinstance(student, Human):", isinstance(student, Human))
print("type(student) == Human:", type(student) == Human)
```

Student 클래스는 Human 클래스를 상속받아서 만들었습니다. isinstance( ) 함수는 이러한 상속 관계까지 확인합니다. 반면 type( ) 함수를 사용한 확인은 이러한 상속 관계를 확인하지 않습니다.

```
isinstance(student, Human): True
type(student) == Human: False
```

isinstance( ) 함수는 다양하게 활용할 수 있는 기능입니다. 간단한 예로 하나의 리스트 내부에 여러 종류의 인스턴스가 들어 있을 때, 인스턴스들을 구분하며 속성과 기능을 사용할 때 사용합니다.

다음 코드를 살펴봅시다. Student와 Teacher라는 클래스를 생성하고 classroom이라는 리스트 내부에 객체들을 넣었습니다. 그리고 반복을 적용했을 때 요소가 Student 클래스의 인스턴스인지, Teacher 클래스의 인스턴스인지 확인하고 각각의 대상이 가지고 있는 적절한 함수를 호출합니다.

직접 해보는 손코딩

isinstance( ) 함수 활용   소스 코드 isinstance.py

```
01   # 학생 클래스를 선언합니다.
02   class Student:
03       def study(self):
```

```
04              print("공부를 합니다.")
05
06      # 선생님 클래스를 선언합니다.
07      class Teacher:
08          def teach(self):
09              print("학생을 가르칩니다.")
10
11      # 교실 내부의 객체 리스트를 생성합니다.
12      classroom = [Student(), Student(), Teacher(), Student(), Student()]
13
14      # 반복을 적용해서 적절한 함수를 호출하게 합니다.
15      for person in classroom:
16          if isinstance(person, Student):
17              person.study()
18          elif isinstance(person, Teacher):
19              person.teach()
```

> **⟨/⟩ 실행 결과**　　　　✕
> 공부를 합니다.
> 공부를 합니다.
> 학생을 가르칩니다.
> 공부를 합니다.
> 공부를 합니다.

일반적으로 객체 지향 프로그래밍은 모든 데이터를 클래스로 구현합니다. 이러한 데이터를 관리할 때 종류별로 리스트를 따로 만들고 활용해야 한다고 생각하는 경우가 많은데요, isinstance() 함수를 사용하면 이처럼 하나의 리스트로도 여러 종류의 데이터를 다룰 수 있습니다.

특수한 이름의 메소드

우리가 만든 Student 클래스를 기반으로 객체를 만들고 객체 뒤에 .(마침표)를 입력해서 자동 완성 기능(비주얼 스튜디오 코드)을 살펴보면 우리가 만들지 않았던 함수들이 잔뜩 들어 있는 것을 확인할 수 있습니다.

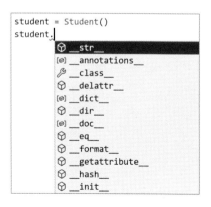

이는 모두 파이썬이 클래스를 사용할 때 제공해 주는 보조 기능입니다. 그런데 이름들이 조금 특이합니다. __⟨이름⟩__() 형태로 되어 있습니다. 이러한 메소드는 특수한 상황에 자동으로 호출되도록 만들어졌습니다.

우선 __str__()을 클래스 내부에 정의해 보겠습니다. 다음과 같이 __str__() 함수를 정의하면 str() 함수를 호출할 때 __str__() 함수가 자동으로 호출됩니다.

직접 해보는 손코딩

__str__() 함수　　소스 코드 str_func.py

```
01    # 클래스를 선언합니다.
02    class Student:
03        def __init__(self, name, korean, math, english, science):
04            self.name = name
05            self.korean = korean
06            self.math = math
07            self.english = english
08            self.science = science
09
10        def get_sum(self):
11            return self.korean + self.math +\
12                self.english + self.science
13
14        def get_average(self):
15            return self.get_sum() / 4
16
17        def __str__(self):
18            return "{}\t{}\t{}".format(
19                self.name,
20                self.get_sum(),
21                self.get_average())
22
23    # 학생 리스트를 선언합니다.
24    students = [
25        Student("윤인성", 87, 98, 88, 95),
26        Student("연하진", 92, 98, 96, 98),
27        Student("구지연", 76, 96, 94, 90),
```

→ __str__()이라는 이름으로 함수를 선언했습니다.

```
28              Student("나선주", 98, 92, 96, 92),
29              Student("윤아린", 95, 98, 98, 98),
30              Student("윤명월", 64, 88, 92, 92)
31      ]
32
33      # 출력합니다.
34      print("이름", "총점", "평균", sep="\t")
35      for student in students:
36          print(str(student))
```

실행 결과 창:

이름	총점	평균
윤인성	368	92.0
연하진	384	96.0
구지연	356	89.0
나선주	378	94.5
윤아린	389	97.25
윤명월	336	84.0

36번 줄 옆 주석: str() 함수의 매개변수로 넣으면 student의 __str__() 함수가 호출됩니다.

따라서 469쪽 object_4_class.py 예제의 to_string() 함수가 아니라 str(객체)라는 형태로 지금까지 사용했던 것과 같은 방법으로 객체를 문자열로 변환할 수 있습니다. 특수한 이름의 함수들이 많이 있는데, 자동 완성 기능(비주얼 스튜디오 코드)의 설명을 보면 대략적으로 어떤 기능을 가진 것인지 알 수 있습니다.

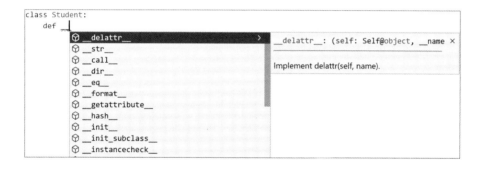

몇 가지 특이한 이름을 정리해 보면 다음과 같습니다. 크기를 비교하는 함수 이름입니다.

이름	영어	설명
eq	equal	같다
ne	not equal	다르다
gt	greater than	크다
ge	greater than or equal	크거나 같다
lt	less than	작다
le	less than or equal	작거나 같다

이를 활용해서 학생들을 성적으로 비교할 수 있도록 만들어 보겠습니다. 물론 인생은 성적순이 아니지만, 학생 성적 관리 프로그램에서 성적으로 비교할 수 있다면 편리할 테니까요!

직접 해보는 손코딩

크기 비교 함수 소스 코드 compare_func.py

```python
01  # 클래스를 선언합니다.
02  class Student:
03      def __init__(self, name, korean, math, english, science):
04          self.name = name
05          self.korean = korean
06          self.math = math
07          self.english = english
08          self.science = science
09
10      def get_sum(self):
11          return self.korean + self.math +\
12              self.english + self.science
13
14      def get_average(self):
15          return self.get_sum() / 4
16
17      def __str__(self):
18          return "{}\t{}\t{}".format(
19              self.name,
20              self.get_sum(),
21              self.get_average())
22
23      def __eq__(self, value):
24          return self.get_sum() == value.get_sum()
25      def __ne__(self, value):
26          return self.get_sum() != value.get_sum()
27      def __gt__(self, value):
28          return self.get_sum() > value.get_sum()
29      def __ge__(self, value):
30          return self.get_sum() >= value.get_sum()
```

```
31      def __lt__(self, value):
32          return self.get_sum() < value.get_sum()
33      def __le____(self, value):
34          return self.get_sum() <= value.get_sum()
35
36  # 학생 리스트를 선언합니다.
37  students = [
38      Student("윤인성", 87, 98, 88, 95),
39      Student("연하진", 92, 98, 96, 98),
40      Student("구지연", 76, 96, 94, 90),
41      Student("나선주", 98, 92, 96, 92),
42      Student("윤아린", 95, 98, 98, 98),
43      Student("윤명월", 64, 88, 92, 92)
44  ]
45
46  # 학생을 선언합니다.
47  student_a = Student("윤인성", 87, 98, 88, 95),
48  student_b = Student("연하진", 92, 98, 96, 98),
49
50  # 출력합니다.
51  print("student_a == student_b = ", student_a == student_b)
52  print("student_a != student_b = ", student_a != student_b)
53  print("student_a >  student_b = ", student_a >  student_b)
54  print("student_a >= student_b = ", student_a >= student_b)
55  print("student_a <  student_b = ", student_a <  student_b)
56  print("student_a <= student_b = ", student_a <= student_b)
```

```
☑ 실행 결과                                      ✕
student_a == student_b =  False
student_a != student_b =  True
student_a >  student_b =  False
student_a >= student_b =  False
student_a <  student_b =  True
student_a <= student_b =  True
```

물론 이렇게 코드를 작성하면서 원하는 함수 이름을 사용하면 왜 안 되는지 의문이 있을 수 있는데, 이번 절에서 제가 '지금까지 사용했던 것과 같은 방법'이라는 말을 두 번이나 언급했습니다. 이렇게 제공되는 함수는 모두 지금까지 사용했던 것과 같은 방법으로 객체를 다룰 수 있게 해주는 함수입니다.

내가 만든 객체를 내가 사용할 때는 '문자열로 변환할 때는 to_string() 함수를 사용하자'라고 정하고 사용해도 아무 문제 없습니다. 하지만 내가 만든 코드를 팀의 다른 사람이 볼 때, 더 나아가서 오픈 소스 프로젝트에 참여하면서 내가 전혀 모르는 사람이 내 코드를 본다면 '문자열로 변환할 때는 str() 함수를 사용할 것 같은데?'라고 생각하기 쉽습니다. 그렇기 때문에 프로그래밍할 때는 항상 다른 사람과 함께 한다는 협업의 관점에서 이러한 함수를 사용하는 것이 좋습니다.

✚ 여기서 잠깐　　**예외 처리**

==, !=, >, >=, <, <=를 사용하면 곧바로 이번 절에서 살펴본 함수가 호출됩니다. 이는 서로 다른 자료형을 비교할 때도 마찬가지입니다. 만약 비교할 때 사용되는 자료형을 한정하고 싶다면 자료형을 한정하고 이외의 자료형을 사용할 때 예외를 발생시켜 주세요.

일반적으로 문자열과 숫자를 비교하면 TypeError가 발생합니다. '비교할 수 없는 자료형을 비교할 때 TypeError를 발생시키는 것'은 파이썬의 기본적인 동작입니다. 이를 지켜 클래스를 구현해 주는 것이지요.

이때 이전에 배웠던 isinstance() 함수를 활용할 수 있습니다.

TypeError 발생시키기

```
# 클래스를 선언합니다.
class Student:
    # 생략

    def __eq__(self, value):
        if not isinstance(value, Student):
            raise TypeError("Student 클래스의 인스턴스만 비교할 수 있습니다")
        return self.get_sum() == value.get_sum()
    # 생략


# 학생을 선언합니다.
student_a = Student("윤인성", 87, 98, 88, 95)

# 비교합니다.
student_a == 10
```

코드를 실행하면 학생과 숫자를 비교할 때 다음과 같이 TypeError가 발생합니다.

> ⚠ **오류**
>
> ```
> 10
> Traceback (most recent call last):
>   File "test.py", line 44, in <module>
>     student_a == 10
>   File "test.py", line 26, in __eq__
>     raise TypeError("Student 클래스의 인스턴스만 비교할 수 있습니다")
> TypeError: Student 클래스의 인스턴스만 비교할 수 있습니다
> ```
>
> 물론 학생의 평균을 기반으로 'student < 90'처럼 student 인스턴스와 숫자를 비교해서 '평균이 90보다 작은 학생'을 선별하게 만들 수도 있습니다. 이러한 기능을 원한다면 비교 대상을 숫자와 학생으로 한정하고 조건에 따라 구현하면 됩니다.

클래스 변수와 메소드

인스턴스가 속성과 기능을 가질 수도 있지만, 클래스가 속성(변수)과 기능(함수)을 가질 수도 있습니다. 이에 대해 살펴보겠습니다.

클래스 변수

클래스 변수를 만드는 방법부터 살펴보겠습니다. 클래스 변수는 class 구문 바로 아래의 단계에 변수를 선언하기만 하면 됩니다. 이렇게 만들어진 클래스 변수는 다음과 같이 사용합니다.

클래스 변수 만들기

```
class 클래스 이름:
    클래스 변수 = 값
```

클래스 변수에 접근하기

```
클래스 이름.변수 이름
```

그냥 클래스가 가지고 있는 변수이므로, 사용 방법은 일반 변수와 다르지 않습니다. 간단하게 학생의 수를 세는 Student.count라는 변수를 만들고 활용해 보겠습니다.

직접 해보는 손코딩

클래스 변수   소스 코드 class_var.py

```
01    # 클래스를 선언합니다.
02    class Student:
03        count = 0
04
05        def __init__(self, name, korean, math, english, science):
06            # 인스턴스 변수 초기화
07            self.name = name
08            self.korean = korean
09            self.math = math
10            self.english = english
11            self.science = science
12
13            # 클래스 변수 설정
14            Student.count += 1
15            print("{}번째 학생이 생성되었습니다.".format(Student.count))
16
17    # 학생 리스트를 선언합니다.
18    students = [
19        Student("윤인성", 87, 98, 88, 95),
20        Student("연하진", 92, 98, 96, 98),
21        Student("구지연", 76, 96, 94, 90),
22        Student("나선주", 98, 92, 96, 92),
23        Student("윤아린", 95, 98, 98, 98),
24        Student("윤명월", 64, 88, 92, 92)
25    ]
26
27    # 출력합니다.
28    print()
29    print("현재 생성된 총 학생 수는 {}명입니다.".format(Student.count))
```

실행 결과   ✕

1번째 학생이 생성되었습니다.
2번째 학생이 생성되었습니다.
3번째 학생이 생성되었습니다.
4번째 학생이 생성되었습니다.
5번째 학생이 생성되었습니다.
6번째 학생이 생성되었습니다.

현재 생성된 총 학생 수는 6명입니다.

클래스 내부와 외부에서 클래스 변수에 접근할 때는 모두 Student.count 형태 (클래스이름.변수이름)를 사용합니다.

사실 일반적인 변수로 만드나 클래스 변수로 만드나 사용에는 큰 차이가 없습니다. 하지만 '클래스가 가졌다는 것'을 명시적으로 나타내서 변수를 만든다는 것이 포인트라고 할 수 있습니다.

클래스 함수

클래스 함수도 클래스 변수처럼 그냥 클래스가 가진 함수입니다. 일반적인 함수로 만드나 클래스 함수로 만드나 사용에는 큰 차이가 없습니다. 다만 '클래스가 가진 기능'이라고 명시적으로 나타내는 것뿐입니다.

그런데 생성하는 방법이 조금 특이합니다. @classmethod 부분을 **데코레이터**라고 부릅니다.

> **➕ 여기서 잠깐 클래스 데코레이터**
>
> @로 시작하는 것을 파이썬에서는 '데코레이터'라고 하며 '꾸며 주는 것'이라는 의미를 가집니다. 데코레이터는 만드는 방법에 따라 함수 데코레이터, 클래스 데코레이터로 나뉘는데, 클래스 데코레이터의 기능은 함수 데코레이터와 같으므로 435쪽의 〈좀 더 알아보기: 함수 데코레이터〉를 참고하세요.

클래스 함수 만들기

```
class 클래스 이름:
    @classmethod
    def 클래스 함수(cls, 매개변수):
        pass
                    원하는 이름을 사용해도 되지만, 관례적으로 cls를 사용합니다.
```

클래스 함수의 첫 번째 매개변수에는 클래스 자체가 들어옵니다. 일반적으로 cls(그냥 '클래스'라고 읽으면 됩니다)라는 이름의 변수로 선언하며, 이렇게 만들어진 클래스 함수는 다음과 같이 사용합니다.

클래스 함수 호출하기

```
클래스 이름.함수 이름(매개변수)
```

그럼 간단하게 사용해 봅시다. students라는 학생 리스트를 아예 클래스 내부에 만들어 버리고 학생 리스트를 전부 출력하는 Student.print() 함수를 만들었습니다.

직접 해보는 손코딩

클래스 함수　　소스 코드 class_func.py

```python
01    # 클래스를 선언합니다.
02    class Student:
03        # 클래스 변수
04        count = 0
05        students = []
06
07        # 클래스 함수
08        @classmethod
09        def print(cls):        ──→ Student 클래스에 print() 함수를 구현합니다.
10            print("------ 학생 목록 ------")
11            print("이름\t총점\t평균")          ──→ Student.students라고 해도 상관없지만,
12            for student in cls.students:          여기서는 매개변수로 받은 cls를 활용합니다.
13                print(str(student))
14            print("------- ------- -------")
15
16        # 인스턴스 함수
17        def __init__(self, name, korean, math, english, science):
18            self.name = name
19            self.korean = Korean
20            self.math = math
21            self.english = English
22            self.science = science
23            Student.count += 1
24            Student.students.append(self)
25
26        def get_sum(self):
27            return self.korean + self.math +\
28                self.english + self.science
29
30        def get_average(self):
```

```
31              return self.get_sum() / 4
32
33      def __str__(self):
34          return "{}\t{}\t{}".format(\
35              self.name,\
36              self.get_sum(),\
37              self.get_average())
38
39  # 학생 리스트를 선언합니다.
40  Student("윤인성", 87, 98, 88, 95)
41  Student("연하진", 92, 98, 96, 98)
42  Student("구지연", 76, 96, 94, 90)
43  Student("나선주", 98, 92, 96, 92)
44  Student("윤아린", 95, 98, 98, 98)
45  Student("윤명월", 64, 88, 92, 92)
46  Student("김미화", 82, 86, 98, 88)
47  Student("김연화", 88, 74, 78, 92)
48  Student("박아현", 97, 92, 88, 95)
49  Student("서준서", 45, 52, 72, 78)
50
51  # 현재 생성된 학생을 모두 출력합니다.
52  Student.print()
```

실행 결과 ✕

```
------ 학생 목록 ------
이름        총점      평균
윤인성       368      92.0
연하진       384      96.0
구지연       356      89.0
나선주       378      94.5
윤아린       389      97.25
윤명월       336      84.0
김미화       354      88.5
김연화       332      83.0
박아현       372      93.0
서준서       247      61.75
------    ------    ------
```

가비지 컬렉터

파이썬으로 프로그래밍을 할 때는 프로그래밍 언어의 내부에서 일어나는 일을 크게 신경 쓰지 않아도 프로그램을 만들 수 있습니다(C, C++ 프로그래밍 언어 등은 내부에서 일어나는 일을 이해해야 합니다). 그래도 이 정도는 알고 있는 것이 좋겠다고 자주 언급되는 중요한 개념 중의 하나가 **가비지 컬렉터**garbage collector입니다.

프로그램 내부에서 무언가를 생성한다는 것은 메모리 위에 올린다는 의미입니다. 참고로 메모리가 부족해지면 컴퓨터는 하드디스크를 메모리처럼 사용해 무언가를 올리기 시작합니다. 이러한 동작을 **스왑**swap이라고 하는데, 하드디스크는 메모리보다 훨씬 느리므로 스왑을 처리하는 속도도 느립니다.

프로그램에서 변수를 만들면 데이터가 메모리에 올라가고, 계속 만들다 보면 어떻게 될까요? 분명 메모리가 가득 차버릴 것입니다. 하지만 파이썬 프로그래밍 언어에는 '가비지 컬렉터'라는 것이 있습니다. 가비지 컬렉터는 더 사용할 가능성이 없는 데이터를 메모리에서 제거하는 역할을 합니다.

그럼 '더 사용할 가능성이 없는 데이터'라는 것은 무엇일까요? 여러 가지 경우가 있는데, 가장 대표적인 경우는 변수에 저장되지 않거나, 함수 등에서 나오면서 변수를 활용할 수 없게 되는 경우라고 할 수 있습니다. 다음과 같은 예제를 살펴보고 실행 결과를 예측해 보세요. 틀려도 괜찮습니다.

직접 해보는 손코딩

가비지 컬렉터: 변수에 저장하지 않은 경우　　소스 코드 garbage01.py

```
01    class Test:
02        def __init__(self, name):
03            self.name = name
04            print("{} - 생성되었습니다".format(self.name))
05        def __del__(self):
06            print("{} - 파괴되었습니다".format(self.name))
07
08    Test("A")
09    Test("B")
10    Test("C")
```

실행 결과　　　　　×

```
A - 생성되었습니다
A - 파괴되었습니다
B - 생성되었습니다
B - 파괴되었습니다
C - 생성되었습니다
C - 파괴되었습니다
```

A가 생성되고 다음 줄로 넘어갈 때 이것을 변수에 저장하지 않으면 가비지 컬렉터는 이후에 활용하지 않겠다는 의미로 이해하고 메모리를 아끼기 위해 과감히 지워 버립니다. 따라서 A가 생성되고, 사용되지 않을 것이 확실하므로 A를 제거해서 소멸합니다. 이러한 과정이 반복되므로 A 생성, A 파괴, B 생성, B 파괴, C 생성, C 파괴라는 과정이 진행됩니다.

만약 변수에 데이터를 넣으면 어떻게 될까요? 다음 코드의 실행 결과를 예측해 보세요.

가비지 컬렉터: 변수에 저장한 경우   소스 코드 garbage02.py

```
01    class Test:
02        def __init__(self, name):
03            self.name = name
04            print("{} - 생성되었습니다".format(self.name))
05        def __del__(self):
06            print("{} - 파괴되었습니다".format(self.name))
07
08    a = Test("A")
09    b = Test("B")
10    c = Test("C")
```

```
실행 결과                          ✕
A - 생성되었습니다
B - 생성되었습니다
C - 생성되었습니다
A - 파괴되었습니다
B - 파괴되었습니다
C - 파괴되었습니다
```

이번에는 변수에 저장했습니다. 가비지 컬렉터는 '이거 변수에 저장했으면 나중에 활용한다는 의미가 아닐까? 좀 더 지켜보자!'라고 생각하고 프로그램이 종료되는 순간까지 데이터를 메모리에서 제거하지 않습니다. 따라서 A 생성, B 생성, C 생성 후에 프로그램이 종료될 때 A 파괴, B 파괴, C 파괴가 일어납니다.

사실 크게 중요한 내용은 아닙니다. 프로그램을 어떻게 만들어도 정말 이상하게 만들지 않는 이상, 가비지 컬렉터는 알아서 잘 작동하기 때문입니다. 그래도 소멸자를 배우면서 언제 소멸되는지 궁금했을 거라 생각되어 간단하게 설명해 보았습니다.

객체 지향 프로그래밍의 최종 목표는 객체를 효율적으로 만들고 사용하는 것입니다. 객체를 효율적으로 사용하기 위한 추가 기능을 알아보기 위해 간단한 예를 살펴보겠습니다.

직접 해보는 손코딩

원의 둘레와 넓이를 구하는 객체 지향 프로그램 소스 코드 math_sample.py

```
01  # 모듈을 가져옵니다.
02  import math
03
04  # 클래스를 선언합니다.
05  class Circle:
06      def __init__(self, radius):
07          self.radius = radius
08      def get_circumference(self):
09          return 2 * math.pi * self.radius
10      def get_area(self):
11          return math.pi * (self.radius ** 2)
12
13  # 원의 둘레와 넓이를 구합니다.
14  circle = Circle(10)
15  print("원의 둘레:", circle.get_circumference())
16  print("원의 넓이:", circle.get_area())
```

실행 결과   ✕
원의 둘레: 62.83185307179586
원의 넓이: 314.1592653589793

만약 Circle 클래스의 radius 속성에 다음과 같이 음수를 넣으면 어떻게 될까요?

```
# 원의 둘레와 넓이를 구합니다.
circle = Circle(10)
circle.radius = -2
print("원의 둘레:", circle.get_circumference())
print("원의 넓이:", circle.get_area())
```

원의 넓이는 제곱해서 괜찮지만, 둘레는 음수가 나옵니다. 현실에서는 길이가 음수가 될 수 없습니다. 따라서 길이를 음수로 넣는 것을 막는 방법이 필요합니다.

note 꼭 막을 필요는 없습니다만, 내가 만든 코드를 다른 사람에게 전달하거나, 내가 몇 개월 후에 다시 재사용한다면 세부적인 규칙을 잊어 버리고 잘못 사용할 수도 있습니다. 그런 상황을 미연에 방지하려면 막는 것이 좋습니다.

프라이빗 변수

일단 변수를 마음대로 사용하는 것을 막아야 합니다. 파이썬은 클래스 내부의 변수를 외부에서 사용하는 것을 막고 싶을 때 인스턴스 변수 이름을 __〈변수 이름〉 형태로 선언합니다.

그럼 다음 코드를 살펴보겠습니다.

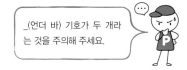

_(언더 바) 기호가 두 개라는 것을 주의해 주세요.

직접 해보는 손코딩

프라이빗 변수 　소스 코드 private_var.py

```python
01  # 모듈을 가져옵니다.
02  import math
03
04  # 클래스를 선언합니다.
05  class Circle:
06      def __init__(self, radius):
07          self.__radius = radius
08      def get_circumference(self):
09          return 2 * math.pi * self.__radius
10      def get_area(self):
11          return math.pi * (self.__radius ** 2)
12
13  # 원의 둘레와 넓이를 구합니다.
14  circle = Circle(10)
15  print("# 원의 둘레와 넓이를 구합니다.")
16  print("원의 둘레:", circle.get_circumference())
17  print("원의 넓이:", circle.get_area())
18  print()
19
```

```
20    # __radius에 접근합니다.
21    print("# __radius에 접근합니다.")
22    print(circle.__radius)
```

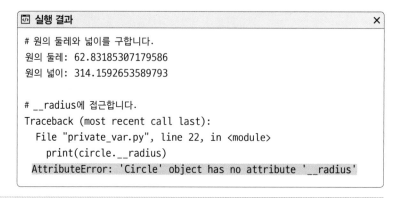

실행 결과   ×

원의 둘레와 넓이를 구합니다.
원의 둘레: 62.83185307179586
원의 넓이: 314.1592653589793

__radius에 접근합니다.
Traceback (most recent call last):
  File "private_var.py", line 22, in <module>
    print(circle.__radius)
 AttributeError: 'Circle' object has no attribute '__radius'

클래스 내부에서 __radius를 사용하는 것은 아무 문제없지만, 클래스 외부에서 __radius를 사용하려고 할 때 그런 속성이 없다는 오류를 출력합니다.

이처럼 속성을 선언할 때 앞에 __를 붙이기만 하면 외부에서 사용할 수 없는 변수가 됩니다.

게터와 세터

그런데 중간에 원의 둘레를 변경하고 싶다면 어떻게 해야 할까요? 클래스 외부에서 직접 __radius 속성에 접근할 수 없기 때문에 간접적으로 접근할 수 있는 방법을 찾아야 합니다.

이때 사용되는 것이 **게터**getter와 **세터**setter입니다. 게터와 세터는 프라이빗 변수의 값을 추출하거나 변경할 목적으로, 간접적으로 속성에 접근하도록 해주는 함수입니다.

다음 코드를 살펴보겠습니다.

직접 해보는 손코딩

게터와 세터   소스 코드 getter_setter.py

```
01    # 모듈을 가져옵니다.
02    import math
03
04    # 클래스를 선언합니다.
```

```
05    class Circle:
06        def __init__(self, radius):
07            self.__radius = radius
08        def get_circumference(self):
09            return 2 * math.pi * self.__radius
10        def get_area(self):
11            return math.pi * (self.__radius ** 2)
12
13        # 게터와 세터를 선언합니다.
14        def get_radius(self):
15            return self.__radius
16        def set_radius(self, value):
17            self.__radius = value
18
19    # 원의 둘레와 넓이를 구합니다.
20    circle = Circle(10)
21    print("# 원의 둘레와 넓이를 구합니다.")
22    print("원의 둘레:", circle.get_circumference())
23    print("원의 넓이:", circle.get_area())
24    print()
25
26    # 간접적으로 __radius에 접근합니다.
27    print("# __radius에 접근합니다.")
28    print(circle.get_radius())
29    print()
30
31    # 원의 둘레와 넓이를 구합니다.
32    circle.set_radius(2)
33    print("# 반지름을 변경하고 원의 둘레와 넓이를 구합니다.")
34    print("원의 둘레:", circle.get_circumference())
35    print("원의 넓이:", circle.get_area())
```

실행 결과   ✕

```
# 원의 둘레와 넓이를 구합니다.
원의 둘레: 62.83185307179586
원의 넓이: 314.1592653589793

# __radius에 접근합니다.
10

# 반지름을 변경하고 원의 둘레와 넓이를 구합니다.
원의 둘레: 12.566370614359172
원의 넓이: 12.566370614359172
```

get_radius() 함수와 set_radius() 함수를 만들어서 함수로 프라이빗 변수의 값에 접근하거나, 값을 변경하게 했습니다.

이렇게 함수를 사용해 값을 변경하면 여러 가지 처리를 추가할 수 있습니다. 예를 들어 set_radius() 함수에 다음과 같은 코드를 추가하면 __radius에 할당할 값을 양의 숫자로만 한정할 수 있습니다.

게터 세터로 변수를 안전하게 사용하기

```
def set_radius(self, value):
    if value <= 0:
        raise TypeError("길이는 양의 숫자여야 합니다.")
    self.__radius = value
```

데코레이터를 사용한 게터와 세터

게터와 세터를 함수로 만드는 일이 많아져서 파이썬 프로그래밍 언어는 게터와 세터를 쉽게 만들고 사용할 수 있게 하는 기능을 제공합니다. 다음과 같이 변수 이름과 같은 함수를 정의하고 위에 @property와 @〈게터 함수 이름〉.setter라는 데코레이터를 붙여 주세요.

직접 해보는 손코딩

데코레이터를 사용해 게터와 세터 만들기   소스 코드 deco01.py

```
01    # 모듈을 가져옵니다.
02    import math
03
04    # 클래스를 선언합니다.
05    class Circle:
          # ...생략...
13        # 게터와 세터를 선언합니다.
14        @property
15        def radius(self):
16            return self.__radius
17        @radius.setter
18        def radius(self, value):
19            if value <= 0:
20                raise TypeError("길이는 양의 숫자여야 합니다.")
```

```
21              self.__radius = value
22
23      # 원의 둘레와 넓이를 구합니다.
24      print("# 데코레이터를 사용한 Getter와 Setter")
25      circle = Circle(10)
26      print("원래 원의 반지름: ", circle.radius)
27      circle.radius = 2
28      print("변경된 원의 반지름: ", circle.radius)
29      print()
30
31      # 강제로 예외를 발생시킵니다.
32      print("# 강제로 예외를 발생시킵니다.")
33      circle.radius = -10
```

실행 결과   ✕

```
# 데코레이터를 사용한 Getter와 Setter
원래 원의 반지름:  10
변경된 원의 반지름:  2

# 강제로 예외를 발생시킵니다.
Traceback (most recent call last):
  File "deco01.py", line 33, in <module>
    circle.radius = -10
  File "deco01.py", line 20, in radius
    raise TypeError("길이는 양의 숫자여야 합니다.")
TypeError: 길이는 양의 숫자여야 합니다.
```

이렇게 하면 circle.radius를 사용하는 것만으로 자동으로 게터와 세터가 호출되도록 할 수 있습니다. 지금까지 계속 언급했던 것처럼 기존의 사용 방법과 같은 방법으로 객체를 사용할 수 있는 것입니다.

파이썬에선 게터를 만들지 않으면 세터를 만들 수 없다는 것을 주의하세요.

클래스 기반의 객체 지향 언어들은 **상속**^{inheritance}이라는 기능을 지원합니다. 상속이라는 기능은 매우 고급 기술이고, 사실 현재 단계에서는 설명을 하면 무엇인지는 알겠지만, 어디에 활용하는지 의문만 커질 것입니다. 이 책에서는 상속의 기본적인 내용을 알아보고, 예외 객체를 만들며 간단한 활용 예 까지만 살펴보겠습니다.

간단한 예를 몇 가지 들겠습니다.

상속

컴퓨터를 조립해 본 적이 있나요? 필자는 사실 컴퓨터 부품을 잘 몰라서 선택에 어려움이 있습니다. 메인보드라는 것은 어디에 좋은 것인지, 메모리는 어느 회사 제품이 좋은지 등을 전혀 모르는데, 그래서 '다나와'라는 사이트에서 '표준 컴퓨터'라고 되어 있는 적당한 가격대의 컴퓨터를 고른 뒤에 'CPU는 제일 비싼 것으로 사야겠지'라며 CPU만 교체합니다. 이처럼 다른 누군가가 만들어 놓은 기본 형태에 내가 원하는 것만 추가하거나 교체하는 것이 바로 **상속**입니다.

다중 상속

건담 프라모델을 조립해 본 적이 있나요? 필자의 경우는 같은 회사에서 시리즈로 나오는 건담 프라모 델을 한 번에 구입하는 편입니다. 이렇게 구입하면 규격이 모두 같기 때문에 멋있는 몸, 멋있는 얼굴, 멋있는 팔, 멋있는 다리, 멋있는 무기만 뽑아 새로운 건담을 만들 수 있습니다.

이처럼 다른 누군가가 만들어 놓은 형태들을 조립해서 내가 원하는 것을 만드는 것도 '상속'입니다. 이를 **다중 상속**이라고 부릅니다.

자, 두 가지 상속의 예를 살펴보았습니다. 프로그래밍 언어는 기반이 되는 것을 **부모**^{parent}라고 부르고, 이를 기반으로 생성한 것을 **자식**^{child}이라고 부릅니다. 부모가 자식에게 자신의 기반을 물려주는 기능이므로 '상속'이라고 부르는 것입니다.

다중 상속은 거의 사용되지 않는 고급 기술이므로, 여기서는 상속에 대해서만 살펴보겠습니다. 일단 상속의 형태부터 알아보겠습니다. 상속은 다음과 같이 합니다.

상속의 활용　소스 코드 inherit01.py

```
01    # 부모 클래스를 선언합니다.
02    class Parent:
03        def __init__(self):
04            self.value = "테스트"
05            print("Parent 클래스의 __init()__ 메소드가 호출되었습니다.")
06        def test(self):
07            print("Parent 클래스의 test() 메소드입니다.")
08
09    # 자식 클래스를 선언합니다.
10    class Child(Parent):
11        def __init__(self):
12            super().__init__()  # 부모의 __init__() 함수를 호출합니다.
13            print("Child 클래스의 __init()__ 메소드가 호출되었습니다.")
14
15    # 자식 클래스의 인스턴스를 생성하고 부모의 메소드를 호출합니다.
16    child = Child()
17    child.test()
18    print(child.value)
```

> **실행 결과**　　　　　　　　　　　　　　　　　×
>
> Parent 클래스의 __init()__ 메소드가 호출되었습니다.
> Child 클래스의 __init()__ 메소드가 호출되었습니다.
> Parent 클래스의 test() 메소드입니다.
> 테스트

코드가 복잡해 보일 수 있는데, 이 전체가 상속하는 구문이므로 상속을 활용하고자 한다면 모두 외워야 합니다.

Child 클래스 내부에는 아무것도 없는데, Parent 클래스의 상속을 받았으므로 Parent 클래스가 가지고 있는 함수와 변수를 활용할 수 있는 것입니다.

사실 이것만 보면 어떻게 활용해야 할지 모르는 경우가 많습니다. 이해를 돕기 위해 상속을 활용하는 간단한 예를 살펴보겠습니다.

예외 클래스 만들기

상속은 기존에 있는 클래스를 기반으로 조금 수정해서 내가 원하는 클래스를 만들 때 사용합니다. 그럼 Exception이라는 기존에 있는 클래스를 조금 수정해서 CustomException이라는 클래스를 만들어 보겠습니다.

직접 해보는 손코딩

사용자 정의 예외 클래스 만들기   소스 코드 inherit02.py

```
01    class CustomException(Exception):
02        def __init__(self):
03            super().__init__()
04
05    raise CustomException
```

□ 실행 결과   ✕

```
Traceback (most recent call last):
  File "inherit02.py", line 5, in <module>
    raise CustomException
__main__.CustomException
```

Exception 클래스를 상속했으므로, Exception 클래스와 이름만 다르지 모두 같은 클래스입니다. 따라서 raise로 예외를 발생시키는 것도 가능합니다.

몇 가지 수정을 해보겠습니다. 일단 __init__() 내부에서 간단한 출력을 해보게 하고 __str__() 함수를 만들어 원하는 형태로 수정합니다.

직접 해보는 손코딩

자식 클래스로써 부모의 함수 재정의(오버라이드)하기   소스 코드 inherit03.py

```
01    class CustomException(Exception):
02        def __init__(self):
03            super().__init__()
04            print("#### 내가 만든 오류가 생성되었어요! ####")
05        def __str__(self):
```

```
06            return "오류가 발생했어요"
07
08    raise CustomException
```

```
##### 내가 만든 오류가 생성되었어요! #####
Traceback (most recent call last):
  File "inherit03.py", line 8, in <module>
    raise CustomException
__main__.CustomException: 오류가 발생했어요
```

참고로 __str__() 함수는 부모(Exception 클래스)에도 정의되어 있습니다. 이처럼 부모에 정의되어 있는 함수를 자식에서 다시 정의하는 것을 **재정의** 또는 **오버라이드**override라고 부릅니다.

코드를 실행하면 출력이 약간 바뀌는 모습을 확인할 수 있습니다.

추가로 기존에 있던 함수/변수 이외의 것을 완전히 새로 정의하는 것도 가능합니다.

직접 해보는 손코딩

자식 클래스로써 부모에 없는 새로운 함수 정의하기   소스 코드 inherit04.py

```
01    # 사용자 정의 예외를 생성합니다.
02    class CustomException(Exception):
03        def __init__(self, message, value):
04            super().__init__()
05            self.message = message
06            self.value = value
07
08        def __str__(self):
09            return self.message
10
11        def print(self):
12            print("##### 오류 정보 #####")
13            print("메시지:", self.message)
14            print("값:", self.value)
15    # 예외를 발생시켜 봅니다.
```

```
16    try:
17        raise CustomException("딱히 이유 없음", 273)
18    except CustomException as e:
19        e.print()
```

실행 결과   ✕

오류 정보
메시지: 딱히 이유 없음
값: 273

필자는 처음 프로그래밍을 공부할 때 상속을 왜 사용하는지 아무리 책을 읽어도 이해할 수 없어서 상속이라는 개념을 아예 잊고 살았습니다. 그런데 실무에서 개발을 계속하다가 어느 날 아무 생각 없이 외워서 쓰고 있던 코드가 상속을 사용하는 코드라는 것을 느낀 후 그때부터 다시 상속과 관련된 내용을 공부하고 상속을 이해하게 되었습니다.

현재 단계에서는 너무 이해하려고 애쓰기보다 나중에 관련된 코드가 나왔을 때 상속을 사용했다는 것을 인지할 정도로만 기억해 주면 좋겠습니다.

마무리

▶ **4가지 키워드로 정리하는 핵심 포인트**

- isinstance( ) 함수는 어떤 클래스의 인스턴스인지 확인할 때 사용하는 함수입니다.

- **클래스 변수와 클래스 함수**는 클래스 이름 뒤에 .(마침표)를 찍고 바로 사용할 수 있는 클래스가 갖고 있는 변수와 함수입니다.

- **상속**은 어떤 클래스를 기반으로 그 속성과 기능을 물려받아 새로운 클래스를 만드는 것을 말합니다.

▶ **확인문제**

1. 480쪽 〈직접 해보는 손코딩〉의 compare_func.py를 수정해서 Student 객체를 숫자와 비교했을 때 학생의 성적 평균과 비교가 일어나게 해보세요.

예를 들어 다음과 같습니다.

```
test = Student("A", 90, 90, 90, 90)
print(test == 90)            # → True
print(test != 90)            # → False
print(test >  90)            # → False
print(test >= 90)            # → True
print(test <  90)            # → False
print(test <= 90)            # → True
```

```
# 클래스를 선언합니다.
class Student:
    def __init__(self, name, korean, math, english, science):
        self.name = name
        self.korean = korean
```

```python
        self.math = math
        self.english = english
        self.science = science

    def get_sum(self):
        return self.korean + self.math +\
            self.english + self.science

    def get_average(self):
        return self.get_sum() / 4

    def __      __(self, value):
        return self.get_average()
    def __     __(self, value):
        return self.get_average()
    def __     __(self, value):
        return self.get_average()
    def __     __(self, value):
        return self.get_average()
    def __     __(self, value):
        return self.get_average()
    def __     __(self, value):
        return self.get_average()

# 학생을 선언합니다.
test = Student("A", 90, 90, 90, 90)

# 출력합니다.
print("test == 90:", test == 90)
print("test != 90:", test != 90)
print("test >  90:", test >  90)
print("test >= 90:", test >= 90)
print("test <  90:", test <  90)
print("test <= 90:", test <= 90)
```

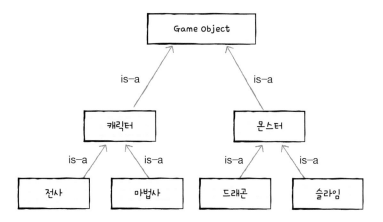

도전문제

easy | medium | hard

클래스 문제는 난이도가 천차만별입니다. 하지만 파이썬은 클래스의 사용 비중이 다른 객체 지향 프로그래밍 언어에 비해서 높지 않습니다. 그래서 간단하게 **구성**이라는 중요 개념을 알아볼 수 있는 문제를 소개합니다.

클래스 기반의 객체 지향 언어에는 **상속**외에도 **구성**^{composition}이라는 개념을 활용합니다.

상속은 다른 클래스의 모든 것을 물려 받아서 새로운 클래스를 만든다고 했습니다. 즉 IS-A 관계를 나타낼 때 활용합니다. 보통 게임을 개발할 때 클래스를 많이 활용하므로 게임을 예로 생각해 보겠습니다. 게임에서 화면에 출력되는 요소를 GameObject라고 표현합니다. GameObject에는 캐릭터와 몬스터가 있을 것입니다.

- 캐릭터는 GameObject입니다: Character is-a GameObject
  - 전사는 캐릭터입니다: Warrior is-a Character
  - 마법사는 캐릭터입니다: Wizard is-a Character
- 몬스터도 GameObject입니다: Monster is-a GameObject
  - 드래곤은 몬스터입니다: Dragon is-a Monster
  - 슬라임은 몬스터입니다: Slime is-a Monster

'드래곤은 몬스터입니다'는 말이 되지만 '몬스터는 드래곤입니다'는 약간 이상합니다. 이처럼 '~는 ~이다'라는 관계가 성립할 때 상속을 사용할 수 있습니다.

구성은 '다른 클래스를 갖고, 필요할 때 활용하는 것'입니다. HAS-A 관계를 만들 때 활용합니다. 마찬가지로 게임에 빗대어 보겠습니다.

- 캐릭터는 체력을 갖습니다: Character has-a HP.
- 캐릭터는 무기를 갖습니다: Character has-a Weapon.
- 캐릭터는 스킬을 갖습니다: Character has-a Skill.

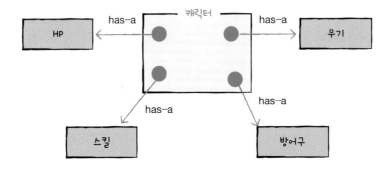

구성은 '~가 ~를 갖는다'는 포함 관계를 나타낼 때 사용합니다. 다른 클래스의 기능을 활용할 때 사용한다고 생각하면 됩니다.

상속과 구성은 상황에 맞게 사용해야 합니다. 보통 '프레임워크에서 이럴 때 상속을 써라'라고 알려준 상황에서만 상속을 쓰면 됩니다. 이외의 대부분의 경우에는 구성을 사용합니다. 그럼 구성이 무엇이고 어떻게 사용하는 것인지 문제를 풀어 봅시다.

> 상속과 구성의 활용 방법을 더 알고 싶다면, 이 책을 끝내고 프레임워크/라이브러리를 공부한 뒤, "디자인 패턴"이라는 내용을 공부해보세요.

1. StudentList 클래스 구현하기

본문에서 학생을 나타내는 Student 클래스를 구현해보았습니다. 이번에는 간단하게 name과 score라는 속성만 갖게 구성해보겠습니다.

```
class Student:
    def __init__(self, name, score):
        self.name = name
        self.score = score
```

사실 이미 구성을 사용했습니다. Student has-a Name과 Student has-a Score라는 문장으로 생각하면 이해하기 쉽습니다.

> note "상속과 구성은 클래스 사이의 관계에서만 성립하는 것 아닌가요?"라고 생각하는 독자도 있을 것입니다. 파이썬에서 문자열(str)과 정수(int)는 모두 클래스입니다.

이러한 학생 리스트를 저장하는 StudentList 클래스를 생성한 후 다음 실행 결과가 나오도록 빈 칸을 채워보세요. StudentList 클래스에서 students 라는 리스트를 갖습니다. Student has-a Name과 Student has-a Score라는 문장으로 생각했을 때 HAS-A 관계가 성립한다면 '구성' 입니다.

```
class Student:
    def __init__(self, name, score):
        self.name = name
        self.score = score


class StudentList:
    def __init__(self):
        # 구성을 사용했습니다.
        self.students = []
    def append(self, student):
        

    def get_average(self):
        

    def get_first_by_score(self):
        
```

```python
    def get_last_by_score(self):
        ██████████████

students = StudentList()
students.append(Student("구름", 100))
students.append(Student("별", 49))
students.append(Student("초코", 81))
students.append(Student("아지", 90))

print(f"학급의 평균 점수는 {students.get_average()}입니다.")
print(f"가장 성적이 높은 학생은 {students.get_first_by_score().name}입니다.")
print(f"가장 성적이 낮은 학생은 {students.get_last_by_score().name}입니다.")
```

> **실행 결과** ✕
>
> 학급의 평균 점수는 80.0입니다.
> 가장 성적이 높은 학생은 구름입니다.
> 가장 성적이 낮은 학생은 별입니다.

2. 스택 구현하기

필자는 게임을 굉장히 좋아하는데요. 한 번 시작하면 2~3일 날밤을 샐 정도로 게임을 합니다. 그래서 스스로 게임을 자제하기 위해서 '스크린 타임' 기능으로 아이폰과 맥북에서 게임을 아예 하지 못하게 설정해 두었습니다. 게임을 할 수 있는 컴퓨터가 있지만, '게임하기' 기능에 제한을 걸어버린 것입니다. 이와 비슷하게 다른 클래스를 갖고 있는 클래스가 해당 클래스 기능을 제한해버리는 경우가 있습니다.

컴퓨터 공학에서 중요하게 사용되는 자료 구조 개념 중에 **큐**^queue가 있습니다. 앞서 **스택**은 기본 자료형이 차곡차곡 쌓여서 정리되어 있는 공간이라고 했습니다. 따라서 상자에 책을 넣고 꺼낼 때처럼 먼저 넣은 것을 가장 마지막에 꺼낼 수 있습니다. 이처럼 스택이라는 상자 안에 물건을 넣는 행위를 **푸시**^push, 상자 안에서 물건을 꺼내는 행위를 **팝**^pop이라고 표현합니다.

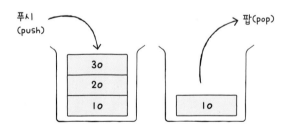

10이 먼저 들어간 요소이므로 10이 가장 마지막에 '팝'됩니다.

큐는 마치 출차를 대기하는 자동차처럼 먼저 진입한 것이 먼저 꺼내지는 자료 구조입니다. 일반적으로 큐라는 상자 안에 물건을 넣는 행위를 **인큐**enqueue, 상자 안에서 물건을 꺼내는 행위를 **디큐**dequeue라고 부릅니다.

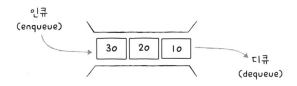

10이 먼저 들어간 요소이므로, 10이 가장 먼저 디큐됩니다.

파이썬의 리스트는 스택과 큐의 기능을 모두 갖고 있습니다. 하지만 기능이 너무 많기 때문에 리스트를 스택처럼 써야 하는 상황에서 스택처럼 쓰지 않을 수도 있습니다.

이러한 경우에는 아예 Stack이라는 새로운 클래스를 만들어서 사용하는 방법이 있습니다. Stack 클래스가 리스트를 갖게 코드를 구성하고(Stack has-a List), 리스트를 스택으로만 사용하게 제한하는 것입니다. 빈칸을 채워서 Stack 클래스를 구현해 보세요.

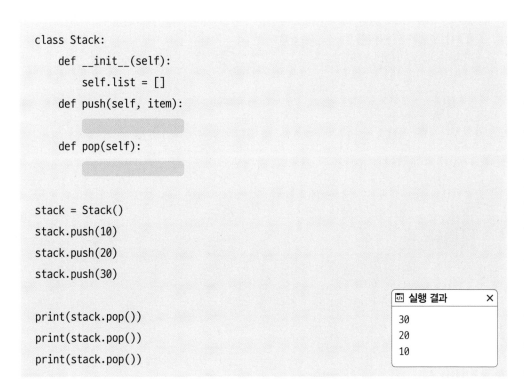

```python
class Stack:
    def __init__(self):
        self.list = []
    def push(self, item):
        

    def pop(self):
        


stack = Stack()
stack.push(10)
stack.push(20)
stack.push(30)

print(stack.pop())
print(stack.pop())
print(stack.pop())
```

실행 결과 ×
```
30
20
10
```

hint 10, 20, 30 순서로 넣어주고 30, 20, 10 순서로 리스트를 출력하면 됩니다.

3. 큐 구현하기

빈칸을 채워서 Queue 클래스를 직접 구현해 보세요.

```python
class Queue:
    def __init__(self):
        self.list = []
    def enqueue(self, item):
        

    def dequeue(self):
        


queue = Queue()
queue.enqueue(10)
queue.enqueue(20)
queue.enqueue(30)

print(queue.dequeue())
print(queue.dequeue())
print(queue.dequeue())
```

실행 결과 ✕

```
10
20
30
```

이제 이 책으로 기본편, 고급편을 모두 완료하셨습니다.

처음 프로그래밍을 공부할 때, 입문서를 보고 난 뒤에 어떤 주제의 내용을 무슨 책으로 공부해야 할지 몰라서 당황했던 적이 있습니다. 이 문제를 해결하는 것이 가장 중요하다고 생각해서 2011년부터 꼬리에 꼬리를 물고 읽을 책들을 집필·번역하고 있습니다. 이 책은 그 생태계에서 파이썬 경로의 첫 번째 단계입니다.

파이썬 기초 문법을 배운 것에서 한 단계 더 나아가고 싶다면 웹 서비스 개발, 인공지능 개발, 데이터 수집 프로그램 개발, 데이터 분석, 업무 자동화 등을 공부해 보세요. 파이썬으로 프로그래밍 언어의 기본을 확실하게 다졌다고 생각된다면 다른 프로그래밍 언어로 넘어가는 것도 괜찮습니다. 부디 여기서 멈추지 않길 바랍니다. 감사합니다.

A macOS 터미널

macOS의 기본 셸은 **터미널**입니다. 터미널 앱은 [Command]+[Space]로 [Spotlight]를 실행한 후 [터미널]을 검색하면 쉽게 찾을 수 있습니다.

파이썬 버전 확인하기: python —version 명령어

터미널을 사용할 때는 **python –version 명령어**를 실행해서 python 명령어 버전을 꼭 확인합니다.

```
% python --version ——→% 기호 뒤에 명령어를 입력합니다.
Python 2.7.18
```

버전이 위처럼 Python 2.7.18로 출력되면 python 명령어로 파이썬 코드를 실행했을 때 2.7.18 버전의 코드가 실행되기 때문입니다. 따라서 Python 3.X 버전을 실행하려면 **python3 명령어**를 활용하여 다음과 같이 코드를 실행해야 합니다.

```
% python3 파일_이름.py
```

또한 이후에 외부 모듈을 설치할 때 사용하는 pip 명령어도 **pip3 명령어**로 변경해서 사용해야 합니다.

```
% pip3 install 모듈_이름
```

현재 폴더 확인하기: pwd 명령어

현재 위치한 폴더를 확인하고 싶을 때는 pwd 명령어를 사용합니다. 터미널을 처음 실행하자마자 pwd 명령어를 실행하면 현재 '/Users/사용자_이름'에 위치한 것을 알 수 있습니다.

```
% pwd
/Users/사용자_이름
```

현재 폴더의 항목 출력하기: ls 명령어

현재 폴더에 무엇이 있는지 출력할 때는 ls 명령어를 활용합니다.

```
% ls
Applications
Desktop
Documents
Downloads
Library
Movies
Music
Pictures
Public
```

➕ 여기서 잠깐 ┃ 터미널에서 Finder 실행하기

터미널에서 ls 명령어를 실행했을 때 화면에 뭔가가 너무 많이 출력되어서 무엇이 있는지 헷갈린다면 open 명령어를 실행해 보세요. 익숙한 Finder를 열어서 폴더 항목을 확인할 수 있습니다.

```
% open .  ──→ 마침표(.)는 현재 폴더를 의미하는 컴퓨터 기호입니다.
```

note 터미널에서 ls 명령어로 출력했을 때는 영어였던 폴더 이름이 Finder에서는 한글로 보입니다. 우리가 한국어 환경을 사용하고 있기 때문에 번역해서 보여줄 뿐이지요. 따라서 터미널에서 폴더 이름을 지정할 때는 폴더 이름을 영어로 작성해야 합니다.

폴더 이동하기: cd 명령어

특정 위치에서 다른 위치로 이동하고 싶을 때는 **cd 명령어**를 사용하여 이동하고자 하는 폴더 이름을 적으면 됩니다. 현재 위치가 '/Users/사용자_이름'일 때 cd 명령어를 입력해서 바탕화면(Desktop) 폴더로 이동해 이동해 보고, pwd 명령어로 현재 위치를 확인해 보면 Desktop 폴더로 이동한 것을 알 수 있습니다.

```
# 현재 폴더 확인하기
% pwd
/Users/사용자_이름
# 폴더 이동하기
% cd Desktop
# 현재 폴더 다시 확인하기
% pwd
/Users/사용자_이름/Desktop ──→ 폴더를 이동한 상태입니다.
```

note 폴더 이름을 입력할 때는 Desktop을 모두 입력할 필요 없이 De 정도만 입력하고 Tab 키를 누르면 남은 부분이 자동 완성됩니다. cd Desktop/ 형태로 자동 완성되며 'cd Desktop'으로 작성한 것과 같습니다.

note macOS 터미널은 폴더 경로의 대소문자를 구분합니다. desktop으로 입력하면 이동하지 못한다는 것을 주의하세요.

cd 명령어에 **마침표 2개(..)**를 입력하면 상위 폴더로 이동합니다. Desktop 폴더로 이동한 상태에서 입력해 보세요. 다시 '사용자_이름' 폴더로 이동합니다.

```
% pwd
/Users/사용자_이름/Desktop
% cd ..  ──→ 컴퓨터 과학에서 마침표 2개 (..)는 상위 폴더를 의미합니다.
% pwd
/Users/사용자_이름
```

> 터미널 명령어에 익숙 해지도록 여러 폴더를 돌아다녀 보세요.

폴더를 여기저기 이동하다 보면 다음처럼 대체 내가 지금 어디에 있는지 모를 때도 있습니다.

```
% pwd
/Users/사용자_이름
% cd ..
% cd ..
% pwd
/
% ls
AppleInternal  Users      dev       private      var
Applications   Volumes    etc       sbin
Library        bin        home      tmp
System         cores      opt       usr
```

이러한 경우에는 **cd 명령어**에 **~ 기호**를 입력해 보세요. 다시 처음 위치로 이동합니다.

```
% cd ~  ──→물결표(~)는 사용자 폴더를 의미합니다.
% pwd
/Users/사용자_이름
```

파이썬 파일 실행하기: python 명령어

파이썬 파일을 실행할 때는 **python 명령어**를 사용합니다. 예를 들어 '~Desktop/python_sample' 폴더 안에 'test.py'라는 이름의 파이썬 파일을 실행하려면 다음과 같이 작성합니다.

```
$ cd Desktop  ──→Desktop 폴더로 이동합니다.
$ cd python_sample  ──→python_sample 폴더로 이동합니다.
$ python test.py  ──→파일을 실행합니다.
```

또는 폴더를 하나씩 이동하지 않고 다음과 같이 전체 경로를 입력하여 한번에 이동할 수 있습니다.

```
$ cd ~/Desktop/python_sample
$ python test.py
```

파이썬 파일이 있는 폴더에서 바로 터미널 실행하기

터미널에서 파이썬 파일이 있는 폴더로 이동하지 않고, 파이썬 파일이 위치한 폴더에서 바로 터미널을 실행할 수 있습니다. 터미널을 실행하고 싶은 폴더를 선택하고, 상단 메뉴 막대에서 [Finder] – [서비스] – [폴더에서 새로운 터미널 열기]를 선택하면 해당 위치에서 터미널이 실행됩니다.

?! 문제해결

[폴더에서 새로운 터미널 열기]가 없어요. [폴더에서 새로운 터미널 열기]가 보이지 않는다면 실행하려는 폴더를 선택했는지 확인해 주세요. 그래도 보이지 않는다면 서비스 환경을 설정해야 합니다.

먼저 [Finder] – [서비스] – [서비스 환경설정]을 클릭합니다.

이어서 [파일 및 폴더] – [폴더에서 새로운 터미널 열기]를 체크합니다. 여기에서 단축키를 추가하면 쉽게 [폴더에서 새로운 터미널 열기]를 간단하게 실행할 수 있습니다.

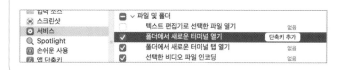

지금까지 macOS의 터미널 명령어를 간단하게 알아보았습니다. 참고로 macOS에서는 윈도우에 비해 터미널에 많은 설정을 할 수 있어서 macOS를 개발 전용 컴퓨터로 사용하는 사람들이 많은데요. 구글에서 'Oh my zsh 설정' 등을 검색해보면 터미널 명령어를 설정하는 다양한 방법이 나옵니다. 직접 자신의 터미널을 꾸며 보기 바랍니다.

B 리스트 내포, 딕셔너리 내포, 세트 내포

본문에서 배운 리스트, 딕셔너리, 제너레이터 외에도 '세트'라는 자료형이 있습니다. 간단하게 세트가 무엇인지 알아보고 각 자료형의 내포를 살펴보겠습니다.

세트

세트ˢᵉᵗ는 수학 용어로 '집합'이라는 의미입니다. 중고등학교 수학 시간에 {1, 2, 3}∪{3, 4, 5} = {1, 2, 3, 4, 5} 형태로 합집합, 교집합, 차집합을 배울 때 살펴보았을 것입니다.

파이썬에서 세트는 다음과 같이 중괄호{}를 활용해서 만듭니다.

```
>>> a = {1, 2, 3}
>>> b = {2, 3, 4}
```

순서에 의미가 없으며, 중복을 허용하지 않는 것이 특징입니다. 세트 내부에 같은 요소를 여러 개 넣어도 중복되는 요소는 모두 무시합니다.

```
>>> c = {1, 1, 1, 2, 2, 2}
>>> c
{1, 2}  ──→ 중복을 제외한 요소만 출력됩니다.
```

세트는 네 가지 연산자를 조합해서 사용할 수 있습니다. 합집합(|), 교집합(&), 차집합(−), 대칭차집합(^)입니다.

note 수직선(|) 기호는 Enter 키 위에 있습니다. 원화 기호(₩) 혹은 역슬래시(\ ) 기호가 있는 키를 Shift 키와 함께 누릅니다.

합집합은 두 집합에 있는 모든 요소를 합칩니다. 중복되는 요소는 제거됩니다.

```
>>> a | b
{1, 2, 3, 4}
```

교집합은 두 집합 모두에 들어있는 요소를 추출합니다.

```
>>> a & b
{2, 3}
```

차집합은 왼쪽에 있는 요소에서 오른쪽에 있는 요소를 제외합니다. 피연산자의 순서에 따라서 결과가 달라지므로 주의하세요.

```
>>> a - b
{1}
>>> b - a
{4}
```

대칭 차집합은 한쪽에만 존재하는 요소들을 추출합니다. 합집합에서 교집합을 차집합한 것입니다.

```
>>> a ^ b
{1, 4}
>>> (a | b) - (a & b)
{1, 4}
```

그럼 간단하게 세트의 기본적인 사용 방법에 대해서 살펴보겠습니다. 예를 들어 특정 지역에서 고등학교 학생들을 대상으로 코딩 수업을 열었습니다. 여러 학생들이 참여했으며 학생들이 어떤 학교 학생인지에 대한 정보를 갖고 있다고 가정했을 때, 이 상황에서 '어떤 학교에서 참여했는지, 몇 개의 학교에서 참여했는지' 정보를 얻고 싶습니다.

학생들이 어떤 학교 학생인지 기록한 리스트가 다음과 같이 있을 때, 어떻게 해야 몇 개의 학교에서 참여했는지 알 수 있을까요? 일단 중복되어 있는 학교를 모두 제거해야 할 것입니다.

```
['가 고등학교','나 고등학교','다 고등학교','가 고등학교','다 고등학교',
'다 고등학교','라 고등학교']
```

'중복을 제거한다'는 상황은 세트 자료형을 활용하기 좋은 상황입니다.

한번 코드를 작성해 보겠습니다. set( ) 함수로 빈 세트를 만들고 for 반복문과 add( ) 함수로 빈 세트에 요소를 하나하나 추가합니다.

> note 세트를 만들 때 중괄호{}를 사용하므로 빈 세트를 만들 때도 중괄호{}만 사용하면 만들 수 있을 것이라 생각할 수 있습니다. 그러나 중괄호{}만 입력하면 딕셔너리가 만들어진다는 것을 주의하세요.

직접 해보는 손코딩

세트로 중복 요소 제거하기 　소스 코드 set_sample.py

```
01  참여_학교들 = ['가 고등학교', '나 고등학교', '다 고등학교', '가 고등학교', '다 고등학
    교', '다 고등학교', '라 고등학교']  ──→ 이 코드는 한 줄 코드이니 이어서 입력해야 합니다.
02
03  세트 = set()  ──→ 빈 세트는 set() 함수로 만듭니다.
04  for 학교 in 참여_학교들:
05      세트.add(학교)  ──→ 요소를 하나 추가할 때는 add() 함수를 사용합니다.
06
07  print(f"{len(세트)}개 학교, {세트}")
```

> 🖥 **실행 결과**　　　　　　　　　　　　　　　　　　　　　　　　　　　　×
>
> 4개 학교, {'라 고등학교', '다 고등학교', '나 고등학교', '가 고등학교'}

리스트를 세트로 만드니 중복 요소가 제거됩니다. 총 4개의 학교에서 참여했으며 어떤 학교들이 포함되어 있는지 알 수 있습니다. 이때 학교 순서는 섞여 있습니다. 이러한 특성이 앞에서 말했던 '순서에 의미가 없다'라는 세트 자료형의 특성입니다. 따라서 실행할 때마다 결과가 조금씩 다릅니다.

사실 이 코드는 더 간결하게 작성할 수 있습니다. for 반복문과 add( ) 함수는 update( ) 함수로 바꿀 수 있습니다. update( ) 함수는 리스트를 한꺼번에 읽어 들일 수 있어 반복문으로 리스트 요소를 하나씩 불러오지 않아도 됩니다.

```
for 학교 in 참여_학교들:        세트.update(참여_학교들)
    세트.add(학교)
```

또한 리스트를 set( ) 함수에 바로 넣어도 됩니다. 리스트가 세트 자료형으로 변환되어 세트 특성상 중복 요소를 제거할 수 있고 코드도 간결합니다.

```
참여_학교들 = ['가 고등학교', '나 고등학교', '다 고등학교', '가 고등학교',
'다 고등학교', '다 고등학교' ,'라 고등학교']

세트 = set(참여_학교들) ──→리스트 요소를 하나하나 추가할 필요없이 세트 자료형으로 변환합니다.
print(f"{len(세트)}개 학교, {세트}")
```

세트는 이정도의 내용만 기억해도 충분합니다. 다양하게 활용해 보세요.

세트 내포와 딕셔너리 내포

본문에서 **리스트 내포**는 반복 가능한 것을 기반으로 리스트를 만들어낸다고 배웠습니다. 기본적으로 다음과 같은 세 가지 구조를 갖습니다.

```
>>> [
        item * item              # (1) 요소로 만들 부분
        for item in range(0, 10)  # (2) 반복문 부분
        if item % 2 == 0          # (3) 조건문 부분
    ]
[0, 4, 16, 36, 64]
```

(1) 요소로 만들 부분: 이 부분에 작성한 값이 최종 리스트에 들어갑니다. 반복 변수를 활용해서 값을 만들 수 있습니다. 기본적으로 map( ) 함수 역할입니다.

(2) 반복문 부분: 반복문 부분에서는 반복 가능한 것을 기반으로 반복하며 반복 변수를 설정합니다. 위 코드에서는 range(0, 10)을 item이라는 반복 변수로 반복하고 있습니다.

(3) 조건문 부분: 반복 변수를 조건으로 필터링합니다. 위 코드에서는 item % 2 == 0이라는 코드를 사용했으므로 item이 짝수인 경우만 남기고 나머지는 제외됩니다. 기본적으로 filter( ) 함수 역할입니다.

파이썬은 리스트 내포 이외에도 **딕셔너리 내포**dictionary comprehension와 **세트 내포**set comprehension를 제공합니다. 리스트 내포의 괄호를 {}로 변경하면 세트 내포로 만들 수 있고, 리스트 내포의 괄호를 {}로 변경하고 요소로 만들 부분을 키: 값 형태로 지정하면 **딕셔너리 내포**로 만들 수 있습니다.

세트 내포

```
>>> a = {
        item * item
        for item in range(0, 10)
        if item % 2 == 0
    }
>>> type(a)
<class 'set'>
>>> a
{0, 64, 4, 36, 16}
```

딕셔너리 내포

```
>>> a = {
        f"키_{item}": item * item
        for item in range(0, 10)
        if item % 2 == 0
    }
>>> type(a)
<class 'dict'>
>>> a
{'키_0': 0, '키_2': 4, '키_4': 16,
'키_6': 36, '키_8': 64}
```

제너레이터 표현식

리스트 내포의 괄호를 소괄호 ( )로 변경하면 **제너레이터 표현식**generator expression이라는 특별한 문법을 만들 수 있습니다. 리스트 내포 코드를 제너레이터 표현식으로 변경하면 다음과 같습니다.

```
>>> a = (
        item * item
        for item in range(0, 10)
        if item % 2 == 0
    )
>>> type(a)
<class 'generator'>
>>> a
<generator object <genexpr> at 0x100778200>  ──▶ 제너레이터가 출력됩니다.
```

참고로 함수의 괄호로 둘러싸인 경우에는 다음 코드처럼 ( ) 괄호를 사용하지 않아도, 제너레이터 표현식으로 인식합니다.

```
>>> print(
        item * item
        for item in range(0, 10)
        if item % 2 == 0
    )
<generator object <genexpr> at 0x1007782e0>
```

print() 함수의 괄호만 있어도
제너레이터 표현식으로 인식됩니다.

제너레이터 표현식은 대부분의 상황에서 리스트 내포를 대체할 수 있습니다. 가능하면 대체하는 것이 더 좋습니다. 그 이유는 기본적으로 리스트 내포는 새로운 리스트를 하나 더 만들어내는데, 100만 개의 요소를 가진 리스트에 리스트 내포를 적용하면 100만 개의 요소를 가진 리스트가 하나 더 만들어지기 때문입니다. 즉 크기가 큰 리스트에 리스트 내포를 여러 번 활용하면 메모리에 큰 부담을 줄 수도 있다는 의미입니다.

반면 제너레이터 표현식은 제너레이터를 만들어냅니다. 리스트를 하나 더 만들어내는 것이 아니라, 원본 리스트를 보고 즉시 처리하므로 메모리에 큰 부담을 주지 않습니다. 따라서 대부분의 상황에서 리스트 내포보다 제너레이터 표현식이 좋으므로 적극적으로 활용해보기 바랍니다.

그러나 리스트 내포를 제너레이터 표현식으로 대체하면 안 되는 경우가 있습니다. 자주 접할 수 있는 상황은 아니지만, 다음 두 가지 경우가 있습니다.

첫째, 미리 처리해 두고 요청이 있을 때 곧바로 데이터를 응답해야 하는 상황
리스트 내포와 제너레이터 표현식은 처리되는 시점이 다릅니다. 리스트 내포는 리스트 내포 코드를 사용하는 시점에 처리가 일어납니다.

```
원본 = [1, 2, 3, 4, 5, 6]
리스트_내포 = [str(i) for i in 원본]    처리가 일어납니다.
print(", ".join(리스트_내포))
```

반면 제너레이터 표현식은 제너레이터를 활용하는 시점에 처리가 일어납니다.

```
원본 = [1, 2, 3, 4, 5, 6]
제너레이터_표현식 = (str(i) for i in 원본)
print(", ".join(제너레이터_표현식))    처리가 일어납니다.
```

따라서 미리 처리해 두고 요청이 있을 때 곧바로 데이터를 응답해야 하는 상황에는 리스트 내포를 사용해야 합니다.

둘째, 원본의 변경이 반영되면 안 되는 상황

먼저 다음 코드를 보고 실행 결과를 예측해 보세요.

```python
원본 = [1, 2, 3, 4, 5]
리스트_내포 = [str(i) for i in 원본]
제너레이터_표현식 = (str(i) for i in 원본)

# 원본을 변경했습니다.
원본[0] = 100

print(", ".join(리스트_내포))
print(", ".join(제너레이터_표현식))
```

코드를 실행하면 다음과 같이 출력합니다.

```
📄 실행 결과                    ✕
1, 2, 3, 4, 5
100, 2, 3, 4, 5
```

리스트 내포는 원본을 변경하는 시점 전에 처리가 일어나므로 원본의 변경이 반영되지 않습니다. 하지만 제너레이터 표현식은 원본을 변경하는 시점 이후에 처리가 일어나므로 원본의 변경이 반영됩니다.

따라서 원본의 변경이 예측되고, 이것이 반영되면 안 되는 상황이라면 제너레이터 표현식을 사용하면 안 됩니다. 물론 앞서 말했듯이 두 가지 모두 그렇게 자주 있는 상황은 아닙니다.

01-1 파이썬을 하기 전에 읽는 아주 간단한 설명

1. 039쪽 hint 참조

2. ①-ⓐ, ②-ⓒ, ③-ⓕ, ④-ⓓ, ⑤-ⓔ, ⑥-ⓑ

3. ③

01-2 파이썬을 배우기 위해 준비해야 할 것들

1.
```
>>> print("Hello Python")
Hello Python
```

2. 소스 코드 01_2_2.py

Hello! Hello! Hello!
혼자 공부하다 모르면 동영상 강의를 참고하세요!

01-3 이 책에서 자주 나오는 파이썬 용어들

1.
```
>>> print("Hello Python")
Hello Python
```

2. ①-◯, ②-◯, ③-✕, ④-✕, ⑤ ◯

3. ②

4.

5.

예시	스네이크 케이스	캐멀 케이스
hello coding	hello_coding	HelloCoding
hello python	hello_python	HelloPython
we are the world	we_are_the_world	WeAreTheWorld
create output	create_output	CreateOutput
create request	create_request	CreateRequest
init server	init_server	InitServer
init matrix	init_matrix	InitMatrix

02-1 자료형과 문자열

1.

구문	의미
"글자"	큰따옴표로 문자열 만들기
'글자'	작은따옴표로 문자열 만들기
"""문자열 문자열 문자열"""	여러 문자열 만들기

2.

이스케이프 문자	의미
\"	큰따옴표를 의미합니다.
\'	작은따옴표를 의미합니다.
\n	줄바꿈을 의미합니다.
\t	탭을 의미합니다.
\\	\을 의미합니다.

3. 소스 코드 02_1_3.py

```
# 연습 문제
\\\\
--------
```

4. 소스 코드 02_1_4.py

```
녕
하
세
요
Traceback (most recent call last):
  File "02_1_4.py", line 5, in <module>
    print("안녕하세요"[5])
IndexError: string index out of range
```

5. 소스 코드 02_1_5.py

```
녕하
하세
녕하세요
안녕하
```

02-2 숫자

1.

단어	예시
int	273, 52, 0, 1234, −25
float	0.0, 1.234, 2.73e2, −25.0

2.

연산자	의미
+	덧셈 연산자
-	뺄셈 연산자
*	곱셈 연산자
/	나눗셈 연산자
//	정수 나누기 연산자
%	나머지 연산자
**	제곱 연산자

3. 소스 코드 02_2_3.py

```
# 기본적인 연산
15 + 4 = 19
15 - 4 = 11
15 * 4 = 60
15 / 4 = 3.75
```

4. 소스 코드 02_2_4.py

```
print("3462를 17로 나누었을 때의")
print("- 몫:", 3462 // 17)
print("- 나머지:", 3462 % 17)
```

5.

```
>>> print(2 + 2 - 2 * 2 / 2 * 2)
0.0
>>> print(2 - 2 + 2 / 2 * 2 + 2)
4.0
```

02-3 변수와 입력

1. =

2.

연산자	내용
+=	숫자 덧셈 후 대입
-=	숫자 뺄셈 후 대입
*=	숫자 곱셈 후 대입
/=	숫자 나눗셈 후 대입
%=	숫자 나머지 구한 후 대입
**=	숫자 제곱 후 대입

3.

함수	내용
int	문자열을 int 자료형으로 변환
float	문자열을 float 자료형으로 변환
str	숫자를 문자열로 변환

4. 소스 코드 `02_3_4.py`

```
str_input = input("숫자 입력> ")
num_input = float(str_input)

print()
print(num_input, "inch")
print((num_input * 2.54), "cm")
```

5. 소스 코드 `02_3_5.py`

```
str_input = input("원의 반지름 입력> ")
num_input = float(str_input)
print()
print("반지름: ", num_input)
print("둘레: ", 2 * 3.14 * num_input)
print("넓이: ", 3.14 * num_input ** 2)
```

6. 소스 코드 `02_3_6.py`

```
a = input("문자열 입력> ")
b = input("문자열 입력> ")

print(a, b)
c = a
a = b
b = c
print(a, b)
```

02-4 숫자와 문자열의 다양한 기능

1. ③

2. ①-ⓓ, ②-ⓑ, ③-ⓐ, ④-ⓒ

3. 소스 코드 `02_4_3.py`

```
a = input("> 1번째 숫자: ")
b = input("> 2번째 숫자: ")
print()
print("{} + {} = {}".format(a, b, int(a) + int(b)))
```

4. 소스 코드 `02_4_4.py`

```
A 지점: hello
B 지점: HELLO
```

2장 도전 문제

1. 소스 코드 ch02_1.py

```
pi = 3.141592
r = float(input("구의 반지름을 입력해주세요: "))

부피 = (4/3) * pi * (r**3)
겉넓이 = 4 * pi * (r**2)
print(f"= 구의 부피는 {부피}입니다.")
print(f"= 구의 겉넓이는 {겉넓이}입니다.")
```

간단한 프로그램이므로 f-문자열도 함께 사용해 보았습니다. 실제로 프로그램을 실행해 보면 소수점 이하로 많은 숫자가 출력됩니다. 본문에서 format( ) 함수를 사용해서 소수점 아래 자릿수를 지정하는 방법도 배웠으므로 이를 적용해서 소수점 이하 두 번째 자리까지 출력해보는 코드도 추가해 보세요.

2. 소스 코드 ch02_2.py

먼저 제곱과 제곱근을 활용해서 공식을 옮기면 다음과 같습니다.

```
>>> 밑변 = 3
>>> 높이 = 4
>>> 빗변 = (밑변**2 + 높이**2) ** (1/2)
>>> 빗변
5.0
```

그리고 입력을 받고 출력하는 부분을 구현하면 다음과 같습니다.

```
밑변 = float(input("밑변의 길이를 입력해주세요: "))
높이 = float(input("높이의 길이를 입력해주세요: "))

빗변 = (밑변**2 + 높이**2) ** (1/2)

print(f"= 빗변의 길이는 {빗변}입니다.")
```

03-1 불 자료형과 if 조건문

1.

조건식	결과
10 == 100	False
10 != 100	True
10 〉100	False
10 〈 100	True
10 〈= 100	True
10 〉= 100	False

2. ③   **3.** ① OR ② AND ③ OR

4. 소스 코드 03_1_4.py

```python
a = float(input("> 1번째 숫자: "))
b = float(input("> 2번째 숫자: "))
print()

if a > b:
    print("처음 입력했던 {}가 {}보다 더 큽니다".format(a, b))
if a < b:
    print("두 번째로 입력했던 {}가 {}보다 더 큽니다".format(b, a))
```

03-2 if~else와 elif 구문

1. ① 12, ② 5, ③ 출력 없음

2.

```python
if x > 10 and x < 20
    print("조건에 맞습니다.")
```

3. 소스 코드 03_2_3.py

```python
str_input = input("태어난 해를 입력해 주세요> ")
birth_year = int(str_input) % 12

if birth_year == 0:
    print("원숭이 띠입니다.")
elif birth_year == 1:
    print("닭 띠입니다.")
```

```
elif birth_year == 2:
    print("개 띠입니다.")
elif birth_year == 3:
    print("돼지 띠입니다.")
elif birth_year == 4:
    print("쥐 띠입니다.")
elif birth_year == 5:
    print("소 띠입니다.")
elif birth_year == 6:
    print("범 띠입니다.")
elif birth_year == 7:
    print("토끼 띠입니다.")
elif birth_year == 8:
    print("용 띠입니다.")
elif birth_year == 9:
    print("뱀 띠입니다.")
elif birth_year == 10:
    print("말 띠입니다.")
elif birth_year == 11:
    print("양 띠입니다.")
```

3장 도전 문제

1. 소스 코드 ch03_1.py

이번 프로그램은 어떤 방식으로든 간단하게 대화가 되면 문제없습니다. 필자는 다음과 같이 프로그램을 구현해보았습니다.

```
import datetime

입력 = input("입력: ")

if "안녕" in 입력:
    print("안녕하세요.")
```

```
    elif "몇 시" in 입력:
        now = datetime.datetime.now()
        print(f"지금은 {now.hour}시입니다.")
    else:
        print(입력)
```

단순한 조건문도 조합해서 사용하면 그럴듯한 결과물을 만들 수 있습니다. 이외에도 몇 가지 대화문을 더 추가해보면 좋은 연습이 될 것입니다.

2. <u>소스 코드</u> **ch03_2.py**

```
입력 = int(input("정수를 입력해주세요: "))

if 입력 % 2 == 0:
    print(f"{입력}은 2로 나누어 떨어지는 숫자입니다.")
else:
    print(f"{입력}은 2로 나누어 떨어지는 숫자가 아닙니다.")

if 입력 % 3 == 0:
    print(f"{입력}은 3으로 나누어 떨어지는 숫자입니다.")
else:
    print(f"{입력}은 3으로 나누어 떨어지는 숫자가 아닙니다.")

if 입력 % 4 == 0:
    print(f"{입력}은 4로 나누어 떨어지는 숫자입니다.")
else:
    print(f"{입력}은 4로 나누어 떨어지는 숫자가 아닙니다.")

if 입력 % 5 == 0:
    print(f"{입력}은 5로 나누어 떨어지는 숫자입니다.")
else:
    print(f"{입력}은 5로 나누어 떨어지는 숫자가아닙니다.")
```

04-1 리스트와 반복문

1.

함수	list_a의 값
list_a.extend(list_a)	[0, 1, 2, 3, 4, 5, 6, 7, 0, 1, 2, 3, 4, 5, 6, 7]
list_a.append(10)	[0, 1, 2, 3, 4, 5, 6, 7, 10]
list_a.insert(3, 0)	[0, 1, 2, 0, 3, 4, 5, 6, 7]
list_a.remove(3)	[0, 1, 2, 4, 5, 6, 7]
list_a.pop(3)	[0, 1, 2, 4, 5, 6, 7]
list_a.clear( )	[ ]

2. 소스 코드 04_1_2.py

```
numbers = [273, 103, 5, 32, 65, 9, 72, 800, 99]

for number in numbers:
    if number >= 100:
        print("- 100 이상의 수:", number)
```

3. 왼쪽 실행 결과 소스 코드 04_1_3_1.py

```
numbers = [273, 103, 5, 32, 65, 9, 72, 800, 99]

for number in numbers:
    if number % 2 == 1:
        print(number, "는 홀수입니다.")
    else:
        print(number, "는 짝수입니다.")
```

오른쪽 실행 결과 소스 코드 04_1_3_2.py

```
numbers = [273, 103, 5, 32, 65, 9, 72, 800, 99]

for number in numbers:
    print(number, "는", len(str(number)), "자릿수입니다.")
```

4. 소스 코드 `04_1_4.py`

```python
numbers = [1, 2, 3, 4, 5, 6, 7, 8, 9]
output = [[], [], []]

for number in numbers:
    output[(number + 2) % 3].append(number)

print(output)
```

5. 소스 코드 `04_1_5.py`

```python
numbers = [1, 2, 3, 4, 5, 6, 7, 8, 9]

for i in range(0, len(numbers) // 2):
    # j가 1, 3, 5, 7이 나오려면
    # 어떤 식을 사용해야 할까요?
    j = (i * 2) + 1
    print(f"i = {i}, j = {j}")
    numbers[j] = numbers[j] ** 2

print(numbers)
```

04-2 딕셔너리와 반복문

1.

dict_a의 값	dict_a에 적용할 코드	dict_a의 결과
{}	dict_a["name"] = "구름"	{ "name": "구름" }
{ "name": "구름" }	del dict_a["name"]	{}

2. 소스 코드 `04_2_2.py`

```python
# 딕셔너리의 리스트를 선언합니다.
pets = [
    {"name": "구름", "age": 5},
    {"name": "초코", "age": 3},
    {"name": "아지", "age": 1},
    {"name": "호랑이", "age": 1}
]

print("# 우리 동네 애완 동물들")
for pet in pets:
    print(pet["name"], str(pet["age"]) + "살")
```

3. 소스 코드 04_2_3.py

```python
# 숫자는 무작위로 입력해도 상관 없습니다.
numbers = [1,2,6,8,4,3,2,1,9,5,4,9,7,2,1,3,5,4,8,9,7,2,3]
counter = {}

for number in numbers:
    if number in counter:
        counter[number] = counter[number] + 1
    else:
        counter[number] = 1

# 최종 출력
print(counter)
```

4. 소스 코드 04_2_4.py

```python
# 딕셔너리를 선언합니다.
character = {
    "name": "기사",
    "level": 12,
    "items": {
        "sword": "불꽃의 검",
        "armor": "풀플레이트"
    },
    "skill": ["베기", "세계 베기", "아주 세계 베기"]
}

# for 반복문을 사용합니다.
for key in character:
    if type(character[key]) is dict:
        for small_key in character[key]:
            print(small_key, ":", character[key][small_key])
    elif type(character[key]) is list:
        for item in character[key]:
            print(key, ":", item)
    else:
        print(key, ":", character[key])
```

04-3 범위 자료형과 while 반복문

1.

코드	나타내는 값
range(5)	[0, 1, 2, 3, 4]
range(4, 6)	[4, 5]
range(7, 0, −1)	[7, 6, 5, 4, 3, 2, 1]
range(3, 8)	[3, 4, 5, 6, 7]
range(3, 9 + 1, 3)	[3, 6, 9]

2. 소스 코드 04_3_2.py

```python
# 숫자는 무작위로 입력해도 상관없습니다.
key_list = ["name", "hp", "mp", "level"]
value_list = ["기사", 200, 30, 5]
character = {}

for i in range(0, len(key_list)):
    character[key_list[i]] = value_list[i]

# 최종 출력
print(character)
```

3. 소스 코드 04_3_3.py

```python
limit = 10000
i = 1
# sum은 파이썬 내부에서 사용하는 식별자이므로 sum_value라는 변수 이름을 사용합니다.
sum_value = 0
while sum_value < limit:
    sum_value += i
    i += 1
print("{}를 더할 때 {}을 넘으며 그때의 값은 {}입니다.".format(i, limit, sum_value))
```

4. 소스 코드 04_3_4.py

```python
max_value = 0
a = 0
b = 0

for i in range(1, 100 // 2 + 1):
    j = 100 - i

    # 최댓값 구하기
    current = i * j
    if max_value < current:
        a = i
```

```
                b = j
                max_value = current

    print("최대가 되는 경우: {} * {} = {}".format(a, b, max_value))
```

04-4 문자열, 리스트, 딕셔너리와 관련된 기본 함수

1. ②, ③

2. 소스 코드 **04_4_2.py**

```
# 리스트 내포를 사용해본 코드입니다.
output = [i for i in range(1, 100 + 1)
    if "{:b}".format(i).count("0") == 1]

for i in output:
    print("{} : {}".format(i, "{:b}".format(i)))
print("합계:", sum(output))
```

4장 도전 문제

1. 소스 코드 **ch04_1.py**

딕셔너리를 활용해서 숫자가 몇 개 사용되었는지 세고, len() 함수를 사용해 세트에 키가 몇 개 들어 있는지 확인하면 됩니다.

```
a = [1, 2, 3, 4, 1, 2, 3, 1, 4, 1, 2, 3]
counter = {}

for i in a:
    if i not in counter:
        counter[i] = 0
    counter[i] += 1

print(f"{a}에서")
print(f"사용된 숫자의 종류는 {len(counter)}개입니다.")
```

```
print()
print(f"참고: {counter}")
```

본문에서는 배우지 않았지만, 일반적으로 중복을 제거할 때는 '세트'라는 자료형을 사용합니다. 세트를 활용하면 문제를 더 쉽게 풀 수 있습니다. 관련 내용은 부록B를 참고하세요.

2. 소스 코드 ch04_2.py

코드 구성 방법은 굉장히 많습니다. 필자는 다음과 같은 코드를 만들어 보았습니다. 어떤 것의 개수를 셀 때 많이 활용되는 형태의 코드이므로 기억해두면 좋습니다.

```
nucleos = input("염기 서열을 입력해주세요: ")
counter = {
    "a": 0,
    "t": 0,
    "g": 0,
    "c": 0
}

for nucleo in nucleos:
    counter[nucleo] += 1

for key in counter:
    print(f"{key}의 개수: {counter[key]}")
```

참고로 7장에서 모듈을 배우면 collections 모듈의 Counter 클래스를 활용하여 더 간단하게 코드를 구성할 수 있습니다.

```
from collections import Counter

nucleos = input("염기 서열을 입력해주세요: ")
counter = Counter(nucleos)

for key in counter:
    print(f"{key}의 개수: {counter[key]}")
```

3. 소스 코드 ch04_3.py

2번 문제와 비슷하지만, 입력된 문자열에서 글자를 3개씩 출력해야 한다는 차이가 있습니다. 다양한 방법이 있지만 필자는 다음과 같은 방법을 사용했습니다.

```python
nucleos = "ctacaatgtcagtatacccattgcattagccgg"


for i in range(0, len(nucleos), 3):
    # 3글자씩 추출합니다.
    codon = nucleos[i:i+3]
    # 3글자로 구성되는지 확인합니다.
    if len(codon) == 3:
        print(codon)
```

```
🖽 실행 결과                    ✕
cta
caa
tgt
cag
tat
acc
cat
tgc
att
agc
cgg
```

range(0, len(nucleos), 3)라는 코드를 사용하면, 0부터 len(nucleos)까지 3씩 증가하는 숫자를 얻을 수 있습니다. 따라서 0, 3, 6, 9, ...와 같은 숫자가 나옵니다. 이 숫자를 활용해서 nucleos[i:i+3]으로 해당 위치의 글자 3개를 꺼냅니다.

글자를 3개씩 출력했다면 이제 남은 것은 숫자를 세는 것입니다. 딕셔너리를 활용해서 숫자를 세고 출력합니다.

```python
nucleos = input("염기 서열을 입력해주세요: ")
counter = {}


for i in range(0, len(nucleos), 3):
    # 3글자씩 추출합니다.
    codon = nucleos[i:i+3]
    # 3글자로 구성되는지 확인합니다.
    if len(codon) == 3:
        # 딕셔너리에 키가 없을 경우 추가합니다.
        if codon not in counter:
            counter[codon] = 0
        # 갯수를 추가합니다.
        counter[codon] += 1


print(counter)
```

사실 염기 코돈을 제대로 세려면, 이와 관련된 지식이 더 필요합니다. 일단 간단하게 "어떤 배경 지식이 있을 때, 이를 코드로 구현할 수 있다"라는 것을 직접 느끼기 위한 목적으로 이번 예제를 소개해 보았습니다.

4. 소스 코드 ch04_4.py

출력을 위한 리스트를 만든 후, 요소가 '일반적인 요소'라면 그냥 추가하고, '리스트'라면 한 번 더 반복문을 돌려서 추가하는 형태로 구현합니다.

```
a = [1, 2, [3, 4], 5, [6, 7], [8, 9]]
output = []

for i in a:
    if type(i) == list:
        # 요소가 리스트라면: 또 반복해서 요소를 추가합니다.
        for j in i:
            output.append(j)
    else:
        # 요소가 숫자라면: 그냥 추가합니다.
        output.append(i)

print(f"{a}를 평탄화하면")
print(f"{output}입니다")
```

05-1 함수 만들기

1. ①
```
def f(x):
    return 2 * x + 1
print(f(10))
```

②
```
def f(x):
    return x ** 2 + 2 * x + 1
print(f(10))
```

2. 소스 코드 05_1_2.py

```python
def mul(*values):
    output = 1
    for value in values:
        output *= value
    return output

# 함수를 호출합니다.
print(mul(5, 7, 9, 10))
```

3. ①

05-2 함수의 활용

1. 소스 코드 05_2_1.py

```python
앉힐수있는최소사람수 = 2
앉힐수있는최대사람수 = 10
전체사람의수 = 100
memo = {}

def 문제(남은사람수, 앉힌사람수):
    key = str([남은사람수, 앉힌사람수])
    # 종료 조건
    if key in memo:
        return memo[key]
    if 남은사람수 < 0:
        return 0          # 무효하니 0을 리턴
    if 남은사람수 == 0:
        return 1          # 유효하니 수를 세면 되서 1을 리턴
    # 재귀 처리
    count = 0
    for i in range(앉힌사람수, 앉힐수있는최대사람수 + 1):
        count += 문제(남은사람수 - i, i)
    # 메모화 처리
    memo[key] = count
    # 종료
    return count

print(문제(전체사람의수, 앉힐수있는최소사람수))
```

05-3 함수 고급

1. 소스 코드 05_3_1.py

```python
numbers = [1, 2, 3, 4, 5, 6]

print("::".join(map(str, numbers)))
```

2. 소스 코드 05_3_2.py

```python
numbers = list(range(1, 10 + 1))

print("# 홀수만 추출하기")
print(list(filter(lambda x: x % 2 == 1, numbers)))
print()

print("# 3 이상, 7 미만 추출하기")
print(list(filter(lambda x: 3 <= x < 7, numbers)))
print()

print("# 제곱해서 50 미만 추출하기")
print(list(filter(lambda x: x ** 2 < 50, numbers)))
```

5장 도전 문제

1. 소스 코드 ch05_1.py

```python
def 하노이탑(이동해야하는원판, 시작기둥, 대상기둥, 보조기둥):
    if 이동해야하는원판 == 1:
        print(시작기둥, "→", 대상기둥)
    else:
        하노이탑(이동해야하는원판 - 1, 시작기둥, 보조기둥, 대상기둥)
        print(시작기둥, "→", 대상기둥)
        하노이탑(이동해야하는원판 - 1, 보조기둥, 대상기둥, 시작기둥)

n = int(input("원판의 개수를 입력해주세요: "))
하노이탑(n, "A탑", "B탑", "C탑")
```

2. 소스 코드 ch05_2.py

간단하게 이전 문제의 이동을 출력하는 부분에서 이동 횟수를 하나씩 세면 됩니다.

```
횟수 = 0
def 하노이탑(이동해야하는원판, 시작기둥, 대상기둥, 보조기둥):
    global 횟수
    if 이동해야하는원판 == 1:
        # print(시작기둥, "→", 대상기둥)
        횟수 += 1
    else:
        하노이탑(이동해야하는원판 - 1, 시작기둥, 보조기둥, 대상기둥)
        # print(시작기둥, "→", 대상기둥)
        횟수 += 1
        하노이탑(이동해야하는원판 - 1, 보조기둥, 대상기둥, 시작기둥)

n = int(input("원판의 개수를 입력해주세요: "))
하노이탑(n, "A탑", "B탑", "C탑")
print(f"이동 횟수는 {횟수}회입니다.")
```

하지만 이 코드는 원판의 이동 횟수가 증가하면 결과를 구하는데 오랜 시간이 걸리므로 "원판의 개수가 n개일 때 2^n-1회 움직여야 원판을 모두 옮길 수 있다"를 구현하면 됩니다.

```
def 하노이탑이동횟수(n):
    return (2 ** n) - 1

n = int(input("원판의 개수를 입력해주세요: "))
print(f"이동 횟수는 {하노이탑이동횟수(n)}회입니다.")
```

온라인에서 알고리즘 문제를 풀다보면 (1) 알고리즘 제한 시간과 (2) 다른 사람들의 프로그램이 결과를 내는데 걸린 시간이 나옵니다. 일반적으로 반복문, 재귀 함수 등의 일반적인 프로그래밍 지식으로도 알고리즘 제한 시간은 맞출 수 있습니다(재귀 함수의 경우 메모화가 필요할 수 있습니다).

그런데 '다른 사람들의 프로그램이 결과를 내는데 걸린 시간'이 말도 안 되게 적은 경우가 있습니다. 이는 일반적으로 수학적 지식을 활용해서, 공식을 만들고, 공식으로 문제를 풀어버린 경우입니다.

현재 단계는 프로그래밍을 공부하는 단계입니다. 따라서 최대한 조건문, 반복문, 함수를 활용해서 문제를 풀어보기 바랍니다. 그리고 나중에 남들과 시간 경쟁을 해야 하는 단계까지 간다면, 그때는 수학 공식을 생각해보는 연습도 해보기 바랍니다.

06-1 구문 오류와 예외

1. 구문 오류: 프로그램이 실행되기도 전에 발생하는 오류. 해결하지 않으면 프로그램 자체가 실행되지 않음.

예외: 프로그램 실행 중에 발생하는 오류. 프로그램이 일단 실행되고 해당 지점에서 오류를 발생.

2. 〔소스 코드〕 06_1_2_1.py 06_1_2_2.py

```
numbers = [52, 273, 32, 103, 90, 10, 275]

print("# (1) 요소 내부에 있는 값 찾기")
print("- {}는 {} 위치에 있습니다.".format(52, numbers.index(52)))
print()


print("# (2) 요소 내부에 없는 값 찾기")
number = 10000
try: 또는 if number in numbers:
  print("- {}는 {} 위치에 있습니다.".format(number, numbers.index(number)))
except: 또는 else:
  print("- 리스트 내부에 없는 값입니다.")
print()


print("--- 정상적으로 종료되었습니다. ---")
```

3. ① 예외: TypeError, ② 예외: ValueError, ③ 구문 오류: SyntaxError,
④ 예외: IndexError

06-2 예외 고급

1. ②

2.

```
raise ValueError(
    'incompatible dtype; specified: {}, inferred from {}: {}'.format(
        element_dtype, elements, inferred_dtype))
```

```
raise ValueError(
    'element shape may not be specified when creating list from tensor')
```

```
raise NotImplementedError('tensor lists only support removing from the end')
```

07-1 표준 모듈

1. ②   **2.** 직접 정리해 보세요.

3.

```python
# 모듈을 읽어 들입니다.
import os

# 폴더를 읽어 들이는 함수
def read_folder(path):
    # 폴더의 요소 읽어 들이기
    output = os.listdir(path)
    # 폴더의 요소 구분하기
    for item in output:
        if os.path.isdir(item):
            # 폴더라면 계속 읽어 들이기
            read_folder(item)
        else:
            # 파일이라면 출력하기
            print("파일:", item)

# 현재 폴더의 파일/폴더를 출력합니다.
read_folder(".")
```

07-2 외부 모듈

1. primenumbers 모듈을 사용할 경우 다음과 같습니다. (외부 모듈의 경우 사용하기 전에 설치해 주어야 합니다. 422쪽 참고)

```
>>> import primenumbers
>>> primenumbers.all_PrimeNumbers_inRange(100, 1000)
[101, 103, 107, 109, 113, 127, 131, 137, 139, 149, 151, 157, 163, 167, 173, 179, 181, 191,
193, 197, 199, 211, 223, 227, 229, 233, 239, 241, 251, 257, 263, 269, 271, 277, 281, 283,
293, 307, 311, 313, 317, 331, 337, 347, 349, 353, 359, 367, 373, 379, 383, 389, 397, 401,
409, 419, 421, 431, 433, 439, 443, 449, 457, 461, 463, 467, 479, 487, 491, 499, 503, 509,
521, 523, 541, 547, 557, 563, 569, 571, 577, 587, 593, 599, 601, 607, 613, 617, 619, 631,
641, 643, 647, 653, 659, 661, 673, 677, 683, 691, 701, 709, 719, 727, 733, 739, 743, 751,
757, 761, 769, 773, 787, 797, 809, 811, 821, 823, 827, 829, 839, 853, 857, 859, 863, 877,
881, 883, 887, 907, 911, 919, 929, 937, 941, 947, 953, 967, 971, 977, 983, 991, 997]
>>> len(primenumbers.all_PrimeNumbers_inRange(100, 1000))
143
```

2. 직접 정리해 보세요.

08-1 클래스의 기본

1. 직접 정리해 보세요.   **2.** 직접 정리해 보세요.   **3.** 직접 정리해 보세요.

08-2 클래스의 추가적인 구문

1. 　소스 코드　 **08_2_1.py**

```python
# 클래스를 선언합니다.
class Student:
    def __init__(self, name, korean, math, english, science):
        self.name = name
        self.korean = korean
        self.math = math
        self.english = english
```

```
        self.science = science

    def get_sum(self):
        return self.korean + self.math +\
            self.english + self.science

    def get_average(self):
        return self.get_sum() / 4

    def __eq__(self, value):
        return self.get_average() == value
    def __ne__(self, value):
        return self.get_average() != value
    def __gt__(self, value):
        return self.get_average() > value
    def __ge__(self, value):
        return self.get_average() >= value
    def __lt__(self, value):
        return self.get_average() < value
    def __le__(self, value):
        return self.get_average() <= value

# 학생을 선언합니다.
test = Student("A", 90, 90, 90, 90)

# 출력합니다.
print("test == 90:", test == 90)
print("test != 90:", test != 90)
print("test >  90:", test >  90)
print("test >= 90:", test >= 90)
print("test <  90:", test <  90)
print("test <= 90:", test <= 90)
```

8장 도전 문제

1. `소스 코드` **ch08_1.py**

sum( ), max( ), min( ) 함수와 함께 key 매개변수 등을 활용하면, 문제를 쉽게 해결할 수 있습니다. 필자의 답은 다음과 같습니다.

```python
class Student:
    def __init__(self, name, score):
        self.name = name
        self.score = score

class StudentList:
    def __init__(self):
        # 구성을 사용했습니다.
        self.students = []

    def append(self, student):
        self.students.append(student)

    def get_average(self):
        return sum([
            student.score
            for student in self.students
        ]) / len(self.students)

    def get_first_by_score(self):
        return max(self.students, key=lambda x: x.score)

    def get_last_by_score(self):
        return min(self.students, key=lambda x: x.score)

students = StudentList()
students.append(Student("구름", 100))
students.append(Student("별", 49))
students.append(Student("초코", 81))
```

```
students.append(Student("아지", 90))

print(f"학급의 평균 점수는 {students.get_average()}입니다.")
print(f"가장 성적이 높은 학생은 {students.get_first_by_score().name}입니다.")
print(f"가장 성적이 낮은 학생은 {students.get_last_by_score().name}입니다.")
```

2. 소스 코드 ch08_2.py

리스트에는 이미 스택의 기능이 있습니다. append( ) 함수와 pop( ) 함수를 활용합니다.

```
class Stack:
    def __init__(self):
        self.list = []
    def push(self, item):
        self.list.append(item)
    def pop(self):
        return self.list.pop()

stack = Stack()
stack.push(10)
stack.push(20)
stack.push(30)

print(stack.pop())
print(stack.pop())
print(stack.pop())
```

3. 소스 코드 ch08_3.py

리스트에는 이미 큐의 기능이 있습니다. append( ) 함수와 pop( ) 함수를 활용합니다. pop( ) 함수를 pop(0) 형태로 사용하면 가장 앞에 있는 요소를 꺼낼 수 있습니다.

```python
class Queue:
    def __init__(self):
        self.list = []
    def enqueue(self, item):
        self.list.append(item)
    def dequeue(self):
        return self.list.pop(0)


queue = Queue()
queue.enqueue(10)
queue.enqueue(20)
queue.enqueue(30)

print(queue.dequeue())
print(queue.dequeue())
print(queue.dequeue())
```